A Coragem da Verdade

Michel Foucault

A Coragem da Verdade
O Governo de Si e dos Outros II

Curso no Collège de France
(1983-1984)

*Edição estabelecida por Frédéric Gros
sob a direção de François Ewald e Alessandro Fontana*

Tradução
EDUARDO BRANDÃO

Esta obra foi publicada originalmente em francês com o título
LE COURAGE DE LA VÉRITÉ – LE GOUVERNEMENT DE SOI ET DES AUTRES II
– COURS AU COLLÈGE DE FRANCE (1983 – 1984)
por Éditions Gallimard et Les Éditions du Seuil
Copyright © Le Seuil / Gallimard, 2009
Copyright © 2011 Editora WMF Martins Fontes Ltda.,
São Paulo, para a presente edição.

"Cet ouvrage, publié dans le cadre du Programme d'Aide à la Publication 2011
Carlos Drummond de Andrade de la Médiathèque de la Maison de France,
bénéficie du soutien de l'ambassade de France au Brésil."

"Este livro, publicado no âmbito do Programa de Apoio à Publicação 2011
Carlos Drummond de Andrade da Mediateca da Maison de France,
contou com o apoio da Embaixada da França no Brasil."

Ouvrage publié avec le concours du ministère français chargé de la culture – Centre national du livre
Obra publicada com apoio do Ministério Francês da Cultura – Centro Nacional do Livro

1ª edição 2011
5ª tiragem 2024

Tradução
EDUARDO BRANDÃO

Transliteração do grego
Zelia de Almeida Cardoso
Acompanhamento editorial
Luciana Veit
Revisões
Lígia Azevedo
Sandra Garcia Cortés
Edição de arte
Adriana Maria Porto Translatti
Produção gráfica
Geraldo Alves
Paginação
Studio 3 Desenvolvimento Editorial

Dados Internacionais de Catalogação na Publicação (CIP)
(Câmara Brasileira do Livro, SP, Brasil)

Foucault, Michel, 1926-1984.
  A coragem da verdade : o governo de si e dos outros II :
curso no Collège de France (1983-1984) / Michel Foucault ;
tradução Eduardo Brandão. – São Paulo : Editora WMF Martins Fontes, 2011. – (Obras de Michel Foucault)

  Título original: Le courage de la vérité : le gouvernement de
soi et des autres II : cours au Collège de France (1983-1984).
  "Edição estabelecida por Frédéric Gros, sob a direção de
François Ewald e Alessandro Fontana"
  ISBN 978-85-7827-476-4

  1. Ciência política – Filosofia I. Título. II. Série.

11-09730   CDD-194

Índices para catálogo sistemático:
1. Foucault : Obras filosóficas   194

Todos os direitos desta edição reservados à
Editora WMF Martins Fontes Ltda.
Rua Prof. Laerte Ramos de Carvalho, 133 01325-030 São Paulo SP Brasil
Tel. (11) 3293-8150 e-mail: info@wmfmartinsfontes.com.br
http://www.wmfmartinsfontes.com.br

ÍNDICE

Nota... IX

Curso, anos 1983-1984 1

Aula de 1º de fevereiro de 1984 – primeira hora 3
Estruturas epistemológicas e formas aletúrgicas. – Genealogia do estudo da *parresía*: as práticas do dizer-a-verdade sobre si mesmo. – O mestre de existência no horizonte do cuidado de si. – Sua caracterização principal: a *parresía*. – Rememoração da origem política da noção. – Valor duplo da *parresía*. – Traços estruturais: a verdade, o engajamento e o risco. – O pacto parresiástico. – *Parresía versus* retórica. – A *parresía* como modalidade específica do dizer-a-verdade. – Estudo diferencial de dois outros dizer-a-verdade da cultura antiga: a profecia e a sabedoria. – Heráclito e Sócrates.

Aula de 1º de fevereiro de 1984 – segunda hora 23
O dizer-a-verdade do técnico. – Objeto do dizer-a-verdade parresiástico: o *éthos*. – A composição dos quatro dizer-a-verdade em Sócrates. – O dizer-a-verdade filosófico como articulação das funções de sabedoria e de *parresía*. – A Predicação e a Universidade na Idade Média. – Uma nova combinatória dos dizer-a-verdade. – A reconfiguração das quatro modalidades de veridicção na época moderna.

Aula de 8 de fevereiro de 1984 – primeira hora 31
A *parresía* euripidiana: um privilégio do cidadão bem-nascido. – Crítica da *parresía* democrática: nociva para a cidade, perigosa para quem a exerce. A reserva política de Sócrates. – A chantagem-desafio de Demóstenes. – A impossibilidade de uma diferenciação ética na democracia: o exemplo da *Constituição dos atenienses*. – Quatro princípios do pensamento político grego. – A reversão platônica. – A hesitação aristotélica. – O problema do ostracismo.

Aula de 8 de fevereiro de 1984 – segunda hora 51
A verdade e o tirano. – O exemplo de Hiéron. – O exemplo de Pisístrato. – A *psykhé* como lugar da diferenciação ética. – Retorno à carta VII de Platão. – A fala de Isócrates a Nicocles. – A transformação de uma *parresía* democrática numa *parresía* autocrática. – Especificidade do discurso filosófico.

Aula de 15 de fevereiro de 1984 – primeira hora 63
O perigo do esquecimento de si mesmo. – A recusa de Sócrates a um engajamento político. – Sólon diante de Pisístrato. – O demônio de Sócrates. – O risco de morte: história dos generais das Arginusas e de Leão de Salamina. – O oráculo de Delfos. – A resposta de Sócrates ao oráculo: a verificação e a investigação. – Objeto da missão: o cuidado de si dos homens. – Irredutibilidade da veridicção socrática. – Surgimento de uma *parresía* propriamente ética. – O ciclo da morte de Sócrates como fundação ética do cuidado de si.

Aula de 15 de fevereiro de 1984 – segunda hora 83
As últimas palavras de Sócrates. – As grandes interpretações clássicas. – A insatisfação de Dumézil. – A vida não é uma doença. – As soluções de Wilamowitz e Cumont. – Críton, curado da opinião geral. – A falsa opinião como doença da alma. – As objeções de Cebes e Símias contra a imortalidade da alma. – A solidariedade das almas no discurso. – Volta ao cuidado de si. – O testamento de Sócrates.

Aula de 22 de fevereiro de 1984 – primeira hora 103
Pesquisas etimológicas em torno da *epiméleia*. – O método de Dumézil e sua extensão. – O *Laques* de Platão: as razões da escolha. – O pacto da franqueza. – O problema da educação dos filhos. – Os juízos contraditórios de Nícias e Laques sobre a demonstração de armas. – A questão da competência técnica segundo Sócrates. – Subversão por Sócrates do jogo dialético.

Aula de 22 de fevereiro de 1984 – segunda hora 123
Sócrates e o exame completo e contínuo de si mesmo. – O *bíos* como objeto da *parresía* socrática. – A sinfonia dos discursos e dos atos. – As conclusões do diálogo: a submissão final ao lógos.

Aula de 29 de fevereiro de 1984 – primeira hora 137
O círculo da verdade e da coragem. – Comparação entre o *Alcibíades* e o *Laques*. – Metafísica da alma e estética da existência. – A verdadeira vida e a vida bela. – A articulação do dizer-a-verdade no modo de vida no cinismo. – A *parresía* como característica maior do cínico: textos de

Epicteto, de Diógenes Laércio, de Luciano. – Definição da relação entre dizer-a-verdade e modo de vida: função instrumental/função de redução/função de prova. – A vida como teatro da verdade.

Aula de 29 de fevereiro de 1984 – segunda hora 155
Hipóteses sobre as posteridades do cinismo. – As posteridades religiosas: o ascetismo cristão. – As posteridades políticas: a revolução como estilo de existência. – As posteridades estéticas: a arte moderna. – Antiplatonismo e antiaristotelismo da arte moderna.

Aula de 7 de março de 1984 – primeira hora 169
Recapitulação bibliográfica. – Dois personagens cínicos opostos: Demétrio e Peregrino. – Duas apresentações opostas do cinismo: como impostura ou universal da filosofia. – Estreiteza doutrinal e extensão social do cinismo. – O ensino cínico como armadura de vida. – O tema dos dois caminhos. – Tradicionalidade de doutrina e tradicionalidade de existência. – O heroísmo filosófico. – O *Fausto* de Goethe.

Aula de 7 de março de 1984 – segunda hora 191
O problema da verdadeira vida. – Os quatro sentidos da verdade: sem dissimulação; sem mistura; reto; imutável. – Os quatro sentidos do verdadeiro amor em Platão. – Os quatro sentidos da verdadeira vida em Platão. – A divisa de Diógenes: "Muda o valor da moeda."

Aula de 14 de março de 1984 – primeira hora 203
O paradoxo cínico, ou o cinismo como banalidade escandalosa da filosofia. – O ecletismo de efeito inverso. – As três formas da coragem da verdade. – O problema da vida filosófica. – Elementos tradicionais da vida filosófica: a armadura de vida; o cuidado de si; os conhecimentos úteis; a vida conforme. – Interpretações do preceito cínico "transforma os valores". – A qualificação do "cão". – As duas linhas de desenvolvimento da verdadeira vida: *Alcibíades* ou *Laques*.

Aula de 14 março de 1984 – segunda hora 221
A vida não dissimulada: versão estoica e transvaloração cínica. – A vida sem mistura em sua interpretação tradicional: independência de pureza. – A pobreza cínica: real, ativa, indefinida. – A busca da desonra. – Humilhação cínica e humildade cristã. – Reversão cínica da vida reta. – O escândalo da animalidade.

Aula de 21 de março de 1984 – primeira hora 237
A reversão cínica da verdadeira vida em vida outra. – A vida soberana no sentido tradicional: o sábio prestimoso e exemplar. – O tema do filó-

sofo-rei. – A transformação cínica: o confronto Diógenes/Alexandre. – Elogio de Héracles. – A ideia de militantismo político. – O rei de derrisão. – O rei oculto.

Aula de 21 de março de 1984 – segunda hora 257
Leitura do livro de Epicteto sobre a vida cínica (III, 22). – Os elementos estoicos do retrato. – A vida filosófica: da escolha arrazoada à vocação divina. – A prática ascética como verificação. – Elementos éticos da missão cínica: resistência, vigilância, inspeção. – A responsabilidade da humanidade. – O governo do mundo.

Aula de 28 de março de 1984 – primeira hora 271
Os dois aspectos da vida cínica como vida soberana: felicidade e manifestação de verdade. – A atitude cínica: conformidade à verdade, conhecimento de si e vigilância dos outros. – A transformação de si e do mundo. – Passagem ao ascetismo cristão: permanências. – Diferenças: o outro mundo e o princípio de obediência.

Aula de 28 de março de 1984 – segunda hora 285
O uso do termo *parresía* nos primeiros textos pré-cristãos: modalidades humanas e divinas. – A *parresía* no Novo Testamento: fé confiante e abertura do coração. – A *parresía* nos Padres: a insolência. – Desenvolvimento de um polo antiparresiástico: o conhecimento desconfiado de si. – A verdade da vida como condição de acesso a um mundo outro.

Situação do curso 301
Índice das noções 317
Índice onomástico 335

NOTA

Michel Foucault ensinou no Collège de France de janeiro de 1971 até a sua morte em junho de 1984 – com exceção de 1977, quando gozou de um ano sabático. O título da sua cadeira era: *História dos sistemas de pensamento*.

Essa cadeira foi criada em 30 de novembro de 1969, por proposta de Jules Vuillemin, pela assembleia geral dos professores do Collège de France em substituição à cadeira de história do pensamento filosófico, que Jean Hyppolite ocupou até a sua morte. A mesma assembleia elegeu Michel Foucault, no dia 12 de abril de 1970, titular da nova cadeira[1]. Ele tinha 43 anos.

Michel Foucault pronunciou a aula inaugural no dia 2 de dezembro de 1970[2].

O ensino no Collège de France obedece a regras específicas. Os professores têm a obrigação de dar 26 horas de aula por ano (metade das quais, no máximo, pode ser dada na forma de seminários[3]). Eles devem expor cada ano uma pesquisa original, o que os obriga a sempre renovar o conteúdo do seu ensino. A frequência às aulas e aos seminários é inteiramente livre, não requer inscrição nem nenhum diploma. E o professor também não fornece certificado algum[4]. No vocabulário do Collège de France, diz-se que os professores não têm alunos, mas ouvintes.

O curso de Michel Foucault era dado todas as quartas-feiras, do começo de janeiro ao fim de março. A assistência, numerosíssima, com-

---

1. Michel Foucault encerrou o opúsculo que redigiu para sua candidatura com a seguinte fórmula: "Seria necessário empreender a história dos sistemas de pensamento" ("Titres et travaux", *in Dits et Écrits, 1954-1988*, ed. por D. Defert e F. Ewald, colab. J. Lagrange, Paris, Gallimard, 1994, 4 vols.; cf. vol. I, p. 846). [Trad. bras.: *Ditos e escritos*, 5 vols. temáticos, Rio de Janeiro, Forense Universitária, 2006.]

2. Publicada pelas Éditions Gallimard em maio de 1971 com o título: *L'Ordre du discours*. [Trad. bras.: *A ordem do discurso*, São Paulo, Loyola, 1999.]

3. Foi o que Michel Foucault fez até o início da década de 1980.

4. No âmbito do Collège de France.

posta de estudantes, professores, pesquisadores, curiosos, muitos deles estrangeiros, mobilizava dois anfiteatros do Collège de France. Michel Foucault queixou-se repetidas vezes da distância que podia haver entre ele e seu "público" e do pouco intercâmbio que a forma do curso possibilitava[5]. Ele sonhava com um seminário que servisse de espaço para um verdadeiro trabalho coletivo. Fez várias tentativas nesse sentido. Nos últimos anos, no fim da aula, dedicava um bom momento para responder às perguntas dos ouvintes.

Eis como, em 1975, um jornalista do *Nouvel Observateur*, Gérard Petitjean, transcrevia a atmosfera reinante: "Quando Foucault entra na arena, rápido, decidido, como alguém que pula na água, tem de passar por cima de vários corpos para chegar à sua cadeira, afasta os gravadores para pousar seus papéis, tira o paletó, acende um abajur e arranca, a cem por hora. Voz forte, eficaz, transportada por alto-falantes, única concessão ao modernismo de uma sala mal iluminada pela luz que se eleva de umas bacias de estuque. Há trezentos lugares e quinhentas pessoas aglutinadas, ocupando todo e qualquer espaço livre [...] Nenhum efeito oratório. É límpido e terrivelmente eficaz. Não faz a menor concessão ao improviso. Foucault tem doze horas por ano para explicar, num curso público, o sentido da sua pesquisa durante o ano que acaba de passar. Então, compacta o mais que pode e enche as margens como esses missivistas que ainda têm muito a dizer quando chegam ao fim da folha. 19h15. Foucault para. Os estudantes se precipitam para a sua mesa. Não é para falar com ele, mas para desligar os gravadores. Não há perguntas. Na confusão, Foucault está só." E Foucault comenta: "Seria bom poder discutir o que propus. Às vezes, quando a aula não foi boa, pouca coisa bastaria, uma pergunta, para pôr tudo no devido lugar. Mas essa pergunta nunca vem. De fato, na França, o efeito de grupo torna qualquer discussão real impossível. E como não há canal de retorno, o curso se teatraliza. Eu tenho com as pessoas que estão aqui uma relação de ator ou de acrobata. E quando termino de falar, uma sensação de total solidão..."[6]

5. Em 1976, na (vã) esperança de reduzir a assistência, Michel Foucault mudou o horário do curso, que passou de 17h45 para as 9 da manhã. Cf. o início da primeira aula (7 de janeiro de 1976) de *Il faut défendre la société. Cours au Collège de France, 1976*, ed. sob a dir. de F. Ewald e A. Fontana por M. Bertani e A. Fontana, Paris, Gallimard/Seuil, 1997. [Trad. bras.: *Em defesa da sociedade*, 2ª ed., São Paulo, WMF Martins Fontes, 2010.]

6. Gérard Petitjean, "Les Grands Prêtres de l'université française", *Le Nouvel Observateur*, 7 de abril de 1975.

Michel Foucault abordava seu ensino como um pesquisador: explorações para um livro, desbravamento também de campos de problematização, que se formulavam muito mais como um convite lançado a eventuais pesquisadores. Assim é que os cursos do Collège de France não repetem os livros publicados. Não são o esboço desses livros, embora certos temas possam ser comuns a livros e cursos. Têm seu estatuto próprio. Originam-se de um regime discursivo específico no conjunto dos "atos filosóficos" efetuados por Michel Foucault. Neles desenvolve, em particular, o programa de uma genealogia das relações saber/poder em função do qual, a partir do início dos anos 1970, refletirá sobre seu trabalho – em oposição ao de uma arqueologia das formações discursivas que até então dominara[7].

Os cursos também tinham uma função na atualidade. O ouvinte que assistia a eles não ficava apenas cativado pelo relato que se construía semana após semana; não ficava apenas seduzido pelo rigor da exposição: também encontrava neles uma luz sobre a atualidade. A arte de Michel Foucault estava em diagonalizar a atualidade pela história. Ele podia falar de Nietzsche ou de Aristóteles, da perícia psiquiátrica no século XIX ou da pastoral cristã, mas o ouvinte sempre tirava do que ele dizia uma luz sobre o presente e sobre os acontecimentos contemporâneos. A força própria de Michel Foucault em seus cursos vinha desse sutil cruzamento de uma fina erudição, um engajamento pessoal e um trabalho sobre o acontecimento.

*

Os anos 1970 viram o desenvolvimento e o aperfeiçoamento dos gravadores de fita cassete – a mesa de Michel Foucault logo foi tomada por eles. Os cursos (e certos seminários) foram conservados graças a esses aparelhos.

Esta edição toma como referência a palavra pronunciada publicamente por Michel Foucault e fornece a sua transcrição mais literal possível[8]. Gostaríamos de poder publicá-la tal qual. Mas a passagem do oral ao escrito impõe uma intervenção do editor: é necessário, no mínimo, intro-

---

7. Cf. em particular "Nietzsche, la généalogie, l'histoire", in *Dits et Écrits*, II, p. 137. [Trad. bras.: "Nietzsche, a genealogia e a história", in *Microfísica do poder*, Roberto Machado (org.), Rio de Janeiro, Graal, 1979.]

8. Foram utilizadas em especial as gravações realizadas por Gérard Burlet e Jacques Lagrange, depositadas no Collège de France e no IMEC.

duzir uma pontuação e definir parágrafos. O princípio sempre foi o de ficar o mais próximo possível da aula efetivamente pronunciada.

Quando parecia indispensável, as repetições foram suprimidas; as frases interrompidas foram restabelecidas e as construções incorretas, retificadas.

As reticências assinalam que a gravação é inaudível. Quando a frase é obscura, figura entre colchetes uma integração conjuntural ou um acréscimo.

Um asterisco no rodapé indica as variantes significativas das notas utilizadas por Michel Foucault em relação ao que foi dito.

As citações foram verificadas e as referências aos textos utilizados, indicadas. O aparato crítico se limita a elucidar os pontos obscuros, a explicitar certas alusões e a precisar os pontos críticos.

Para facilitar a leitura, cada aula foi precedida por um breve resumo que indica suas principais articulações.

O texto do curso é seguido do resumo publicado no *Annuaire du Collège de France*. Michel Foucault os redigia geralmente no mês de junho, pouco tempo depois do fim do curso, portanto. Era a oportunidade que tinha para destacar, retrospectivamente, a intenção e os objetivos dele. E constituem a melhor apresentação de suas aulas.

Cada volume termina com uma "situação", de responsabilidade do editor do curso. Trata-se de dar ao leitor elementos de contexto de ordem biográfica, ideológica e política, situando o curso na obra publicada e dando indicações relativas a seu lugar no âmbito do *corpus* utilizado, a fim de facilitar sua compreensão e evitar os contrassensos que poderiam se dever ao esquecimento das circunstâncias em que cada um dos cursos foi elaborado e ministrado.

A coragem da verdade (*O governo de si e dos outros II*), curso ministrado em 1984, é editado por Frédéric Gros.

*

Com esta edição dos cursos no Collège de France, vem a público um novo aspecto da "obra" de Michel Foucault.

Não se trata, propriamente, de inéditos, já que esta edição reproduz a palavra proferida em público por Michel Foucault, excluindo o suporte escrito que ele utilizava e que podia ser muito elaborado.

Daniel Defert, que possui as notas de Michel Foucault, permitiu que os editores as consultassem. A ele nossos mais vivos agradecimentos.

Nota

Esta edição dos cursos no Collège de France foi autorizada pelos herdeiros de Michel Foucault, que desejaram satisfazer à forte demanda de que eram objeto, na França como no exterior. E isso em incontestáveis condições de seriedade. Os editores procuraram estar à altura da confiança que neles foi depositada.

FRANÇOIS EWALD e ALESSANDRO FONTANA

Curso
Anos 1983-1984

AULA DE 1º DE FEVEREIRO DE 1984
Primeira hora

Estruturas epistemológicas e formas aletúrgicas. – Genealogia do estudo da parresía: as práticas do dizer-a-verdade sobre si mesmo. – O mestre de existência no horizonte do cuidado de si. – Sua caracterização principal: a parresía. *– Rememoração da origem política da noção. – Valor duplo da* parresía. *– Traços estruturais: a verdade, o engajamento e o risco. – O pacto parresiástico. –* Parresía versus *retórica. – A* parresía *como modalidade específica do dizer-a-verdade. – Estudo diferencial de dois outros dizer-a-verdade da cultura antiga: a profecia e a sabedoria. – Heráclito e Sócrates.*

[...*] Este ano gostaria de continuar o que havia começado no ano passado sobre esse tema da *parresía*, do dizer-a-verdade. As aulas que gostaria de dar serão sem dúvida um pouco descosidas porque se trata de algumas coisas que eu gostaria, de certo modo, de terminar para, depois desta *trip* greco-latina que durou vários anos[1], voltar a alguns problemas contemporâneos que tratarei seja na segunda parte do curso, seja eventualmente na forma de um seminário de trabalho.

Bom, aqui, vou lembrar uma coisa a vocês. Vocês sabem que os cursos do Collège são e devem ser, [de acordo com os] termos do regulamento, cursos públicos. Logo, é absolutamente exato que qualquer um, cidadão

---

* A aula começa com as seguintes explicações:

– Não pude começar meu curso, como de costume, no início de janeiro. Estive doente, doente mesmo. Correram boatos de que era para me livrar de uma parte do meu público que eu havia trocado as datas. Não, não, eu estava doente mesmo. Por conseguinte, peço que me desculpem. Vejo, aliás, que não foi resolvido o problema da quantidade de lugares. A outra sala não está aberta? Vocês pediram? A resposta foi categórica?

[resposta proveniente do público] – Sim.

– Não vai ser aberta?

– Vai, se for pedido.

– Se for pedido... Nesse caso, fico mais contrariado ainda, porque pensei que a coisa se fizesse automaticamente. Vocês se incomodariam de ir ver se é possível fazer isso agora ou eventualmente para a próxima hora? Detesto fazer vocês virem e deixá-los em condições materiais desastrosas.

francês ou não, aliás, tem o direito de vir ouvir. Os professores do Collège têm a obrigação de informar regularmente, nesses cursos públicos, sobre as pesquisas que fazem. Esse princípio traz problemas e levanta algumas dificuldades, porque o trabalho, a pesquisa que se pode fazer implicam cada vez mais – principalmente [a propósito de] certas questões como as que tratei antes [e] a que gostaria de voltar agora, ou seja, a análise de certo número de práticas e instituições na sociedade moderna – um trabalho coletivo, trabalho coletivo que, bem entendido, só pode ser feito [sob] a forma de um seminário fechado, e não numa sala enorme como esta e com um público tão numeroso[2]. Não escondo que vou levantar o problema de saber se é possível, se pode ser institucionalmente aceitável compartilhar o trabalho que faço aqui entre cursos públicos – que mais uma vez fazem parte do ofício e fazem parte dos direitos de vocês – e cursos que seriam reservados a pequenos grupos de trabalho, com alguns estudantes ou pesquisadores mais especializados na questão a estudar. E os cursos públicos seriam, de certo modo, a versão exotérica do trabalho um pouco mais esotérico que faríamos em grupo. Em todo caso, não sei quantos cursos públicos darei, e até quando darei. Então, se vocês quiserem, toquemos o barco e depois veremos.

Este ano, gostaria de continuar o estudo da fala franca, da *parresía* como modalidade do dizer-a-verdade. Para aqueles de vocês que não estiveram aqui ano passado, recapitulo a ideia geral. É absolutamente verdade que é interessante e importante analisar, no que elas podem ter de específico, as estruturas próprias dos diferentes discursos que se propõem e são recebidos como discursos verdadeiros. A análise dessas estruturas é, *grosso modo*, o que poderíamos chamar de uma análise epistemológica. Mas, por outro lado, pareceu-me que seria igualmente interessante analisar, em suas condições e em suas formas, o tipo de ato pelo qual o sujeito, dizendo a verdade, se *manifesta*, e com isso quero dizer: representa a si mesmo e é reconhecido pelos outros como dizendo a verdade. Não se trataria, de modo algum, de analisar quais são as formas do discurso tais como ele é reconhecido como verdadeiro, mas sim: sob que forma, em seu ato de dizer a verdade, o indivíduo se constitui e é constituído pelos outros como sujeito que pronuncia um discurso de verdade, sob que forma se apresenta, a seus próprios olhos e aos olhos dos outros, quem diz a verdade, [qual é] a forma do sujeito que diz a verdade. A análise desse domínio poderia ser chamada, em oposição à das estruturas epistemológicas, o estudo das formas "aletúrgicas". Emprego aqui uma palavra que comentei com vocês ano passado ou dois anos atrás. A aleturgia seria, etimologicamente, a produção de verdade, o ato pelo qual a verdade se manifesta[3]. Logo, deixemos de lado as análises do tipo "estrutura epistemológica" e analisemos um pouco as "formas aletúrgicas". É nesse marco que estudo a noção e a prática da *parresía*, mas, para aqueles de vocês que não estavam aqui, gostaria de lembrar como cheguei a esse problema. Cheguei a ele a partir da velha questão, tradicional no próprio cerne da filosofia ocidental, das relações entre sujeito e verdade, questão que foi posta, recebida, inicialmente nos termos clássicos habituais, tradicionais, isto é: a partir de que práticas e através de que tipos de discurso se procurou dizer a verdade sobre o sujeito? Assim: a partir de que práticas, através de que tipos de discursos se tentou dizer a verdade sobre o sujeito louco ou sobre o sujeito delinquente[4]? A partir de que práticas discursivas se constituiu, como objeto de saber possível, o sujeito falante, o sujeito trabalhante, o sujeito vivente[5]? É todo esse campo de estudo que procurei percorrer durante certo período.

E depois procurei encarar essa mesma questão das relações sujeito/verdade sob uma outra forma: não a do discurso em que se poderia dizer a verdade sobre o sujeito, mas a do discurso de verdade que o sujeito é capaz de dizer sobre si mesmo, [sob] algumas formas culturalmente reconhecidas e típicas, por exemplo a confissão e o exame de consciência. Era essa a análise dos discursos verdadeiros que o sujeito faz sobre si mesmo e cuja importância se pôde ver facilmente nas práticas penais ou também no campo, que estudei, da experiência da sexualidade[6].

Esse tema, esse problema, me levou, nos cursos dos anos precedentes, a [tentar] a análise histórica das práticas do dizer-a-verdade sobre si mesmo. Foi fazendo essa análise que percebi uma coisa, a qual não esperava exatamente. Direi, para ser um pouco mais preciso, que é fácil constatar quão grande, em toda a moral antiga, em toda a cultura grega e romana, foi a importância do princípio: "é preciso dizer a verdade sobre si mesmo". Podemos citar, em apoio e ilustração dessa importância na cultura antiga, práticas tão frequentemente, tão constantemente, tão continuamente recomendadas [como] o exame de consciência prescrito pelos pitagóricos ou pelos estoicos, de que Sêneca deu exemplos tão desenvolvidos e que voltamos a encontrar em Marco Aurélio[7]. Podemos citar também algumas práticas como essas correspondências, essas trocas de cartas morais, espirituais, de que Sêneca, Plínio, o Moço, Fronto e Marco Aurélio dão exemplos[8]. Podemos citar também, sempre [como] ilustração desse princípio do "é preciso dizer a verdade sobre si mesmo", outras práticas, talvez menos conhecidas e que deixaram menos vestígios, como esses cadernos de anotações, essas espécies de diários que se recomendava que as pessoas escrevessem sobre si mesmas, seja para coligir e meditar as experiências tidas ou as leituras feitas, seja também para contar a si mesmo, ao despertar, [seus] sonhos[9].

Temos aí, de maneira mais que evidente, maciça, facílima de identificar na cultura antiga, todo um jogo de práticas implicando o dizer-a-verdade sobre si mesmo. Essas práticas não são certamente desconhecidas e [não tenho] em absoluto a pretensão de dizer que eu as descobri, não é minha intenção. Mas creio que temos aí certa tendência que consiste em analisar essas formas de práticas do dizer-a-verdade sobre si mesmo relacionando-as de certo modo a um eixo central que é, evidentemente – o que é perfeitamente legítimo –, o princípio socrático do "conhece a ti mesmo": vemos aí a ilustração, a aplicação, a exemplificação concreta desse princípio do *gnôthi seautón*. Mas creio que seria interessante situar essas práticas, essa obrigação, essa incitação a dizer a verdade sobre si mesmo num contexto mais amplo definido por um princípio de que o *gnôthi seautón* não passa de uma implicação. Esse princípio – creio ter tentado apresentá-lo no curso [dado] há dois anos – é o da *epiméleia heautoû* (do cuidado de si, da aplicação a si mesmo)[10]. Esse preceito, tão arcaico, tão antigo na cultura grega e romana, e que encontramos regularmente associado, nos textos platônicos e [mais] precisamente nos diálogos socráticos, ao *gnôthi seautón*, esse princípio (*sautoû epimelê*: ocupa-te de ti mesmo) deu lugar, creio, ao desenvolvimento do que poderíamos chamar de uma "cultura de si"[11], uma cultura de si na qual se vê formular, se desenvolver, se transmitir, se elaborar todo um jogo de práticas de si. Foi estudando essas práticas de si, como marco histórico em que se desenvolveu a injunção do "é preciso dizer a verdade sobre si mesmo", que vi se delinear, de certo modo, um personagem, personagem constantemente apresentado como o parceiro indispensável, em todo caso o auxiliar quase necessário dessa obrigação de dizer a verdade sobre si mesmo. Em termos mais claros e mais concretos, direi o seguinte: não é necessário esperar o cristianismo, esperar a institucionalização, no início do século XIII, da confissão[12], esperar, com a Igreja romana, a organização e o estabelecimento de todo um poder pastoral[13], para que a prática do dizer-a-verdade sobre si mesmo se apoie em e apele para a presença do outro, o outro que escuta, o outro que incentiva a falar e que fala ele próprio. O dizer-a-verdade sobre si mesmo, e isso na cultura antiga (logo bem antes do cristianismo), foi uma atividade conjunta, uma atividade com os outros, e mais precisamente uma atividade com um outro, uma prática a dois. E é o outro, presente e necessariamente presente na prática do dizer-a-verdade sobre si mesmo, que me reteve e me deteve.

O estatuto desse outro, tão necessário para que eu possa dizer a verdade sobre mim mesmo, sua presença levantam evidentemente alguns problemas. Não é tão fácil de analisar, porque se é verdade que conhecemos relativamente bem esse outro tão necessário ao dizer-a-verdade sobre si mesmo na cultura cristã, em que adquire a forma institucional do confessor ou do diretor de consciência, se podemos identificar facilmente na cultura moderna esse outro, cujo estatuto e cujas funções seria sem dúvida necessário analisar mais precisamente – esse outro indispensável para que eu possa dizer –a verdade sobre mim mesmo, seja ele o médico, o psiquiatra, o psicólogo ou o psicanalista –, em compensação, na cultura antiga, em que no entanto sua presença é perfeitamente atestada, é preciso reconhecer que seu estatuto é muito mais variável, muito mais vago, muito menos nitidamente recortado e institucionalizado. Esse outro tão necessário para que eu possa dizer a verdade sobre mim mesmo, esse outro na cultura antiga pode ser um filósofo de profissão, mas também qualquer um. Lembrem-se, por exemplo, [d]aquele texto de Galeno sobre a cura dos erros e das paixões, em que ele diz que, para dizer a verdade sobre si mesmo e conhecer a si mesmo, precisamos de um outro que devemos ir buscar em qualquer lugar, contanto que seja um homem de idade e sério[14]. Pode ser um filósofo profissional, mas pode ser também um qualquer. Pode ser um professor, um professor que faz mais ou menos parte de uma estrutura pedagógica institucionalizada (Epicteto dirigia uma escola[15]), mas pode ser um amigo pessoal, pode ser um amante. Pode ser um guia provisório para um rapaz que ainda não atingiu de todo sua maturidade, que ainda não fez as opções fundamentais em sua vida, que ainda não é totalmente senhor de si mesmo, mas pode ser também um conselheiro permanente, que vai seguir alguém ao longo da sua existência e levá-lo até a sua morte. Lembrem-se, por exemplo, de Demétrio, o Cínico, que era o conselheiro de Thrasea Paetus, um homem importante na vida política romana em meados do século I e que lhe serviu de conselheiro até o dia da sua morte, até o gesto de seu suicídio – já que Demétrio assistiu ao suicídio de Thrasea Paetus e conversou com ele, à maneira é claro do diálogo socrático, sobre a imortalidade da alma, até seu último suspiro[16].

O estatuto desse outro é variável, portanto. E seu papel, sua prática, não é tão mais fácil de isolar, de definir, já que, por certo lado, esse papel cabe à pedagogia, se apoia nela, mas também é uma direção de alma. Pode ser também uma espécie de conselho político. Mas igualmente esse papel se metaforiza, e talvez até se manifeste e tome forma numa espécie de prática médica, já que é do cuidado da alma que se trata[17] e da determinação de um regime de vida, regime de vida que comporta, está claro, o regime das paixões, mas também o regime alimentar[18], o modo de vida sob todos os seus aspectos.

Mas qualquer que seja a incerteza ou, se vocês preferirem, a polivalência, os diferentes aspectos e perfis sob os quais podemos ver aparecer esse outro tão necessário a dizer a verdade sobre si mesmo, se esses perfis são numerosos, se ele é polivalente ou se seu papel – entre medicina, política, pedagogia – nem sempre é fácil de apreender, de qualquer modo, qualquer que seja esse papel, qualquer que seja esse estatuto, qualquer que seja sua função e qualquer que seja seu perfil, esse outro, indispensável ao dizer-a-verdade sobre si mesmo, tem, ou antes diz ter, para ser efetivamente, para ser eficazmente o parceiro do dizer-a-verdade sobre si, certa qualificação. E essa qualificação não é, como na cultura cristã, com o confessor ou o diretor de consciência, uma qualificação dada pela instituição referente à posse e ao exercício de poderes espirituais específicos. Tampouco é, como na cultura moderna, uma qualificação institucional que garante certo saber psicológico, psiquiátrico, psicanalítico. A qualificação necessária a esse personagem incerto, um tanto nebuloso e flutuante, é certa prática, certa maneira de dizer que é precisamente chamada de *parresía* (a fala franca).

Essa noção de *parresía*, de fala franca, constitutiva do personagem desse outro indispensável para que eu possa dizer a verdade sobre mim mesmo, tornou-se agora, evidentemente, para nós, muito difícil de apreender. Mas, enfim, ela deixou apesar de tudo muitos vestígios nos textos latinos e gregos. Deixou vestígios através, primeiro, é claro, da ocorrência bastante frequente dessa palavra, através também das referências que são feitas a essa noção, mesmo quando a palavra não é empregada. Podemos encontrar muitos exemplos notadamente em Sêneca, onde a prática da *parresía* é bem delineada por uma série de descrições, de caracterizações, praticamente sem que a palavra seja empregada, quando mais não fosse em razão das dificuldades [encontradas pelos] latinos para traduzir a palavra *parresía*[19]. Encontramos também, fora dessas ocorrências da palavra ou das referências feitas à noção, certo número de textos que são mais ou menos completamente consagrados à noção de *parresía*. Há o texto, infelizmente perdido em grande parte, do epicuriano Filodemo, no século I a.C., que havia escrito um *Perì parresías*[20]. Mas há [também] o tratado de Plutarco *Sobre a lisonja*, que é todo ele uma análise da *parresía*, ou antes, dessas duas práticas opostas, conflituais que são a lisonja, de um lado, e a *parresía* (a fala franca), de outro[21]. Vocês têm o texto de Galeno, a que eu aludia há pouco, sobre a cura dos erros e das paixões, em que todo um desenvolvimento é consagrado à *parresía* e à escolha daquele que é, precisamente, qualificado como podendo e devendo usar essa fala franca para que o indivíduo possa, por sua vez, dizer a verdade sobre si mesmo e se constituir como sujeito que diz a verdade sobre si mesmo[22]. Foi assim, portanto, que fui levado a me deter sobre essa noção de *parresía* como elemento constitutivo do dizer-a-verdade sobre si, ou, mais precisamente, como elemento qualificador do outro necessário no jogo e na obrigação de dizer a verdade sobre si.

Iniciei ano passado, vocês talvez se lembrem, a análise dessa fala franca, da prática da *parresía* e do personagem que é capaz de usar de *parresía* e que se chama – a palavra aparece mais tardiamente – o parresiasta (*parresiastés*). O estudo da *parresía* e do *parresiastés* na cultura de si ao longo da Antiguidade é evidentemente uma espécie de pré-história dessas práticas que se organizaram e se desenvolveram posteriormente em torno de alguns pares célebres: o penitente e seu confessor, o dirigido e o diretor de consciência, o doente e o psiquiatra, o paciente e o psicanalista. Foi essa pré-história, em certo sentido, que procurei [escrever].

Mas aconteceu que, estudando, nessa perspectiva, essa prática parresiástica como pré-história desses pares célebres, percebi de novo uma coisa que me surpreendeu um pouco e que eu não havia previsto. Por mais importante que seja essa noção de *parresía* no domínio da direção de consciência, da condução espiritual, do conselho de alma, por mais importante que seja, sobretudo na literatura helenística e romana, não se pode deixar de reconhecer que sua origem está em outro lugar e que não é, essencialmente, fundamentalmente, primeiramente, nessa prática da condução espiritual que [a] vemos aparecer.

A noção de *parresía* – foi o que procurei lhes mostrar ano passado – é, primeiro, fundamentalmente, uma noção política. E essa análise da *parresía*, como noção, conceito político, evidentemente me afastava um pouco do que era meu projeto imediato: a história antiga das práticas do dizer-a--verdade sobre si mesmo. Mas, por outro lado, esse inconveniente era compensado pelo fato de que, retomando ou empreendendo a análise da *parresía* no campo das práticas políticas, eu me aproximava um pouco de um tema que havia sido afinal de contas constantemente apresentado na análise que eu havia [empreendido] das relações entre sujeito e verdade: o das relações de poder e de seu papel no jogo entre o sujeito e a verdade. Com a noção de *parresía*, arraigada originariamente na prática política e na problematização da democracia, derivada depois para a esfera da ética pessoal e da constituição do sujeito moral[23], com essa noção dotada de arraigamento político e derivação moral, temos, para dizer as coisas muito esquematicamente – e é por isso que me interessei por ela, que me detive nela e torno a me deter –, a possibilidade de colocar a questão do sujeito e da verdade do ponto de vista da prática do que se pode chamar de governo de si mesmo e dos outros. E chegamos assim ao tema do governo que eu havia estudado anos atrás[24]. Parece-me que examinando a noção de *parresía* podemos ver se ligarem entre si a análise dos modos de veridicção, o estudo das técnicas de governamentalidade e a identificação das formas de prática de si. A articulação entre os modos de veridicção, as técnicas de governamentalidade e as práticas de si é, no fundo, o que sempre procurei fazer[25].

E vocês estão vendo que, na medida em que se trata de analisar as relações entre modos de veridicção, técnicas de governamentalidade e formas de prática de si, a apresentação de pesquisas assim como uma tentativa para reduzir o saber ao poder, para fazer do saber a máscara do poder, em estruturas onde o sujeito não tem lugar, não pode ser mais que pura e simples caricatura. Trata-se, ao contrário, da análise das relações complexas entre três elementos distintos, que não se reduzem uns aos outros, que não se absorvem uns aos outros, mas cujas relações são constitutivas umas das outras. Esses três elementos são: os saberes, estudados na especificidade da sua veridicção; as relações de poder, estudadas não como uma emanação de um poder substancial e invasivo, mas nos procedimentos pelos quais a conduta dos homens é governada; e enfim os modos de constituição do sujeito através das práticas de si. É realizando esse tríplice deslocamento teórico – do tema do conhecimento para o tema da veridicção, do tema da dominação para o tema da governamentalidade, do tema do indivíduo para o tema das práticas de si – que se pode, assim me parece, estudar as relações entre verdade, poder e sujeito, sem nunca reduzi-las umas às outras[26].

Agora, depois de ter rememorado essa trajetória geral, gostaria [de evocar] brevemente alguns elementos essenciais que caracterizam a *parresía* e o papel parresiástico. Muito brevemente, e mais uma vez [para] os que não estavam aqui, vou voltar a coisas que já foram ditas por alguns minutos (peço desculpa aos que vão ouvir isso de novo) e gostaria em seguida, o mais rapidamente possível, de passar a uma outra maneira de focalizar essa mesma noção de *parresía*.

A *parresía*, vocês se lembram, é etimologicamente a atividade que consiste em dizer tudo: *pân rêma*, *Parresiázesthai* é "dizer tudo". O *parresiastés* é aquele que diz tudo[27]. Assim, a título de exemplo, no discurso de Demóstenes, *Sobre a embaixada*, Demóstenes diz: é preciso falar com *parresía*, sem recuar diante de nada, sem esconder nada[28]. Do mesmo modo, na *Primeira filípica*, ele retoma exatamente o mesmo termo e diz: vou expor meu pensamento sem nada dissimular[29]. O parresiasta é aquele que diz tudo.

Mas é preciso esclarecer imediatamente que a palavra *parresía* pode ser empregada com dois valores. Encontramos o valor pejorativo pela primeira vez, creio, em Aristófanes e, depois, muito correntemente até na literatura cristã. Empregada com valor pejorativo, a *parresía* consiste em dizer tudo, no sentido de que se diz qualquer coisa (qualquer coisa que passe pela cabeça, qualquer coisa que possa ser útil à causa que se defende, qualquer coisa que possa servir à paixão ou ao interesse que anima quem fala). O parresiasta se torna e aparece então como o tagarela impenitente, como aquele que não sabe se conter ou, em todo caso, como aquele que não é capaz de indexar seu discurso a um princípio de racionalidade e a um princípio de verdade. Vocês têm, desse uso pejorativo da *parresía* (dizer tudo, qualquer coisa, dizer o que lhe passa pelo espírito, sem se referir a nenhum princípio de razão ou de verdade), um exemplo em Isócrates, no discurso chamado *Busiris*, em que Isócrates diz que não se deve dizer tudo acerca dos deuses, ao contrário dos poetas que prestaram a eles absolutamente qualquer coisa, quaisquer qualidades ou defeitos[30]. Do mesmo modo, no livro VIII da *República* (dou a referência exata daqui a pouco, porque vou tornar [a] esse texto) vocês [encontram] a descrição da má cidade democrática, aquela que é totalmente diversificada, deslocada, dispersa entre interesses diferentes, paixões diferentes, indivíduos que não se entendem. Essa má cidade democrática pratica a *parresía*: todos podem dizer qualquer coisa[31].

Mas a palavra *parresía* é empregada também com um valor positivo, e nesse momento a *parresía* consiste em dizer a verdade, sem dissimulação nem reserva nem cláusula de estilo nem ornamento retórico que possa cifrá-la ou mascará-la. O "dizer tudo" é nesse momento dizer a verdade sem dela nada esconder, sem escondê-la com o que quer que seja. Na *Segunda filípica*, Demóstenes diz que, ao contrário dos maus parresiastas que dizem qualquer coisa e não indexam seu discurso à razão, não quer falar sem razão, não quer "ir às injúrias" e "responder a um golpe com outro"[32] (vocês sabem, aquelas disputas em que se diz qualquer coisa, contanto que possa prejudicar o adversário e ser útil à sua própria causa). Ele não quer fazer isso, ele quer, ao contrário, com a *parresía* (*metà parresías*) dizer a verdade (*tà alethê*: as coisas verdadeiras). Aliás, acrescenta: não dissimularei nada (*oukh apokrýpsomai*)[33]. Não ocultar nada, dizer as coisas verdadeiras é praticar a *parresía*. A *parresía* é, portanto, o "dizer tudo", mas indexado à verdade: dizer tudo da verdade, não ocultar nada da verdade, dizer a verdade sem mascará-la com o que quer que seja.

Mas creio que isso não basta para caracterizar e definir essa noção de *parresía*. De fato, para que se possa falar de *parresía* no sentido positivo do termo – deixemos de lado agora os valores negativos –, são necessárias, além da regra do dizer tudo e da regra da verdade, duas condições suplementares. É preciso não apenas que essa verdade constitua efetivamente a opinião pessoal daquele que fala, mas também que ele a diga como sendo o que ele pensa, [e não] da boca para fora* – e é nisso que será um parresiasta. O parresiasta dá sua opinião, diz o que pensa, ele próprio de

---

* Restabelecimento do sentido. M.F. diz: ... não apenas que ele por acaso diga a verdade ou a diga da boca para fora, mas é preciso que ele a diga como sendo o que ele pensa.

certo modo assina embaixo da verdade que enuncia, liga-se a essa verdade, e se obriga, por conseguinte, a ela e por ela. Mas não basta. Porque, afinal de contas, um professor, um gramático, um geômetra podem dizer, sobre o que ensinam, sobre a gramática ou a geometria, uma verdade, uma verdade na qual creem, uma verdade que eles pensam. E no entanto, não se dirá que isso é *parresía*. Não se dirá que o geômetra ou o gramático, ao ensinar essas verdades em que creem, são parresiastas. Para que haja *parresía*, vocês se lembram – insisti tanto sobre isso ano passado –, o sujeito, [ao dizer] essa verdade que marca como sendo sua opinião, seu pensamento, sua crença, tem de assumir certo risco, risco que diz respeito à própria relação que ele tem com a pessoa a quem se dirige. Para que haja *parresía* é preciso que, dizendo a verdade, se abra, se instaure e se enfrente o risco de ferir o outro, de irritá-lo, de deixá-lo com raiva e de suscitar de sua parte algumas condutas que podem ir até a mais extrema violência. É portanto a verdade, no risco da violência. Por exemplo, Demóstenes, na *Primeira filípica*, depois de dizer que fala *metà parresías* (com franqueza), [acrescenta]: eu sei que, usando dessa franqueza, ignoro o que resultará para mim dessas coisas que acabo de dizer[34].

Em suma, para que haja *parresía*, é preciso que, no ato de verdade, haja: primeiro, manifestação de um vínculo fundamental entre a verdade dita e o pensamento de quem a disse; [segundo], questionamento do vínculo entre os dois interlocutores (o que diz a verdade e aquele a quem essa verdade é endereçada). De onde essa nova característica da *parresía*: ela implica uma certa forma de coragem, coragem cuja forma mínima consiste em que o parresiasta se arrisque a desfazer, a deslindar essa relação com o outro que tornou possível precisamente seu discurso. De certo modo, o parresiasta sempre corre o risco de minar essa relação que é a condição de possibilidade do seu discurso. Isso pode ser visto claramente, por exemplo, na *parresía*-condução de consciência, em que só pode haver condução de consciência se há amizade, e em que o uso da verdade, nessa condução de consciência, corre precisamente o risco de questionar e romper a relação de amizade que, no entanto, tornou possível esse discurso de verdade.

Mas essa coragem também pode adquirir, em certo número de casos, uma forma máxima quando, para dizer a verdade, não apenas será necessário aceitar questionar a relação pessoal, amistosa, que se pode ter com aquele [com que] se fala, mas pode acontecer até que seja necessário arriscar a própria vida. Platão, quando vai falar com Dionísio, o Velho – é Plutarco que conta isso –, lhe diz certo número de coisas verdadeiras que ferem a tal ponto o tirano que este concebe o plano, que aliás não porá em execução, de matar Platão. Mas Platão no fundo sabia disso, e aceitou esse risco[35]. A *parresía* portanto põe em risco não apenas a relação estabelecida entre quem fala e aquele a quem é dirigida a verdade, mas, no limite, põe em risco a própria existência daquele que fala, se em todo caso seu interlocutor tem um poder sobre aquele que fala e se não pode suportar a verdade que este lhe diz. Esse vínculo entre a *parresía* e a coragem é muito bem indicado por Aristóteles quando, na *Ética nicomaqueia*, ele vincula o que chama de *megalopsykhía* (grandeza de alma) à prática da *parresía*[36].

Só que – e é a última característica que gostaria de lembrar brevemente – a *parresía* pode se organizar, se desenvolver e se estabilizar no que poderíamos chamar de um jogo parresiástico. Porque se o parresiasta é de fato aquele que assume o risco de questionar sua relação com o outro e até sua própria existência dizendo a verdade, toda a verdade, contra todos e contra tudo, por outro lado, aquele a quem essa verdade é dita – quer se trate do povo reunido e que delibera sobre as melhores decisões a tomar, quer se trate do Príncipe, do tirano ou do rei a que é preciso dar conselhos, quer se trate do amigo que você guia –, este (povo, rei, amigo), se quiser desempenhar o papel que lhe propõe o parresiasta dizendo-lhe a verdade, [deve] aceitá-la, por mais desagradáveis que sejam para as opiniões estabelecidas na Assembleia, para as paixões ou os interesses do Príncipe, para a ignorância ou a cegueira do indivíduo. O povo, o Príncipe, o indivíduo devem aceitar o jogo da *parresía*. Devem eles próprios jogá-lo e reconhecer que aquele que assume o risco de lhes dizer a verdade deve ser escutado. E é assim que se estabelecerá o verdadeiro jogo da *parresía*, a partir dessa espécie de pacto que faz que, se o parresiasta mostra sua coragem dizendo a verdade contra tudo e contra todos, aquele a que essa *parresía* é endereçada deverá mostrar sua grandeza de alma aceitando que lhe digam a verdade. Essa espécie de pacto, entre aquele que assume o risco de dizer a verdade e aquele que aceita ouvi-la, está no cerne do que se poderia chamar de jogo parresiástico.

A *parresía* é, portanto, em duas palavras, a coragem da verdade naquele que fala e assume o risco de dizer, a despeito de tudo, toda a verdade que pensa, mas é também a coragem do interlocutor que aceita receber como verdadeira a verdade ferina que ouve.

Vocês estão vendo então como a prática da *parresía* se opõe termo a termo ao que é, em suma, a arte da retórica. Muito esquematicamente podemos dizer que a retórica, tal como era definida e praticada na Antiguidade, é no fundo uma técnica que concerne à maneira de dizer as coisas mas não determina em absoluto as relações entre aquele que fala e aquilo que ele diz. A retórica é uma arte, uma técnica, um conjunto de procedimentos que permitem a quem fala dizer alguma coisa que talvez não seja em absoluto o que ele pensa, mas que vai ter por efeito produzir na pessoa [a] quem [ele se dirige* certo número de convicções, que vai induzir certo número de condutas, que vai estabelecer certo número de crenças. Em outras palavras, a retórica não implica nenhum vínculo da ordem da crença entre quem fala e aquilo que [enuncia]. O bom retórico, o bom rétor é o homem que pode perfeitamente e é capaz de dizer algo totalmente diferente do que sabe, totalmente diferente do que crê, totalmente diferente do que pensa, mas dizer de tal maneira que, no fim das contas, o que dirá, e que não é o que ele crê nem o que ele pensa nem o que ele sabe, será, se tornará o que pensam, o que creem e o que creem saber aqueles a quem ele se endereçou. Na retórica, não há vínculo entre aquele que fala e o que ele diz, mas a retórica tem por efeito estabelecer um vínculo obrigatório entre a coisa dita e aquele ou aqueles a quem ela é endereçada. Vocês estão vendo que, desse ponto de vista, a retórica está no exato oposto da *parresía*, [que implica ao contrário uma] instauração forte, manifesta, evidente entre aquele que fala e o que ele diz, pois ele deve manifestar seu pensamento e não se trata, na *parresía*, de dizer algo diferente do que se pensa. A *parresía* estabelece portanto entre aquele que fala e o que ele diz um vínculo forte, necessário, constitutivo, mas abre sob a forma do risco o vínculo entre aquele que fala e aquele a quem ele se endereça. Porque, afinal de contas, aquele a quem ele se endereça sempre pode não acolher o que lhe é dito. Ele pode [sentir-]se ofendido, pode rejeitar o que lhe dizem e pode, finalmente, punir ou se vingar daquele que lhe disse a verdade. Logo, a retórica não implica o vínculo entre aquele que fala e o que é dito, mas visa instaurar um vínculo obrigatório, um vínculo de poder entre o que é dito e aquele a quem isto se endereça; a *parresía*, ao contrário, implica um vínculo forte e constituinte entre aquele que fala e o que ele diz, e abre, pelo próprio efeito da verdade, pelo efeito de ofensas da verdade, a possibilidade de uma ruptura de vínculo entre aquele que fala e aquele a quem este se dirige. Digamos, muito esquematicamente, que o retórico é, ou pode perfeitamente ser, um mentor eficaz que constrange os outros. O parresiasta, ao contrário, será o dizedor corajoso de uma verdade em que ele arrisca a si mesmo e sua relação com o outro.

Tudo isso eram coisas que eu tinha dito ano passado. Gostaria agora de avançar um pouco e observar logo que não se deve crer que a *parresía* seja uma espécie de técnica bem definida, que equilibra a retórica e é simétrica em relação a esta. Não se deveria acreditar que houve, na Antiguidade, em face do retórico que era um profissional, um técnico, em face da

---

* M.F. diz: aquele que fala.

retórica que era uma técnica e requeria um aprendizado, um parresiasta e uma *parresía* que também seriam [...*]

O parresiasta não é um profissional. E a *parresía* é, afinal, outra coisa que não uma técnica ou uma profissão, muito embora haja aspectos técnicos nela. A *parresía* não é uma profissão, é algo mais difícil de apreender. É uma atitude, uma maneira de ser que se aparenta à virtude, uma maneira de fazer. São procedimentos, meios reunidos tendo em vista um fim e, com isso, claro, se aproxima da técnica, mas também é um papel, um papel útil, precioso, indispensável para a cidade e para os indivíduos. A *parresía*, em vez de [uma] técnica [à maneira da] retórica, deve ser caracterizada como uma modalidade do dizer-a-verdade. Para defini-la melhor, podemos opô-la a outras modalidades fundamentais do dizer-a-verdade que encontramos na Antiguidade, mas que encontraríamos, sem dúvida, mais ou menos deslocadas, vestidas, postas em forma de maneiras diversas, em outras sociedades, na nossa também. Podemos definir, a partir da Antiguidade, considerando as coisas justamente na clareza em que ela nos deixou, quatro modalidades fundamentais do dizer-a-verdade.

Primeiro, o dizer-a-verdade da profecia. E aí vou tentar fazer uma análise não do que os profetas diziam (de certo modo, estruturas do que é dito pelos profetas), mas da maneira como o profeta se constitui e é reconhecido pelos outros como sujeito que diz a verdade. O profeta é, evidentemente, como o parresiasta, é claro, alguém que diz a verdade. Mas creio que o que caracteriza fundamentalmente o dizer-a-verdade do profeta, sua veridicção, é que o profeta se situa em postura de meditação. O profeta, por definição, não fala em seu nome. Fala por uma outra voz, sua boca serve de intermediária para uma voz que fala de outro lugar. O profeta transmite uma palavra que é, em geral, a palavra de Deus. E articula e profere um discurso que não é o dele. Endereça aos homens uma verdade que vem de outro lugar. O profeta se situa numa posição de intermediário neste outro sentido de que se situa entre o presente e o futuro. É aquele que desvela o que o tempo esconde dos homens e que nenhum olhar humano poderia ver, nenhum ouvido humano poderia ouvir sem ele; é essa a segunda característica intermediária do profeta. O dizer-a-verdade profético também é intermediário na medida em que, de certo modo, claro, o profeta desvela, mostra, esclarece o que está escondido dos homens, mas por outro lado, ou antes, ao mesmo tempo, ele não desvela sem ser obscuro e não revela sem envolver o que diz em certa forma, que é a do enigma.

---

* Michel Foucault é interrompido aqui por uma música pop proveniente de um gravador. Ouve-se um dos presentes correr para o aparelho.
M.F.: "Acho que você se enganou. Ao menos é Michael Jackson? Azar."

O que tem por consequência que a profecia, no fundo, nunca dá uma prescrição unívoca e clara. Ela não diz a verdade nua e crua, e em sua pura e simples transparência. Mesmo quando o profeta diz o que se deve fazer, resta ainda se interrogar, resta saber se quem o ouviu compreendeu bem, resta saber se quem o ouviu não permanece cego, resta questionar, hesitar, resta interpretar.

Ora, precisamente, a *parresía* se opõe, termo a termo, a essas diferentes características do dizer-a-verdade profético. O parresiasta, como vocês estão vendo, se opõe ao profeta na medida em que o profeta não fala por si, mas em nome de outro, e articula uma voz que não é a dele. Ao contrário, o parresiasta, por definição, fala em seu próprio nome. É essencial que seja sua opinião, é essencial que seja o seu pensamento e a sua convicção que ele formula. Ele deve assinar sua fala, sua franqueza tem esse preço. O profeta não tem de ser franco, ainda que diga a verdade. Em segundo lugar, o parresiasta não diz o futuro. Claro, ele revela e desvela o que a cegueira dos homens não pode perceber, mas não levanta o véu que cobre o futuro. Ele levanta o véu que cobre o que existe. O parresiasta não ajuda os homens a vencer, de certo modo, o que os separa do seu futuro, em função da estrutura ontológica do ser humano e do tempo. Ele os ajuda em sua cegueira, mas em sua cegueira sobre o que são, sobre si mesmos, e não em consequência de uma estrutura ontológica, mas de algum erro, distração ou dissipação moral, consequência de uma desatenção, de uma complacência, de uma covardia. E é aí, nesse jogo entre o ser humano e sua cegueira arraigada numa desatenção, numa complacência, numa covardia, numa distração moral que o parresiasta representa seu papel, papel de desvelador bem diferente por conseguinte, vocês estão vendo, [daquele] do profeta que se situa no ponto em que se articula a finitude humana e a estrutura do tempo. Em terceiro lugar, o parresiasta, também por definição, não fala por enigmas, diferentemente do profeta. Ele diz ao contrário as coisas do modo mais claro, mais direto possível, sem nenhum disfarce, sem nenhum ornamento retórico, de sorte que suas palavras podem receber imediatamente um valor prescritivo. O parresiasta não deixa nada para interpretar. Claro, ele deixa algo para fazer: deixa àquele a quem ele se dirige a rude tarefa de ter a coragem de aceitar essa verdade, de reconhecê-la e dela fazer um princípio de conduta. Deixa essa tarefa moral, mas, diferentemente do profeta, não deixa o difícil dever de interpretar.

Em segundo lugar, creio que podemos opor também o dizer-a-verdade parresiástico a outro modo de dizer-a-verdade que foi importantíssimo na Antiguidade, mais importante até, sem dúvida, para a filosofia antiga do que o dizer-a-verdade profético: é o modo da sabedoria. Vocês sabem que o sábio, e nisso aliás ele se opõe ao profeta de que acabamos de falar, fala em seu nome, em seu próprio nome. E, se é verdade que essa sabedoria pôde lhe ser inspirada por um deus ou lhe ser transmitida por uma tradição, um ensino mais ou menos esotérico, não é menos verdade que o sábio está presente no que diz, presente em seu dizer-a-verdade. A sabedoria que ele formula é sua própria sabedoria. O sábio, no que diz, manifesta seu modo de ser e, nessa medida, embora ele tenha de fato uma função de intermediário entre a sabedoria atemporal e tradicional e aquele a quem ele se dirige, não é simplesmente um porta-voz, como pode ser o profeta. Ele é um sábio *per se*, e é seu modo de ser sábio como modo de ser pessoal que o qualifica como sábio, e o qualifica para falar o discurso da sabedoria. Nessa medida, presente que está em seu discurso sábio, e manifestando seu modo de ser sábio em seu discurso sábio, ele está muito mais próximo do parresiasta do que do profeta. Mas o sábio – é o que o caracteriza, pelo menos através de certo número de traços que podemos levantar na literatura antiga – mantém sua sabedoria num retiro, ou pelo menos numa reserva que é essencial. No fundo, o sábio é sábio em e para si mesmo, e não precisa falar. Ele não é obrigado a falar, nada o obriga a distribuir sua sabedoria, a ensiná-la ou a manifestá-la. É o que explica que, por assim dizer, o sábio seja estruturalmente silencioso. E se ele fala, o faz solicitado pelas questões de alguém ou por uma situação de urgência para a cidade. É o que explica também que suas respostas – e nisso, então, ele pode perfeitamente se aparentar ao profeta, e muitas vezes imitá-lo e falar como ele – podem muito bem ser enigmáticas e deixar aqueles a quem são endereçadas na ignorância ou na incerteza do que, efetivamente, ele disse. Outra característica do dizer-a-verdade da sabedoria é que a sabedoria diz o que é, ao contrário da profecia em que o que é dito é o que será. O sábio diz o que é, ou seja, o ser do mundo e das coisas. E se esse dizer-a-verdade do ser do mundo e das coisas pode adquirir o valor de prescrição, não é na forma de um conselho ligado a uma conjuntura, mas na de um princípio geral de conduta.

    Essas características do sábio podem ser perfeitamente lidas e descobertas no texto – embora tardio, porém um dos mais ricos em informações diversas – de Diógenes Laércio, quando ele pinta o retrato de Heráclito. Primeiro, Heráclito vive num retiro essencial. Ele se mantém em silêncio. E Diógenes Laércio lembra a partir de que momento e por que se fez a ruptura entre Heráclito e os efésios. Os efésios haviam exilado Hermodoro, um amigo de Heráclito, precisamente porque Hermodoro era mais sábio e melhor do que eles. E teriam dito: queremos "que não haja ninguém, entre nós, que seja melhor do que nós"[37]. E, se houver entre nós alguém melhor do que nós, que vá viver em outro lugar. Os efésios não suportam precisamente a superioridade daquele que diz a verdade. Eles perseguem o parresiasta. Perseguiram Hermodoro, que foi obrigado a partir, coagido e forçado a esse exílio com que puniam aquele que é capaz de dizer a verdade. Heráclito, de seu lado, respondeu por um retiro voluntário. Como os efésios puniram com o exílio o melhor deles, pois bem, diz Heráclito, todos os outros que valem menos que ele deveriam ser mortos. E como não são mortos, eu é que vou embora. E a partir de então ele se recusa, quando assim lhe pediram, a dar leis à cidade. Porque, diz ele, a cidade já é dominada por um *ponerà politeía* (um modo de vida político ruim). Então ele se retira e vai jogar – imagem famosa – ossinhos com as crianças. E aos que se indignam ao ver aquele homem jogando ossinhos com as crianças, ele responde: "De que vos espantais, mandriões, não é isso melhor do que administrar a república convosco [*met'hymôn politeúesthai*: participar da vida política convosco; M.F.]?"[38] Ele se retira nas montanhas praticando o desprezo pelos homens (*misanthrópon*)[39]. E quando lhe perguntavam por que se calava, ele respondia: "Se me calo é porque falais."[40] E Diógenes Laércio relata que é nesse retiro que escreve seu Poema, em termos voluntariamente obscuros para que somente as pessoas capazes possam lê-lo, e que não se possa desprezá-lo, a ele, Heráclito, por ser lido por todo o mundo e qualquer um[41].

A esse papel, a essa caracterização do sábio, que fundamentalmente se cala, só fala quando quer e [somente] por enigmas, se opõem o personagem e as características do parresiasta. O parresiasta, por sua vez, não é alguém que se mantém fundamentalmente reservado. Ao contrário, seu dever, sua obrigação, seu encargo, sua tarefa é falar, e ele não tem o direito de se furtar a essa tarefa. Veremos precisamente com Sócrates, que lembra isso com frequência na *Apologia*: ele recebeu do deus essa função de interpelar os homens, de pegá-los pela manga, de lhes fazer perguntas. E essa tarefa, ele não abandonará. Mesmo ameaçado de morte, ele levará sua tarefa até o fim, até seu último suspiro[42]. Enquanto o sábio se mantém em silêncio e responde parcimoniosamente, o menos possível, às questões que lhe podem ser formuladas, o parresiasta é o indefinido, o permanente, o insuportável interpelador. Em segundo lugar, enquanto o sábio é aquele que, precisamente sobre o fundo do seu silêncio essencial, fala por enigmas, o parresiasta deve falar, falar tão claro quanto possível. E, enfim, enquanto o sábio diz o que é, mas na forma do próprio ser das coisas e do mundo, o parresiasta intervém, diz o que é, mas na singularidade dos indivíduos, das situações e das conjunturas. Seu papel específico não é dizer o ser da natureza e das coisas. Na análise da *parresía*, vamos encontrar perpetuamente essa oposição entre o saber inútil que diz o ser das coisas e do mundo, e o dizer-a-verdade do parresiasta que sempre se aplica, questiona, aponta para indivíduos e situações a fim de dizer o que estes são na realidade, dizer aos indivíduos a verdade deles mesmos que se esconde a seus próprios olhos, revelar sua situação atual, seu caráter, seus defeitos, o valor da sua conduta e as consequências eventuais da decisão que eles viessem a tomar. O parresiasta não revela a seu interlocutor o que é. Ele desvela ou o ajuda a reconhecer o que ele, interlocutor, é.

Enfim, terceira modalidade do dizer-a-verdade que podemos opor ao dizer-a-verdade do parresiasta é o dizer-a-verdade do professor, do técnico, do [instrutor]. O profeta, o sábio e o que ensina.*

*

NOTAS

1. Desde janeiro de 1981 ("Subjetivité et Vérité", cf. resumo in *Dits et Écrits, 1954-1988*, ed. por D. Defert & F. Ewald, colab. J. Lagrange, Paris, Gallimard, 1994, 4 vols.: cf. IV, pp. 213-8) Foucault consagra seus cursos no Collège de France ao pensamento antigo.

2. No ano anterior, confrontado com as mesmas dificuldades, Foucault já havia sugerido a constituição, paralelamente ao curso principal, de um pequeno grupo de trabalho que seria formado exclusivamente de pesquisadores cujos temas de trabalho fossem próximos: cf. *Le gouvernement de soi et des autres. Cours au Collège de France, 1982-1983*, ed. F. Gros, Paris, Gallimard--Le Seuil (col. "Hautes Études"), 2008, p. 3 (aula de 5 de janeiro de 1983) e p. 68 (aula de 12 de janeiro) [Trad. bras.: *O governo de si e dos outros*, São Paulo, WMF Martins Fontes, 2010.]

3. Sobre o conceito de aleturgia, cf. as aulas no Collège de France de 23 e 30 de janeiro de 1980 ("forjando a partir de *alethourgés* a palavra fictícia de *alethourgía*, poderíamos chamar de 'aleturgia' (manifestação de verdade) o conjunto dos procedimentos possíveis, verbais ou não, pelos quais se traz à luz o que é posto como verdadeiro, em oposição ao falso, ao oculto, ao indizível, ao imprevisível, ao esquecimento. Poderíamos chamar de 'aleturgia' esse conjunto de procedimentos e dizer que não há exercício de poder sem algo como uma aleturgia", aula de 23 de janeiro).

4. M. Foucault, *Histoire de la folie à l'âge classique*, Paris, Plon, 1961 (1972 na editora Gallimard); *Surveiller et Punir*, Paris, Gallimard, 1975. [Trad. bras.: *História da loucura*, 9ª ed., São Paulo, Perspectiva, 2010.]

5. M. Foucault, *Les Mots et les Choses*, Paris, Gallimard, 1966. Cf. para uma apresentação similar da análise do "sujeito falante, trabalhante, vivente", a nota "Foucault" em *Dits et Écrits*, ed. citada, t. IV, p. 633. [Trad. bras.: *As palavras e as coisas*, 2ª ed., São Paulo, Martins Fontes, 2007.]

6. A mesma apresentação sistemática sob a forma de um tríptico se encontra na primeira aula de 1983 (*Le Gouvernement de soi...*, ed. citada, pp. 4-7).

7. Sobre o exame de consciência como exercício espiritual, cf. aula de 24 de março de 1982, in M. Foucault, *L'Herméneutique du sujet. Cours au Collège de France, 1981-1982*, ed. F. Gros, Paris, Gallimard-Le Seuil (col. "Hautes Études"), 2001, pp. 460-4 (bem como a aula de 27 de janeiro, *id.*, pp. 157-8). [Trad. bras.: *A hermenêutica do sujeito*, 3ª ed., São Paulo, WMF Martins Fontes, 2010.]

---

* M.F.: Bem, se vocês quiserem, porque talvez estejam um pouco cansados, uns de ouvir, outros de não ouvir, uns de estar sentados, outros de estar de pé, eu, em todo caso, de falar, vamos parar uns cinco ou dez minutos. E voltamos a nos encontrar daqui a pouco, está bem? Vou tentar terminar por volta das onze e quinze. Obrigado.

8. Sobre a correspondência como exercício espiritual, cf. as aula de 20 e 27 de janeiro de 1982 (*id.*, pp. 86-87, 146-9 e 151-7).

9. Sobre as *hypomnémata* e outros exercícios de escrita, cf. aula de 3 de março de 1982 (*id.*, pp. 341-345) bem como "L'écriture de soi" in *Dits et Écrits*, t. IV, pp. 415-30.

10. Cf., em *L'Herméneutique du sujet*, a totalidade do mês de janeiro de 1982.

11. Sobre esse conceito, cf. a aula de 3 de fevereiro de 1982 (*id.*, pp. 172-3). Pode-se também consultar o artigo de P. Hadot, *in Michel Foucault philosophe* [Encontro internacional, Paris, 9-11 de janeiro de 1988], ed. pela Association pour le Centre Michel Foucault, Paris, Le Seuil, 1989.

12. Sobre essa história, cf. a aula de 19 de fevereiro de 1975, *in* M. Foucault, *Les Anormaux. Cours au Collège de France, 1974-1975*, ed. V. Marchetti & A. Salomoni, Paris, Gallimard-Le Seuil (col. "Hautes Études"), 1999, pp. 161-71 [Trad. bras.: *Os anormais*, 2ª ed., São Paulo, WMF Martins Fontes, 2010.], bem como *La Volonté de savoir*, Paris, Gallimard, 1976 (cap. "L'incitation au discours") [Trad. bras.: *História da sexualidade* v. 1: A vontade de saber, São Paulo, Graal Editora, 1988.]

13. Sobre esse conceito, cf. aula de 22 de fevereiro de 1978, *in* M. Foucault, *Sécurité, Territoire, Population. Cours au Collège de France, 1977-1978*, ed. M. Senellart, Paris, Gallimard--Le Seuil (col. "Hautes Études"), 2004 [Trad. bras.: *Segurança, território, população*, São Paulo, Martins Editora, 2008.], bem como "*Omnes et singulatim*", in *Dits et Écrits*, t. IV, pp. 136-47.

14. Galeno, *Traité des passions de l'âme et de seus erreurs*, trad. R. Van der Elst, Paris, Delgrave, 1914. Para a análise por Foucault desse texto, cf. *L'Herméneutique du sujet*, pp. 378-382, bem como a aula de 12 de janeiro de 1983, *in Le Gouvernement de soi...*, pp. 43-5.

15. Sobre a organização da escola de Epicteto, cf. aula de 27 de janeiro de 1982, *in L'Herméneutique du sujet*, pp. 133-7.

16. Sobre esse personagem, cf. *id.*, pp. 137-8.

17. Sobre essa dimensão "médica" do cuidado da alma, cf. as precisões de Foucault na aula de 20 de janeiro de 1982 (*id.*, pp. 93-6).

18. Cf. o capítulo "Du régime en général", in M. Foucault, *L'Usage des plaisirs*, Paris, Gallimard, 1984. [Trad. bras.: *História da sexualidade* v. 2: O uso dos prazeres, 12ª ed., São Paulo, Graal Editora, 2007.]

19. Sobre a *libertas* (tradução latina de *parresía*) em Sêneca, cf. aula de 10 de março de 1982, em *L'Herméneutique du sujet*, pp. 382-8.

20. Para uma primeira análise do tratado de Filodemo, cf. *id.*, pp. 370-4, e a aula de 12 de janeiro de 1983, in *Le Gouvernement de soi...*, pp. 45-6.

21. Cf. já, sobre esse texto, *L'Herméneutique du sujet*, pp. 357-8, e a aula de 2 de março de 1983, in *Le Gouvernement de soi...*

22. Cf. *supra*, nota 14.

23. Para a história dessa "derivação", cf. a aula de 2 de março de 1983, in *Le Gouvernement de soi...*, pp. 277-82.

24. *Sécurité, Territoire, Population*, ed. citada.

25. Para uma apresentação similar da *parresía* como nó dos três grandes eixos de pesquisa, cf. *Le Gouvernement de soi...*, p. 42.

26. Para uma "versão longa" da apresentação de seu método, cf. o início da aula de 5 de janeiro de 1983 (*id.*, pp. 3-8).

27. Cf. as primeiras definições em março de 1982 (*L'Herméneutique du sujet*, p. 348) e janeiro de 1983 (*Le Gouvernement de soi...*, pp. 42-3).

28. "É necessário, atenienses, falar com franqueza (*metà parresías*) sem recuar diante de nada" (§ 237, *in* Demóstenes, *Plaidoyers politiques*, t. III, trad. G. Mathieu, Paris, Les Belles Lettres, 1972, p. 96).

29. "Acabo de vos expor todo o meu pensamento sem nada dissimular (*panth'haplos oudèn hyposteilámenos, peparrhesíasmai*)" (Demóstenes, *Première Philippique*, § 50, *in Harangues*, t. I, trad. M. Croiset, Paris, Les Belles Lettres, 1965, p. 49). [Trad. bras.: *As três filípicas*, Martins Editora, São Paulo, 2001.]

30. "Não iremos dizer tudo acerca dos deuses (*tes d'eis toùs theoùs parresías oligorésomen*)" (Isócrates, *Busiris*, § 40, *in Discours*, t. I, trad. G. Mathieu & E. Brémond, Paris, Les Belles Lettres, 1972, p. 198).

31. Cf. para uma primeira análise dessa passagem (*República*, livro VIII, 557a-b *et sq.*) a aula de 9 de fevereiro de 1983, *in Le Gouvernement de soi...*, pp. 181-5.

32. Demóstenes, *Seconde Philippique*, in *Harangues*, t. II, trad. M. Croiset, Paris, Les Belles Lettres, 1965, §32, p. 34.

33. "Ah! Vou vos falar de coração aberto, porque, os deuses são testemunhas, não quero dissimular nada (*egò nè toùs theoùs talethê metà parresías erô pròs hymâs kaì ouk apokrýpsomai*)" (*Première Philippique*, § 31, in *op. cit*, p. 34).

34. "Na verdade, ignoro quais serão para mim as consequências da minha proposição" (*id*., § 51, p. 49).

35. Sobre essa história e sua análise por Foucault em termos de *parresía*, cf. a aula de 12 de janeiro de 1983 *in Le Gouvernement de soi...*, pp. 47-52.

36. "É também para ele uma necessidade de exibir à luz do dia tanto seus ódios como suas amizades. Porque só se esconde quem tem medo. E se preocupa com a verdade mais que com a opinião, e fala e age à luz do dia. Ele tem de fato sua fala franca, porque despreza as contrariedades que esta poderia lhe atrair" (Aristóteles, *Éthique à Nicomaque*, livro IV, 1124b 26-29, trad. R. A. Gauthier & J. Y. Jolif, Louvain, Éd. Peters, t. I-2, p. 106). [Trad. bras.: *Ética a Nicômaco*, São Paulo, Atlas, 2009.]

37. "Héraclite", *in* Diogène Laërce, *Vie, doctrines et sentences des philosophes illustres*, ed. e trad. R. Genaille, Paris, Garnier-Flammarion, t. II, 1965, p. 163 (Diogène Laërce, *Vies et doctrines des philosophes illustres*, ed. e trad. M.-O. Goulet-Cazé, Paris, Le Livre de Poche, 1999, livro IX, § 2, p. 1048).

38. *Ibid.*

39. *Ibid.*

40. *Id.*, p. 167 (trad. M.-O. Goulet-Cazé, IX, 12, p. 1056).

41. *Id.*, p. 165 (trad. M.-O. Goulet-Cazé, IX, 5, p. 1050).

42. Platão, *Apologie de Socrate*, 30b, trad. M. Croiset, Paris, Les Belles Lettres, 1970, p. 157. [Trad. bras.: *Apologia de Sócrates*, Porto Alegre, L&PM, 2008.]

AULA DE 1º DE FEVEREIRO DE 1984
Segunda hora

O dizer-a-verdade do técnico. – Objeto do dizer-a-verdade parresiástico: o éthos. *– A composição dos quatro dizer-a-verdade em Sócrates. – O dizer-a-verdade filosófico como articulação das funções de sabedoria e de parresía. – A Predicação e a Universidade na Idade Média. – Uma nova combinatória dos dizer-a-verdade. – A reconfiguração das quatro modalidades de veridicção na época moderna.*

[...*] Eu havia procurado portanto identificar as relações e diferenças entre o modo de dizer-a-verdade parresiástico e o modo de dizer-a-verdade profético, primeiro, e o modo de dizer-a-verdade da sabedoria, depois. E agora gostaria, muito esquematicamente, muito alusivamente, de indicar algumas das relações que podemos perceber entre a veridicção parresiástica e a veridicção de quem ensina – gostaria de dizer, no fundo: do técnico. Esses personagens (o médico, o músico, o sapateiro, o marceneiro, o mestre de esgrima, o ginasta), muitas vezes evocados por Platão em seus diálogos, socráticos e outros, possuem um saber caracterizado como *tékhne, know-how,* isto é, que implica conhecimentos, mas conhecimentos que tomam corpo numa prática e que implicam, para seu aprendizado, não apenas um conhecimento teórico mas todo um exercício (toda uma *áskesis* ou toda uma *meléte*[1]). Eles detêm esse saber, professam-no e são capazes de ensiná-lo aos outros. Esse técnico, que detém uma *tékhne,* aprendeu-a e é capaz de ensiná-la, é alguém – e nisso ele vai se diferenciar, claro, do sábio – que tem de dizer a verdade, ou em todo caso formular o que sabe e transmiti-lo aos outros. Afinal, esse técnico tem certo

---

* M.F.: [início inaudível] ... e ambiguidade da *parresía* sempre limitada das instituições. De fato, a sala 6 não era sonorizada, não é sonorizada, não vai ser sonorizada. Disseram a verdade a vocês ao dizerem que a sala 6 não era sonorizada, mas o que não lhes disseram, e que não me disseram tampouco, é que a sala 5 era. Em todo caso é a partir de agora. Então os que estiverem cansados de ficar em pé ou sentados no chão podem encontrar na sala 5 um lugar em que poderão sentar, ler o jornal e bater papo tranquilamente. Entendido? É isso. Então obrigado e me desculpem. Portanto, daqui para a frente, se entendi direito, todas as quartas a sala 5 será acoplada a esta. Não vão mais ser a 8 e a 6, mas a 8 e a 5. É isso, peço desculpas pelo ocorrido.

dever de palavra. Ele, de certa forma, tem a obrigação de dizer o saber que possui e a verdade que conhece, porque esse saber e essa verdade estão ligados a toda uma tradicionalidade. Ele mesmo, esse homem da *tékhne*, não teria podido evidentemente aprender nada e não saberia nada hoje ou pouquíssima coisa, se não tivesse havido, antes dele, um técnico (*tekhnítes*) como ele que lhe ensinou, de que foi discípulo e que foi seu mestre. E assim como ele não teria aprendido nada se alguém não lhe houvesse dito o que sabia antes dele, do mesmo modo, para que seu saber não morra depois dele, ele vai ter de transmiti-lo.

Nessa ideia daquele que possui um saber de *tékhne*, que o recebeu e vai transmiti-lo, encontramos esse princípio de uma obrigação de falar, que não encontramos no sábio, mas que encontramos no parresiasta. Porém, esse professor, esse homem da *tékhne*, do *know-how* e do ensino, nessa transmissão do saber, nesse dizer-a-verdade que ele mesmo recebeu e vai transmitir, vemos que não assume nenhum risco – e é isso que faz sua diferença em relação ao parresiasta. Todo o mundo sabe, e eu em primeiro lugar, que ninguém precisa ser corajoso para ensinar. Ao contrário, quem ensina estabelece, ou ao menos espera, ou às vezes deseja estabelecer entre si e aquele ou aqueles que o escutam um vínculo, vínculo esse que é o do saber comum, da herança, da tradição, vínculo que pode ser também o do reconhecimento pessoal ou da amizade. Em todo caso, nesse dizer-a-verdade, se estabelece uma filiação na ordem do saber. Ora, vimos que o parresiasta, ao contrário, assume um risco. Ele arrisca a relação que tem com aquele a quem se dirige. E dizendo a verdade, longe de estabelecer esse vínculo positivo de saber comum, de herança, de filiação, de reconhecimento, de amizade, pode ao contrário provocar sua cólera, indispor-se com o inimigo, suscitar a hostilidade da cidade, acarretar a vingança e a punição de parte do rei, se for um mau soberano e se for tirânico. E, nesse risco, pode expor sua própria vida, pois ele pode pagar com a existência a verdade que disse. No caso do dizer-a-verdade da técnica, o ensino assegura ao contrário a sobrevivência do saber, enquanto a *parresía* faz aquele que a pratica arriscar a vida. O dizer-a-verdade do técnico e do professor une e vincula. O dizer-a-verdade do parresiasta assume os riscos da hostilidade, da guerra, do ódio e da morte. E se é verdade que a verdade do parresiasta – [quando] é recebida, [quando] o outro, diante dele, aceita o pacto e joga o jogo da *parresía* – pode nesse momento unir e reconciliar, isso só ocorre depois de ter aberto um momento essencial, fundamental, estruturalmente necessário: a possibilidade do ódio e da dilaceração.

Digamos portanto, muito esquematicamente, que o parresiasta não é o profeta que diz a verdade desvelando, em nome de outro e enigmaticamente, o destino. O parresiasta não é um sábio, que, em nome da sabedoria, diz, quando quer e sobre o fundo de seu próprio silêncio, o ser e a natureza (a *phýsis*). O parresiasta não é o professor, o instrutor, o homem do *know-how* que diz, em nome de uma tradição, a *tékhne*. Ele não diz portanto nem o destino nem o ser nem a *tékhne*. Ao contrário, na medida em que assume o risco de entrar em guerra com os outros, em vez de solidificar, como o professor, o vínculo tradicional [falando] em seu próprio nome e com toda clareza, [ao contrário] do profeta que fala em nome de outro, [na medida] enfim [em que ele diz] a verdade do que é – verdade do que é na forma singular dos indivíduos e das situações, e não verdade do ser e da natureza das coisas –, pois bem, o parresiasta põe em jogo o discurso verdadeiro do que os gregos chamavam de *éthos*.

O destino tem uma modalidade de veridicção que encontramos na profecia. O ser tem uma modalidade de veridicção que encontramos no sábio. A *tékhne* tem uma modalidade de veridicção que encontramos no técnico, no professor, no instrutor, no homem do *know-how*. E enfim, o *éthos* tem sua veridicção na palavra do parresiasta e no jogo da *parresía*. Profecia, sabedoria, ensino, *parresía*, são, a meu ver, quatro modos de veridicção que, [primeiro], implicam personagens diferentes; segundo, requerem modos de palavra diferentes; e terceiro, referem-se a domínios diferentes (destino, ser, *tékhne*, *éthos*).

Na verdade, nessa identificação, não defino essencialmente tipos sociais, historicamente distintos. Não quero dizer que haja quatro profissões ou quatro tipos sociais na civilização antiga: o profeta, o sábio, o professor, o parresiasta. Claro, pode acontecer que essas quatro grandes modalidades do dizer-a-verdade (o dizer-a-verdade profético, sábio, técnico e ético ou parresiástico) correspondam seja a instituições, seja a práticas, seja a personagens que se podem distinguir perfeitamente. Uma das razões pelas quais o exemplo da Antiguidade é privilegiado é porque ele permite, precisamente, desbravar, de certo modo, essas diferentes [modalidades] do dizer-a-verdade, esses diferentes modos de veridicção. Porque, na Antiguidade, nós os encontramos bem distintos e encarnados, postos em forma, quase institucionalizados em formas diferentes. Vocês têm a função profética, que era definida e institucionalizada com bastante nitidez. Também o personagem do sábio era bastante isolado (vejam o retrato de Heráclito). O professor, o técnico, o homem da *tékhne* aparecem com muita nitidez nos diálogos socráticos (os sofistas eram precisamente essas espécies de técnicos e professores que almejavam uma função universal). Quanto ao parresiasta, ele aparece de uma maneira bem nítida [sob] seu perfil próprio – voltaremos a esse ponto da próxima vez –, com Sócrates, depois com Diógenes e toda uma série de filósofos. No entanto, por mais distintos que sejam esses papéis, e mesmo que seja verdade que em certos momentos, em certas sociedades ou em certas civilizações vocês veem essas quatro funções assumidas de certa forma por instituições ou personagens nitidamente diferentes, cumpre notar que não são, fundamentalmente, personagens ou papéis sociais. Faço questão de insistir: são essencialmente modos de veridicção. Acontece – e acontecerá com muita frequência, com maior frequência que o inverso – de esses modos de veridicção serem combinados uns com os outros e encontrados em formas de discurso, em tipos institucionais, em personagens sociais que misturam os modos de veridicção uns com os outros.

Vocês veem como Sócrates compõe elementos que são da ordem da profecia, da sabedoria, do ensino e da *parresía*. Sócrates é o parresiasta[2]. Mas lembrem-se: de quem ele recebeu sua função de parresiasta, sua missão de ir interpelar as pessoas, puxá-las pela manga e dizer "cuide um pouco de si mesmo"? Do deus de Delfos e da instância profética que deu esse veredicto. Quando foram lhe perguntar qual era o mais sábio dos homens da Grécia, ele respondeu: é Sócrates. E foi para honrar essa profecia, para honrar também o deus de Delfos formulando o princípio "conhece a ti mesmo", que Sócrates iniciou sua missão[3]. Sua função de parresiasta não é portanto estranha a certa relação com essa função profética, de que ele no entanto se distingue. Igualmente, Sócrates tem uma relação com a sabedoria, por mais parresiasta que ele seja. Essa relação é marcada por várias características, que dizem respeito à sua virtude pessoal, ao seu domínio de si, à sua abstenção em relação a todos os prazeres, sua resistência a todos os sofrimentos, sua capacidade de se abstrair do mundo. Lembrem-se [da] famosa cena em que Sócrates se torna insensível, imóvel, sem perceber o frio quando era soldado e fazia a guerra[4]. Não se deve esquecer tampouco que há em Sócrates essa característica, num sentido ainda mais importante, de sabedoria, que é, apesar de tudo, certo silêncio. Porque Sócrates não fala. Ele não faz discursos, não diz espontaneamente o que sabe. Ao contrário, ele se afirma como sendo aquele que não sabe e que, não sabendo e sabendo simplesmente que não sabe, vai se manter na reserva e no silêncio, contentando-se com interrogar. A interrogação é uma maneira de, podemos dizer, compor com o dever de *parresía* (isto é, o dever de interpelar e de falar) a reserva essencial ao sábio que, por seu lado, se cala. Só que o sábio se cala porque sabe e tem o direito de não dizer seu saber, ao passo que Sócrates vai se calar dizendo que não sabe e indo interrogar, interrogar todo o mundo e qualquer um à maneira do parresiasta. Logo, vocês estão vendo, aqui também o traço parresiástico se combina com os traços de sabedoria. E, enfim, claro, a relação com o técnico, o instrutor. O problema socrático é este: como ensinar a virtude e como dar aos jovens as qualidades e os conhecimentos necessários, seja para viver, seja também para governar direito a cidade? Lembrem-se do *Alcibíades*[5]. Lembrem-se também – voltaremos a esse ponto da próxima vez – do fim do *Laques*, quando Sócrates aceita receber, para lhes ensinar a cuidar de si, os filhos de Lisímaco e [Melésias][6]. Sócrates é portanto o parresiasta, porém, mais uma vez, em relação permanente, essencial, com a veridicção profética, a veridicção da sabedoria e a veridicção técnica do ensino.

Muito mais do que personagens, a profecia, a sabedoria, o ensino, a técnica e a *parresía* devem ser considerados modos fundamentais do dizer-a-verdade. Há a modalidade que diz enigmaticamente em que pé se encontra o que se furta a todo ser humano. Há a modalidade do dizer-a--verdade que diz de forma apodíctica em que pé se encontra o ser, a *phýsis* e a ordem das coisas. Há a veridicção que diz demonstrativamente em que pé se encontram os saberes e o *know-how*. Há enfim a veridicção que diz de modo polêmico em que pé se encontram os indivíduos e as situações. Esses quatro modos de dizer-a-verdade são, a meu ver, absolutamente fundamentais para a análise do discurso, na medida em que, no discurso, se constitui, para si e para os outros, o sujeito que diz a verdade. Acredito que, desde a cultura grega, o sujeito que diz a verdade assume essas quatro formas possíveis: ou ele é o profeta, ou é o sábio, ou é o técnico, ou é o parresiasta. Creio que poderia ser interessante procurar saber como essas quatro modalidades, que mais uma vez não se identificam, de uma vez por todas, com papéis ou personagens, se combinam nas diferentes culturas, sociedades ou civilizações, nos diferentes modos de discursividade, no que poderíamos chamar de diferentes "regimes de verdade" que podemos encontrar nas diferentes sociedades.

Parece-me – em todo caso foi o que tentei mostrar a vocês, ainda que esquematicamente – que na cultura grega, no fim do século V-início do século IV, podemos identificar, bem repartidos numa espécie de retângulo, esses quatro grandes modos de veridicção; o do profeta e do destino, o da sabedoria e do ser, o do ensino e da *tékhne*, e o da *parresía* e do *éthos*. Mas se essas quatro modalidades são assim bem decifráveis, separáveis e separadas umas das outras nessa época, uma das características da história da filosofia antiga (sem dúvida também da cultura antiga em geral) é, entre o modo de dizer-a-verdade característico da sabedoria e o modo de dizer-a-verdade característico da *parresía*, uma tendência a se reunirem, a se juntarem, a se vincularem um ao outro numa espécie de modalidade filosófica do dizer-a-verdade, um dizer-a-verdade muito diferente do dizer-a-verdade profético, diferente também desse ensino das *tékhnai* de que a retórica será um dos exemplos. Veremos se isolar, ao menos se formar um dizer-a-verdade filosófico que pretenderá, com insistência cada vez maior, dizer o ser ou a natureza das coisas somente na medida em que esse dizer-a-verdade poderá dizer respeito, poderá ser pertinente, poderá articular e fundar um dizer-a-verdade sobre o *éthos* na forma da *parresía*. E nessa medida podemos dizer que sabedoria e *parresía* vão, até certo ponto somente, é claro, se confundir. Em todo caso, elas vão ser como que atraídas uma para a outra, vai haver como que um fenômeno de gravitação da sabedoria e da *parresía*, gravitação que se manifestará nesses famosos personagens de filósofos que dizem a verdade das coisas, mas que dizem sobretudo sua verdade aos homens, ao longo de toda a cultura helenística e romana, ou greco-romana. Aí está, se vocês quiserem, uma possibilidade de análise de uma história do regime da verdade relativa às relações entre *parresía* e sabedoria.

Poderíamos dizer, retomando esses quatro grandes modelos fundamentais de que falei, que o cristianismo medieval realizou outras aproximações. A filosofia greco-romana havia aproximado a modalidade parresiástica e a modalidade da sabedoria. Parece-me que, no cristianismo medieval, via-se outro tipo de agrupamento: o agrupamento da modalidade profética e da modalidade parresiástica. Dizer a verdade sobre o futuro (sobre o que é oculto aos homens em razão da sua própria finitude e da estrutura do tempo, sobre o que espera os homens e a iminência do acontecimento ainda oculto), e depois dizer a verdade aos homens sobre o que são, essas duas [modalidades] foram muito singularmente aproximadas em certo número de [tipos] de discurso, e aliás de instituições também. Penso na pregação e nos pregadores, sobretudo nesses pregadores que, a partir do movimento franciscano e dominicano, vai atravessar todo o mundo ocidental e toda a Idade Média, desempenhando um papel histórico absolutamente considerável na perpetuação – mas também na renovação, na transformação – [da] ameaça para o mundo medieval. Esses grandes pregadores desempenharam, nessa sociedade, ao mesmo tempo o papel do profeta e o papel do parresiasta. Quem diz a iminência ameaçadora do amanhã, do Reino do último dia, do Juízo Final que se aproxima, diz ao mesmo tempo aos homens o que eles são, e lhes diz francamente, com toda *parresía*, quais são suas faltas, seus crimes e em que e como eles devem mudar seu modo de ser.

Em face disso, parece-me que essa mesma sociedade medieval, essa mesma civilização medieval teve a tendência de aproximar os dois outros modos de veridicção: a modalidade da sabedoria que diz o ser das coisas e sua natureza, e a modalidade do ensino. Dizer a verdade sobre o ser e dizer a verdade sobre o saber: foi essa a tarefa de uma instituição, tão específica da Idade Média, quanto havia sido a Predicação: a Universidade. A Predicação e a Universidade me parecem as duas instituições próprias da Idade Média, nas quais vemos se agrupar, duas a duas, as funções de que lhes falei e que definem um regime de veridicção, um regime do dizer-a-verdade muito diferente do que se podia encontrar no mundo helenístico e greco-romano, onde *parresía* e sabedoria eram geralmente combinadas.

E a época moderna?, vocês perguntarão. Não sei. Seria sem dúvida a analisar. Poderíamos talvez dizer – mas são hipóteses, nem mesmo hipóteses: palavras quase incoerentes – que vocês encontram a modalidade do dizer-a-verdade profético em certo número de discursos políticos, de discursos revolucionários. Na sociedade moderna, o discurso revolucionário, como todo discurso profético, fala em nome de outro, fala para dizer um futuro, futuro que já tem, até certo ponto, a forma do destino. Quanto à modalidade ontológica do dizer-a-verdade que diz o ser das coisas, ela se encontraria sem dúvida numa modalidade de discurso filosófico. A modalidade tecnicista do dizer-a-verdade se organiza muito mais em torno da ciência do que do ensino, ou em todo caso em torno de um complexo constituído pelas instituições de ciência e de pesquisa e as instituições de ensino. E a modalidade parresiástica, creio que justamente ela, como tal, desapareceu e não a encontramos mais, a não ser enxertada e apoiando-se numa dessas três modalidades. O discurso revolucionário, quando assume a forma de uma crítica da sociedade existente, desempenha o papel de discurso parresiástico. O discurso filosófico, como análise, reflexão sobre a finitude humana, e crítica de tudo o que pode, seja na ordem do saber, seja na ordem da moral, extravasar os limites da finitude humana, desempenha um pouco o papel da *parresía*. Quanto ao discurso científico, quando ele se desenrola – e não pode deixar de fazê-lo, em seu desenvolvimento mesmo – como crítica dos preconceitos, dos saberes existentes, das instituições dominantes, das maneiras de fazer atuais, desempenha justamente esse papel parresiástico. Eis o que eu queria dizer.*

---

* M.F. prossegue: Eu tinha a intenção de começar a falar da *parresía* tal como quero estudá-la este ano. Mas serviria para quê? Teria cinco minutos, e teria de recomeçar da próxima vez. Bom, se vocês quiserem, vamos tomar um café. Eu poderia lhes dizer: poderia responder às perguntas de vocês, mas temo que não tenha muito sentido em auditórios...

[resposta a uma pergunta do público a propósito do seminário fechado:]

Tenho duas coisas a dizer, essa questão e uma outra coisinha. Sobre o seminário, mais uma vez, temos aqui um problema institucional e jurídico. Em princípio, não temos o direito de fazer seminário fechado. E quando me ocorreu fazer um seminário fechado – o que fizemos [sobre] Pierre Rivière, por exemplo, alguns talvez se lembrem –, houve queixas. E, de fato, juridicamente, não temos o direito de fazer um seminário fechado. Só que, para certos tipos de trabalho, pedir [por um lado] aos professores para fazer publicamente uma apresentação das suas pesquisas, impedindo-os [por outro lado] de ter um seminário fechado onde possam, com estudantes, fazer pesquisas, creio que há uma contradição. Em outras palavras, podemos pedir a um professor que faça a apresentação das suas pesquisas em ensino público, e nada mais que isso, se

*

NOTAS

1. Cf. sobre essas duas noções e sua diferença *L'Herméneutique du sujet*, ed. citada (por exemplo, pp. 301-6 e 436-7).
2. Sobre essa dimensão da palavra socrática, cf. já a aula de 2 de março de 1983, in *Le Gouvernement de soi et des autres*, ed. citada, pp. 286-96.
3. Platão, *Apologie de Socrate*, 21a-e, trad. M. Croiset, ed. citada, pp. 145-6.
4. Cena relatada por Alcibíades no *Banquete* (220a-220d); cf. a referência a essa mesma cena no curso de 1982, *L'Herméneutique du sujet*, p. 49.
5. Cf. a análise desse diálogo nas aulas de 6 e 13 de janeiro de 1982, in *L'Herméneutique du sujet*, pp. 3-77.
6. Platão, *Lachès*, 200e, trad. M. Croiset, Paris, Les Belles Lettres, 1965, p. 121.

---

ele faz pesquisas que pode realizar sozinho. E, por assim dizer, é por razões puramente técnicas que, de fato, há anos eu dou cursos sobre a filosofia antiga, porque basta afinal de contas ter os duzentos volumes de Budé à disposição, e pronto. Não precisamos de um trabalho de equipe. Mas se – o que eu gostaria de fazer – quero estudar as práticas, formas, racionalidades de governo na sociedade moderna, só posso fazer isso em equipe. Ora, vocês entendem, não é ofensivo para ninguém aqui que esse auditório não poderá constituir uma equipe. Então o que eu queria é obter o direito de dividir o ensino em dois: um ensino público que é estatutário; mas também um ensino, ou uma pesquisa em grupo fechado que é, creio, a condição para poder realizar, ou ao menos renovar o ensino público que dou. Há, creio, uma contradição em pedir para as pessoas fazerem pesquisa e ensino público, se não se der à pesquisa que devem fazer os suportes institucionais que a tornam possível.

Em segundo lugar, então, uma coisinha. É provável – vocês sabem, nunca sei direito de uma semana para a outra o que vou fazer – que eu faça, seja na semana que vem, seja talvez na semana seguinte, metade de uma aula sobre um dos dois últimos livros de Dumézil, aquele, vocês sabem, sobre "o monge negro em cinza", que diz respeito a Nostradamus e que comporta uma segunda parte sobre Sócrates (o *Fédon* e o *Críton*). Então, como é um texto difícil, se alguns de vocês tiverem a oportunidade de lê-lo antes – não faço disso nenhuma obrigação, claro, não estamos num seminário fechado, vocês fazem o que quiserem –, gostaria de falar dele, sem dúvida daqui a quinze dias, ou talvez semana que vem.

[pergunta do público:] – No âmbito de um seminário ou do curso?

– Do curso. É que eu me dou conta de que, se quiser dar uma aula sobre isso, ela vai supor que as pessoas tenham uma ideia do que há no livro. Bom, é isso. Muito obrigado.

AULA DE 8 DE FEVEREIRO DE 1984
Primeira hora

A parresía *euripidiana: um privilégio do cidadão bem-nascido. – Crítica da parresía democrática: nociva para a cidade, perigosa para quem a exerce. A reserva política de Sócrates. – A chantagem-desafio de Demóstenes. – A impossibilidade de uma diferenciação ética na democracia: o exemplo da* Constituição dos atenienses*. – Quatro princípios do pensamento político grego. – A reversão platônica. – A hesitação aristotélica. – O problema do ostracismo.*

[Gostaria de retomar esse problema da] *parresía* de onde eu o havia deixado ano passado e procurar esquematizar um pouco a transformação que creio importante nessa história da *parresía*, isto é, a passagem de uma prática, de um direito, de uma obrigação, de um dever de veridicção definidos em relação à cidade, para as instituições da cidade, para o estatuto do cidadão, para um outro tipo de veridicção, um outro tipo de *parresía*, que, por sua vez, será definido em relação não à cidade (a pólis), mas à maneira de fazer, de ser e de se portar dos indivíduos (o *éthos*), em relação também à sua constituição como sujeito moral. E, através dessa transformação de uma *parresía* orientada para e indexada na pólis, numa *parresía* orientada para e indexada ao *éthos*, gostaria de mostrar hoje como foi possível se constituir, pelo menos em alguns de seus traços fundamentais, a filosofia ocidental como forma de prática do discurso verdadeiro.

Primeiro, [uma] breve rememoração. Desculpem, é ao mesmo tempo esquemático e repetitivo [para] os que estavam aqui no ano passado, mas indispensável talvez para clarificar as coisas e atualizar o problema. Vocês se lembram, ano passado havíamos tratado da *parresía* no campo político e no âmbito das instituições democráticas. A palavra *parresía* é atestada pela primeira vez nos textos de Eurípedes. E aí o termo de *parresía* aparecia como designando o direito de falar, o direito de tomar publicamente a palavra, de dizer a sua palavra, de certo modo, para exprimir sua opinião numa ordem de coisas que interessam a cidade. Dizer a sua palavra sobre os assuntos da cidade, é esse direito que é designado pela palavra *parresía*.

E através de vários textos de Eurípedes, pudemos ver, primeiramente, que essa *parresía*, esse direito de dizer a sua palavra é um direito que só possui quem é cidadão de nascimento. Vocês se lembram de Íon, que não queria voltar para Atenas como filho de um pai que não era cidadão de Atenas e de mãe desconhecida[1]. Para poder exercer sua *parresía*, ele queria ter um direito de nascimento. Em segundo lugar, também pudemos ver que não possui esse direito de *parresía* quem está exilado numa cidade estrangeira. Vocês se lembram do diálogo, nas *Fenícias*, entre Jocasta e Polinices. Jocasta encontra Polinices de volta do exílio e lhe pergunta: O que é o exílio, é uma coisa tão dura assim? E Polinices responde: Claro, é a coisa mais dura que se pode suportar porque, no exílio, não se possui a *parresía*, não se tem o direito de falar, somos escravos (*doûlos*) dos senhores e não podemos nem mesmo nos opor à loucura deles[2]. Em terceiro lugar, enfim, vimos que essa *parresía*, mesmo quando somos cidadãos, mesmo quando estamos em nossa cidade, mesmo quando a detemos por direito de nascimento, podemos perdê-la se, de uma maneira ou de outra, uma mácula, uma desonra, uma vergonha qualquer vier marcar a família. Era o texto de [*Hipólito*]*, no momento em que Fedra confessa seu amor e teme que sua falta confessada venha a privar seus filhos da *parresía*[3]. A *parresía* havia aparecido portanto, através de todos esses textos, como um direito e um privilégio que fazem parte da existência de um cidadão bem-nascido, honrado, e lhe dão acesso à vida política – vida política entendida como possibilidade de opinar e de contribuir, com isso, para as decisões coletivas. A *parresía* era um direito a conservar a qualquer preço, era um direito a exercer em toda a medida do possível, era uma das formas de manifestação da existência livre de um cidadão livre – [tomando] essa palavra "livre" [em] seu sentido pleno e positivo, isto é, uma liberdade que dá o direito de exercer seus privilégios no meio dos outros, em relação aos outros e sobre os outros.

Ora – e era nessa direção que tínhamos nos detido ano passado –, nos textos posteriores, a *parresía* tinha aparecido sob uma luz um tanto diferente. A *parresía*, nos textos do fim do século V e, sobretudo, nos do século IV (textos filosóficos e políticos em sua maioria), havia aparecido muito menos como um direito a exercer na plenitude da liberdade do que como uma prática perigosa, de efeitos ambíguos e que não deve ser exercida sem precauções e limites. E, de Platão a Demóstenes, passando por Isócrates, pudemos ver desenvolver-se essa desconfiança em relação à *parresía*[4]. Essa crise da *parresía*, tal como aparece na literatura filosófica e política do século IV – é por aí que gostaria de começar a articular o curso deste ano –, podemos caracterizá-la por dois grandes fenômenos.

---

* M.F. diz: "Fedra", confundindo o título de Eurípedes com o que dará Racine.

Primeiramente: crítica da *parresía* democrática. E gostaria de tentar mostrar como se dá essa crítica, como e por que se chegou, no pensamento filosófico e político grego de Platão a Aristóteles, a questionar a possibilidade de as instituições democráticas darem lugar ao dizer-a-verdade. E se as instituições democráticas não são capazes de dar lugar ao dizer-a-verdade e fazer a *parresía* atuar como deveria atuar, é porque falta a essas instituições democráticas alguma coisa. E esse alguma coisa, vou procurar mostrar que é o que se poderia chamar de "diferenciação ética".

Sejamos um pouco mais precisos e exatos. Nessa crítica da *parresía* democrática, que vemos se desenvolver nos textos filosóficos e políticos do século IV, trata-se na realidade da crítica da democracia, das instituições democráticas, das práticas da democracia em suas pretensões tradicionais – tais como podiam aparecer por exemplo, pelo menos de forma alusiva, em Eurípedes – de serem o lugar privilegiado para a emergência do dizer-a-verdade. Atenas, cidade democrática, orgulhosa das suas instituições, pretendia ser a cidade na qual o direito de falar, de tomar a palavra, de dizer a verdade, e a possibilidade de aceitar a coragem desse dizer-a-verdade eram efetivamente realizados melhor que em outros lugares. É essa pretensão, da democracia em geral e da democracia ateniense [em particular], que é questionada. Os valores parecem se reverter e a democracia aparece, ao contrário, como o lugar em que a *parresía* (o dizer-a-verdade, o direito de dar sua opinião e a coragem de se opor à dos outros) vai se tornar cada vez mais impossível ou, em todo caso, perigosa. Essa crítica contra a pretensão das instituições democráticas de ser o lugar da *parresía* assume dois aspectos.

Primeiramente, na democracia a *parresía* é perigosa para a cidade. Ela é perigosa para a cidade porque é a liberdade, dada a todos e a qualquer um, de tomar a palavra. De fato, na democracia, a liberdade de tomar a palavra não é mais exercida como privilégio estatutário dos que são capazes, por seu nascimento, seu estatuto, sua posição, de dizer a verdade e de falar utilmente na cidade. Na democracia, a *parresía* é uma latitude [concedida] a cada um de dizer, o que é conforme à sua vontade particular, o que lhe permite satisfazer seus interesses ou suas paixões. A democracia, por conseguinte, não é o lugar em que a *parresía* vai se exercer como um privilégio-dever. A democracia é o lugar em que a *parresía* vai se exercer como a latitude, para cada um e para todos, de dizer qualquer coisa, isto é, o que bem lhe aprouver. E é assim, vocês se lembram, que Platão na *República* (no livro VIII, em 557b[5]) evoca essa cidade repleta de liberdade e de fala franca (*eleuthería* e *parresía*), a cidade variada e heteróclita, a cidade sem unidade na qual cada um dá sua opinião, segue suas próprias decisões e se governa como quer. Há, nessa cidade, tantos *poli-*

teîai (constituições, governos) quantos são os indivíduos. É assim também que Isócrates, no início do *Discurso sobre a paz* (parágrafo 13), evoca os oradores que os atenienses escutam com complacência. E quais são essas pessoas que se levantam, que tomam a palavra, dão sua opinião e são ouvidas? Pois bem, essas pessoas são os bêbados, são pessoas que não estão de posse de seu espírito (*toùs noûn ouk ékhontas*: os que não são sensatos), são igualmente os que dividem entre si a fortuna pública e o tesouro do Estado[6]. Assim, nessa liberdade parresiástica, entendida como latitude dada a todos e a cada um de falar (bons e maus oradores, homens interessados ou homens devotados à cidade), discurso verdadeiro e discurso falso, opiniões úteis e opiniões nefastas ou nocivas, tudo isso se justapõe, se entrelaça no jogo da democracia. Vemos portanto que, na democracia, a *parresía* é um perigo para a cidade. Era o primeiro aspecto. Vocês se lembram, já tínhamos levantado vários desses textos.

O segundo aspecto que inquieta, a propósito da *parresía* democrática ou da democracia como lugar supostamente privilegiado para a *parresía*, é que na democracia a *parresía* é perigosa, não só para a própria cidade como para o indivíduo que tenta exercê-la. E nesse momento, a *parresía* é encarada sob um outro aspecto. No primeiro perigo, via-se a *parresía* se revelar como a latitude dada a cada um para dizer qualquer coisa. Agora, a *parresía* aparece como perigosa na medida em que requer, de parte de quem quer fazer uso dela, uma coragem que corre o risco, numa democracia, de não ser apreciada. De fato, entre todos os oradores que se enfrentam, nessa barafunda de que Platão fala ([é] a imagem do barco no livro VI da *República*[7]), nessa barafunda de todos os oradores que se enfrentam, tentam seduzir o povo e se apossar do leme, quais são os que serão escutados, quais são os que serão aprovados, seguidos e amados? Os que agradam, os que dizem o que o povo deseja, os que o lisonjeiam. E os outros, ao contrário, os que dizem ou tentam dizer o que é verdadeiro e bom, mas não o agradam, estes não serão ouvidos. Pior, eles suscitarão reações negativas, irritarão, encolerizarão. E o discurso verdadeiro deles os exporá à vingança ou à punição. É o perigo do indivíduo que diz a verdade no espaço democrático a que Sócrates, vocês se lembram, se refere numa passagem bem precisa da *Apologia*. Depois de explicar qual era a missão que o deus lhe confiara – missão que consiste em ir interrogar, uns depois dos outros, seja agarrando-os na rua, seja indo visitá-los em suas oficinas e em suas casas, os diferentes cidadãos –, Sócrates faz a si mesmo a objeção: mas, afinal de contas, já que eu me pretendo tão útil para a cidade, por que nunca agi publicamente? Por que nunca subi à tribuna para dizer qual era a minha opinião, meu parecer, e para dar conselhos à cidade em geral? E ele próprio responde: "Se houvesse me dedicado há muito tempo à política, estaria morto faz tempo [...] Não vos zangueis [diz a seus juízes; M.F.] ao me ouvir dizer estas verdades: não há homem algum que possa evitar perecer, por pouco que se oponha generosamente [*gnesíos*: por motivos nobres; M.F.] seja a vós, seja a qualquer outra assembleia popular, e que se esforce por impedir, em sua cidade, as injustiças e as ilegalidades."[8] Um homem por conseguinte que fale por motivos nobres e que, por esses motivos nobres, se opõe à vontade de todos, este, diz Sócrates, se expõe à morte. Coloca-se o problema: por que Sócrates, que não teme se expor à morte em nome de certa prática da *parresía* que ele não quis abandonar, não aceitou praticar essa *parresía* política e democrática diante da Assembleia? Mas essa é uma outra questão[9]. Em todo caso, aqui está claramente designado esse perigo da *parresía* como dizer-a-verdade na prática democrática, perigo não para a cidade em geral, mas para o indivíduo que tem nobres motivos e que, por esses nobres motivos, quer se opor à vontade dos outros.

É esse mesmo gênero de perigos que vocês encontram evocados em Isócrates, no início do *Discurso sobre a paz* de que lhes falava há pouco, quando Isócrates diz por exemplo: "Vejo que não concedeis igual audiência a todos os oradores. A uns, emprestais vossa atenção, enquanto não suportais a voz dos outros. Não há nada de espantoso, aliás, em que ajais assim, porque em todos os tempos tendes o costume de expulsar da tribuna todos os oradores que não são os que falam no sentido de vossos desejos."[10] Sei, conclui Isócrates, que é perigoso se opor às vossas ideias, porque, embora estejamos numa democracia, não há *parresía*[11].

Vocês veem, portanto, a noção de *parresía* se dissociar. De um lado, ela aparece como a latitude perigosa, dada a todo o mundo e a qualquer um, de dizer tudo e qualquer coisa. E, depois, há a boa *parresía*, a *parresía* corajosa, e essa *parresía* corajosa (a do homem que generosamente diz a verdade, inclusive a verdade que desagrada) é perigosa para o indivíduo que dela faz uso e não há lugar para ela na democracia. Ou a democracia abre espaço para a *parresía*, e isso é necessariamente uma liberdade perigosa para a cidade; ou a *parresía* é de fato uma atitude corajosa que consiste em empreender dizer a verdade, e então não tem espaço na democracia.

Vocês encontrariam igualmente muitas referências a essa crise, a essa crítica, a essa denúncia da democracia como não sendo capaz de abrir espaço para a boa *parresía* em Demóstenes, em muitos dos seus discursos. Remeto os que se interessarem à *Terceira olintiana*, onde, por exemplo, ele começa por fazer uma acusação grave contra seus concidadãos: vocês estão atualmente reduzidos à servidão, e vocês se acreditam felizes porque lhes distribuem dinheiro para os espetáculos[12]. E depois de dizer, assim, uma verdade, claro que ferina para aqueles a quem ela se dirige, depois de dizer essa verdade corajosa, logo acrescenta: mas sei bem que, depois de falar assim e lhes dizer que vocês são pessoas que se satisfazem com o dinheiro que lhes dão para os espetáculos, pois bem, "eu não ficaria surpreso se essas palavras [que acabo de dizer; M.F.] me custassem mais caro do que pode custar a eles [os maus oradores; M.F.] o mal que vos fizeram. A franqueza [a fala franca, a *parresía*, diz o texto; M.F.], vós não tolerais sobre todos os assuntos, e o que me surpreende é que tenhais me deixado falar hoje"[13]. Desenvolve-se assim uma espécie de jogo parresiástico bastante corrente nos oradores dessa época e em Demóstenes, no qual, vocês estão vendo, tenta-se constranger o ouvinte a aceitar uma verdade que lhe desagrada, constranger o povo de Atenas a aceitar ouvir lhe dizerem: vocês são um povo que se satisfaz com o dinheiro que lhes dão para os espetáculos. Obrigam-no a aceitar essa verdade ferina atingindo-o pela segunda vez com uma nova crítica. E essa crítica consiste em dizer: de qualquer modo, vocês não são capazes de aceitar a verdade. Primeiro, vocês aceitam dinheiro para os espetáculos e ficam satisfeitos com isso. Segundo, dizendo-lhes isso, sei o risco que assumo, e vocês provavelmente vão me punir por tê-lo dito. É uma espécie de desafio-chantagem para que o discurso verdadeiro possa tomar seu lugar. O discurso verdadeiro na democracia não aparece mais, um século depois de Eurípedes, como um privilégio detido por aquele que responde a certo número de condições. O discurso verdadeiro tem de passar por uma operação de desafio-chantagem: vou lhes dizer a verdade, corro o risco de vocês me punirem, isso provavelmente os impedirá de me punir e me permitirá dizer a verdade.

É o mesmo mecanismo que vocês encontram no início da *Terceira filípica*, quando Demóstenes evoca a distribuição sem controle do direito de falar, e sua atribuição sem limites nas instituições atenienses. Ele salienta o prazer com que o povo escuta os que o lisonjeiam, lembra o desaparecimento – por via de consequência, como efeito dessas instituições e dessa complacência para com a lisonja – da *parresía* como dizer-a-verdade, e salienta os riscos que ele próprio assume ao falar como faz. E recomeça esse desafio-chantagem em que diz: ou vocês renunciam a só ouvir os lisonjeadores e aceitam ouvir a verdadeira *parresía*, ou então eu me calo. Vocês têm portanto esse texto (*Terceira filípica*): "Se vos digo francamente algumas verdades, atenienses, não creio que tenhais razão de vos aborrecer com isso. Refleti um instante. Quereis que a fala franca (*parresía*) sobre qualquer outro tema seja de direito para todo o mundo em nossa cidade; vós o concedeis inclusive para os estrangeiros e, mais que isso, para os escravos; e, de fato, poder-se-iam ver em vossa casa muitos serviçais que dizem tudo o que querem mais livremente do que os cidadãos o fazem em outras cidades."[14] Eis, pois, essa *parresía* na democracia ateniense: todo o mundo – até os serviçais, até os escravos – pode falar livremente. Mas a *parresía* (a fala franca) em seu sentido positivo, como coragem de dizer a verdade, vocês expulsaram da tribuna. A partir do momento em que há *parresía* como latitude para todo o mundo não pode haver *parresía* como coragem de dizer a verdade. E o que resulta disso? Pois bem, diz Demóstenes, resulta que, nas assembleias, vocês se deleitam em se ouvir serem lisonjeados por discursos que visam tão só a agradá-los. Mas, depois, quando os acontecimentos se consumam, sua própria salvação está em perigo. Se vocês estão agora – e está aí o desafio-chantagem – nesse estado de espírito, não tenho mais nada a lhes dizer, só me resta calar. Se, ao contrário, querem ouvir e não me punir pela verdade que vou lhes dizer, se aceitarem ouvir o que seu interesse reclama, sem exigir que eu os lisonjeie, nesse caso estou pronto para falar.

Eis pois como se formula essa crítica da *parresía* democrática, ou antes, essa designação de uma espécie de impossibilidade de, nas instituições democráticas, pôr em ação a *parresía* no sentido pleno e positivo do termo. Somente então pode-se formular a pergunta: que razão se dá para que, no jogo democrático, o discurso verdadeiro não prevaleça sobre o discurso falso? Como é que, no fim das contas, um orador corajoso, um orador que diz a verdade, não é capaz de ser reconhecido? Ou ainda, como é que as pessoas que escutam o orador que diz a verdade não estão em condição e à altura de ouvi-lo, de escutá-lo e de reconhecê-lo? Por que e como, por qual razão a distinção entre o discurso verdadeiro e o discurso falso não pode ser feita na democracia? Creio termos aí um problema que é fundamental e que precisamos tentar apreender. O que faz que, na democracia, haja uma impotência do discurso verdadeiro? Será a impotência do discurso verdadeiro em si mesmo? Claro que não. É a impotência de certo modo contextual. É uma impotência devida ao marco institucional no qual esse discurso aparece e tenta fazer valer sua verdade. A impotência do discurso verdadeiro na democracia não se deve, é claro, ao discurso verdadeiro, ao fato de que o discurso seja verdadeiro. Ela se deve à própria estrutura da democracia. Por que a democracia não permite essa distinção entre o discurso verdadeiro e o discurso falso? Porque em democracia não se pode distinguir o bom e o mau orador, o discurso que diz a verdade e é útil à cidade, do discurso que diz a mentira, lisonjeia e vai ser nocivo.

Que a democracia não pode ser o lugar do discurso verdadeiro é um tema que vai perpassar essa crítica que [encontramos] ao longo de todo o século IV. E para tentar apreender um pouco o argumento central a partir do qual todas essas críticas vão brotar, creio que podemos nos referir à sua formulação, em certo sentido a mais tosca, a mais simples, a mais esquemática, a mais crua e a mais grosseira, mas também a mais significativa. Esse princípio de que não pode haver distinção entre discurso verdadeiro e discurso falso na democracia encontramos formulado num texto por muito tempo atribuído a Xenofonte, [mas] que, na realidade, tem outra origem [e] sem dúvida foi escrito na virada do século V para o século IV. Esse texto é a chamada *Constituição dos atenienses* (*Politeía Athenaîon*). Na verdade, é um panfleto, panfleto de origem aristocrática manifestamente, que se apresenta na forma, ligeiramente distorcida, de um elogio paradoxal, um falso elogio da democracia ateniense, um canto irônico em sua homenagem que se converte, claro, numa crítica violenta. A pretexto de ressaltar todos os méritos da democracia ateniense, o autor usa, para sustentá-los, razões que são tão ridículas, motivos tão detestáveis, que o elogio logo é reconhecido como uma crítica fundamental, radical, das instituições atenienses. Todas essas modulações em torno da forma do elogio eram frequentes na literatura grega do século IV.

Nesse elogio paradoxal, nesse elogio crítico, nesse elogio bufo da democracia ateniense, há justamente certo número de linhas consagradas ao problema preciso da *parresía*. Elas se encontram no capítulo I. Nesse trecho, o autor da *Constituição dos atenienses* evoca certas cidades nas quais, diz ele, os mais hábeis (os mais competentes, diríamos) é que ditam as leis. Nessas cidades também, diz ele, os bons cidadãos é que castigam, que estão com a rédea na mão, que reprimem os maus cidadãos e lhes impõem os castigos necessários. Enfim, diz ele, nessas cidades, são as pessoas de bem (*khrestoí*) que deliberam e tomam as decisões, enquanto os insensatos, os loucos (*hoi mainómenoi*: os que não têm a cabeça no lugar), em vez de terem o direito à palavra, são impedidos de *bouleúein* (de participar das instâncias deliberativas e decisórias que estabelecem qual vai ser a política da cidade). Não se deixa que essas pessoas que não têm a cabeça no lugar (os loucos, os insensatos) participem das deliberações das instâncias decisórias, não se deixa que emitam sua opinião, não se concede a elas voz deliberativa nos conselhos. Mas não é tudo. Essas pessoas que não têm a cabeça no lugar, nessas cidades, não apenas não têm acesso à *Boulé* (ao Conselho), mas não as deixam nem sequer falar (*légein*). E não apenas não as deixam falar, mas não as deixam nem mesmo *ekklesiázein* (ir à *Ekklesía*, à Assembleia). Elas não têm seu lugar na Assembleia, não têm o direito de falar, *a fortiori* não têm o direito de dar seu parecer nos conselhos. E, diz o autor do texto, nessas cidades, e com todo esse conjunto de precauções, o que reina é, diz ele, a *eunomía* (a boa constituição, o bom regime)[15].

Tendo definido assim o bom regime, isto é, posto apesar de tudo em seu jogo certo número de trunfos, o autor do elogio finge, irônico, paradoxal, e zombando das instituições atenienses vai dizer: o grande mérito de Atenas é precisamente não ter se dado a esse luxo da *eunomía* e não ter tomado essas precauções que impedem os loucos de participar do Conselho, de falar e até de ir à Assembleia. O grande mérito de Atenas, diz ele, é evitar essa *eunomía* e não ter aceitado semelhantes restrições. E por que Atenas não aceita esse regime da palavra restrita e do bom regime, da boa constituição? Eis as razões que ele dá, e, mais uma vez, apesar do seu caráter tosco, sofístico, distorcido, a argumentação, vocês vão ver, é interessante. É pela seguinte razão, diz ele. Numa cidade onde os melhores são os únicos com o direito de falar, onde são os melhores que dão sua opinião e decidem, o que acontece? Os melhores procuram obter – já que, justamente, são os melhores – decisões que sejam conformes ao bem, ao interesse, à utilidade da cidade. Ora, o que é bom, o que é útil para a cidade, é ao mesmo tempo, por definição, o que é bom, útil e vantajoso para os melhores da cidade. De sorte que, incitando a cidade a tomar decisões que sejam úteis para ela, não fazem mais que servir a seu próprio interesse, ao interesse egoísta deles, que são os melhores[16]. Ora, numa democracia, numa verdadeira democracia como a democracia ateniense, o que acontece? Tem-se um regime no qual não são os melhores, e sim os mais numerosos (*hoi polloí*) que tomam as decisões. E o que buscam? Não se submeter ao que quer que seja. Numa democracia, os mais numerosos (*hoi polloí*)[17] querem antes de mais nada ser livres, não ser escravos (*douleúein*), não servir[18]. Não servir a quê? Eles não querem servir aos interesses da cidade nem tampouco aos interesses dos melhores. Eles querem, por si mesmos, *árkhein* (comandar)[19]. Assim, vão buscar o que é útil e bom para eles, já que comandar é o quê? É ser capaz de decidir e de impor o que é o melhor para si mesmo. Mas como são os mais numerosos (*hoi polloí*), não podem tampouco ser os melhores, pois os melhores por definição são os mais raros. Por conseguinte, sendo que os mais numerosos não são os melhores, e não sendo os melhores, são os piores. Eles vão então buscar, eles que são os piores, o que é bom para quem? Para os piores da cidade. Ora, o que é ruim para os que são ruins na cidade é também o que é ruim para a cidade. [O autor] conclui que, numa cidade assim, a palavra tem de ser dada a todo o mundo, aos mais numerosos, logo aos piores[20]. Porque, diz ele, se a palavra e a deliberação fossem privilégio exclusivo das pessoas de bem, se apenas se deve a *parresía* aos melhores, o que aconteceria? Sendo dada a *parresía* aos melhores, os melhores iriam querer impor o bem da cidade, isto é, seu próprio bem. E, se impusessem seu próprio bem, o que lhes é útil, isso só poderia ir em benefício deles, das pessoas de bem, e em detrimento do povo[21]. Por conseguinte, numa verdadeira democracia à maneira de Atenas, se quisermos que o que é dito seja dito em benefício do povo e dos mais numerosos, não se pode reservar a palavra aos melhores. É preciso, diz o autor, que o mau possa se levantar e tomar a palavra. Então ele formulará o que é bom para ele, o mau, e para os que são seus semelhantes, os maus[22].

Não vou insistir mais nesses argumentos ligeiramente sofísticos, como vocês podem ver. Mas creio que esses jogos são interessantes e importantes. Porque, se sua lógica é evidentemente de todo contestável, creio que eles põem em prática, em aplicação, alguns princípios que, há que perceber, foram correntemente admitidos no século IV nessa forma de crítica da democracia como lugar da *parresía*. Em todo caso, esses poucos princípios são encontrados em formas de pensamento muito mais sérias do que esse panfleto um tanto caricato.

Esses princípios, que correm sob esse texto e muitos outros, podem ser resumidos da seguinte maneira – e me parece que, em certo sentido, eles foram uma matriz e um desafio permanentes para o pensamento político no mundo ocidental.

Primeiro, um princípio que poderíamos chamar de princípio quantitativo, ou, se vocês quiserem, de princípio de oposição fundado numa diferenciação quantitativa. O raciocínio do autor da *Politeía Athenaîon*, de fato, dá por evidente – e centenas de outros textos mostrariam que gente infinitamente mais séria raciocina da mesma maneira e efetua a mesma oposição – que numa cidade os indivíduos se distinguem uns dos outros em dois grandes grupos que se caracterizam, única mas fundamentalmente, pelo fato de que uns são mais numerosos e outros menos numerosos. De um lado a "multidão", de outro "alguns". É essa escansão entre "*hoi polloí*" e "alguns" que organiza fundamentalmente a oposição na cidade, os conflitos que nela possam se desenrolar, e coloca ao mesmo tempo o problema de saber quem deve governar. Oposição quantitativa portanto é o primeiro princípio. Princípio de escansão da unidade da cidade.

Segundo, essa oposição, essa escansão entre os mais numerosos e os outros, coincide com a oposição entre os melhores e os piores. A divisão quantitativa entre os mais numerosos e os outros tem o mesmo traçado da delimitação ética entre os bons e os maus. É o que poderíamos chamar, se vocês quiserem, de princípio do isomorfismo ético-quantitativo (desculpem a barbárie da expressão).

Terceiro princípio que está no fundamento desse texto paradoxal que eu citava há pouco é que essa delimitação ética entre os melhores e os menos bons corresponde a uma distinção política. De um lado, o que é bom para os melhores na cidade também é bom para a cidade: o bem para os melhores é o bem para a cidade. Em compensação, o que é bom para os piores é ruim para a cidade: o bom para os maus é o mal da cidade. É o que se poderia chamar, se vocês quiserem, de princípio de transitividade política. A vontade dos melhores, buscando o bem, é útil para a cidade. A vontade dos piores, buscando seu bem, é ruim para a cidade.

Com essa consequência, e é o quarto princípio, de que o verdadeiro na ordem do discurso político – isto é, o que é bom, útil, salutar para a cidade –, esse verdadeiro, claro, não pode ser dito na forma da democracia entendida como direito de todos à palavra. O verdadeiro não pode ser dito numa cidade e numa estrutura política senão a partir da marcação, da manutenção e da institucionalização de uma escansão essencial entre os bons e os maus. É somente na medida em que essa escansão ética essencial entre os bons e os maus toma efetivamente sua forma, seu lugar, define sua manifestação no interior do campo político, que a verdade pode ser dita. E, podendo a verdade ser dita, o bem da cidade (o que é útil e salutar para ela) pode ter seus efeitos.

Em outras palavras, para que a cidade possa existir, para que possa ser salva, ela precisa de verdade. Mas a verdade não pode ser dita num campo político definido pela indiferença entre os sujeitos falantes. A verdade não pode ser dita num campo político marcado e organizado em torno de uma escansão que é a escansão entre os mais numerosos e os menos numerosos, que é também a escansão ética entre os que são bons e os que são maus, entre os melhores e os piores. É por isso que o dizer-a--verdade não pode ter seu lugar no jogo democrático, na medida em que a democracia não pode reconhecer e não pode abrir espaço para a divisão ética a partir da qual, e a partir da qual somente, o dizer-a-verdade é possível. Portanto, não bastaria dizer – como podiam indicar os primeiros textos que citei e que retomavam os que foram evocados também no ano passado – que a liberdade de palavra dada a todos corre o risco de misturar o verdadeiro e o falso, de favorecer os lisonjeadores e de expor a perigos pessoais os que falam. Tudo isso é verdade, mas tudo isso não passa do efeito de uma impossibilidade muito mais fundamental, muito mais estrutural. É preciso compreender que, [nesse] tipo de análise evocado através desse texto paradoxal, a própria forma da democracia, ao submeter o melhor ao pior, revertendo a ordem dos valores, instaurando essa desordem e mantendo seu contrassenso, não pode abrir espaço para o dizer-a-verdade. Ela só pode eliminá-lo não o escutando quando ele se formula ou suprimindo-o fisicamente pela morte [...*]. A partir daí, pode compreender o que poderíamos chamar muito esquematicamente – desculpe, vou dar um panorama muito grosseiro – de reversão platônica e hesitação aristotélica.

---

* Depois de um silêncio, só se pode ouvir o fim da frase seguinte: ... democrático(a), de abrir espaço para o verdadeiro, de escutá-lo e de suportá-lo.

Primeiro, a reversão platônica. Se é mesmo verdade que não é na democracia, pelo fato de lhe faltar a escansão ética indispensável ao dizer-a-verdade, que se pode encontrar a *parresía*, a partir do momento em que se fizer valer o discurso verdadeiro pela filosofia e na forma da filosofia como fundamento da *politeía*, dirá Platão, esse discurso necessariamente banirá e eliminará a democracia. Poderíamos dizer, mais uma vez muito esquematicamente, que entre democracia e dizer-a-verdade há essa grande luta: por um lado, quando observamos as instituições democráticas, vemos que elas não podem suportar o dizer-a-verdade e que não podem eliminá-lo; [por outro lado], se fizermos valer o dizer-a-verdade a partir da opção ética que caracteriza o filósofo e a filosofia, pois bem, a democracia não pode deixar de ser eliminada. Ou democracia, ou dizer-a-verdade. E a reversão platônica consiste, depois da crítica à democracia como incapaz de abrir espaço para o dizer-a-verdade, na validação do dizer-a-verdade como princípio de definição de uma *politeía* (de uma estrutura política, de uma constituição, de um tipo de regime) da qual, precisamente, a democracia será cuidadosamente banida. Remeto vocês – esqueci de trazer o texto, mas vocês podem [lê-lo] – ao que é [enunciado] na *República*, no livro VI (parágrafo 488a-b). É a passagem que eu evocava há pouco, em que Platão diz: Escute, para me fazer compreender, vou ser obrigado a apelar para uma comparação (comparação clássica, fundamental, matricial em todo o pensamento político grego). Deve-se considerar a cidade como um barco, um navio, com um piloto, que é um homem de boa vontade mas um pouco cego e que não enxerga mais longe que a ponta do nariz – esse piloto, claro, é o povo. E em torno dele há uma tripulação que tenta apenas uma coisa: apoderar-se do leme e dirigi-lo em seu interesse – isso são os demagogos. E a tripulação, para se apoderar do leme, lisonjeia o piloto, apodera-se do leme e, claro, dirige, não em função de uma ciência da pilotagem qualquer, nem do mar ou do céu, mas em função de seu próprio interesse. A democracia não pode apelar para o discurso verdadeiro. É a isso que se oporá, no livro VII[23], a célebre descida dos filósofos à caverna, quando, depois de terem efetivamente contemplado a verdade, dir-se-á a eles: qualquer que seja o prazer que vocês sentiram contemplando essa verdade, ainda que tenham reconhecido nela a sua pátria, vocês sabem muito bem que vão ter de voltar à cidade e se tornar um dos que a governam. Vocês imporão seu discurso verdadeiro a todos os que querem que a cidade seja governada de acordo com os princípios da lisonja. Após a crítica da *parresía* democrática, que mostrava que não pode haver *parresía* no sentido de dizer-a-verdade corajoso na democracia, a reversão platônica mostra portanto que, para que um governo seja bom, para que uma *politeía* seja boa, eles têm de se basear num discurso verdadeiro, que banirá democratas e demagogos.

Tudo isso é sabido, mas gostaria de insistir um pouco mais no que poderíamos chamar de hesitação aristotélica que, quaisquer que sejam os sentimentos muito mais "democráticos" (entre mil aspas) de Aristóteles, se baseia na mesma problemática, na mesma dificuldade em admitir a existência de uma *parresía*, de um dizer-a-verdade nas instituições democráticas, visto que a democracia não pode abrir espaço para a diferenciação ética dos sujeitos que falam, deliberam e decidem.

Claro, Aristóteles elaborou, modificou, transformou e até certo ponto anulou, profundamente, os princípios esquemáticos e grosseiros que eu evocava há pouco. Por exemplo, o princípio de que a cidade se escande em dois grupos opostos (os mais numerosos e os menos numerosos): Aristóteles, ao mesmo tempo que o faz valer, o completa, o modifica, o questiona, fazendo intervir outra forma de oposição: a oposição entre os mais ricos e os mais pobres. Num capítulo interessantíssimo do livro VIII da *Política*, [ele] formula a questão: a oposição mais numerosos/menos numerosos corresponde exatamente à oposição entre os mais pobres e os mais ricos?[24] É possível, por exemplo, considerar – e ele considera isso uma possibilidade real – uma cidade na qual os mais ricos seriam os mais numerosos e onde os mais pobres seriam os menos numerosos? Nesse caso, supondo--se que o poder seja dado aos mais pobres (isto é, aos menos numerosos), poder-se-ia falar de democracia? Em outras palavras, se definimos a democracia como uma constituição na qual o poder é dado aos mais numerosos, será que, se forem os ricos os mais numerosos, haverá democracia? E se forem os mais pobres os menos numerosos, pode-se chamar seu poder de democracia, ou deve-se chamá-lo de uma aristocracia? E Aristóteles – resposta extremamente interessante, fundamental, que até certo ponto teria podido talvez abalar todo o pensamento grego – diz: é o poder dos mais pobres que caracteriza a democracia[25]. E ainda que eles fossem muito menos numerosos, basta exercerem o poder para que seja uma democracia. Vocês estão vendo que ele hesita e faz trabalhar de certo modo a oposição mais ricos/menos ricos, em relação à oposição mais numerosos/menos numerosos, que era o marco fundamental, geral, relativamente pouco elaborado, que encontrávamos em outros textos.

Em segundo lugar, Aristóteles também questiona outro princípio, que eu evocava há pouco, segundo o qual os mais numerosos são os menos bons, e os menos numerosos são necessariamente os melhores. Essa coincidência entre a oposição melhores/menos bons e a oposição menos numerosos/mais numerosos, esse isomorfismo ético-quantitativo, pois bem, Aristóteles, de novo, interroga, questiona, põe em dúvida. E o faz sempre [nesse] livro III da *Política* (capítulo 4, parágrafos 1276b-1277b), onde ele diz: mas, afinal de contas, o que são "os melhores"? Não seria necessário distinguir a virtude do cidadão e a virtude do homem de bem? Não há uma virtude propriamente política que faz que o indivíduo possa perfeitamente ser um bom cidadão, que cumpre, evidentemente, com seus deveres de cidadão, mas também que busca realmente o interesse da cidade, que toma boas decisões para a cidade?[26] Ele será portanto um bom cidadão, e no entanto talvez não seja necessariamente um homem virtuoso, no sentido em que se diz que um homem de bem geralmente é virtuoso em todos os aspectos da sua vida e da sua conduta. Será que não se pode ser um bom cidadão sem ser realmente um homem de bem? A resposta de Aristóteles é complexa, não é simples. Ele distingue essa relação entre as duas virtudes no caso de alguém que é simplesmente um governado e no caso de um governante[27]. Não quero entrar em todos esses detalhes, mas vejam como, aqui também, Aristóteles não pode aceitar pura e simplesmente, de uma forma ingênua e tosca, essa superposição, que foi por tanto tempo admitida e fundamental, entre mais numerosos/menos numerosos, piores/melhores. Ele questiona o isomorfismo ético-quantitativo.

Em terceiro lugar, por fim, Aristóteles questiona também o que chamei de princípio da reversibilidade política. Quer dizer, os melhores, ao buscar seu interesse próprio, buscam e encontram o interesse da cidade, e os piores, ao buscarem seu próprio interesse, visam e alcançam – já que são os piores – unicamente o que é nocivo para a cidade. Aristóteles questiona esse princípio, sempre no livro III da *Política*, fazendo valer que, no fundo, para cada tipo de governo, seja a monarquia, a aristocracia ou o governo de todos, pode muito bem haver duas orientações[28]. Pode acontecer que haja uma monarquia, na qual um só comanda, claro. E essa monarquia pode ter duas formas. O monarca pode muito bem governar sozinho, visando apenas seu interesse, e não o da cidade. Ou, ao contrário, governar para si mesmo, mas tendo fundamentalmente, primeiramente e antes de mais nada como objetivo o interesse da cidade. O mesmo ocorre no caso de uma aristocracia, que pode ser uma aristocracia cujo governo tenha por objetivo seu próprio interesse ou o da cidade. Igualmente no caso do governo de todos ou dos mais numerosos. Ou seja, Aristóteles não admite o princípio de que o governo de alguns só pode ser o governo dos melhores e que esse governo dos melhores, no interesse dos melhores, [significará] o interesse da cidade. Ao contrário, ele eleva a princípio que, qualquer que seja a forma de governo, os que governam podem governar em seu interesse ou no interesse da cidade.

Vocês estão vendo portanto que esses três princípios que encontrávamos em ação, implicitamente admitidos e grosseiramente elaborados, no texto do Pseudo-Xenofonte, são questionados, interrogados, trabalhados por Aristóteles. A partir daí, temos de nos dizer que se, ao contrário de Platão, Aristóteles não conclui disso tudo que somente o discurso verdadeiro deve poder fundar uma cidade e que essa cidade, na própria medida em que é fundada pelo discurso verdadeiro, não pode ser uma democracia, mesmo assim, sua posição quanto às relações entre discurso verdadeiro e democracia não é nem muito clara nem, sobretudo, muito definitiva.

Primeiro, gostaria que vocês pensassem neste trecho que encontramos [também] no livro III da *Política* (capítulo 7, parágrafo 1279a-b), trecho célebre sobre o qual os comentadores se debruçaram por muito tempo sem chegar a uma solução definitiva, até porque o texto talvez não seja absolutamente seguro. Em todo caso, nessa passagem, trata-se de dar nome às diferentes formas de governo, e [Aristóteles] opõe ou distingue a "monarquia" do que é traduzido por "realeza": a realeza é um governo de tipo monárquico "que leva em consideração justamente o interesse comum"[29]. Temos portanto esse regime, chamado realeza, no qual quem governa não assume como objetivo seu interesse próprio, mas o interesse da cidade. Em segundo lugar, diz ele, nós chamamos de "aristocracia" um governo que é o governo de alguns, mas no qual esses alguns terão em vista o bem da cidade e de todos os seus membros; quanto à terceira forma de governo, em que é a maioria que governa, pois bem, diz ele, é muito difícil lhe dar um nome e só posso chamá-lo pelo nome genérico de *politeía*. E por que não há nome específico para essa forma de governo em que os mais numerosos é que governam e em que os mais numerosos visam, não o interesse próprio deles, os mais numerosos, mas o interesse da cidade? Aristóteles se explica dizendo que, se é possível que um só indivíduo ou mesmo um pequeno número prevaleça sobre os outros em vínculo, é muito difícil que um número maior de homens "alcance a perfeição em toda espécie de virtude"[30]. Texto enigmático, mas que, a meu ver, só pode ser compreendido da seguinte maneira. É que, se há duas possibilidades formais para os três tipos de governo – se é verdade que, no caso da monarquia, o monarca pode estar interessado em seu benefício ou no da cidade; se, na aristocracia, pode haver uma forma de aristocracia que vise o interesse dos próprios aristocratas e de alguns, ou no interesse da cidade –, em compensação, quando se chega à forma da democracia, na qual é a multidão que reina, nesse caso pode-se realmente esperar que a multidão vise outra coisa que não seu próprio interesse? O texto, parece, diz o seguinte: nos dois primeiros casos, pode-se perfeitamente admitir um rei ou alguns que não visem seu interesse próprio, mas o da cidade. E por que se pode conceber isso? Pois bem, diz ele, porque é possível que um só indivíduo, ou um pequeno número, prevaleça sobre os outros em virtude. Portanto sua opção ética, sua diferenciação ética em relação aos outros é que vai possibilitar e garantir que o governo seja para todos os outros. Em compensação, diz ele, é muito difícil que uma maioria de homens "alcance a perfeição em toda espécie de virtude". Quer dizer que, quando a gente se dirige a uma massa de pessoas, mesmo que essas pessoas governem a cidade, não é possível, ou é muito difícil encontrar nelas essa diferenciação ética, essa demarcação ética, essa singularidade ética a partir da qual o dizer-a-verdade será possível e, nesse dizer-a-verdade, o interesse da cidade reconhecido. E, por conseguinte, não pode haver nome específico para o tipo de regime democrático que seria um regime democrático orientado, não para o interesse da maioria, mas para o da própria cidade. Não tem nome porque, verossimilmente, não tem existência concreta. Texto enigmático que parece indicar que uma democracia em que o interesse de todos comande é efetivamente uma possibilidade formal, se seguirmos o esquema geral de Aristóteles, mas não tem, não pode ter existência real porque, numa democracia, a diferenciação ética não funciona. Claro, vocês estão vendo que não é exatamente a impossibilidade estrutural definida há pouco a partir do texto do Pseudo-Xenofonte, mas é mesmo assim uma impossibilidade incontornável.

Vocês também podem encontrar (sempre nesse livro III da *Política*, capítulos 10, 11, 12, 13) toda uma discussão sobre esse problema da excelência ética, da diferenciação ética, da repartição ética, em suma, do problema do melhor na democracia. Tendo como consequência a questão de saber se pode haver lugar e estatuto para esse melhor, para essa diferenciação ética no interior das instituições democráticas. E a maneira como Aristóteles coloca o problema, encara as dificuldades, analisa-as meticulosamente, tudo isso se faz a partir de uma democracia que não é definida propriamente como poder da maioria sobre os outros, mas pelo princípio da alternância. Uma *politeía* democrática é uma constituição na qual os que são governados sempre têm a possibilidade de se tornar governantes. O problema que Aristóteles coloca é o de saber: dado esse princípio da rotação e da alternância governados/governantes, como a diferenciação ética pode [tomar] lugar?

E aqui eu gostaria simplesmente de assinalar a vocês a interessantíssima passagem – que é apenas um dos exemplos das dificuldades que o próprio Aristóteles levanta sobre sua própria trajetória – [a propósito] do ostracismo[31] (capítulo notável). O ostracismo é essa medida de que dispunha a cidade ateniense e que permitia que o povo exilasse um indivíduo, não tanto por causa de uma falta, de um crime que teria cometido, mas unicamente porque seu prestígio, sua excelência, as qualidades particulares de que ele dava prova colocavam-no demasiado acima dos outros cidadãos. Essa medida de ostracismo de que alguns atenienses célebres e de grande mérito haviam sido vítimas, honrosas mas vítimas, claro que colocava uma porção de problemas. Era muito difícil justificar o ostracismo, e Aristóteles [levanta] a questão: ostracismo, isto é, a decisão de permitir que o povo se livre de alguém simplesmente porque ele prevalece um pouco demais sobre os outros, é uma medida justificável? A essa pergunta, ele dá uma resposta. Ele diz o seguinte: claro que há muitas objeções contra o ostracismo, no entanto ele é justificável. É justificável não só contra os cidadãos ambiciosos, a quem a superioridade dá a oportunidade, a tentação e a vontade de exercer um poder único, absoluto, tirânico, mas também contra cidadãos que, por algumas qualidades, prevaleceriam sobre os outros. E por que Aristóteles justifica assim o ostracismo contra cidadãos que, por algumas qualidades, prevalecem sobre os outros? É que, no fundo, a cidade tem de ser comparada com um quadro, ou com uma estátua[32]. Sabe-se muito bem que, num quadro, pode haver um detalhe perfeito. O pintor reproduziu perfeitamente uma mão, um dedo, um artelho, uma orelha, que são pequenas obras-primas de pintura ou de estatuária[33]. Mas o caso é que esse detalhe pode estar sobrando no quadro, e o pintor pode ser levado, pela beleza, pela perfeição, pelo equilíbrio do quadro, a suprimir esse detalhe, apesar de excelente em si. O mesmo vale para a cidade. Por razões que são ao mesmo tempo da ordem da perfeição da forma, da estética e do equilíbrio político, pode ocorrer que a cidade seja forçada a se separar de um cidadão que prevaleceria de uma maneira demasiadamente manifesta sobre os outros por algumas das [suas] qualidades.

Mas logo depois [dessas considerações], no fim do capítulo sobre o ostracismo, ele [acrescenta]: se alguém é particularmente excepcional por sua virtude na cidade, será que é justo exilá-lo, será que é justo inclusive querer submetê-lo "à regra comum"[34]? Não. Um homem excepcional, totalmente excepcional por sua virtude, não deve ser exilado, não se deve nem mesmo procurar submetê-lo "à regra comum". Resta [adotar] em relação a ele, diz Aristóteles, a solução que está "na natureza das coisas"[35]. Que solução está na natureza das coisas? A de que "todos os homens, todos os cidadãos obedeçam de bom grado a esse homem, de sorte que os que se pareçam com ele sejam para sempre os reis em suas cidades"[36]. Vocês estão vendo como, depois de toda essa discussão em que se tratava de fundar a democracia com base no princípio da rotação e da alternância governantes/governados, em que Aristóteles se confrontou com o problema afinal muito difícil, muito paradoxal, com esse verdadeiro desafio político que constituíam as medidas de ostracismo, depois de dizer que, no fim das contas, o ostracismo pode se justificar, eis que, no caso de uma diferença ética particularmente marcante em que haveria indivíduos que superassem verdadeiramente por seu valor ético todos os outros [nesse caso, Aristóteles, perguntando-se] que espaço pode ser dado a eles numa cidade democrática, [responde]: não se pode aplicar a eles o ostracismo, não se pode nem mesmo aplicar a eles as leis que valem [para] todo o mundo. Mais ainda, todos têm de se submeter a eles de bom grado, obedecer a eles e lhes conceder um bom lugar – lugar que, afinal, em sua formulação, tem algumas ressonâncias platônicas pois se trataria de dar a esses homens mais sábios que os outros o posto de rei na cidade. A realeza da virtude, a monarquia da virtude, é isso que encontra seu lugar e se impõe desde que a democracia tenta colocar a questão da excelência moral. Em suma, quando, com Aristóteles, tenta-se justificar da melhor maneira possível as leis e as regras da democracia, eis que a democracia só pode dar para a excelência moral um lugar, lugar que é a própria recusa da democracia. Se há verdadeiramente alguém virtuoso, que a democracia desapareça e que os homens obedeçam como a um rei a esse homem virtuoso, a esse homem dotado de excelência ética.

Foram simplesmente algumas referências nessa história do que poderíamos chamar, um pouco pretensiosamente, de crise da *parresía* democrática no pensamento grego do século IV. Vocês estão vendo que ela nos conduz, nos faz chegar, nos faz tropeçar imediatamente com o problema do *éthos* e da diferenciação ética.

Vou parar, se vocês me permitirem, cinco minutos. Recomeçaremos daqui a pouco, e aí procurarei mostrar a vocês qual é o outro aspecto da elaboração desse problema da *parresía* no pensamento do século IV.

*

NOTAS

1. Para a análise da tragédia de Eurípedes, *Íon*, cf. aulas de 19 e 26 de janeiro de 1983, *in Le Gouvernement de soi et des autres*, ed. citada, pp. 71-136.

2. Eurípedes, *Les Phéniciennes*, versos 388-94, trad. H, Grégoire & L. Méridier, Paris, Les Belles Lettres, 1950, p. 170. [Trad. bras.: *As fenícias*, Porto Alegre, L&PM, 2005.] Cf. o estudo desse texto na aula de 2 de fevereiro de 1983 *in Le Gouvernement de soi...*, pp. 147-8.

3. Eurípedes, *Hippolyte*, versos 421-3, trad. L. Méridier, Paris, Les Belles Lettres, 1927, p. 45. [Trad. bras.: *Hipólito*, Brasília, UnB, 1997.] Cf. o estudo desse texto na aula de 2 de fevereiro de 1983, in *Le Gouvernement de soi...*, pp. 148-9.

4. Sobre o desenvolvimento dessa desconfiança a partir desses três autores, cf. aulas de 2 e 9 de fevereiro de 1983, *in Le Gouvernement de soi...*, pp. 137-204; se Demóstenes é simplesmente citado (*Primeira filípica*) de passagem, os textos de Isócrates (*Sobre a paz*) e de Platão são largamente explorados.

5. "Não é verdade que de início é-se livre num Estado assim e que em toda parte nele reina a Liberdade (*eleuthería*), a fala franca (*parresía*), a licença de fazer o que se quer?" (Platão, *La République*, livro VIII, 557b, trad. E. Chambry, Paris, Les Belles Lettres, 1934, p. 26.) [Trad. bras.: *A República*, São Paulo, Martins Editora, 2009.]

6. "São os mais perversos dos que se apresentam à tribuna que fazeis trabalhar, e credes ver melhores democratas entre os ébrios do que entre gente sóbria, entre os insensatos do que entre as pessoas razoáveis, entre os que dividem entre si a fortuna pública do que entre os que dedicam a vosso serviço seus recursos pessoais" (Isócrates, *Sur la paix*, § 13, trad. G. Mathieu, Paris, Les Belles Lettres, 1942, p. 15). Cf. a análise desse discurso de Isócrates na aula de 9 de fevereiro de 1983, *in Le Gouvernement de soi...*, pp. 174-5.

7. Platão, *La République*, livro VI, 488a-9a, ed. citada, pp. 107-8.

8. Platão, *Apologie de Socrate*, 31d-e, trad. M. Croiset, ed. citada, pp. 159-60.

9. Cf. um primeiro tratamento dessa questão na aula de 2 de março de 1983, *in Le Gouvernement de soi...*, pp. 290-5.

10. Isócrates, *Sur la paix*, § 3, trad. G. Mathieu, ed. citada, p. 12 (cf. uma primeira análise desse mesmo discurso no dia 9 de fevereiro de 1983, *in Le Gouvernement de soi...*, pp. 174-5).

11. "De minha parte, sei que é difícil opor-se a vosso estado de espírito e que em plena democracia não há liberdade de palavra (*parresía*)" (*id.*, § 14, p. 15).

12. Demóstenes, *Troisième Olynthienne*, § 31, *in Harangues*, t. I, trad. M. Croiset, ed. citada, p. 134.

13. *Id.*, § 32, p. 134.

14. Demóstenes, *Troisième Philippique*, § 3, *in Harangues*, t. II, trad. M. Croiset, ed. citada, p. 93.

15. "Se procurais um bom governo (*eunomían*), vereis nele os mais hábeis fazer as leis; depois, os bons (*khrestoí*) castigarem os maus (*poneroús*); as pessoas de bem deliberarão sobre os assuntos sem permitir que os loucos opinem, nem falem, nem se reúnam (*mainoménous anthrópous bouleúien oudè légein oudè ekklesiázein*) ([Pseudo-]Xenofonte, *La République des Athéniens*, § 9, trad. P. Chambry, *in Oeuvres complètes*, t. II, Paris, Garnier, 1967, p. 475).

16. "Se de fato a palavra e a deliberação fossem privilégio das pessoas de bem (*khrestoí*), elas fariam uso destas em benefício dos de sua classe e em detrimento do povo" (*id.*, § 6, p. 474).

17. O texto, para qualificar a massa popular, fala de *poneroí* (maus), de *pénetes* (pobres) e de *demotikoí* (gente do povo). Cf. por exemplo: "Há pessoas que se espantam que em toda ocasião os atenienses favoreçam mais os maus (*poneroîs*), os pobres (*pénesi*) e os homens do povo (*demotikoîs*) do que os bons: é justamente nisso que aparece sua habilidade em manter o Estado popular (*demokratían*)" (*id.*, § 4, p. 474).

18. "O que o povo quer não é um Estado bem governado (*eunomouménes tês póleos*) onde ele seja escravo (*autòs douleúein*), mas um Estado em que ele seja livre e comande (*all'eleutheros einai kai árkein*)" (*id.*, § 8, pp. 474-5).

19. Cf. nota precedente.

20. "É também uma medida muito sábia deixar falar inclusive os ruins" (*id.*, § 6, p. 374).

21. Cf. *Supra*, nota 16.

22. "O mau que quer se levantar e tomar a palavra descobre o que é bom para ele e para seus iguais" ([Pseudo-]Xenofonte, *La République des Athéniens*, § 6, *in op. cit.*, p. 374).

23. Platão, *La République*, livro VII, 519c-521b, pp. 152-5.

24. Aristóteles, *Politique*, 1279b-1280a, livro III, 8, trad. J. Tricot, Paris, Vrin, 1962, pp. 201-2. [Trad. bras.: *A política*, 3ª ed., São Paulo, Martins Editora, 2006.]

25. "Chama-se democracia aquele [regime] em que, ao contrário, é a maioria pobre (*áporoi*) que governa" (*id.*, 1279b, livro III, 8, p. 201).

26. *Id.*, 1276b, livro III, 4, pp. 178-81.

27. *Id.*, 1277a, livro III, 4, pp. 181-3.

28. *Id.*, 1279a, livro III, 7, p. 199.

29. *Ibid.*
30. *Id.*, 1279a-1279b, livro III, 7, p. 200.
31. *Id.*, 1284b, livro III, 13, pp. 233-5.
32. *Id.*, 1284b, livro III, 13, p. 233 (Aristóteles utiliza aqui a comparação entre o pintor, o construtor de navios e o corifeu).
33. Na verdade, Aristóteles dá somente o exemplo do pé.
34. Aristóteles, *Politique*, 1284b, livro III, 13, p. 234.
35. *Id.*, 1284b, livro III, 13, p. 235.
36. *Ibid.*

AULA DE 8 DE FEVEREIRO DE 1984
Segunda hora

A verdade e o tirano. – O exemplo de Hiéron. – O exemplo de Pisístrato. – A psykhé *como lugar da diferenciação ética. – Retorno à carta VII de Platão. – A fala de Isócrates a Nicocles. – A transformação de uma* parresía *democrática numa* parresía *autocrática. – Especificidade do discurso filosófico.*

Eu lhes dizia há pouco, ao começar, que a problematização da *parresía* no século IV tinha dois aspectos. [O primeiro aspecto consistia] numa crítica da democracia como pretensão a definir o marco político no qual a *parresía* [seria] ao mesmo tempo possível e eficaz: a democracia não é o lugar privilegiado da *parresía*, é, ao contrário, o lugar no qual [o exercício] da *parresía* é mais difícil. Agora, gostaria de passar a outro aspecto dessa problematização da *parresía*, que é o complemento ou a face positiva desta. Se a democracia se desqualifica cada vez mais como lugar possível, privilegiado da *parresía*, em compensação outro tipo de estrutura política, ou antes, um outro tipo de relação entre o discurso verdadeiro e o governo aparece cada vez mais como esse lugar privilegiado, ou ao menos favorável à *parresía* e ao dizer-a-verdade. E essa outra relação – eu a tinha evocado ano passado e é a esse ponto que tínhamos chegado – é aquela entre o Príncipe e seu conselheiro. Não é mais a Assembleia, é a Corte, a corte do Príncipe, o grupo dos que ele está disposto a escutar. É nesse âmbito, é nessa forma, que a *parresía* pode e deve encontrar seu lugar.

Aqui é preciso ser prudente e não acreditar que a relação com o Príncipe se tornou de repente a forma valorizada, segura e garantida de uma estrutura política em que a *parresía* pode assumir seus direitos e encontrar seus efeitos favoráveis. É preciso ter sempre presente que a personagem do Príncipe, seu poder pessoal e monárquico comportam um ou vários perigos. E esse ou esses perigos nunca serão esquecidos nem eliminados. Há por trás disso tudo sempre, e sempre ativa – ainda que atenuada, ainda que um pouco borrada –, a imagem do tirano como aquele que, em seu poder pessoal, não aceita e não pode aceitar a verdade, porque não faz e não quer fazer senão o que bem lhe apraz. Ele só está disposto, em sua vontade de não fazer senão o que lhe apraz, a ouvir os lisonjeadores, lisonjeadores que lhe dizem precisamente o que lhe apraz. Ainda que ele quisesse ouvir a verdade, ninguém ousa dizê-la a ele. Esse esquema, essa figura, essa valorização negativa do poder pessoal, monárquico, tirânico é uma constante no pensamento grego.

Vocês encontram uma das formulações mais características dele em alguém como Xenofonte, favorável no entanto a um poder não democrático (aristocrático ou monárquico). Remeto vocês ao texto chamado *Hiéron*, em que também há uma espécie de jogo paradoxal. Nele, Simônides faz o elogio da vida do tirano e endereça esse elogio a Hiéron. E Hiéron, a cada uma das razões que Simônides avança para cantar a felicidade do tirano, responde com uma queixa. Ele se queixa da dureza da vida do tirano. Apenas no último capítulo, Simônides dará ao tirano a fórmula segundo a qual seu governo pessoal e monárquico poderá [ter], para ele e para a cidade, efeitos benéficos. De todo modo, os primeiros capítulos são consagrados a essa espécie de jogo em que Simônides finge louvar o tirano, ou antes, a vida tirana, a existência tirânica, e em que Hiéron responde se queixando. Assim, há um parágrafo consagrado precisamente à lisonja e à *parresía*. Simônides felicita o tirano e lhe diz: Ah! Vocês, tiranos, é que são felizes. "Todos os que vos rodeiam elogiam tudo o que dizeis, tudo o que fazeis. Quanto ao ruído mais penoso de ouvir, a injúria, jamais esse ruído vem bater em vossos ouvidos; porque ninguém se arrisca a censurar um tirano em sua presença[1]. Ao que Hiéron responde se queixando da sua situação de tirano e explicando quão duro é sê-lo: "Como podes pensar que um tirano se rejubile por não ouvir dizerem nenhum mal dele, quando se sabe pertinentemente que essas pessoas silenciosas nutrem contra ele nada mais que maus desígnios; e que prazer crês que o tirano tem ao se ouvir louvado quando desconfia que esses louvores são sempre e unicamente ditados pela lisonja?"[2]

Essa representação da tirania como forma de governo incompatível com o dizer-a-verdade, da tirania como terreno eleito do silêncio e da lisonja, é um lugar-comum que encontraremos com muita frequência, e modulado de diversas maneiras, em toda a literatura grega. Remeto vocês à interessante passagem da *Política* em que Aristóteles diz que o tirano envia e distribui espiões na cidade para lhe dizer o que verdadeiramente acontece, e o que verdadeiramente os cidadãos pensam[3]. E Aristóteles comenta, dizendo que essa empresa, para os tiranos, de saber a verdade sobre a cidade leva necessariamente a um resultado exatamente inverso ao que buscam. Porque quando os cidadãos sabem que são espionados por pessoas que vão relatar ao tirano a verdade do que dizem ou do que pensam, claro que escondem o que dizem e o que pensam, e o tirano não pode saber a verdade. Vocês também encontram (igualmente em Aristóteles, *Política*, V, 11, 1313b) essa ideia de que o dizer-a-verdade tão dificilmente tem espaço na tirania quanto na democracia ou na demagogia (fórmula negativa, má, da democracia). Já a lisonja, diz ele, é tida em alta estima nessas duas formas de governo. Nas democracias, é o demagogo que cumpre o papel de lisonjeiro, porque ele é uma espécie de "cortesão do povo". Nas tiranias, "os que vivem numa aviltante familiaridade com o senhor" é que desempenham o papel de lisonjeadores. Essa familiaridade com o tirano "nada mais é que uma lisonja em ato [...]. Os tiranos se comprazem com ser bajulados, enquanto ele, o homem de caráter independente, não seria capaz de dar a ele esse prazer"[4].

Mas quaisquer que sejam, [e] de forma permanente, os perigos reconhecidos no pensamento grego aos governos tirânicos, qualquer que seja o perigo que o dizer-a-verdade possa encontrar nessa forma de governo, o fato é que, na relação entre o Príncipe e o que diz a verdade, entre o Príncipe e seus conselheiros, se reconhece um lugar para a prática parresiástica. E a relação entre o Príncipe e seu conselheiro constitui um vínculo no fim das contas muito mais favorável à *parresía* do que o que existe entre o povo e os oradores.

Que o soberano seja acessível à verdade, que ele tenha, na relação com o soberano, um lugar, uma localidade, um espaço para o dizer-a-verdade, é o que reconhece certo número de autores. Aristóteles, na *Constituição de Atenas*, [dá uma ilustração] muito precisa disso a propósito de Pisístrato, um tirano, claro, mas de quem ele traça um retrato positivo dizendo que governava Atenas *métrios* (de forma comedida) *kaì mâllon politikòs e tyrannikôs* (e de uma maneira muito republicana, democrática e tirânica)[5]. E ele dá desse governo, mais republicano ou democrático do que tirânico, um exemplo de *parresía*. Pisístrato passeando no campo encontra um cidadão trabalhando. Pergunta o que está fazendo e o que pensa da situação. O outro responde: trabalharia com gosto, se não fosse obrigado a dar um décimo da minha renda a Pisístrato[6]. O camponês não o havia reconhecido, claro, mas dessa espécie de *parresía* involuntária Pisístrato tira uma boa lição e libera seus camponeses dos impostos. É da mesma maneira que Platão evoca Ciro, soberano da Pérsia. Nas *Leis* (no livro III, 694c e seguintes), por exemplo, ele aponta [em] Ciro um soberano acessível à *parresía*. Da corte de Ciro, dá a representação seguinte: os inferiores tinham uma parte de liberdade, o que [proporcionava] aos soldados ousadia e amizade pelos chefes. E como o rei, sem inveja, autorizava a fala franca (*parresía*) deles e honrava os que podiam dar uma opinião sobre alguma matéria, quem quer que fosse prudente e bom conselheiro punha a serviço de todos sua competência e suas capacidades. De modo que em pouco tempo tudo prosperou entre os persas, graças à liberdade, à amizade e à comunidade[7]. Uma corte, por conseguinte, em que [reina] a liberdade de falar e em que os conselheiros podem praticar a *parresía*, é um fator de unificação da cidade e de sucesso das realizações.

Temos portanto toda uma série de textos que valorizam claramente a relação com o Príncipe como lugar da *parresía*. Mas – e é esse o problema que eu queria evocar agora – é preciso responder a uma pergunta simétrica à que se colocava há pouco a propósito da democracia. A pergunta é a seguinte: por que a democracia é um lugar tão difícil, tão improvável, tão perigoso para a emergência do dizer-a-verdade? Temos em vista a razão essencial e de certo modo estrutural: era a impossibilidade para o campo político da democracia de dar lugar e espaço à diferenciação ética.

Em compensação, agora, por que a relação com o Príncipe poderia ser esse lugar, quando por definição o poder que o Príncipe exerce é sem limites, sem leis muitas vezes, e capaz por conseguinte de todas as violências? A razão é – ela é simétrica e reversa em relação ao que se havia encontrado a propósito da democracia – que a alma do chefe como tal, e na própria medida em que é uma alma individual (a *psykhé* de um indivíduo), é capaz de uma diferenciação ética, ao mesmo tempo introduzida, valorizada, posta em forma e tornada capaz de produzir efeitos graças à formação e à elaboração morais, elaboração que vai, por um lado, torná-lo capaz de ouvir a verdade e, por outro e por conseguinte, lhe ensinar a limitar seu poder. O dizer-a-verdade pode ter lugar na relação com o chefe, o Príncipe, o rei, o monarca, simplesmente – para dizer as coisas de uma forma brutal, grosseira – porque eles têm uma alma e porque essa alma pode ser persuadida e educada e porque é possível, pelo discurso verdadeiro, lhe inculcar o *éthos* que a tornará capaz de ouvir a verdade e se conduzir em conformidade com essa verdade.

Foi bem assim, vocês se lembram, que Platão concebeu ou pelo menos justificou *a posteriori* as viagens que fez à Sicília, e mais precisamente sua missão junto a Dionísio, o Moço. Na famosa carta VII que havíamos comentado ano passado[8], Platão dá sua justificação em três tempos. Primeiro, diz ele, [foi] à Sicília empreender a pedagogia de Dionísio, o Moço, porque havia feito uma primeira experiência favorável com certo indivíduo, Dion (tio de Dionísio), que havia mostrado por sua capacidade de aprender e de traduzir a filosofia em boa conduta que a pedagogia de Platão podia ter efeitos numa alma, e na alma de alguém destinado a governar. "Dion, muito aberto a todas as coisas, especialmente ao discurso que eu lhe endereçava, me compreendia admiravelmente, melhor do que todos os jovens que eu havia frequentado até então. Ele decidiu [depois portanto de ter recebido as lições de Platão; M.F.] levar dali em diante uma vida diferente daquela da maioria dos italianos ou sicilianos, dando muito mais importância à virtude do que a uma existência de prazeres e de sensualidade[9]". Primeira razão, portanto: esse sucesso nesse caso particular. Segunda razão para ir à Sicília, que se articula à primeira e lhe dá sequência: depois da morte de Dionísio, o Velho, Dionísio, o Moço, recebe o poder. A "juventude de Dionísio e seu vivo gosto pela *philosophía* (a filosofia) e pela *paideía* (a formação, a cultura, a educação)[10], seu entourage sempre pronto a adotar a doutrina (*lógos*) e a vida (*bíos*) recomendadas por Platão, tudo isso constituía um segundo elemento favorável[11]. Enfim, em terceiro lugar, havia o próprio fato de que Dionísio, aconselhado por seu tio Dion e com todas as suas boas disposições para a *philosophía* e a *paideía*, havia recebido de seu pai um poder pessoal, um poder absoluto. E graças a esse poder pessoal, ia ser possível, assim que se tivesse acesso à sua alma, ter acesso à cidade, ao Estado, à *politeía* que ele regia. Assim, diz Platão: "Quando eu refletia e me perguntava com hesitação se devia ou não partir para a Sicília e ceder às solicitações, o que fez a balança pender [e me fez por conseguinte me decidir a viajar para a Sicília; M.F.] foi a ideia de que, se era possível empreender meus projetos políticos e legislativos [o texto grego diz exatamente: se quisermos empreender a realização das coisas que eu havia pensado acerca das leis e da república; M.F.], era o momento de tentar: era preciso persuadir um só homem (*héna mónon*), e tudo estava ganho[12]."

Pode-se dizer sem dúvida, e a carta VII atesta isso, que essa grande esperança foi frustrada e toda a empresa resultou em fracasso. Mas é preciso compreender que o fracasso que Platão [sofre] na Sicília, e cujos episódios detalha, não é pensado por ele como uma espécie de fracasso estrutural. Enquanto a democracia é estruturalmente incapaz de ceder lugar à *parresía*, se o dizer-a-verdade de Platão, se sua veridicção filosófica não funcionou com Dionísio, o Moço, e fracassou na Sicília, foi no fundo por razões que ele detalha justamente de uma maneira muito histórica e muito conjuntural: a má natureza de Dionísio, seu entourage ruim, todas as intrigas que Platão encontrou e às quais teve de se opor na corte de Dionísio, [e] finalmente, mais tarde, o assassinato de Dion. São razões históricas, singulares, conjunturais – que é o que dá a essa carta VII seu aspecto tão particular, pois se trata no fundo de um relato histórico (é, de todos os textos de Platão, o único além da carta VIII que é o relato detalhado de um encadeamento histórico) –, as que são invocadas para explicar o fracasso da *parresía* platônica na Sicília. O princípio em si não está em causa. Dar uma formação filosófica aos que comandam continua a ser o objetivo. Fracasso conjuntural da *parresía* platônica [no caso de] Dionísio. Fracasso estrutural, impossibilidade estrutural da *parresía* numa constituição democrática.

Essa ideia de que a *parresía* com o Príncipe é sempre arriscada, pode sempre fracassar, pode sempre encontrar circunstâncias desfavoráveis, mas não é em si impossível e vale sempre a pena ser tentada, vocês encontram da mesma maneira num texto de Isócrates, no início do discurso endereçado a Nicocles. O personagem Nicocles não era, podemos dizer, muito distante do personagem de Dionísio, o Moço, pelo menos por sua situação política. Era filho de um tirano, Evágoras. Evágoras acaba de morrer. Nicocles recebe o poder ou a autoridade na cidade, e é nesse momento que Isócrates se endereça a ele. Começa evocando todas as pessoas que, cortesãos, vêm trazer aos que reinam, aos reis (*toîs basileûsin*), presentes diversos, roupas, ouro[13]. Quanto a mim, diz Isócrates, não é esse gênero de presente que quero dar. Sou da opinião de que o presente que te trago é "o mais belo": "[...] se eu pudesse determinar os hábitos de vida (*epitedeúmata*) que deves buscar, os que deves evitar para dirigir conforme o melhor método teu Estado e teu governo. Muitos fatores contribuem para a educação dos particulares", mas "os soberanos ao contrário não têm em geral à sua disposição"[14] ninguém capaz de lhes dar conselhos. "Eles [isto é, os reis e os soberanos; M.F.], que deveriam receber uma educação mais cuidada que os outros, continuam levando sua vida, desde que se instalam no poder, sem receber nenhuma advertência."[15] Ora, é precisamente essa advertência ao Príncipe que Isócrates quer fazer. E ele distingue bem esse papel de conselheiro moral, formador moral do Príncipe, da função que consiste em dar ao Príncipe conselhos precisos e conjunturais para esta ou aquela situação. Ele distingue o papel dos conselheiros que intervêm e dão seu conselho "em cada uma das ações a empreender (*kath'hekásten mèn oûn tèn prâxin*)"[16] e a tarefa de Isócrates como formador da alma do Príncipe, como, dizendo a verdade, é capaz de proporcionar a formação ética do Príncipe e sua diferenciação ética. [Sua tarefa consistirá em] prescrever a Nicocles o conjunto dos *epitedeúmata* (dos hábitos, das maneiras de viver) a que este último deve se consagrar e passar seu tempo (*diatríbein*)[17]. Oposição, portanto, entre opinião conjuntural de uma ação política e o conselho moral que forma o Príncipe em hábitos de vida que ele deve manter ao longo de toda a sua existência, em sua atividade de homem e de governante.

Passo por cima de uma porção de outros textos que poderíamos citar e que vão no mesmo sentido. Vê-se que o que torna possível, o que torna desejável, o que torna inclusive necessário o dizer-a-verdade ao Príncipe é o fato de que a maneira como ele governará a cidade depende do seu *éthos* (da maneira como ele se constitui, ele, indivíduo, como sujeito moral), e é o fato de que esse *éthos* se forma e se determina pelo efeito do discurso verdadeiro que lhe é endereçado. Vocês estão vendo que o *éthos* do Príncipe, na medida em que, por um lado, é o que é acessível ao discurso verdadeiro e se forma a partir do discurso verdadeiro que lhe é endereçado e em que, por outro lado, de certo modo precedentemente, ele vai ser o princípio e a matriz da sua maneira de governar, esse *éthos* é o elemento que permite que a veridicção, a *parresía* articulem seus efeitos no campo da política, no campo do governo dos homens, na maneira como os homens são governados. Se a *parresía* pode, quando se trata de um tirano, de um monarca, de um soberano pessoal, ter seu efeito político e seus benefícios na arte de governar os homens, isso se dá por intermédio desse elemento que é o *éthos* individual do Príncipe. No caso da democracia [ao contrário], se a *parresía* não era recebida, não era entendida e se, mesmo quando se encontrava alguém que tinha a coragem de usar da *parresía*, este era eliminado em vez de honrado, era precisamente porque a estrutura da democracia não permitia reconhecer e dar lugar à diferenciação ética. É a ausência de lugar para o *éthos* na democracia que faz que a verdade não tenha lugar nela e não possa ser ouvida. Em compensação, é porque o *éthos* do Príncipe é o princípio e a matriz do seu governo que a *parresía* é possível, preciosa, útil, no caso do governo [autocrático]*. É de fato a questão do *éthos*, vocês estão vendo, que, tanto num caso como no outro, aparece. Num caso, ela se coloca porque a democracia não é capaz de lhe abrir espaço. No outro, e é por isso que a *parresía* é possível e necessária com o Príncipe, o *éthos* é o vínculo, o ponto de articulação entre o dizer-a-verdade e o bem-governar. Se refiz, talvez um tanto demoradamente, o percurso que já havia parcial e insuficientemente feito ano passado, era para melhor ressaltar o que está em jogo nessa análise da *parresía*, ressaltar também em que essa questão da *parresía* vai levar bem longe a própria história do pensamento, não apenas o pensamento político, mas o pensamento filosófico no Ocidente.

É preciso frisar bem o seguinte. Primeiro, através dessa evolução – por um lado, dessa crítica da democracia como lugar da *parresía* e, por outro, dessa valorização da monarquia ou do poder pessoal como lugar de *parresía* –, vocês estão vendo que a *parresía* não é mais simplesmente, como caracterizada em Eurípedes[18], um privilégio a exercer, privilégio cujo exercício se confunde com a liberdade do cidadão honrado. A *parresía* aparece agora, não como um direito detido por um sujeito, mas como uma prática, prática que tem por correlativo privilegiado, como ponto de aplicação primeiro, não a cidade ou o corpo dos cidadãos a convencer e

---

* M.F. diz: democrático.

arrastar, mas algo que é ao mesmo tempo um parceiro a que ela se dirige e um domínio em que adquire seus efeitos. Esse parceiro a que se endereça a *parresía* e esse domínio em que ela adquire seus efeito é a *psykhé* (a alma) do indivíduo. Primeira coisa: passa-se da pólis à *psykhé* como correlativo essencial da *parresía*.

Segundo, o objetivo desse dizer-a-verdade, o objetivo da prática parresiástica, agora orientado para a *psykhé*, não é mais tanto o conselho útil nesta ou naquela circunstância particular, quando os cidadãos estão embaraçados e procuram um guia que possa lhes permitir escapar aos perigos e se salvar, mas a formação de uma certa maneira de ser, de uma certa maneira de fazer, de certa maneira de se comportar nos indivíduos ou num indivíduo. O objetivo do dizer-a-verdade é portanto menos a salvação da cidade do que o *éthos* do indivíduo.

Terceiro, essa dupla determinação da *psykhé* como correlativo do dizer-a-verdade parresiástico e do *éthos* como objetivo da prática parresiástica implica que a *parresía*, ao mesmo tempo que se organiza em torno do princípio do dizer-a-verdade, toma corpo agora num conjunto de operações que permitem que a veridicção induza na alma efeitos de transformação.

Identificando essa transformação de uma *parresía* [considerada em] seu horizonte democrático e político com seus efeitos de salvação na cidade numa *parresía* que se endereça à *psykhé* dos indivíduos e visa a formação do *éthos* destes, podemos apreender duas séries de consequências. Em primeiro lugar (passarei muito rapidamente sobre essa consequência que é de certo modo um tanto retrospectiva), parece-me que a análise dessa *parresía* pode esclarecer com certa luz e de certa maneira a famosa questão – tradicional na história da filosofia grega pelo menos desde o fim do século XIX, digamos desde Rhode[19], com as obras de Snell[20], de Patocka[21] – da formação da noção grega de *psykhé*, de decupagem progressiva e da definição dessa responsabilidade que é a *psykhé*. E, se é verdade que houve muitas vias e trilhas diversas, muitas práticas diferentes que levaram, na cultura grega do século V, a essa emergência da alma como problema central para a filosofia, a política e a moral, se é verdade que muitos caminhos levaram à emergência e à definição da *psykhé*, me parece que é preciso abrir espaço, entre todas essas práticas, ao exercício da *parresía*, à crise e crítica da *parresía* e a toda a inflexão que desviou seu exercício da cena política para o jogo das relações individuais.

Mas me parece sobretudo que, procurando captar um pouco essa transformação da *parresía* e seu deslocamento do horizonte institucional da democracia para o horizonte da prática individual da formação do *éthos*, pode-se ver algo que é muito importante para compreender certos traços fundamentais da filosofia grega e, por conseguinte, da filosofia ocidental. Nós nos encontramos agora, com essas inflexões e essas mudanças na *parresía*, em presença no fundo de três realidades, ou pelo menos de três polos: o polo da *alétheia* e do dizer-a-verdade; o polo da *politeía* e do governo; enfim, o polo do que, nesses textos gregos tardios, se chama *ethopoiesis*[22] (formação do *éthos* ou formação do sujeito). Condições e formas do dizer-a-verdade, de um lado; estruturas e regras da *politeía* (isto é, da organização das relações de poder), de outro; enfim, modalidades de formação do *éthos* no qual o indivíduo se constitui como sujeito moral da sua conduta: são três polos ao mesmo tempo irredutíveis e irredutivelmente ligados uns aos outros. *Alétheia*, *politeía*, *éthos*: é a irredutibilidade essencial desses três polos, e é sua relação necessária e mútua, é a estrutura de chamamento de um ao outro e do outro a um que, creio, sustentou a própria existência de todo o discurso filosófico desde a Grécia até nós.

Porque o que faz precisamente que o discurso filosófico não seja simplesmente um discurso científico, que [se limitaria a] definir e pôr em jogo as condições do dizer-a-verdade, o que faz que o discurso filosófico, da Grécia até nós, não seja simplesmente um discurso político ou institucional, que se limitaria a definir o melhor sistema de instituições possível, o que faz enfim que o discurso filosófico não seja simplesmente um puro discurso moral que prescreva princípios e normas de conduta é que, a propósito de cada uma dessas três questões, ele coloca ao mesmo tempo as outras duas. O discurso científico é um discurso cujas regras e objetivos podem ser definidos em função da questão: o que é o dizer-a-verdade, quais são suas formas, quais são suas regras, quais são suas condições e estruturas? O que faz que um discurso político não seja mais que um discurso político é que ele se contenta com colocar a questão da *politeía*, das formas e das estruturas de governo. O que faz que um discurso moral não seja mais que um discurso moral é que ele se limita a prescrever os princípios e as normas de conduta.

O que faz que um discurso filosófico seja outra coisa que não cada um desses discursos é que ele nunca coloca a questão da verdade sem se interrogar ao mesmo tempo sobre as condições desse dizer-a-verdade, seja [do lado da] diferenciação ética que abre para o indivíduo o acesso a essa verdade, [seja também do lado] das estruturas políticas no interior das quais esse dizer-a-verdade terá o direito, a liberdade e o dever de se pronunciar. O que faz que um discurso filosófico seja um discurso filosófico, e não simplesmente um discurso político é que, quando ele coloca a questão da *politeía* (da instituição política, da repartição e da organização das relações de poder), coloca ao mesmo tempo a questão da verdade e do discurso verdadeiro a partir do qual poderão ser definidas essas relações de poder e sua organização, coloca também a questão do *éthos*, isto é, da diferenciação ética a que essas estruturas políticas podem e devem dar lugar. E, enfim, se o discurso filosófico não é simplesmente um discurso moral, é porque ele não se limita a formar um *éthos*, a ser a pedagogia de uma moral ou o veículo de um código. Ele nunca coloca a questão do *éthos* sem se interrogar ao mesmo tempo sobre a verdade e a forma de acesso à verdade que poderá formar esse *éthos*, e [sobre] as estruturas políticas no interior das quais esse *éthos* poderá afirmar sua singularidade e sua diferença. A existência do discurso filosófico, desde a Grécia até agora, está precisamente na possibilidade, ou antes, na necessidade desse jogo: nunca colocar a questão da *alétheia* sem reavivar ao mesmo tempo, a propósito dessa própria verdade, a questão da *politeía* e do *éthos*. Mesma coisa no caso do *éthos*.

E se, agora, vocês quiserem que relembremos as quatro modalidades do dizer-a-verdade evocadas da última vez, quando eu havia procurado esquematizar as quatro grandes formas de dizer-a-verdade que encontramos na cultura grega (o dizer-a-verdade profético, o dizer-a-verdade da sabedoria, o dizer-a-verdade da *tékhne* e o dizer-a-verdade da *parresía*), pois podemos perfeitamente definir, a partir dessas quatro modalidade do dizer-a-verdade, quatro atitudes filosóficas fundamentais que seria possível encontrar, seja compostas umas com as outras, seja excluindo-se umas às outras, seja polemizando umas com as outras. Podemos encontrar quatro maneiras de vincular entre si a questão da *alétheia*, a questão da *politeía* e a questão do *éthos*.

Ou ainda, definindo a filosofia como o discurso que nunca coloca a questão da verdade sem se interrogar ao mesmo tempo sobre a questão da *politeía* e sobre a questão do *éthos*, que nunca coloca a questão da *politeía* sem se interrogar sobre a verdade e sobre a diferenciação ética, que nunca coloca a questão do *éthos* sem se interrogar sobre a verdade e a política, podemos dizer que há quatro maneiras de vincular essas três questões, para fazê-las se remeter umas às outras ou se reagrupar umas com as outras.

Poderíamos chamar de atitude profética a que, em filosofia, promete e prediz, além do limite do presente, o momento e a forma nos quais a produção da verdade (*alétheia*), o exercício do poder (*politeía*) e a formação moral (*éthos*) virão enfim, exata e definitivamente, a coincidir. A atitude profética em filosofia faz o discurso da reconciliação prometida entre *alétheia*, *politeía* e *éthos*.

Em segundo lugar, a atitude de sabedoria em filosofia é a que pretende dizer, num discurso fundamental e único, num mesmo tipo de discurso, ao mesmo tempo qual o estado da verdade, qual o estado da *politeía* e qual o estado do *éthos*. A atitude de sabedoria em filosofia é o discurso que procura pensar e dizer a unidade fundadora da verdade, da *politeía* e do *éthos*.

A atitude técnica ou a atitude de ensino na filosofia não é, ao contrário, a que busca prometer num futuro encontrar numa unidade fundamental o ponto de coincidência entre *alétheia, politeía* e *éthos*, mas ao contrário a que busca definir, em sua irredutível especificidade, sua separação e sua incomensurabilidade, as condições formais do dizer-a-verdade (é a lógica), as melhores formas do exercício do poder (é a análise política) e os princípios da conduta moral (é simplesmente a moral). Digamos que essa atitude em filosofia é o discurso da heterogeneidade e da separação entre *alétheia, politeía* e *éthos*.

Existe, a meu ver, uma quarta atitude em filosofia. É a atitude parresiástica, a que tenta, justa, obstinadamente e sempre recomeçando, reconduzir a propósito da questão da verdade, a das suas condições políticas e a da diferenciação ética que abre o seu acesso a ela; que perpetuamente e sempre traz, a propósito da questão do poder, a da sua relação com a verdade e com o saber, por um lado, e com a diferenciação ética, por outro; é, enfim, a que, a propósito do sujeito moral, traz sem cessar a questão do discurso verdadeiro em que esse sujeito moral se constitui e das relações de poder em que esse sujeito se forma. São esses o discurso e a atitude parresiásticas em filosofia: é o discurso ao mesmo tempo da irredutibilidade da verdade, do poder e do *éthos*, e ao mesmo tempo o discurso da sua necessária relação, da impossibilidade onde estamos de pensar a verdade (*alétheia*), o poder (*politeía*) e o *éthos* sem relação essencial, fundamental uns com os outros.

Pronto, obrigado. Da próxima vez, vou procurar explicar, ou pelo menos me apoiar em três textos. Para aqueles que quiserem lê-los, haverá, é claro, a *Apologia de Sócrates*; depois o *Laques*; e terceiro, o fim do *Fédon*. E é a esse respeito que procurarei falar um pouco da interpretação e da análise que Dumézil fez desse texto em seu livro chamado *Le Moyne noir en gris*.

*

NOTAS

1. Xenofonte, *Hiéron*, § 1, *in Oeuvres complètes*, I, trad. P. Chambry, Paris, Garnier-Flammarion, 1967, p. 399.
2. *Ibid*.
3. "Um tirano também procurará não ficar sem informações sobre o que cada um dos seus súditos diz ou faz, e empregará *observadores*, como em Siracusa as espiãs fêmeas, como são chamadas, e os escutadores que Hiéron enviava a toda parte em que havia alguma reunião ou

assembleia (porque se fala com menos franqueza quando se teme a presença de ouvidos indiscretos)" (Aristóteles, *Politique*, 1313b, V, 11, trad. J. Tricot, ed. citada, p. 407).

4. *Id.*, 1313b-1314a, p. 409.

5. Aristóteles, *Constitution d'Athènes*, XVI, 2, trad. G. Mathieu & B. Haussoulier, Paris, Les Belles Lettres, 1967, p. 16.

6. *Id.*, XVI, 6, p. 17.

7. "É fato que os persas, quando sob Ciro mantinham o justo meio entre servidão e liberdade, começaram por ser livres, para se tornarem em seguida senhores de inúmeros outros povos: chefes que davam àqueles de que eram chefes o presente da liberdade e os elevavam a um nível igual ao deles; soldados que, para seus generais, eram verdadeiros amigos; ardentes, além do mais, em se oferecer aos perigos. E se dentre eles havia um que fosse inteligente e capaz de dar bons conselhos, o rei, sendo privado em relação a este de qualquer inveja, dava ao contrário inteira liberdade de palavra (*didóntos de parresían*) e distinções honoríficas a quem quer que fosse capaz de aconselhá-lo, proporcionava-lhes meios de efetivar, no interesse de todo o mundo, suas capacidades intelectuais. Por conseguinte, tudo progredia nessa época entre eles, graças à liberdade (*eleutherían*), à amizade, à colaboração (*philían kaì noû koinonían*)" (Platão, *Les Lois*, livro III, 694a-b, trad. E. des Places, Paris, Les Belles Lettres, 1965, p. 36; Foucault prefere ler "amizade" a "colaboração" [Trad. bras.: *As leis*, 2ª ed., São Paulo, Edipro, 2010]). Cf. uma primeira evocação desse texto na aula de 9 de fevereiro de 1983, *in Le Gouvernement de soi et des autres*, ed. citada, p. 186.

8. Cf. as análises gerais dessa carta nas aulas de 9, 16 e 23 de fevereiro de 1983, *in Le Gouvernement de soi...*

9. Platão, carta VII, 327a-b, *in* Platão, *Lettres*, trad. J. Souilhé, Paris, Les Belles Lettres, 1977, p. 31.

10. *Id.*, 328a, p. 32 (J. Souilhé traduz na edição de Les Belles Lettres *paideía* por "ciência").

11. "Seus sobrinhos e seus parentes, tão fáceis de ganhar para a doutrina (*lógon*) e para a vida (*bíon*) que eu não parava de preconizar." (*ibid.*)

12. *Id.*, 328b-c, pp. 32-3.

13. Isócrates, *Discours*, t. II, trad. G. Matthieu & É. Brémond, Paris, Les Belles Lettres, 1938, § 1, p. 97.

14. *Id.*, § 2, p. 98.

15. *Id.*, § 4, p. 98.

16. *Id.*, § 6, p. 99.

17. "Mas no que concerne à conduta da vida em geral (*kath'hólon dè tôn epitedeumáton*), eu me esforçarei para examinar em detalhe quais são as práticas que deves adotar e que merecem que lhes consagre teu tempo (*perì hà deî diatríbein*)." (*ibid.*)

18. Cf. sobre esse ponto as aulas de 12 e 19 de janeiro e 2 de fevereiro de 1983, *in Le Gouvernement de soi...*

19. E. Rohde, *Psychè*, trad. A. Reynaud, Paris, 1928; reed. Paris, Tchou, 2001 (ed. orig.: *Psyche. Seelencult und Unsterblichkeitsglaube der Griechen*, Tübingen, J.C.B. Mohr, 1925).

20. B. Snell, *La Découverte de l'esprit. La genèse de la pensée européenne chez les Grecs*, trad. M. Charrière & P. Escaig, Paris, Éditions de l'Éclat, 1994 (ed. orig.: *Die Entdeckung des Geistes, Studien zur Entstehung des Europaischen Denkens bei den Greichen*, Hamburgo, Claassen & Goverts, 1946).

21. J. Patocka, *Platon et l'Europe*, trad. E. Abrams, Paris, Verdier, 1983.

22. Sobre essa noção, cf. a aula de 10 de fevereiro de 1982, *in L'Herméneutique du sujet*, ed. citada, pp. 227-8.

AULA DE 15 DE FEVEREIRO DE 1984
Primeira hora

O perigo do esquecimento de si mesmo. – A recusa de Sócrates a um engajamento político. – Sólon diante de Pisístrato. – O demônio de Sócrates. – O risco de morte: história dos generais das Arginusas e de Leão de Salamina. – O oráculo de Delfos. – A resposta de Sócrates ao oráculo: a verificação e a investigação. – Objeto da missão: o cuidado de si dos homens. – Irredutibilidade da veridicção socrática. – Surgimento de uma parresía *propriamente ética. – O ciclo da morte de Sócrates como fundação ética do cuidado de si.*

Depois de termos evocado da última vez a crise da *parresía* política, ou em todo caso a crise das instituições políticas como lugar possível da *parresía*, gostaria de iniciar hoje o estudo da *parresía*, da prática do dizer-a-verdade no campo da ética, e, para tanto, partir novamente de Sócrates, como aquele que prefere enfrentar a morte a renunciar a dizer a verdade, mas não exerce esse dizer-a-verdade na tribuna, na Assembleia, diante do povo, dizendo sem disfarces o que pensa. Sócrates é aquele que tem a coragem de dizer a verdade, que aceita se arriscar à morte para dizer a verdade, mas praticando a prova das almas no jogo da interrogação irônica.

Para estudar essa fundação da *parresía* no campo da ética, em oposição à *parresía* política, ou [partindo de] uma separação fundadora em relação a uma *parresía* política, gostaria de comentar dois textos. O primeiro se encontra na *Apologia*: é o célebre texto em que Sócrates diz que, se não quis desempenhar papel político na cidade, era porque, se o houvesse desempenhado, teria se exposto à morte.

[Quanto ao] segundo texto, que estudaremos na hora que se segue, [trata-se], no *Fédon*, das célebres últimas palavras de Sócrates pedindo aos seus discípulos que ofereçam, a título de dívida, um galo a Esculápio e, [no momento] em que recomenda fazerem esse sacrifício, acrescentando: pensem nisso, não se esqueçam, não descuidem. Nenhum dos historiadores da filosofia ou dos comentadores que nos últimos dois mil anos se debruçaram [sobre esse texto] jamais o explicou ou interpretou. Foi ele que

Dumézil analisou e cuja solução, a meu ver, encontrou naquele livro que lhes recomendei ler da última vez. Em todo caso, entre esses dois textos (o da *Apologia* em que Sócrates diz: não "fiz política", como quem diz, não subi à tribuna porque, se subisse, teria morrido; e o último texto de Sócrates aceitando alegremente morrer e pedindo que pagassem aos deuses certa dívida na forma de um galo), é todo o ciclo da morte de Sócrates em sua relação com o dizer-a-verdade e com os riscos mortais que corre o dizer--a-verdade. É disso que se trata e de que gostaria de falar.

Primeiro, pois, a *Apologia*. Começarei com uma observação, que deixaremos de lado por ora, à espera de uma futura utilização. É [a propósito das] primeiras linhas da *Apologia*. Como se trata de um discurso de tipo judicial, pois bem, o discurso de Sócrates, pelo menos tal como Platão o relata, começa, como todo bom discurso judicial, pelo menos como muitos arrazoados, [com a proposição]: meus adversários mentem, eu digo a verdade[1]. É o mínimo que se pode dizer, de fato, ao se opor a seus acusadores num tribunal. Meus adversários mentem, eu digo a verdade. Segundo, diz Sócrates: meus adversários são hábeis em falar (*deinòs légein*)[2]; já eu, diz ele, falo simplesmente, diretamente, sem habilidade e sem aparato. Mais uma vez, o tema tradicional. E acrescenta também, o que não é extraordinário nesse gênero de discurso: eles são hábeis em falar, enquanto eu falo simples e diretamente. Aliás, eles são tão hábeis em falar que gostariam de fazer crer que eu é que sou hábil em falar. Mas é justamente nisso que mentem: eu não sou hábil em falar[3]. Isso não mereceria talvez comentários muito mais detalhados se ele não acrescentasse, nessa forma retórica, nessa forma de apresentação do discurso judicial em tudo tradicional, certa notação pela qual Sócrates diz: meus adversários é que mentem, meus adversários é que são hábeis em falar, mas são tão hábeis em falar que quase conseguem me fazer "esquecer o que sou". Por causa deles (*hyp'autôn*), quase perdi a memória de mim mesmo (*emautoû epelathómen*)[4]. Gostaria então que guardássemos esta observação, mais ou menos como a provisão do esquilo, em homenagem àquele de que falaremos mais tarde, provisão de esquilo que utilizaremos posteriormente. Gostaria simplesmente que vocês retivessem que a habilidade dos adversários, dos outros, em falar pode ir até o esquecimento de si. E, por conseguinte, podemos, de certa forma, correlativa e negativamente, sentir que nós [nos orientamos] para a proposição reversa. Se a habilidade em falar provoca o esquecimento de si, pois bem, a simplicidade [do] falar, a palavra sem aparato ou sem ornamento, a palavra diretamente verdadeira, a palavra de *parresía* portanto nos levará à verdade de nós mesmos.

Em segundo lugar, eu queria notar que o que se pode chamar de ciclo da morte de Sócrates – esse conjunto de textos que podemos agrupar, comportando a *Apologia de Sócrates* (processo), o *Críton* (discurso entre Sócrates e Críton na prisão a propósito de uma possível fuga) e, enfim, o *Fédon* (relato dos últimos momentos de Sócrates) – começa pela evocação de uma coisa que vai ser importante ao longo de todo o ciclo: o risco de se esquecer de si (*soi même*). E desde o início (quase me fizeram esquecer-me de mim) até o "não esqueçais", que é a última, a derradeira palavra de Sócrates (*mè amelésete*: não descuidem de mim, não se esqueçam de mim)[5], que será preciso comentar, pois bem, é da relação entre verdade de si e esquecimento de si que se vai tratar ao longo de todo esse ciclo. É sob esse signo que vai se desenrolar o processo de Sócrates, a discussão de Sócrates a propósito de seu exílio possível e de sua salvação possível, e finalmente a morte de Sócrates. Fiquemos nisso por ora, guardemos essa observação para mais tarde.

Gostaria agora de abordar o texto de que eu lhes falava, que se encontra em 31c da *Apologia*, a propósito de: deve-se fazer política?, ou antes: por que ele, Sócrates, não faz política? Imediatamente antes dessa passagem, Sócrates explica como foi encontrar os cidadãos de Atenas, como se ocupou deles – voltaremos a isso –, como cuidou deles ("assumindo perante cada um o papel de um pai ou de um irmão mais velho"[6]). Ele cuidou, pois, dos atenienses como um pai ou um irmão mais velho. Logo depois de dizer isso, faz a si mesmo a seguinte objeção: mas então, "como é que, prodigalizando assim meus conselhos aqui e ali a cada um em particular e me imiscuindo um pouco em tudo", não ouso publicamente (*demosía*), me apresentando ao povo, me dirigindo a ele ("*anaibaínon eis tò plêthos*", no sentido estrito: subir à tribuna para se endereçar ao povo), a dar conselhos à cidade (*symboúleuein tê pólei*)[7]? Aqui também a palavra é técnica. *Symboúleuein* é participar do Conselho, das instâncias deliberativas da cidade. Por que então eu não ouso, publicamente, indo à tribuna, participar das decisões da cidade?

Temos, evidentemente, nessa evocação de um papel político em que alguém se levanta, fala ao povo e participa das deliberações da cidade, uma evocação daquela cena das instituições democráticas que deveriam ter aberto espaço para a *parresía*. O que Sócrates evoca é essa figura possível do parresiasta político que, a despeito dos perigos, a despeito das ameaças, aceita, por ser do interesse da cidade, se levantar. E, expondo-se eventualmente à morte, diz a verdade. Poderíamos lembrar aqui a anedota, o gesto, a atitude célebre de Sólon contada com tanta frequência na literatura grega. Vocês encontrarão esse episódio na *Constituição de Atenas* de Aristóteles, capítulo 14[8], em Plutarco (*Vida de Sólon*)[9] e também em Diógenes Laércio[10]. No momento em que Atenas está perdendo sua liberdade porque Pisístrato afirma sua autoridade pessoal, porque se pôs a exercer em seu nome a soberania sobre Atenas, a exercer o que se chama tirania, nesse momento, o velho Sólon, que assiste a essa ascensão do jovem Pisístrato, decide comparecer à Assembleia. Pisístrato havia manifestado sua vontade de exercer a tirania dotando-se de uma guarda pessoal – era, nas cidades gregas, o meio tradicional para um cidadão tomar o poder: rodear-se de uma guarda pessoal. Diante desse acontecimento, Sólon comparece perante a Assembleia. Vem à Assembleia como simples cidadão de Atenas, mas armado com uma couraça e um escudo, mostrando com esse gesto o que está acontecendo, a saber, que Pisístrato, dotando-se de uma guarda pessoal, considera os cidadãos inimigos contra os quais terá eventualmente de lutar. Se o soberano se apresenta exercendo um poder militar, ameaçando pela força armada os outros cidadãos, é normal que os cidadãos, [em troca], cheguem armados. Sólon chega pois à Assembleia com uma couraça e um escudo. E para criticar a Assembleia que acaba de conceder a Pisístrato a autorização de se dotar de uma guarda pessoal, ele diz a seus concidadãos: "sou mais sábio do que os que não compreenderam os maus desígnios de Pisístrato, e sou mais corajoso do que os que os conhecem e se calam por terem medo".[11] Vocês estão vendo aqui a dupla *parresía* de Sólon: *parresía* em relação a Pisístrato, já que, com o gesto que ele [efetua] chegando de couraça e armado à Assembleia, mostra o que Pisístrato está fazendo. Ele desvenda a verdade do que acontece e, ao mesmo tempo, dirige um discurso de verdade à Assembleia, criticando os que não compreendem e criticando também [os] que, compreendendo, se calam. Ele, ao contrário, vai falar. E é depois desse discurso de Sólon denunciando o que acontece, criticando seus concidadãos, que o Conselho responde que Sólon, na realidade, está ficando louco (*maínesthai*). Ao que Sólon replica: "Se sou louco, sabereis dentro em breve, [...] quando a verdade vier à luz."[12] Temos aí, muito exatamente, um exemplo típico, claro que construído *a posteriori*, da prática de *parresía*.

É essa prática de *parresía* que Sócrates não quer assumir, é esse papel que ele não quer desempenhar. Ele não ousa publicamente, apresentando-se ao povo, dar conselhos à cidade. Sócrates não será Sólon. Então o problema é saber como Sócrates justifica o fato de que não será Sólon, de que não irá à tribuna e de que não dirá a verdade *demosia* (publicamente). A razão que ele dá para não ter de desempenhar esse papel é bem conhecida. É que ele ouviu certa voz familiar, divina ou demônica, que, de tempo em tempo, se faz ouvir dentro dele e a ele, voz que nunca lhe prescreve algo positivo, que nunca lhe diz o que deve fazer, [mas] de tempo em tempo se faz ouvir para o impedir de consumar uma coisa que ele estava a ponto de fazer ou que poderia fazer[13]. E, no caso, é disso mesmo que se trata. A voz se faz ouvir a ele, por quê? Para desviá-lo de fazer política. Logo ele, que se ocupa dos cidadãos como um pai ou um irmão mais velho, a voz desvia de cuidar destes na forma da política. O que significa essa interdição? Por que esse sinal? Por que essa voz que o refreia da *parresía* política, no momento em que ele teria podido dar a seu discurso verdadeiro essa forma, essa cena e esse objetivo?

É aí que Sócrates adianta algumas considerações que, à primeira vista, poderiam passar pela explicação pura e simples desse interdito, ou desse sinal negativo que a voz demônica lhe endereçou. Essa explicação aparente é o mau funcionamento da *parresía* democrática, ou, de forma mais geral, da *parresía* política, é a incapacidade em que nos encontramos, quando lidamos com as instituições políticas, de desempenhar devidamente, de desempenhar plenamente, de desempenhar até as últimas consequências o papel parresiástico. E por quê? Simplesmente por causa do perigo que se corre. É nesse texto que gostaria de me deter: "Se houvesse me dedicado há muito tempo à política, estaria morto faz tempo."[14] Lembrem-se, eu havia lido esse texto da última vez. E Sócrates acrescenta: "Não vos zangueis por me ouvir vos dizer verdades [a verdade é: se fizesse política, estaria morto; M.F.]: não há homem algum que possa evitar perecer, por pouco que se oponha generosamente, seja a vós, seja a qualquer outra assembleia popular, e que se esforce por impedir, em sua cidade, as injustiças e as ilegalidades."[15] Passamos rapidamente por cima desse texto, mas a coisa é clara: não faço política por quê? Porque, se fizesse política, se tivesse me adiantado para lhes falar, para lhes dizer a verdade, vocês teriam me feito perecer como perecem todos os que, generosamente, querem impedir, em sua cidade, injustiças e ilegalidades. Mas é preciso examinar a coisa mais de perto, é preciso sobretudo ver os exemplos e justificativas que Sócrates dá. É que, de fato, para apoiar a afirmação de que, quando alguém se endereça à Assembleia do povo para lhe dizer a verdade, ou mesmo simplesmente quando quer cuidar diretamente, globalmente dos interesses da cidade, arrisca a vida, os exemplos que ele dá são curiosos e ao mesmo tempo paradoxais. Porque são ao mesmo tempo exemplos e refutações[16].

São exemplos na medida em que são casos em que vemos as instituições políticas, sejam elas, aliás, democráticas, tirânicas ou oligárquicas, impedir ou querer impedir os que estão do lado da justiça e da legalidade de dizer a verdade. Mas esses exemplos são ao mesmo tempo refutações, porque neles vemos justamente que Sócrates, em dois casos bem precisos que cita, não aceitou essa chantagem e essa ameaça. Ele as afrontou e aceitou, em ambos os casos, correr o risco de morrer. Eis de que se trata. Sócrates dá um exemplo muito preciso, que tira da sua própria experiência e da sua própria vida, de que quem quiser dizer a verdade no jogo de um regime democrático pode se expor efetivamente a morrer. A cena se situa por volta de 406, quando Sócrates, pelo jogo da rotação das responsabilidades políticas, viu-se prítane – nesse caso não era uma atividade de algum modo pessoal, que ele teria decidido abraçar por iniciativa própria; é que cabia à sua tribo exercer a pritania. Ora, nessa época, acabava de ser aberto um processo contra certos generais atenienses que haviam sido vencedores nas Arginusas e que, por várias razões, não haviam recolhido os cadáveres depois da batalha e da vitória – o que era ao mesmo tempo uma impiedade e um gesto político um pouco duvidoso, mas deixemos isso de lado. Há portanto na Assembleia pessoas que fizeram uma queixa contra os generais das Arginusas. O que faz Sócrates, então? "Fui o único dos prítanes a vos enfrentar para vos impedir de violar a lei, fui o único a votar contra vosso desejo."[17] A Assembleia condenou efetivamente os generais das Arginusas e eles foram executados. Pois bem, a despeito do fato de que toda a Assembleia era favorável a essa condenação, eu, diz Sócrates, "votei contra vosso desejo". "Em vão os oradores [partidários da condenação dos generais; M.F.] se diziam dispostos a me processar, a me deter, e vós os convidáveis a isso [diz Sócrates ao povo de Atenas; M.F.] com vossos gritos; eu estimava que meu dever era enfrentar o perigo com a lei e a justiça, em vez de me associar a vós em vossa vontade de injustiça, por temer a prisão e a morte."[18] Temos aí um exemplo que prova que, na democracia, corre-se um risco de morte querendo dizer a verdade em favor da justiça e da lei. Mas ao mesmo tempo que mostra que se corre efetivamente esse risco, Sócrates mostra também que ele afrontou efetivamente esse perigo e desempenhou o papel típico do parresiasta político. É verdade que a *parresía* é perigosa, mas é verdade também que Sócrates teve a coragem de afrontar os riscos dessa *parresía*. Ele teve a coragem de tomar a palavra, teve a coragem de dar uma opinião adversa diante de uma Assembleia que procurava calá-lo, processá-lo, eventualmente puni-lo.

Depois desse exemplo paradoxal (prova de que a *parresía* é perigosa na democracia, mas exemplo de que Sócrates aceita esse risco), Sócrates dá outro exemplo que toma de outro episódio da história ateniense e de uma outra forma de sistema político. Ele se refere àquele curto período durante o qual, no fim do século V, Atenas estava sob o governo oligárquico dos Trinta, governo autoritário, governo sangrento. Dessa vez, ele mostra que, num regime autoritário e oligárquico, é tão perigoso quanto numa democracia dizer a verdade. Mas ele vai mostrar ao mesmo tempo quanto isso lhe era indiferente e como ele assumiu esse risco. Ele evoca o momento em que os Trinta tiranos queriam deter um cidadão que se chamava Leão de Salamina e era injustamente acusado. Os Trinta tiranos haviam pedido a quatro cidadãos que fossem efetuar a detenção. Entre esses quatro cidadãos, haviam designado Sócrates. Pois bem, enquanto os três outros foram deter Leão de Salamina, "nessa circunstância [lembra Sócrates a seus acusadores; M.F.], eu manifestava, não com palavras mas com atos (*ou lógo all'ergo*) que a morte não me preocupa nem um pouco [*emoì thanátou mèn mélei* [...] *oud' hotioûn*; assinalo [a expressão] "*mélei*" que vamos reencontrar com frequência; M.F.], mas que não quero fazer nada de injusto ou de ímpio e que isso me preocupa acima de tudo [e, de novo: *toútou dè tò pân mélei*; M.F.]"[19].

Exemplo simétrico e inverso. Inverso, já que estamos num regime aristocrático, oligárquico. Simétrico, já que nesse regime a *parresía* não é possível, mas mesmo assim Sócrates aceitou o risco. Vocês estão vendo qual é o problema. Sócrates acaba de dizer: por que, me ocupando dos cidadãos, nunca me ocupei e não quero me ocupar deles *demosía* (em público, me adiantando à tribuna)? Porque, nesse caso, eu morrerei. Como ele pode dizer isso e dar, como justificativa da sua atitude, exemplos em que mostra de fato que é perigoso, mas que aceitou o perigo e aceitou morrer? Pode-se dizer, nessas condições, que os perigos mortais que o mau funcionamento político faz o parresiasta correr, que a morte que um arrisca ao dizer a verdade foram as verdadeiras razões pelas quais Sócrates não avançou à frente da cena política e nunca tomou a palavra diante do povo? Ele que, duas vezes (com relação a democracia e a oligarquia), aceitou o risco de morrer para fazer valer a verdade e a justiça, ele que, precisamente, nessa *Apologia* que está pronunciando, explica e explicará, ao longo do texto, que não tem medo de morrer, como pode ser que, aqui, ele diga: não fiz política porque, se tivesse feito, teria morrido? A questão é a seguinte: esses perigos podem ser a verdadeira razão dessa abstenção? A resposta a dar é ao mesmo tempo não e sim. Evidentemente não, insisto, não é por medo da morte e para escapar desta que Sócrates renunciou à atividade política. E no entanto pode-se dizer: sim, é por causa desses perigos que ele se absteve, não por medo da morte, mas porque se tivesse se metido em política teria morrido, e tendo morrido não teria podido – é o que ele diz no texto – ser útil a si mesmo e aos atenienses[20]. Não é portanto o medo da morte, não é essa relação pessoal de Sócrates com a sua própria morte a razão pela qual ele não quis dizer a verdade na forma da veridicção política. Não é essa relação pessoal, mas uma relação de utilidade, uma relação consigo mesmo e com os atenienses, é essa relação útil, positiva e benéfica que é a razão pela qual a ameaça que os sistemas políticos fazem pesar sobre a verdade o impediu de dizer essa verdade na forma política. Evitar morrer foi o que lhe recomendou, por esse sinal negativo, por sua interpelação, a voz demônica. E não porque morrer é um mal a ser evitado, mas porque, morrendo, Sócrates não teria podido fazer algo positivo. Não teria podido estabelecer, para os outros e para si mesmo, uma relação preciosa, útil e benéfica. Logo, o sinal demônico que, no momento em que Sócrates poderia ter se adiantado perante a Assembleia, o desviou da política mortal, esse sinal teve como efeito, e sem dúvida tinha por função, proteger justamente essa tarefa positiva e o encargo que Sócrates havia recebido.

Isso remete portanto à missão que o deus confiou a Sócrates e que deve ser protegida contra os riscos inúteis da política. Não se deve esquecer – teremos a oportunidade de voltar a esse ponto – que todo o ciclo da morte socrática evoca a pontuação de um certo número de intervenções divinas. Essa é uma. Essa intervenção divina – que, no momento em que a *parresía* política teria sido possível para Sócrates, introduziu um corte –, que tarefa positiva, que tarefa útil ela prepara e protege? Toda a *Apologia*, pelo menos a primeira parte, é consagrada a definir e a caracterizar essa tarefa que é útil e deve ser protegida contra a morte. Essa tarefa é um exercício, uma certa prática do dizer-a-verdade, é a aplicação de um modo de veridicção totalmente diferente dos que podem ocorrer na cena política. A voz que endereça a Sócrates essa recomendação, ou antes, que o desvia da possibilidade de falar na forma da política, essa voz marca a instauração, em face de um dizer-a-verdade político, de um outro dizer-a-verdade que é o da filosofia: você não vai ser Sólon, você deve ser Sócrates. O que é essa outra prática do dizer-a-verdade cuja diferença essencial, fundamental, fundadora em relação ao dizer-a-verdade político, a voz divina assinala? É isso que é contado na primeira parte da *Apologia*, e creio que podemos esquematizar esse outro dizer-a-verdade, assim preparado pela precaução de Sócrates para não morrer, em três momentos.

O primeiro momento dessa veridicção pode ser encontrado na relação com os deuses, na relação com Apolo, na relação com a profecia. Isso tampouco é indiferente, como vocês vão ver. Querefonte, um amigo de Sócrates, foi perguntar ao deus de delfos: que grego é mais sábio do que Sócrates? Vocês sabem que a essa pergunta, que não foi feita por Sócrates mas por um dos seus amigos, a resposta do deus foi: ninguém é mais sábio do que Sócrates[21]. Claro, essa resposta, como todas as respostas do deus, é enigmática, e quem a recebe nunca está cem por cento seguro de compreendê-la. De fato, Sócrates não a compreende. Ele se interroga, como todos ou quase todos os que receberam essas palavras enigmáticas do deus: *Ti pote légei ho theós*[22] (o que diz o deus, com palavras veladas: *ainíttetai*[23])? Ora, é preciso mostrar desde já que, fazendo-se essa pergunta tradicional depois da resposta tradicionalmente enigmática do deus, para encontrar o sentido do que o deus disse, Sócrates não se propõe um método que poderíamos chamar de interpretativo. Ele não procura decifrar o sentido que há por baixo, não procura adivinhar o que o deus disse. O que Sócrates conta a propósito do que ele fez nesse momento é muito interessante. Ele diz: tendo me sido transmitida a resposta à pergunta de Querefonte e eu não a compreendendo, me indagando "o que o deus pode ter querido dizer?", empreendi uma busca. O verbo empregado é *zeteîn* (vocês têm a palavra *zétesis*[24]). Ele empreendeu uma busca, e essa busca, mais uma vez, não consiste em interpretar, em decifrar. Não se trata de fazer uma exegese do que o deus teria querido dizer e que teria ocultado sob uma forma alegórica ou sob um discurso metade verídico, metade enganoso. A busca que Sócrates empreende é uma busca [que tem em vista] saber se o oráculo disse a verdade. Sócrates quer ter a prova do que disse o oráculo. Ele faz questão de submeter o oráculo a uma verificação. E emprega, para designar a modalidade dessa busca (*zétesis*), uma palavra característica, que é importante. É a palavra *elégkhein*[25], que quer dizer fazer recriminações, fazer objeções, questionar, submeter alguém a um interrogatório, opor-se ao que alguém disse para saber se o que foi dito se confirma ou não. É, de certo modo, discuti-lo. Assim, ele não vai interpretar o oráculo, mas discuti-lo, submetê-lo à discussão, submetê-lo à oposição para saber se é verdade. E é a fim de submeter o oráculo a essa verificação, e não a essa interpretação, que Sócrates vai empreender todo um giro, todo um percurso (o que ele chama de uma *pláne*[26]) para chegar a saber se a profecia pode efetivamente se tornar indiscutível (*anélegktos*[27]) e se, portanto, ela pode ser estabelecida em verdade.

É importante captar bem o que há de singular nessa atitude de Sócrates. Claro, como o próprio Querefonte, ele tem em relação ao oráculo essa piedade que faz que ele recolha o que o oráculo lhe disse e se interrogue a respeito. Mas vocês estão vendo quanto estamos longe da atitude habitual em relação à profecia e à palavra oracular. A atitude habitual – a que vemos sem cessar, a que veremos por muito tempo, a que, vocês se lembram, pudemos ver ano passado, quando estudávamos, em Eurípedes, Íon e suas consultas oraculares nas quais o pai e a mãe procuravam saber que fim havia levado seu filho ou se eles teriam um filho[28] –, em que consiste? Primeiro em tentar interpretar para compreender da maneira mais justa possível o que o oráculo disse, depois esperar para ver se efetivamente o oráculo será consumado na realidade, ou ainda procurar evitar a realização desse oráculo se o que se compreendeu é um perigo ou uma desgraça. Em outras palavras, interpretar a palavra do oráculo e esperá-la ou evitar seus efeitos no real. É esse jogo entre interpretação e espera no real que caracteriza a atitude tradicional, habitual em relação à palavra oracular. Ora, a atitude socrática é totalmente diferente. Não se trata de empreender uma interpretação, mas de empreender uma busca para testar, para pôr à prova a verdade do oráculo. Trata-se de discuti-lo. E essa busca assume a forma de uma discussão, de uma refutação possível, de uma prova que vai fazer valer a palavra do oráculo, não no campo de uma realidade em que ele vai efetivamente se efetuar, mas no campo de uma verdade em que se poderá aceitá-lo como um lógos verdadeiro ou não. Interpretação e espera no campo do real é a atitude ordinária. Busca e prova no jogo da verdade, é essa a atitude de Sócrates em relação à profecia. É esse o primeiro momento da atitude socrática, da veridicção socrática e da missão que Sócrates recebeu de dizer a verdade.

Segundo momento: sob que forma Sócrates vai realizar essa busca verificadora? Como, concretamente, ele vai saber se o oráculo disse a verdade? Como, em vez de esperar ou de evitar que este se realize, ele vai travar essa discussão com o oráculo, em relação ao oráculo? Ele diz portanto que é um percurso, que é uma investigação que ele realiza (uma *pláne*: ele vai passear tentando testar o oráculo). E esse percurso através da cidade e entre os cidadãos, ele realiza entre diferentes categorias de indivíduos e de cidadãos. Primeiro um homem de Estado, depois outros; segunda etapa: o poeta; terceira etapa, enfim: os artesãos. Esse percurso, vocês estão vendo, é o da cidade, do corpo de cidadãos de cima a baixo. Do homem de Estado, tão importante que ele não o nomeia[29], até o último dos artesãos, Sócrates percorre o conjunto da cidade[30]. E à medida que ele desce assim entre os cidadãos que constituem a cidade, descobre saberes cada vez mais sólidos. Enquanto o primeiro homem de Estado que ele visitava parecia sábio para muita gente, principalmente para ele próprio, mas não o era em absoluto, ele constata em compensação que os artesãos [sabem] muito mais coisas, e muito mais coisas do que ele próprio, Sócrates, sabia. Mas todos, sejam esses homem de Estado ignorantes ou esses artesãos sábios, têm em comum o fato de que acreditam saber as coisas que na realidade não sabem, enquanto Sócrates sabe que não sabe. Sem dúvida ele não tem o saber de outros (os artesãos), mas tampouco tem sua ignorância. É isso (essa investigação, esse questionamento, esse exame dos outros em comparação consigo mesmo) que Sócrates chama, no texto, de *exétasis*[31]. *Exetázein* é submeter ao exame[32]. E esse exame é, em primeiro lugar, uma maneira de verificar se o oráculo disse a verdade. [Em segundo lugar,] essa maneira de verificar se o oráculo disse a verdade consiste em provar as almas, provar o que elas sabem e não sabem a propósito das coisas, do seu ofício, da sua atividade (quer se trate de um estadista, de um poeta ou de um artesão), mas também a propósito de si mesmas (o que elas sabem que sabem e que não sabem). E, enfim, trata-se, nessa *exétasis*, não apenas de provar as almas no que elas sabem e não sabem a propósito das coisas e a propósito de si mesmas, mas também de confrontar essas almas com a alma de Sócrates. E Sócrates, portanto, que ia modestamente verificar se o oráculo dizia a verdade quando afirmava que era o mais sábio dos homens, e procurava mostrar, fazer valer sua própria ignorância diante do suposto saber dos outros, Sócrates finalmente aparece como sendo, de fato, aquele que sabe mais que os outros, pelo menos por saber sua própria ignorância. E é assim que a alma de Sócrates se torna a pedra de toque (*básanos*)[33] da alma dos outros.

Eis como se desenrola essa *exétasis*. Temos portanto um primeiro tempo, a propósito da palavra do deus: interrogar-se, procurar (é a *zétesis*), praticando a verificação por discussão (*élegkhos*). Segundo tempo, essa verificação assume a forma concreta da investigação (*pláne*). Vai-se, assim, percorrer toda a cidade, submeter cada um a essa *exétasis* que permite saber o que ele sabe, o que ele não sabe, o que ele sabe das coisas, o que ele sabe de si mesmo, e pôr à prova seu saber e sua ignorância, comparando [sua alma], esfregando-a nessa pedra de toque que é a alma de Sócrates. Terceiro momento desse ciclo: esses exames, essa *exétasis*, essas verificações que Sócrates praticou assim ao longo de toda a cidade, de alto a baixo da cidade, lhe atraíram, claro, muitas hostilidades – em particular as acusações de Meleto e de Anito, justamente contra as quais está se defendendo na *Apologia*[34]. E no entanto, a despeito dessas hostilidades – que não datam das acusações de Meleto e de Anito, mas remontam bem além, de que as acusações de Meleto e de Anito são, de certo modo, a última expressão e o último episódio –, Sócrates não foi retido pelos perigos que elas podiam comportar. Aliás, ele diz isso claramente nesse momento: um homem de algum valor não tem de "calcular suas chances de vida e de morte"[35]. Vocês estão vendo que, agora que estamos no ciclo, no desenrolar dessa forma de *parresía* e de veridicção, o risco de vida e de morte, que era há pouco uma razão para não fazer política, está, ao contrário, aqui, no próprio cerne da sua empreitada. Quaisquer que sejam os perigos que essa *parresía*, sob essa forma, lhe faz correr, pois bem, como homem "de algum valor", ele sabe muito bem que não deve pôr na balança a importância dessa *parresía* e suas próprias chances de vida ou de morte. "Um homem de algum valor deve considerar unicamente, quando age, se o que ele faz é justo ou não, se ele se conduz como homem de coração ou como covarde"[36]. Ele não deve, portanto, questionar o fato de que poderá morrer por causa disso.

Estamos, com essa forma de dizer-a-verdade ou de veridicção, em certa forma de *parresía*, se entendermos por *parresía* a coragem da verdade, a coragem de dizer a verdade. Temos uma *parresía* evidentemente muito diferente, em seu fundamento e em seu desenrolar, da *parresía* política.

Essa nova *parresía*, essa outra *parresía*, [Sócrates] vai exercê-la de uma maneira bem particular. Ele a define, em sua forma, como uma missão, missão a que ele se apega, que nunca abandonará, que vai exercer em permanência até o fim. E vocês estão vendo que, desse ponto de vista, ele não será como o sábio. Não será como Sólon, por exemplo, que intervém por sua conta e risco na cidade para dizer a verdade, mas só intervém de vez em quando e, em sua sabedoria, permanece silencioso o resto do tempo. O sábio intervém quando a urgência assim requer. E fora disso, ele se retira no silêncio da sua própria sabedoria. Já Sócrates é alguém que tem uma missão, poderíamos quase dizer um ofício, ele tem ao menos um encargo. E ele se compara, é muito importante, não com esse sábio que intervém de quando em quando, mas com um soldado que está pronto, a postos[37]. [Consideremos Sólon], a quem foi pedido outrora que desse leis à cidade e que, quando vê essas leis pervertidas e Pisístrato [exercer] a tirania, se veste, para essa ocasião, com a indumentária dos soldados, empunha seu escudo, enverga sua couraça e se apresenta à Assembleia, nesse momento e somente nesse momento, para fazer a verdade vir à tona. Oponhamos a ele Sócrates, que, de cabo a rabo da sua existência, sempre se considerou uma espécie de soldado entre os cidadãos, tendo a cada instante de lutar, de se defender e de defendê-los.

Ora, qual o objetivo dessa missão? O que ele deve fazer nessa missão que o deus lhe deu e que o deus protegeu dizendo-lhe: não faça política de jeito nenhum, porque você morreria? O objetivo dessa missão é, claro, zelar permanentemente pelos outros, cuidar dos outros como se fosse seu pai ou irmão. Mas para obter o quê? Para incitá-los a cuidar, não da sua fortuna, não da sua reputação, não das suas honrarias e dos seus encargos, mas deles mesmos, isto é, da sua razão, da verdade e da sua alma (*phrónesis, alétheia* e *psykhé*)[38]. Eles devem cuidar de si mesmos. Essa definição é capital. O si mesmo na relação de si consigo, o si mesmo nessa relação de zelo por si mesmo é definido [em primeiro lugar] pela *phrónesis*, isto é, a razão de certo modo prática, a razão em exercício, a que permite tomar as boas decisões, a que permite rechaçar as opiniões falsas. Em segundo lugar, o si mesmo é igualmente definido pela *alétheia*, na medida em que esta é de fato o que vai ser o indexador, aquilo a que se prende a *phrónesis*, o que ela busca e o que ela obtém; mas a *alétheia* também é o Ser na medida em que somos parentes, precisamente sob a forma da *psykhé* (da alma). Se pudermos ter uma *phrónesis* e tomar as decisões adequadas, é porque temos na verdade certa relação, que é fundada ontologicamente na natureza da alma. E é essa portanto a missão de Sócrates, missão, vocês estão vendo, muito diferente, em seu desenrolar, sua forma e seu objetivo, da *parresía* política, da veridicção política de que havíamos falado até então. Ela tem uma outra forma, um outro objetivo. Esse outro objetivo é, de fato, fazer que as pessoas cuidem de si mesmas, que cada indivíduo cuide de si [enquanto] ser razoável que mantém, com a verdade, uma relação fundada no próprio ser da sua alma. E é nisso que temos agora uma *parresía* no eixo da ética. A fundação do *éthos* como sendo o princípio a partir do qual a conduta poderá se definir como conduta razoável em função do próprio ser da alma, é bem disso que se trata essa nova forma de *parresía*.

Zétesis, exétasis, epiméleia. Zétesis é o primeiro momento da veridicção socrática (a busca). *Exétasis* é o exame da alma, a confrontação da alma e a prova das almas. *Epiméleia* é o cuidado de si. A busca de Sócrates sobre o sentido a dar à palavra do oráculo levou a essa empreitada da prova das almas umas em relação às outras, com o objetivo de incitar cada um a cuidar de si mesmo. Busca, prova, cuidado. Busca do que diz o deus, prova das almas umas em relação às outras, cuidado de si como objetivo dessa busca: vocês estão vendo que temos aí um conjunto, conjunto que define a *parresía* socrática, a veridicção corajosa de Sócrates, em oposição à veridicção política que não se pratica [como uma] busca, mas se manifesta como afirmação, de alguém que é capaz de dizer a verdade; que não pratica o exame e o confronto das almas, mas se dirige corajosamente, em sua solidão, a uma Assembleia ou a um tirano que não quer escutá-lo; que não visa a *epiméleia* (a incitar as pessoas a cuidar de si mesmas), mas diz às pessoas o que é preciso fazer, e depois, uma vez dito, se desvia delas e deixa as pessoas se arranjarem como puderem consigo mesmas e com a verdade.

O célebre interdito demônico que Sócrates ouviu, no momento em que poderia ter se adiantado [e] falado publicamente da tribuna, esse célebre interdito demônico que o reteve e o impediu de ir à praça pública, na verdade traçou uma linha divisória e marcante, a meu ver, no pensamento grego, logo ocidental, a separação entre [uma] prática do dizer-a-verdade [político] que tem seu perigo e outra prática do dizer-a-verdade, formada de uma maneira totalmente diferente, obedecendo a outras fórmulas, tendo outros objetivos, mas – o exemplo e a história de Sócrates provam-no muito bem – igualmente perigosa. Duas coragens de dizer a verdade, por conseguinte, que se desenham e se dividem em torno dessa linha enigmática que havia sido traçada, marcada pela voz demônica que havia retido Sócrates.

E agora gostaria de acrescentar as seguintes observações. Na exposição dessa outra forma de veridicção corajosa, dessa outra forma de veridicção que é a razão de ser, que embasa, percorre toda a primeira parte da *Apologia*, é fácil encontrar referências a outros tipos de veridicção, em particular às três outras grandes formas de veridicção de que falei da última vez e da vez anterior (a veridicção da profecia, a veridicção da sabedoria, a veridicção do ensino). Procurei dizer a vocês, esquematicamente e de certo modo sincronicamente, que era possível encontrar na cultura grega quatro grandes formas do dizer-a-verdade: o dizer-a-verdade do profeta, o dizer-a-verdade do sábio, o dizer-a-verdade do professor, do técnico (do homem da *tékhne*) e a veridicção do parresiasta. Creio que as três outras formas de veridicção (profecia, sabedoria e ensino) estão explicitamente presentes na *Apologia de Sócrates*. Ao procurar definir em que consiste sua missão, Sócrates assinalou explicitamente os pontos de diferenciação em relação às outras formas de veridicção, e mostrou como traçava seu caminho entre [elas].

Primeiro – vimos há pouco, aliás até partimos daí –, em relação à veridicção profética, Sócrates de fato iniciou a missão da *parresía* a partir de algo que era a palavra profética do deus, que ele tinha mandado consultar precisamente onde o deus faz seu discurso profético, isto é, em Delfos. Logo, nesse sentido, toda a nova *parresía* de Sócrates se apoia – e ele faz questão de salientar isso, por um certo número de razões – na profecia do deus, o que lhe permite afastar a recriminação de impiedade. Mas vimos também, e é importante, que Sócrates faz essa profecia do deus ou, se vocês preferirem, a atitude profética e a escuta do discurso verdadeiro do profeta, passar por algumas inflexões, submetendo a palavra do deus a uma busca que é a busca da investigação e da verdade. Ele transpôs a palavra profética e os efeitos da palavra profética do campo da realidade, onde sua efetivação é ouvida, ao jogo da verdade, onde se quer testar se efetivamente essa palavra é verdadeira. Transposição, por conseguinte, da veridicção profética num campo de verdade.

Em segundo lugar, também há no texto uma referência manifesta ao dizer-a-verdade da sabedoria, ao dizer-a-verdade do sábio. Vocês a encontram na passagem em que Sócrates lembra a acusação de que é objeto, acusação bem velha, bem anterior, diz ele, à de Anito e Meleto. Essa acusação consistia em dizer que Sócrates era ímpio, que era culpado, que cometia um delito (*adikeîn*) porque buscava conhecer o que acontece no céu e debaixo da terra, tornando mais forte o discurso mais fraco (fórmula tradicional para dizer que ele fazia considerar o falso, verdadeiro)[39]. E a palavra empregada é *zeteîn* (procurar), a mesma palavra que Sócrates empregava. Porque, justamente, Sócrates quer mostrar que o que ele faz, ao contrário das acusações de que pode ter sido objeto, é bem diferente da *zétesis*, dessa atividade que consiste em procurar (*zeteîn*) o que pode acontecer no céu ou o que pode acontecer debaixo da terra. Em 18d, ele [desafia] qualquer um a encontrar alguém que o tivesse ouvido falar assim desses temas. Ele nunca falou nem do que acontece no céu nem do que há debaixo da terra, e aliás, em toda a *Apologia* ele mostra que aquilo a que ele se dedica não é, em absoluto, o ser das coisas nem a ordem do mundo, que é efetivamente o objeto, o domínio do discurso da sabedoria. Ele não fala do ser das coisas e da ordem do mundo, ele fala da prova da alma. E a *zétesis* socrática se opõe à do sábio que procurava dizer o ser das coisas e a ordem do mundo na medida em que, ao contrário, é da alma e da verdade da alma que se trata a *zétesis* (a busca) da sua alma. Logo, diferenciação, não apenas em relação ao dizer-a-verdade profético, mas também diferenciação, oposição, em relação ao dizer-a-verdade de sabedoria.

Enfim Sócrates, em terceiro lugar, marca bem a diferença entre sua veridicção e o dizer-a-verdade dos que sabem, possuem técnicas e são capazes de ensiná-las. Também aqui ele diz explicitamente isso, a propósito da acusação contra ele quando dizia que procurava ensinar (*didáskein*)[40] as buscas que fazia. Ao que responde também de duas maneiras. Uma maneira tópica e imediata: proclamando em alta voz que não é igual a sofistas como Górgias, Pródico ou Hípias, que vendem seu saber a dinheiro e que são professores tradicionais[41]. E depois ele também responde, ao longo da *Apologia*, salientando sua permanente ignorância e mostrando que o que ele faz não é, como um professor, transmitir tranquilamente e sem assumir riscos aos que sabem o que ele próprio sabe, ou pretende saber ou crê saber. O que ele faz, ao contrário, é mostrar corajosamente aos outros que eles não sabem e que precisam cuidar de si mesmos.

Em suma, se vocês preferirem, em relação à palavra enigmática do deus, Sócrates instaura uma busca, uma investigação que não tem por objetivo esperar a realização dessa palavra ou evitá-la. Ele desloca seus efeitos, comprometendo-os numa investigação da verdade. Em segundo lugar, em relação à palavra, à veridicção, ao dizer-a-verdade do sábio, ele estabelece a diferença por uma radical distinção de objeto. Ele não fala da mesma coisa e sua busca não tem o mesmo domínio. Enfim, em relação à palavra de ensino, Sócrates estabelece uma diferença, vamos dizer, por reversão. Onde o professor diz: eu sei, ouçam-me; Sócrates vai dizer: não sei nada, e se cuido de vocês não é para lhes transmitir o saber que lhes falta, é porque, compreendendo que vocês não sabem nada, vocês aprendam com isso a cuidar de si mesmos.

Vocês estão vendo portanto que Sócrates, nesse texto da *Apologia*, faz no fundo duas coisas, que resumirei assim: primeiro, distingue radicalmente seu próprio dizer-a-verdade das três outras grandes [modalidades do] dizer-a-verdade que ele pode encontrar em torno de si (profecia, sabedoria, ensino); segundo, como eu tinha lhes explicado, mostra como, nessa forma de veridicção, a *parresía*, a coragem é necessária. Mas essa coragem não é para empregar numa cena política, onde efetivamente essa missão não pode ser consumada. Essa coragem da verdade, ele deve exercer na forma de uma *parresía* não política, uma *parresía* que se desenrolará pela prova da alma. Será uma *parresía* ética.

Em conclusão, gostaria de dizer o seguinte. Vemos esboçar-se aqui, creio eu, uma outra *parresía* que não deve ser exposta ao perigo da política, por um lado porque ela tem uma forma totalmente diferente, porque é incompatível com a tribuna e as formas de retórica próprias do discurso político, e, por outro lado, porque poderia ser reduzida ao silêncio, quer procure se manifestar numa democracia, quer numa oligarquia. [Mesmo assim], essa *parresía* que é preciso preservar do risco político é útil à cidade. E é o que repete incansavelmente Sócrates ao longo de toda a *Apologia*: estimulando vocês a cuidar de si mesmos, é à cidade inteira que sou útil. E se protejo minha vida é precisamente no interesse da cidade. É do interesse da cidade proteger o discurso verdadeiro, a veridicção corajosa que estimula os cidadãos a cuidar de si mesmos. Enfim a filosofia – como veridicção corajosa, como *parresía* não política, mas numa relação essencial com a utilidade da cidade – vai se desenvolver ao longo do que poderíamos chamar de grande corrente dos cuidados e das solicitudes. Foi por se preocupar com os homens que o deus interpelou Sócrates como o mais sábio dos homens. O deus se preocupou com Sócrates e não para de se preocupar com ele, assinalando-lhe não fazer esta ou aquela coisa. E em reposta a esse cuidado dos deuses e do deus, Sócrates vai se preocupar em saber o que o deus quis dizer. Com um zelo que é característico do seu cuidado, ele vai tentar verificar o que o deus disse. É isso que o leva, cuidando de si mesmo, a cuidar dos outros, mas a cuidar dos outros de tal modo que lhes mostra que eles têm, por sua vez, de cuidar de si mesmos, de sua *phrónesis*, da *alétheia* e de sua *psykhé* (da razão, da verdade e da alma).

De modo que – e será esta a última conclusão desta primeira hora – parece que podemos ver aqui, nessa primeira parte da *Apologia*, uma coincidência entre a instauração de um discurso de verdade diferente da profecia, diferente da sabedoria, diferente do ensino, e a definição de uma *parresía* filosófica distinta da *parresía* política, mas igualmente exposta ao perigo da morte e não estranha entretanto ao interesse de cada um e de todos. O que enfim aparece como tema fundamental desse discurso corajoso e filosófico, como objetivo maior dessa *parresía*, desse dizer-a-verdade filosófico e corajoso, é o cuidado de si, articulado na relação com os deuses, na relação com a verdade e na relação com os outros. De modo que o que perpassa, me parece, todo esse ciclo da morte socrática, é o estabelecimento, a fundação, em sua especificidade não política, de uma forma de discurso que tem como preocupação, que tem como cuidado, o cuidado de si.

E afinal de contas, será que efetivamente – e aí eu volto à minha toca de esquilo – a primeira frase da *Apologia* não era precisamente esta: meus inimigos são uns mentirosos, meus inimigos são hábeis em falar, e inclusive são tão hábeis em falar que poderiam vir a me fazer esquecer de mim mesmo?[42] O tema do cuidado de si está bem presente e, de certo modo, anuncia, como uma espécie de abertura, tudo o que vai se desenrolar em seguida na *Apologia* e nos outros textos [relativos à] morte de Sócrates, isto é, o tema do cuidado de si. Lembremos também a última palavra de Sócrates, essa última palavra que vem encerrar a pequena anotação, a pequena súplica a seus discípulos: lembrem-se de fazer, a Asclépio, o sacrifício de um galo. Façam isso, não se esqueçam, não descuidem disso: *mè amelésete*[43]. Essa mesma palavra, "cuidado", esse nome que designa o esquecimento ou o não esquecimento, o descuido ou o não descuido, toda essa série de expressões vocês encontram ao longo da *Apologia de Sócrates,* do *Críton* e do *Fédon*. Mas, claro, se encontramos de fio a pavio esse tema (não esquecer, não descuidar, lembrar-se, é preciso entretanto constatar que nessa última palavra de Sócrates – não descuidar (*me amelesete*) – não é evidentemente, ou pelo menos não é aparentemente, do cuidado de si que se trata, pois se trata simplesmente de uma prescrição ritual e religiosa. É preciso sacrificar um galo a Esculápio, e é disso que se tem de cuidar, é disso que não se deve descuidar. Por que então – e era esse meu problema depois de, ao longo desse ciclo da morte de Sócrates, ter encontrado com tanta frequência esse tema do cuidado e todas as palavras como *epiméleia, epiméleisthai, ameleîn, mélei moi* – encontrar pela última vez uma palavra formada a partir da mesma raiz, e onde ainda se trata desse cuidado, mas desta vez aplicado, não mais a essa grande realidade que é a da alma, da verdade e da *phrónesis*, mas simplesmente a um galo, um galo oferecido a Esculápio? É essa bizarrice, essa ironia, essa estranheza que não fui capaz de resolver sozinho. E depois li o texto de Dumézil. Por isso gostaria, na próxima hora, de explicar a vocês como Dumézil resolve o problema dessa última frase de Sócrates, o sentido que ele lhe [dá] e como se pode, a meu ver, articular facilmente a interpretação que ele dá a esses temas que acabo de evocar.

*

NOTAS

1. Platão, *Apologie de Socrate*, trad. M. Croiset, ed. citada, p. 140: "Não disseram uma só palavra verdadeira" (17b). [Trad. bras.: *Apologia de Sócrates*, Porto Alegre, L&PM, 2008.]

2. *Id.*, 17a-b, p. 140 (a expressão *deinòs légein* é empregada duas vezes, mas na apresentação malevolente que seus acusadores teriam feito de Sócrates).

3. "O que mais me surpreendeu foi eles vos terem prevenido para ficardes de sobreaviso e não vos deixar enganar por mim, representando-me como um orador hábil (*deinòs légein*)" (*ibid.*).

4. "Ouvindo-os, quase esqueci quem sou" (*ibid.*).

5. "Críton, devemos um galo a Asclépio. Pagai a minha dívida, não esqueçais (*mè amelésete*)" (Platão, *Phédon*, 118a, trad. P. Vicaire, Paris, Les Belles Lettres, 1983, p. 110 [Trad. bras.: *Fédon*, Brasília, UnB, 2000]).

6. Platão, *Apologie de Socrate*, 31b, p. 159.

7. "Como é que, prodigalizando assim meus conselhos aqui e ali a cada um em particular e me imiscuindo um pouco em tudo, não ouso agir publicamente (*demosía*), falar ao povo (*anaibaínon eis tò plêthos*) nem dar conselhos à cidade (*symbouleúein tê pólei*)?"

8. Aristóteles, *Constitution d'Athènes*, § 14, trad. G. Matthieu & B. Haussoulier, Paris, Les Belles Lettres, 1930, pp. 14-15. [Trad. bras.: *A constituição de Atenas*, São Paulo, Ucitec, 1995.]

9. Plutarco, "Vie de Solon", § 30, in *Vies parallèles*, trad. B. Lazarus, Garnier Frères, 1950, pp. 105-6.

10. Diógenes Laércio, *Vies et doctrines des philosophes illustres*, trad. M.-O. Goulet-Cazé, ed. citada, livro I, § 49, p. 98.

11. Diógenes Laércio, *Vie, doctrines et sentences des philosophes illustres*, trad. R. Genaille, ed. citada, t. I, p. 61.

12. *Ibid.*

13. Platão, *Apologie de Socrate*, 31a-b, p. 159.

14. *Id.*, 31d, p. 159.

15. *Id.*, 31d-e, pp. 159-60.

16. Cf. uma primeira análise desses exemplos na aula de 2 de março de 1983, in *Le Gouvernement de soi et des autres*, ed. citada, pp. 291-5.

17. Platão, *Apologie de Socrate*, 32b, p. 160.

18. *Id.*, 32b-c, p. 160.

19. *Id.*, 32c-d, p. 161.

20. *Id.*, 31e, p. 159.

21. *Id.*, 21a, p. 145.

22. *Id.*, 21b, p. 145.

23. "Vejamos, o que significa a palavra do deus (*tí pote légei ho theós*), que sentido está oculto nela (*kai tí pote ainíttetai*)?" (*id.*, 21a, p. 145).

24. "Eu me decidi a verificar a coisa da seguinte maneira (*epì zétesin autoû toiaúten tinà etrapómen*)" (*id.*, 21b, p. 145).

25. "Fui encontrar um dos homens que passavam por sábios, certo de que poderia ali, ou em nenhum outro lugar, controlar o oráculo (*elégxon tó manteîon*)" (*id.*, 21c, p. 145).

26. "Devo vos contar esse meu giro de investigação (*tèn emèn plánen*)" (*id.*, 22a, p. 146).

27. "Foi verdadeiramente um ciclo de trabalhos que consumei para verificar o oráculo (*hína moi kaì anélegktos he manteía génoito*)" (*ibid.*).

28. Cf. aula de 19 de janeiro de 1983, in *Le Gouvernement de soi...*

29. Platão, *Apologie de Socrate*, 21c, p. 145.

30. *Id.*, 21c-22e, pp. 145-6.

31. "Assim foi, atenienses, a investigação (*exetáseos*) que me valeu tantos inimigos" (*id.*, 22e, p. 147).

32. "Esses se deleitam com ver as pessoas submetidas a esse exame (*exetazómenoi*)" (*id.*, 23c, p. 148).
33. Cf. *Le Gouvernement de soi...*, pp. 71-104.
34. Platão, *Apologie de Socrate*, 23e, p. 148.
35. *Id.*, 28b, p. 155.
36. *Ibid.*
37. "Quem ocupa um cargo – quer ele próprio o tenha escolhido como o mais honroso, quer tenha sido posto nele por um chefe – tem o dever, na minha opinião, de nele permanecer firme, qualquer que seja o risco, sem levar em conta a morte possível, nem qualquer perigo" (*id.*, 28d, p. 155).
38. "Mas quanto à tua razão, quanto à verdade, quanto à tua alma, que se trataria de melhorar, tu não te preocupas" (*id.*, 29e, p. 157).
39. "Sócrates é culpado (*adikeîn*): ele inquire (*zetôn*) indiscretamente o que acontece sob a terra e no céu, ele faz prevalecer a má causa (*tòn hétto lógon kreítto poiôn*), ele ensina outros a fazer como ele (*kaì állous tautà taûta didáskon*)" (*id.*, 19b, p. 142; acusações já mencionadas por Sócrates em 18b, p. 141).
40. Sobre a *prhónesis* (traduzida em latim por *prudentia*), cf. a obra clássica de P. Aubenque, *La Prudence chez Aristote*, Paris, PUF, 1963.
41. Platão, *Apologie de Socrate*, 19e, p. 143.
42. *Id.*, 17a, p. 141.
43. Cf. *supra*, nota 5.

AULA DE 15 DE FEVEREIRO DE 1984
Segunda hora

As últimas palavras de Sócrates. – As grandes interpretações clássicas. – A insatisfação de Dumézil. – A vida não é uma doença. – As soluções de Wilamowitz e Cumont. – Críton, curado da opinião geral. – A falsa opinião como doença da alma. – As objeções de Cebes e Símias contra a imortalidade da alma. – A solidariedade das almas no discurso. – Volta ao cuidado de si. – O testamento de Sócrates.

– Algum de vocês leu esse livro de Dumézil?
[o público] – Ainda não.
– Ainda não? Uma coisa me diverte, a maneira como os jornais falam dele. Primeiro, vocês puderam notar que esse livro tem duas partes. Uma é consagrada a Nostradamus, a outra a Platão. Gostaria então de comentar um pouco essa justaposição e esse confronto dos dois textos, mas não vou fazer isso já, porque seria uma ruptura demasiado grande com o que estou dizendo. Acho que é melhor guardar as cartas na mão. Então vou falar agora do segundo texto que Dumézil reuniu nesse livro do *Moyne noir* [Monge negro], o consagrado a Platão. Depois, se tiver tempo, hoje ou eventualmente da próxima vez, procurarei lhes dizer, do meu ponto de vista, que não representa em absoluto a opinião de Dumézil, o que podemos ler, decifrar, adivinhar, perceber, no fato de esses dois textos terem sido efetivamente justapostos.

Por ora atenhamo-nos a esse texto sobre Platão. Vocês puderam notar, se leem jornal (não é uma obrigação), que há os jornais mais circunspectos, que falam de outro livro de Dumézil publicado ao mesmo tempo (um estudo de mitologia)[1], que se contentam em assinalar, no rodapé do artigo erudito consagrado ao outro livro, que existe um chamado *Le Moyne noir* que é algo sem importância, e ponto final. E há os que falam desse livro e fazem a resenha, mas não falam do texto de Platão, como se o livro inteiro fosse consagrado a Nostradamus. O que faz com que, paradoxalmente, se há de fato, de parte de certo *establishment* científico, uma certa dificuldade em admitir que Dumézil fala de Nostradamus, parece haver uma dificuldade maior ainda em admitir que Dumézil fale de Platão, ou [antes] o que ele disse efetivamente sobre Platão. E, de fato – procurarei mais uma vez comentar isso quando falarmos de Nostradamus –, é bem curioso ver que esse texto (essas últimas linhas do *Fédon*, mais exatamente as últimas palavras de Sócrates relatadas por Platão) sempre foi uma espécie de mancha cega, de ponto enigmático, ao menos de pequena lacuna na história da filosofia. Deus sabe como todos os textos de Platão [foram] comentados em todos os sentidos; no entanto, o fato é que essas últimas palavras de Sócrates, daquele que fundou afinal de contas a filosofia ocidental, permaneceram sem explicação, em sua estranha banalidade.

Vocês conhecem o texto. Vou relê-lo mesmo assim: "Sócrates descobriu então seu rosto – porque ele o havia coberto – e disse estas palavras, as derradeiras [*ho de teleutaîon ephthégxato*: são as derradeiras de Sócrates; M.F.]: 'Críton, devemos um galo a Asclépio. Pague a minha dívida, não se esqueça' [*allà apódote kaì mè amelésete*: pague *a* dívida; a tradução diz *minha* dívida... Dumézil não gostaria nada; M.F.]."[2] Pague a dívida/não se esqueça: a repetição positivo/negativo (faça tal coisa e não faça o contrário) é uma forma retórica tradicional em grego. Mas o fato é que, como muitas vezes nos gregos e com muita frequência em Platão, a utilização de uma forma retórica corrente pode vir carregada de significados suplementares, e às vezes essenciais. Em todo caso, esse texto é objeto da análise de Dumézil. Temos, portanto, no momento em que Sócrates morre, essa recomendação feita a seus discípulos de sacrificar, de oferecer um galo a Esculápio, o que, para toda pessoa que conheça a civilização grega, os ritos gregos, o significado de Asclépio, só pode ser interpretado de uma certa maneira. Asclépio, de fato, é o deus que só faz uma coisa para os humanos: curá-los de tempos em tempos. Fazer a Asclépio o sacrifício de um galo é o gesto tradicional pelo qual se agradece a ele quando ele, frisa Dumézil, *efetivamente* curou alguém, depois de efetuada a cura[3]. Eis, pois, o ponto de partida, eis o que se sabe.

Ora, esse texto, assim formulado, referindo-se a esse gênero de prática, foi interpretado de uma maneira bastante corrente, que Dumézil se diverte simbolizando com os versos de Lamartine. Sócrates teria portanto uma dívida para com Asclépio, o deus que cura. Do que Sócrates teria sido curado, para ter de agradecer a Asclépio e lhe ser devedor? Qual é essa dívida, de que se trata? Pois bem, com sua morte Sócrates teria sido curado dessa doença que consiste em viver. Os versos de Lamartine são os seguintes: "Aos deuses libertadores, diz ele, sacrifique-se! Eles me curaram! – De quê? – indaga Cebes. – Da vida." Então, diante dessa interpretação, Dumézil se indigna e diz: Sócrates não tem nada a ver com seu colega em sofística, Sakyamuni[4]. Sócrates não é budista, e não é em absoluto uma ideia grega, uma ideia platônica ou uma ideia socrática dizer que a vida é uma doença e que a morte nos cura da vida. Dumézil simbolizou portanto, com esses versos de Lamartine, toda uma interpretação[5].

Na verdade, essa interpretação não é nem lamartiniana nem budista, é uma interpretação tradicional na história da filosofia. Vou dar alguns exemplos. Na edição precedente do *Fédon*, da Budé, vocês encontram uma pequena nota nesse ponto, na qual Robin diz: sacrificando um galo a Asclépio, Sócrates queria agradecer pelo fato de sua alma estar finalmente curada do mal de estar unida a um corpo. A gratidão de Sócrates, explica Robin, "vai portanto ao deus que restabelece a saúde"[6]. Viver é estar doente, morrer é portanto ter a saúde restabelecida. Interpretação [pois] de Robin, que não era propriamente budista. Em seu comentário do *Fédon*, Burnet diz que Sócrates espera acordar curado como os que recobravam a saúde por meio da incubação no templo de Asclépio[7]. A ideia é a mesma, um pouco modificada, um pouco diferente. Aqui, é a morte que constitui de certo modo um adormecimento igual [ao] que se submetiam as pessoas que vinham pedir a Asclépio, em seu templo, uma cura. Elas adormeciam, tinham um sonho, e esse sonho lhes indicava como se curar. Pois bem, morrendo, Sócrates espera, deseja que sua morte seja uma espécie de sono de que poderia acordar curado. Burnet tampouco era budista. Vocês também encontram essa interpretação em Nietzsche. No parágrafo 340 do livro IV da *Gaia ciência*, vocês [podem ler] o seguinte: "'Ó Críton, devo um galo a Esculápio'. Essas risíveis e terríveis 'últimas palavras' significam, para bom entendedor: '*Ó Críton, a vida é uma doença*'[8]." Logo, não é simplesmente Lamartine, é também Nietzsche. Talvez vocês estejam mais convencidos.

Porém, mais grave ainda e mais importante, se remontarmos à Antiguidade tardia, [encontramos] o comentário que Olimpiodoro, um dos grandes do neoplatonismo, consagrou ao *Fédon* (parágrafo 103)[9]. Por que a oferenda do galo a Asclépio? A fim, diz ele, de se curar do que a alma sofreu *en tê genései* (no devir, no tempo). A alma vai, portanto, por via da morte, ter acesso à eternidade, escapar da *génesis* (do devir, de suas mudanças e da sua corrupção) e, por conseguinte, morrendo ela vai ficar curada de todos os males ligados à *génesis*. Não é exatamente a ideia que a vida é em si mesma uma doença, mas todas essas ideias se aparentam e podemos dizer que, na verdade, desde há quase dois mil anos, vocês têm essa interpretação das últimas palavras de Sócrates como a que recomenda um sacrifício para agradecer ao deus que está ali, presente, velando essa morte, por ter libertado Sócrates dessa doença que é a vida.

Na verdade, várias pessoas não ficaram muito satisfeitas com essa interpretação. Duas em particular, pela razão primeira, fundamental, essencial de que a ideia de que a vida é uma doença da qual a morte cura não pode de modo algum colar, funcionar, coincidir, se integrar com todo o ensinamento socrático. Nietzsche precisamente viu isso (aforismo 340 da *Gaia ciência*, intitulado *Sócrates moribundo*). Porque se ele diz que o sentido a dar à fórmula "Críton, devo um galo a Esculápio" devia ser "Ó Críton, *a vida é uma doença*", eis portanto em que passagem Nietzsche reformulou essa interpretação tradicional: "Admiro a coragem e a sabedoria de Sócrates em tudo o que ele fazia, dizia – e não dizia. Esse demônio e caçador de ratos de Atenas, irônico e amoroso, que fazia tremer e chorar os jovens mais orgulhosos, não era somente o tagarela mais sábio que já houve: ele tinha igual grandeza no silêncio. Gostaria que tivesse permanecido silencioso nos derradeiros instantes da sua vida – talvez ele tivesse pertencido então a uma ordem de espíritos mais elevada ainda. Foi a morte ou o veneno, a piedade ou a malignidade – algo naquele instante soltou a sua língua e ele disse: 'Ó Críton, devo um galo a Esculápio.' Essas risíveis e terríveis 'últimas palavras' significam, para quem sabe ouvir: 'Ó Críton, a vida é uma doença.' Será possível? Um homem como ele – que havia vivido alegremente e como um soldado aos olhos de todos – era um pessimista. Ele não havia feito nada mais que demonstrar firmeza perante a vida, que ocultar em vida seu derradeiro juízo, seu mais íntimo sentimento. Sócrates, Sócrates portanto *sofreu a vida!* E vingou-se dela – por meio dessas palavras obscuras, horríveis, piedosas e blasfematórias! Será que Sócrates ainda teria de se vingar? Faltava um grão de generosidade à sua abundante virtude? Ah, meus amigos! Temos de superar até os gregos![10]"* Nietzsche, pois, viu perfeitamente que entre essas palavras que Sócrates pronunciava no derradeiro momento da sua vida e todo o resto do que ele dissera, fizera e fora no decorrer da sua existência, entre essas palavras e essa existência, havia uma contradição. E ele resolve a contradição dizendo que, em suma, Sócrates fraquejou e revelou esse segredo, esse segredo obscuro que ele nunca dissera, desmentindo assim no derradeiro momento tudo o que dissera e fizera.

É esse mesmo sentimento de mal-estar que leva Dumézil a conclusões totalmente diferentes sobre o sentido a dar a esse texto. Em todo caso, que a interpretação "a vida é uma doença" não pode colar, não funciona, que ela não se pode aceitá-la sem mais nem menos e ver num fio único, pensar num fôlego único tudo o que Sócrates disse antes e diz agora, me parece que isso é algo que se pode estabelecer a partir de um certo número de textos – muitos textos, claro, em toda a obra de Platão, mas certos textos muito próximos deste e no próprio *Fédon*.

---

* A leitura do fim da citação provoca uma torrente de gargalhadas na plateia.

Que a vida não é uma doença, que a vida não é um mal em si, está claramente dito e, mais uma vez, não apenas no resto da obra platônica mas muito precisamente no *Fédon*, perto daqui. Exemplo em 62b: o célebre texto – submetido aliás a muita discussão, quem sabe voltaremos a ele – em que Sócrates cita um apotegma pitagórico segundo o qual "estamos na *phrourâ*"[11] – que às vezes se traduz por "prisão", que alguns traduzem por "cercado", "local de guarda", que outros traduzem por "posto militar de vigilância" (estamos "de sentinela"), conforme seja dado um sentido passivo ou ativo a *phrourâ*[12]. Pouco importa, o que devemos reter é que, depois de citar esse "dito" pitagórico, Platão acrescenta: Bom, sabem, de qualquer modo é um termo obscuro e difícil de decifrar (*ou rádios diideîn*)[13]. É difícil saber o que isso significa. Eis como eu entendo: os deuses se ocupam de nós (*epimélesthai* – cuidam de nós, se preocupam conosco, têm solicitude para conosco) e somos seus *ktémata* (posse deles ou, mais verossimilmente, seu rebanho)[14].

Em todo caso – deixemos de lado o problema da *phrourâ* –, está bem designado aqui que, neste mundo, somos objeto do cuidado e da solicitude dos deuses. É por isso que, a meu ver, não se pode dar em absoluto a essa passagem o sentido e o significado de "estamos numa prisão vigiada pelos deuses", porque *epiméleia, epimeleîsthai*, sempre designa atividades positivas. A *epiméleia* não é uma vigilância de um feitor sobre seus escravos, não é a vigilância de um carcereiro sobre os prisioneiros. É a solicitude positiva de um pai de família para com seus filhos, de um pastor por seu rebanho, de um bom soberano pelos cidadãos do seu país. É a solicitude dos deuses para com os homens. Estamos aqui na solicitude dos deuses, e é por isso, diz Platão, que não devemos nos suicidar. Não podemos escapar – não dessa prisão – dessa benevolência e dessa solicitude dos deuses. Logo, não é possível colar a ideia de uma vida-doença de que seríamos libertados pela morte a essa ideia de que estamos, neste mundo, sob a guarda e a solicitude dos deuses.

Em 69d-e, vocês encontram esta pequena frase que passa rapidamente, na qual Sócrates diz: "Estou convencido de que, lá como aqui [lá é no outro mundo, aqui é na terra; M.F.], encontrarei bons mestres (*despótas*) e bons companheiros."[15] Os bons mestres são os deuses – os deuses que já estão presentes e que acabamos de saber que se ocupam dos homens. Há bons companheiros, ainda que várias vezes no texto Sócrates evoque os aborrecimentos que se pode ter na cidade com cidadãos inconvenientes que nos perseguem. Encontraremos lá – razão por conseguinte para não temer a morte – bons mestres e bons companheiros, como encontramos aqui. Isso prova que, entre aqui e lá, há sem dúvida uma diferença, e essa diferença é que, claro, lá tudo é melhor do que aqui. Mas isso não quer dizer em absoluto que sejamos aqui como enfermos que buscariam se livrar, se libertar, se curar da sua doença.

Aliás, é preciso lembrar que Sócrates é aquele que aparece, ao longo desse texto do *Fédon*, em todo o ciclo da morte de Sócrates e de toda a obra de Platão, como aquele que, por definição, leva a vida filosófica, a vida pura, a vida que não é perturbada por nenhuma paixão, nenhum desejo, nenhum apetite não refreado, nenhuma opinião falsa. E é aliás esta vida – esta vida neste mundo perfeitamente calma, pura, senhora de si mesma – que Sócrates, no parágrafo 67a, evoca quando diz que a vida filosófica consiste em "evitar com cuidado a sociedade e o comércio do corpo, salvo em caso de força maior, sem nos deixar contaminar por sua natureza, mas, ao contrário, permanecendo puros de seu contato até a hora em que a própria divindade nos libertar"[16]. É a representação por Sócrates da sua própria vida. Ele não se destaca da vida, ele se destaca, na vida, de seu corpo, o que é evidentemente algo bem diferente. Mas ele encara, até o momento em que os deuses nos fizerem sinal (isto é, até o momento em que morrermos), a possibilidade de viver assim, não contaminados e puros. Essa vida não contaminada e pura, que é a de Sócrates, como vocês poderiam concebê-la como uma doença?

E a esses textos eu me contentarei em acrescentar um que podemos encontrar na *Apologia* e que de certo modo é mais claro ainda, recusando, da maneira que me parece mais decisiva, a ideia de que a vida poderia ser uma doença. Sócrates (na última e terceira parte da *Apologia*) recomenda a seus juízes que tomem consciência "dessa verdade de que não há mal possível para o homem de bem [isto é, para Sócrates, claro; M.F.], nem nesta vida nem além, e que os deuses não são indiferentes à sua sorte [a do homem de bem ; M.F.]"[17]. Então vocês estão vendo nitidamente amarrados aí esses diferentes temas que eu evocava. De fato, a frase "os deuses não são indiferentes à sua sorte" é a tradução do grego *oudè ameleîtai hupò theôn tà toútou prágmata*. Ou seja, os assuntos desse homem (*tà toútou prágmata*) não são negligenciados pelos deuses. Estamos aqui no tema da *epiméleia*, do *epimeleîsthai* (cuidar), do *ameleîsthai* (negligenciar). Os deuses cuidam pois dos assuntos do homem sábio e, por conseguinte, não há mal possível para este, nem nesta vida nem na outra.

Como vocês poderiam admitir, em vista dessa série de textos (e outros na *Apologia* e no *Fédon*), que se trata, nesse sacrifício a Esculápio, do agradecimento ao deus que o teria libertado dessa doença que seria a vida? Sócrates levou essa vida tão sábia, tão destacada do corpo, para a qual não pode haver mal neste mundo. Assim, no momento em que ele vai morrer, em que ele aceita morrer, em que está feliz com morrer, Sócrates nunca diz, nem pensa, não disse e não pensou que a vida é uma doença.

Logo as últimas palavras de Sócrates são singularmente enigmáticas, porque é preciso admitir que, de um lado, a oferenda a Asclépio nos põe muito precisamente no interior de um ritual que se refere à doença e que, por outro lado, para Sócrates a morte não pode ser, em si, considerada uma cura, porque a vida não pode, em si, ser considerada uma doença. Qual é então essa doença de que as pessoas foram efetivamente libertadas, [aquilo por que] é preciso um sacrifício?

Aliás foi essa dificuldade – obscuramente sentida, embora raramente, nunca formulada antes de Dumézil – que levou alguns comentadores a propor outras soluções. Nietzsche, sentindo a discrepância entre o ensinamento de Sócrates e a interpretação "a vida é uma doença", imaginou: Sócrates fraquejou, e seu segredo ele revelou no derradeiro momento. Há uma pessoa que evidentemente tinha suas razões para não acompanhar as sugestões de Nietzsche, foi Wilamowitz[18]. Wilamowitz saiu pela tangente [e] disse: se não podemos evitar de pensar que é de uma doença que se trata, como evidentemente não é da vida como doença que se fala, pois bem, vai ver que Sócrates teve uma doença outrora (não se sabe muito bem qual) e se lembra dela antes de morrer[19]. Wilamowitz é, afinal, alguém considerável. Vocês têm a solução de Frantz Cumont dizendo, no *Relatório à Academia de Inscrição e Letras*, de 1943: claro, esse sacrifício do galo a Esculápio é um rito de cura, [uma] resposta à cura. Mas na verdade não se deve esquecer que o galo era um animal de origem persa e que, na mitologia persa, o galo é um animal que guia as almas e as protege em sua trajetória para o inferno. E é sem dúvida da importação desse galo persa que temos eco, que temos uma evocação no momento em que Sócrates morre[20]. O que é uma maneira de pedir à mitologia persa que resolva um problema que não parecia, pelo menos para Cumont, totalmente solucionável nos termos do pensamento grego.

O que faz Dumézil diante de tudo isso? Primeiro, ele admite, porque não pode não admitir, que é sim de uma doença que se trata. Esculápio = galo = doença[21]. Em segundo lugar, não pode ser uma doença passageira, distante e esquecida, como pensava Wilamowitz. Para que sejam as últimas palavras de Sócrates, tão solenemente introduzidas no diálogo, é de uma doença importante que se trata. E enfim não se deve admitir, como Nietzsche, que Sócrates fraquejou. Ele não fraquejou, ao contrário, no último momento disse o que era para ele o mais essencial e o mais manifesto em seu ensinamento. Esse ponto, o mais essencial para ele e o mais manifesto em seu ensinamento, ele não deixou de repetir. E vocês verão que ele de fato repete.

O que então agradecer a Esculápio, qual é essa doença cuja cura requer esse derradeiro gesto de gratidão? Pois bem, Dumézil faz intervir o diálogo do *Críton* e o episódio que serve de suporte a esse diálogo, aquele no qual Críton propõe a fuga a Sócrates²². Por que Dumézil faz esse diálogo intervir? Ele simplesmente parte de uma pequena observação que Frantz Cumont havia feito vagamente, mas pela metade e sem tirar conclusões. Dumézil anota que esse pedido de fazer o sacrifício de um galo a Asclépio é endereçado a Críton ("*Críton*, devemos um galo a Asclépio"). E Dumézil observa que há portanto uma interpelação a Críton, mas que, logo depois, a dívida não é designada como sendo de Críton, e sim uma dívida que *nós* deveríamos – pelo menos Críton e Sócrates, e talvez até Críton, Sócrates e outros, em todo caso certamente e no mínimo Sócrates e Críton²³. Ora, a que pode se referir essa dívida que eles teriam contraído, ambos, e de que Críton estaria perfeitamente a par, já que ele é que é interpelado? É ao único diálogo em que vemos Críton e Platão em *tête-à-tête* que cabe pedir a solução desse problema.

Dumézil se volta portanto para esse diálogo pela razão que acabo de lhes dizer. E o que vai buscar aí? Vocês sabem que, nesse diálogo, Críton propõe a Sócrates organizar uma fuga. Todo um complô de amigos foi urdido, e bastaria Sócrates aceitar o princípio da fuga para a coisa ser feita. E Críton, para sustentar sua proposta e dar a Sócrates argumentos para aceitá-la, faz valer algumas coisas. Ele diz a Sócrates que, se não fugisse, primeiro se trairia²⁴; segundo, trairia seus filhos, os dele, Sócrates, se assim aceitasse morrer e os abandonaria a uma vida [na] qual não poderia fazer nada por eles²⁵; enfim, seria uma desonra para os amigos de Sócrates perante os outros cidadãos, perante a opinião pública, se se pudesse recriminá-los por não terem feito tudo, não terem buscado todos os meios, não terem utilizado todos os recursos possíveis para salvar Sócrates²⁶. Assim, Sócrates e os amigos de Sócrates se viam de certo modo desonrados perante e pela opinião pública.

É precisamente sobre esse ponto que Sócrates vai responder. É sobre esse problema da opinião geral, da opinião corrente, da opinião não elaborada que Sócrates vai edificar sua resposta a Críton, fazendo a pergunta: deve-se levar em conta o juízo de todo o mundo? Deve-se levar em conta a opinião que os homens compartilham? Ou há homens cuja opinião é tal que deve ser levada em conta e outros, ao contrário, cuja opinião não é necessário considerar? Para responder a essa pergunta, Sócrates vai tomar um exemplo, exemplo que deve mostrar a necessidade de uma discriminação da opinião dos homens. O exemplo que ele dá é tirado, seguindo um procedimento muito corrente nos diálogos platônicos, do corpo, dos cuidados que é necessário dar ao corpo, e da ginástica. Ele diz a Críton: você sabe muito bem que não é concebível que se possa seguir, sem mais nem menos, cegamente, a opinião das pessoas. Você me diz que a opinião das pessoas vai me condenar e vai condenar vocês, se eu não fugir. Mas quando se trata da ginástica, quando se trata dos cuidados a dispensar ao corpo, a gente segue a opinião de todo o mundo ou a opinião dos entendidos no assunto? Se a gente seguir a opinião de todo o mundo e de qualquer um, o que vai acontecer? Vamos seguir um mau regime, e o corpo será objeto de mil males. Será corrompido, arruinado, destruído (ele emprega a palavra *diephtharménon*: destruído, levado à decadência, deteriorado)[27]. Se é verdade, diz Sócrates, que na ordem do corpo devemos seguir a opinião dos que sabem, os mestres de ginástica que são capazes de nos dar um bom regime, sem o qual sofremos mil mortes, você não acha que, do mesmo modo, a propósito não mais do corpo, do que lhe é útil ou nocivo, mas a propósito do bem e do mal, do justo e do injusto, não se deve fazer a mesma coisa? Se seguirmos as opiniões dos que não conhecem a diferença entre o justo e o injusto, o bem e o mal, "a parte de nós mesmos, qualquer que seja ela, à qual se relacionam a justiça e a injustiça"[28], essa parte não corre o risco de ser deteriorada, corrompida, destruída (*diephtharménon*)? "A parte de nós mesmos, qualquer que seja ela, a qual se relacionam a justiça e a injustiça" é a alma, claro. É interessante ver que aí ela não é designada. Seu lugar é, de certo modo, deixado vazio. A demonstração de que a alma existe como substância imortal estará no *Fédon*. Por enquanto, ela existe, é uma parte de nós mesmos. Bem antes de a alma ser metafisicamente fundada, é a relação de si consigo que é questionada aqui. Essa parte de nós mesmos que se relaciona à justiça e à injustiça corre o risco de ser *diephtharménon* (destruída, corrompida: exatamente a mesma palavra usada para o corpo)[29], se acompanharmos a opinião de todo o mundo e de qualquer um, e se não nos remetermos, ao contrário, à opinião dos que sabem.

Conclusão disso tudo: convém "não se preocupar" (Sócrates emprega o verbo *phrontízein*[30]) com a opinião de todo o mundo e de qualquer um, mas somente com o que possibilita decidir o que é justo e injusto. E aqui ele nomeia a verdade. É a verdade, diz ele, que decide o que é justo e o que é injusto. Não se deve, portanto, seguir a opinião de todo o mundo, mas, se quisermos nos preocupar conosco mesmos, se quisermos cuidar "dessa parte de nós mesmos, qualquer que seja ela", e evitar que ela seja destruída e corrompida, o que devemos seguir? Devemos seguir a verdade. Vocês veem que encontramos aqui os elementos de que eu lhes falava há pouco a propósito da veridicção socrática. Em todo caso, é assim, seguindo a verdade, que evitaremos essa deterioração/destruição da alma que a opinião da turba provoca. Temos aí, a partir da comparação com o corpo, essa ideia de que a alma é corrompida, destruída, deteriorada, posta em mau estado por opiniões que não terão sido examinadas, testadas, experimentadas em termos de verdade. E, claro, essa doença não pode ser cuidada com meios médicos. Mas se é verdade que ela é produzida pela opinião falsa, a opinião de todos e de qualquer um, a opinião armada pela *alétheia*, o lógos razoável (aquele precisamente que caracteriza a *phrónesis*) é que será capaz de impedir essa corrupção ou fazer a alma voltar do seu estado de corrupção a um estado de saúde.

Podemos supor portanto que essa doença, para cuja cura se deve um galo a Asclépio, é aquela de que Críton foi curado quando, na discussão com Sócrates, pôde se livrar e se libertar [da] opinião de todos e qualquer um, dessa opinião capaz de corromper as almas, para, ao contrário, escolher, se fixar em e se decidir por uma opinião verdadeira fundada na relação de si mesmo com a verdade. A comparação utilizada por Sócrates entre corrupção do corpo e deterioração da alma por opiniões correntes parece indicar em todo caso que se tem aí certa doença. E poderia ser pela cura dessa doença que precisam agradecer a Asclépio.

Só que, nesse ponto, creio que é preciso levantar uma objeção. E essa objeção foi feita por alguém cuja opinião me é cara e que me disse: afinal, será que não é um pouco sumário dizer, [a partir dessa] comparação entre o corpo e a alma, que a deterioração do corpo e a deterioração da alma designam certa doença que seria, precisamente, objeto de uma cura e, por conseguinte, a razão do sacrifício futuro? Quando Dumézil diz [que] na lógica de Sócrates uma comparação bem escolhida é válida, podemos nos perguntar se não é estabelecer algo importante sobre provas um tanto magras. [Ora], não penso que essas provas sejam magras, porque Dumézil estabelece e reforça a analogia entre a deterioração do corpo e a deterioração da alma [pela referência a] outros textos, um que ele toma emprestado à *Antígona* de Sófocles e o outro ao *Agamêmnon* de Eurípedes[31]. E vemos aí que uma certa opinião que não é a boa, uma opinião falsa é efetivamente designada pelo nome de *nósos* (doença). De sorte que se, efetivamente, no texto de Platão não se pode encontrar claramente a formulação dessa corrupção da alma como doença, em compensação, em textos que têm mais ou menos a mesma estrutura e se referem a um mesmo tipo de situação, é mesmo de *nósos* que se trata.

Mas creio que poderíamos fortalecer os argumentos de Dumézil e essas citações que ele toma emprestado de Sócrates e Eurípedes, fazendo valer um certo número de textos, precisamente textos que estão no próprio *Fédon*. O que nos permitiria, por um lado, responder a duas objeções: é mesmo de uma doença que se trata quando uma opinião correta vem substituir opinião falsas? Em segundo lugar: é mesmo essa doença – cujo risco, cujo aparecimento vimos no *Críton* – que é o objeto do sacrifício final no *Fédon*? Creio que podemos contornar essa primeira objeção, e também a segunda, fazendo valer dois textos. Esses dois textos, que precedem a morte de Sócrates e o sacrifício final, mostram por um lado que uma opinião falsa, mal estabelecida, mal examinada é um mal de que é preciso se curar; e, por outro, que Sócrates em seu último momento faz efetivamente eco a todo um debate com Críton, mas também com outros dos seus interlocutores do *Fédon*.

Quero dizer o seguinte. O *Fédon* é uma discussão a propósito da imortalidade da alma e dos argumentos que podem valer a favor dessa imortalidade. Contra os argumentos que Sócrates avança, vocês sabem que há duas objeções feitas pelos discípulos de Sócrates (discípulos amados, queridos, próximos); uma de Cebes e outra de Símias. Símias diz: mas a alma não é simplesmente uma harmonia, como por exemplo a harmonia de uma lira? De sorte que, tal como quando a lira se quebra, a harmonia se desfaz e não existe mais quando o corpo se desfaz e morre, a alma poderia morrer com ele, como a harmonia morre com o instrumento musical quebrado[32]. E a argumentação de Cebes é a seguinte: pode ser que a alma subsista realmente depois do corpo. Mas será que não se pode simplesmente supor que ela vive mais tempo que o corpo e que se serve sucessivamente de vários corpos, mas se desgasta ao usar um certo número de corpos? E dever-se-ia comparar a alma a um ser vivo que gasta certo número de trajes, de roupas. Mas o desgaste das vestimentas não impede que ele também se desgaste e morra um dia[33].

Em 89a, após essas duas objeções, que são precisamente as opiniões falsas que Sócrates tem a refutar, Fédon, que conta essa última cena e, justamente nesse momento, contou na primeira pessoa diretamente o que acontecia, se interrompe um pouco e diz a seu interlocutor, ao qual relata os derradeiros momentos de Sócrates: ah, se você soubesse como Sócrates foi admirável no momento em que respondeu a essas duas objeções. Admirei a maneira como [ele as acolheu], tendo perfeitamente compreendido o efeito que elas tinham sobre os ouvintes e como elas repercutiam na alma deles, como estavam prestes a convencê-los, a tal ponto que nos perguntávamos como Sócrates ia se safar dessas duas objeções. Admirei [...] a maneira como ele compreendeu o quanto estávamos prestes a ser convencidos e a maneira como conseguiu curar-nos todos (*iásato*: ele nos curou)[34]. Portanto há de fato no *Fédon* uma cura, a cura efetuada por Sócrates dessa doença que é uma opinião falsa. E encontramos aqui, a propósito da imortalidade da alma, um mesmo esquema, um mesmo problema, um mesmo ato de cura que no *Críton*, quando Críton propunha, baseando-se na opinião corrente, a fuga a Sócrates. Era esse o primeiro texto que eu gostaria de citar.

O segundo está igualmente no *Fédon*. Encontra-se em 90e. Aí, trata-se de uma discussão a propósito do lógos e dos perigos que lhe são próprios.

E Sócrates quer prevenir seus discípulos contra o ódio ao raciocínio, contra essa ideia de que todos os raciocínios correm o risco de serem perigosos, falsos. Previne contra o misologismo. Diz: não se deveria crer que não há nada de "sadio" (o texto francês traduz a palavra grega *hugiés*, isto é, organicamente sadio, que se refere à saúde) no raciocínio; deve-se crer, ao contrário, que nós é que não estamos bem (*oúpo hygiôs ékhomen*: não estamos passando bem, não estamos com boa saúde) e deve-se desejar que passemos bem, vocês para a vida que vão ter, eu por causa da morte[35]. Logo está claro que Sócrates diz aqui: prestem atenção, que o raciocínio pode levar a erros, é possível, mas seria totalmente equivocado acreditar que não há nada sadio, nada saudável, no raciocínio. Ao contrário, quando o raciocínio parece nos levar a um resultado que não é bom, na verdade nós é que não estamos com boa saúde, porque nos deixamos invadir pelo raciocínio falso. E temos de estar passando bem, raciocinando como convém, vocês para a vida que vão ter, eu por causa da morte.

Esses dois textos retomam, [por um lado], o tema do *Críton* de que uma opinião mal formada é como um mal que atinge a alma, corrompe-a, deixa-a sem saúde e de que é preciso curar-se, e [por outro lado] essa ideia, [igualmente presente] no *Críton*, de que é o lógos, o bom raciocínio que alcança essa cura. Vocês estão vendo também que essa ideia da cura pelo lógos, da má opinião que é como uma doença da alma é repercutida no *Fédon*. E esses textos do *Fédon* que citei fazem a junção entre, [no] *Críton*, o sério risco de doença, doença representada pelo próprio Críton (quando ele se deixa influenciar pela opinião geral, a ponto de propor a Sócrates uma fuga) e, depois, no interior do *Fédon*, os outros erros, os de Símias e de Cebes em particular. Críton havia sido acometido por uma doença que lhe fazia crer que era melhor para Sócrates viver do que morrer. Cebes e Símias estavam acometidos pela doença que os fazia crer que, se morrermos, não temos certeza de libertar uma alma imortal. A meu ver, temos aí a confirmação de que é mesmo esse gênero de doença, para cuja cura se deve um galo a Asclépio. A interpretação de Dumézil pode ser confirmada pela leitura do próprio *Fédon*, onde encontramos o vínculo entre o que acontece no *Críton* e o que é dito no último momento.*

Resta ainda uma derradeira dificuldade, que Dumézil resolve em seu texto. Vou me contentar em resumi-la[36]. Por que, se é verdade que Críton é que foi acometido de uma doença ou se, completando como acabo de sugerir, Cebes e Símias também estiveram doentes por causa da sua má opinião, por que Sócrates diz: Críton, *nós* devemos um galo a Asclépio?

---

* M.F.: – Posso continuar por mais cinco ou dez minutos, ou será que...
[*respostas vindas do público*] – Pode, pode!

Ele deveria dizer: Críton, *você* deve um galo a Asclépio pois você foi curado. Ou ainda, se admitirmos que os outros também foram curados, deveria [dizer]: Críton, você que é como o corifeu dos meus discípulos, *vocês* todos devem um galo a Asclépio. Ora, ele diz *nós* devemos. Quer dizer que ele também foi curado. Dumézil responde a essa questão salientando, por um lado, de uma maneira que creio de todo legítima, que, claro, entre Sócrates e seus discípulos há um vínculo de simpatia e de amizade tal que, quando um deles sofre uma doença, os outros também sofrem com a doença do outro, e Sócrates participa. Dumézil salienta também, o que é importantíssimo, que certamente – sem ter sido vítima da tentação, é claro, não é disso que se trata – o próprio Sócrates poderia ter sido até certo ponto convencido por Críton e resolvido fugir (afinal, nada, salvo a coragem pessoal de Sócrates, sua resistência no sustentar a verdade, garante [o contrário]). E enquanto não morre finalmente, enquanto não chega o último instante da sua vida, esse risco de ser atingido por uma opinião falsa e ver a alma se corromper existe. É por isso que esse sacrifício, que de certo modo poderia ter sido feito no mesmo instante em que Críton foi curado da sua doença, deve ser feito não apenas em nome de Críton, mas também de Sócrates, e só pode ser feito no último momento de Sócrates, no momento de morrer. Só pode ser o derradeiro gesto de Sócrates e sua derradeira recomendação pois precisamente, afinal de contas, só a sua coragem, só a relação de Sócrates consigo mesmo e com a verdade o impediu de ouvir essa opinião falsa e se deixar seduzir por ela.

Em todo caso, creio que poderíamos acrescentar às explicações de Dumézil o seguinte: é um traço que marca toda a dramaturgia dos diálogos platônicos, quaisquer que sejam, o de que na discussão todo o mundo fica solidário quanto ao que se discute. Sócrates teve várias oportunidades de dizer isso em outros diálogos: se o mau discurso triunfar, é uma derrota para todos; mas, se for o bom discurso a triunfar, todo o mundo é vitorioso. O princípio tantas vezes formulado por Sócrates nos diálogos (o da homologia: ter o mesmo *lógos* que aqueles com que discutimos, isto é, admitir que a mesma verdade valerá para uns e outros, e assinar, contrair essa espécie de pacto segundo o qual, quando uma verdade for descoberta, todo o mundo a reconhecerá[37]) se encontra até certo ponto aqui. Houve essa grande empreitada da discussão das opiniões, essa grande batalha do *lógos*, houve esse *élegkhos* que permitiu verificar qual era a opinião correta e quais as falsas. E, em função do princípio da homologia, todo o mundo era solidário nessa operação. A operação de cura é como uma forma geral na qual Sócrates se vê pego, ainda que, de fato, ele é que conduz essa operação. É normal portanto que interpele Críton lembrando-lhe que houve uma doença, e uma doença em seu grupo. Mas essa doença, afinal de contas, se Críton houvesse ganhado, teria sido também a doença de Sócrates. E, sendo todo o mundo solidário, o sacrifício deve ser feito agradecendo essa cura, em nome de todo o mundo.

E agora eu gostaria de voltar à vaca fria e procurar responder à pergunta que vocês se fazem: por que me detive nesse texto e nessa interpretação de Dumézil que, aparentemente, não está na mesma linha do que eu lhes disse há pouco e da vez precedente? É preciso formular a pergunta: qual é essa cura, qual é essa atividade pela qual Sócrates foi curado, ele e seus discípulos, com ajuda do deus a quem devem agradecer? Não faz sentido perguntar, como alguns seriam tentados a fazer, se essa operação de cura é a medicina, ou já alguma coisa como a psiquiatria, se de fato os gregos, Sócrates, pensavam ou não que esse gênero de erro pode ser considerado uma doença mental. Não é nesse *a posteriori* anacrônico que podemos descobrir de que se trata. É melhor procurar situar essa operação de cura a que Sócrates alude várias vezes no campo das práticas em que podia figurar, para os gregos em geral e Sócrates em particular. E o campo geral das práticas é precisamente tudo o que é chamado "*epiméleia*". Cuidar de alguém, cuidar de um rebanho, cuidar da família ou, como encontramos com frequência a propósito dos médicos, cuidar de um doente é o que se chama "*epimeleîsthai*". A cura de que Sócrates aqui fala faz parte de todas essas atividades pelas quais se cuida de alguém, trata-se desse alguém quando está doente, zela-se pelo seu regime para que não fique doente, prescrevem-se alimentos que ele deve ingerir ou exercícios que deve fazer, pelas quais também se indica a ele quais são as ações que deve realizar e quais deve evitar, pelas quais se o ajuda a descobrir quais são as opiniões verdadeiras que ele deve seguir e as opiniões falsas [que ele deve evitar], é assim que se nutre esse alguém com discursos verdadeiros. Tudo isso decorre da *epimeleîsthai*. Ou digamos ainda que essa grande atividade multiforme da *epiméleia* (do cuidado de si mesmo e dos outros, do cuidado das almas) pode adquirir, em alguns casos, a forma mais urgente, mais intensa e mais necessária. São os casos em que precisamente uma opinião falsa pode vir a deteriorar e adoecer uma alma. É preciso lembrar que todo o ciclo da morte de Sócrates que procurei evocar na hora precedente, esse grande ciclo que começa com a *Apologia*, continua com o *Críton* e termina com o *Fédon*, todo esse ciclo é precisamente perpassado por esse tema da *epiméleia*.

Na *Apologia* de Sócrates procurei lhes mostrar há pouco como Sócrates definia sua *parresía*, seu dizer-a-verdade corajoso como um dizer-a-verdade que tinha por objetivo final e preocupação constante ensinar os homens a cuidar de si mesmos. Sócrates cuida dos homens, mas não na forma política: ele quer cuidar deles para que eles aprendam a cuidar de si mesmos. Toda a *Apologia* portanto se apoia nesse tema da *epiméleia* e do cuidado.

No Críton, vocês percebem que esse tema do cuidado, da *epiméleia*, também está presente. Está presente num pequeno detalhe que é importante porque vamos encontrá-lo novamente. É a propósito dos filhos de Sócrates. Quando Críton lhe diz: mas, afinal, você não vai poder cuidar dos seus filhos. Como poderá, se morrer?[38] Problema da *epiméleia* a que Sócrates responde um pouco mais adiante, no *Fédon* precisamente. E depois, fora esse pequeno detalhe, de uma maneira geral no Críton a *epiméleia*, o cuidado, a preocupação [são o] tema central. Vocês vão [encontrá-lo] simplesmente na prosopopeia das *Leis*[39]. Essas Leis, que Sócrates faz intervir [quando pergunta]: se eu fugisse, não acha que as Leis se ergueriam diante de mim?; essas Leis lhe dizem: mas quem cuidou do seu nascimento? Você não está contente com a maneira como os casamentos se fazem na cidade? Quem cuidou de você, quando você era criança, e o criou? Quem cuida do que acontece na cidade [...]? As leis são precisamente o fator da *epiméleia*. E assim como será dito no *Fédon* que não devemos fugir do mundo porque somos zelados pelos deuses (*epimeleîsthai*: os deuses cuidam de nós[40]), do mesmo modo, no *Críton*, a razão pela qual não se deve fugir da prisão (isto é, sair da cidade e partir para o exílio) é que as Leis da cidade, como os deuses para o mundo inteiro, velam, cuidam dos cidadãos, são vigilantes. Elas têm solicitude. Vocês encontram novamente esse mesmo tema da *epiméleia*.

Enfim e sobretudo, no *Fédon*, quando o momento de morrer se aproxima, nas penúltimas palavras de Sócrates, o que Sócrates diz a seus discípulos? Neste ponto o texto é absolutamente fulgurante. Está em 115b (Sócrates vai tomar, ou já tomou a cicuta, não lembro mais, em todo caso nesse momento a morte já está verdadeiramente presente[41]), quando Críton, corifeu dos discípulos de Sócrates portanto, pergunta: que ordens você nos dá acerca de seus filhos (olhem eles aí de novo) ou de qualquer outra coisa? O que você nos pede para fazer que lhe seja agradável? É Críton, o mesmo a que ele pedirá para fazer alguma coisa no fim (sacrificar um galo), [que pergunta]: o que você quer que façamos por seus filhos? Ele pensava nas últimas vontades, no testamento. E Sócrates responde: "Fazei o que vos digo sem cessar [...]. Não é nada de novo."[42] E o que é que Sócrates diz sem cessar, que não é nada de novo e que é a última vontade que vai transmitir a seus filhos, seu círculo, seus amigos? "Cuidai de vós mesmos (*hymôn autôn epimeloúmenoi*)."[43]

É esse o testamento de Sócrates, sua última vontade. Aliás, essa última vontade de Sócrates, assim claramente formulada no *Fédon*, faz eco ao que diz a *Apologia* num momento simétrico. Na *Apologia*, há três momentos, três discursos: o primeiro discurso, no qual ele se defende; o segundo discurso, no qual propõe qual deve ser sua punição; e o terceiro discurso, no qual ele aceita, registra o fato de que está condenado à morte. Nessa última parte da *Apologia*, em que registra, aceita sua condenação à morte, [em seu] último discurso, já fadado à morte, Sócrates diz o seguinte, em 41e: "Quando meus filhos crescerem [outra menção aos filhos; temos portanto a menção aos filhos três vezes: na *Apologia*, depois da condenação; no *Críton*, sob a forma de objeção de Críton; e enfim no *Fédon*, a passagem que acabo de ler para vocês; M.F.], atenienses, puni-os atormentando-os como eu próprio vos atormentaria, se eles parecerem se preocupar (*epimelesthai*) com dinheiro ou qualquer outra coisa que não a virtude".[44] *Epimeleîsthai aretês*; eles têm de cuidar da sua virtude. São as últimas palavras de Sócrates na *Apologia*, o discurso que ele endereça a seus juízes. São as últimas palavras que Sócrates pronuncia para seus amigos, quando estes lhe perguntam: o que você quer que façamos? Última vontade formulada diante dos cidadãos, última vontade formulada no círculo de amigos.

Pequeno detalhe sobre esse problema do cuidado de si: nas primeiras linhas do *Fédon*, há essa passagem em que os discípulos de Sócrates também perguntam: o que você quer que façamos para o seu enterro? E ele responde indo tomar banho, para que as mulheres, depois da sua morte, não sejam obrigadas a lavar seu corpo. Ele cuida de si mesmo, inclusive do seu corpo[45].

Em todo caso, quando lhe perguntam: o quer que façamos para os seus filhos e que recomendações você dá aos seus amigos?, a última palavra de Sócrates, a última vontade é: o que eu sempre disse, "cuidai de vós mesmos", esta é a minha última vontade. Mas há um pequeno suplemento. Esse pequeno suplemento é precisamente a evocação do que se deve a Asclépio, a evocação desse sacrifício que é preciso fazer, a promessa a Esculápio. Agradecimento a quê? Pois bem, agradecimento à ajuda dada pelo deus, enquanto deus curador, a todos os que, Sócrates e seus discípulos, empreenderam se ocupar de si mesmos (*epimeleîsthai*), tratar de si mesmos, cuidar de si mesmos, "*therapeúein*" (no sentido de cuidar e curar), como diz Sócrates com frequência. E as últimas palavras (depois de "dai um galo a Asclépio"), as palavras derradeiras, aquelas depois das quais Sócrates não falará nunca mais, eu já citei várias vezes para vocês são *mè amelésete* (não negligenciem, nada de negligência). Eu tinha me detido bastante sobre o fato de que essa não negligência, recomendada a seus discípulos, se referia ao sacrifício do galo. De fato, ele se refere explicitamente, diretamente ao sacrifício de um galo, logo a certa doença. Mas essa doença é aquela de que a gente é capaz de se curar quando cuida de si e é capaz de ter essa solicitude para consigo mesmo que nos faz saber o que é nossa alma e como ela está vinculada à verdade. Etimologicamente, a palavra *"amelésete"* pertence a toda essa família que encontramos com tanta frequência, família de palavras que designa as diferentes formas de se preocupar, de se cuidar, da solicitude. Por meio do sacrifício a Esculápio, vocês veem que essas últimas palavras ("não negligencieis") dizem para não negligenciar o sacrifício, mas se referem indiretamente, através disso, ao cuidado de si. Não se esqueçam de fazer o sacrifício ao deus, a esse deus que nos ajuda a nos curarmos quando cuidamos de nós mesmos. Porque não se deve esquecer que – neste ponto seria necessário remeter aos diferentes textos evocados sobre os deuses que cuidam dos homens – se cuidamos de nós mesmos é na medida em que os deuses também cuidaram de nós. Foi preocupando-se conosco que, precisamente, eles enviaram Sócrates para nos ensinar a cuidarmos de nós mesmos.

Conforme vocês podem ver, a morte de Sócrates, o exercício da sua *parresía* que o expunha à morte – e o expunha mesmo, pois ele de fato morreu por causa dela –, o exercício do seu dizer-a-verdade e finalmente essa aplicação em provocar os outros a cuidar de si mesmos, tudo isso constitui um conjunto denso cujos fios se entrecruzam ao longo de toda a série sobre a morte de Sócrates (*Apologia, Críton, Fédon*). Todos esses fios perpassam em permanência esses três textos e vêm se amarrar pela última vez nas duas derradeiras recomendações de Sócrates. Primeiro de uma forma que salta aos olhos, quando ele diz: minha última vontade é que vocês cuidem de si mesmos. E pela segunda vez de forma simbólica, remetendo desta vez não mais ao cuidado que os homens devem ter consigo mesmos, mas ao cuidado que os deuses têm com os homens para que eles tenham cuidado por si mesmos, sob a forma do sacrifício a Asclépio. Todos esses fios vêm se amarrar pela última vez no sacrifício do galo. Foi essa missão, relativa ao cuidado consigo mesmo, que levou Sócrates à morte. É o princípio do "cuidar de si mesmo" que ele lega aos demais, para lá da sua morte. E é aos deuses, benéficos para esse cuidado consigo mesmo, que ele endereça seu último pensamento. A morte de Sócrates funda bem, a meu ver, na realidade do pensamento grego e, logo, na história ocidental, a filosofia como uma forma de veridicção que não é nem a da profecia nem a da sabedoria nem a da *tékhne*; uma forma de veridicção própria precisamente do discurso filosófico, cuja coragem deve ser exercida até a morte, como uma prova de alma que não pode ter seu lugar na tribuna política. É isso. Desculpem por tê-los retido por tanto tempo. Obrigado.

NOTAS

1. G. Dumézil, *La Courtisane et les seigneurs colorés, et autres essais. Esquisses de mythologie*, Paris, Gallimard, 1984.
2. Platão, *Phédon*, 118a, trad. P. Vicaire, ed. citada, pp. 109-10.
3. G. Dumézil, *"Le Moyne noir en gris dedans Varennes"*, Paris, Gallimard, 1984, p. 143.
4. *Id.*, p. 145 (Sakyamuni é um dos nomes próprios de Buda).
5. *Id.*, p. 136.
6. Platão, *Phédon*, trad. L. Robin, Paris, Les Belles Lettres, 1926, p. 102 n. 3.
7. "Socrates hopes to awake cured like those who are healed by *egkoimesis* (*incubatio*) in the Asklepeion at Epidaurus", (J. Burnet, *Plato's Phaedo*, Oxford, Clarendon Press, 1911, p. 118).
8. F. Nietzsche, *Le Gai Savoir*, trad. P. Klossowski, ed. Colli-Montinari, Paris, Gallimard, 1982, p. 231. [Trad. bras.: *A gaia ciência*, São Paulo, Companhia das Letras, 2001.]
9. *The Greek Commentaries on Plato's Phaedo*, vol. I: *Olympiodorus*, ed. L.G. Westerink, North-Holland Publishers, Amsterdam/Oxford/Nova York, 1976.
10. *Ibid.*
11. "A fórmula que se pronuncia nos Mistérios, quando se diz: 'estamos num lugar onde nos guardam'(*én tini phrourâ*)..." (*Phédon*, 62b, trad. P. Vicaire, p. 9).
12. L. Robin traduz por "garderie" ("local de guarda"), E. Chambry para "poste" (posto), P. Vicaire traduz por "lugar onde nos guardam", mas evoca a "prisão" e o "posto de guarda" (nota p. 113).
13. *Phédon, loc. cit.* (*supra*, nota 11).
14. "São deuses que zelam por nós (*tò theoùs eînai epimelouménous*), e nós, os homens, somos uma parte do que pertence aos deuses (*tôn sautoû ktemáton*)" (*ibid.*), Cf. sobre *ktémata* no sentido de "rebanho", nota do tradutor, P. Vicaire, p. 113.
15. *Id.*, 69d-e, p. 23.
16. *Id.*, 67a, p. 18.
17. Platão, *Apologie de Socrate*, 41d, trad. M. Croiset, ed. citada, p. 172.
18. Professor de filologia clássica, Ulrich von Wilamowitz-Moellendorff havia desencadeado uma violenta polêmica contra as teses de Nietzsche defendidas em *O nascimento da tragédia* (São Paulo, Companhia das Letras, 1992).
19. U. von Wilamowitz-Moellendorff, *Platon*, Berlim, Weidmann, 1920, t. I: *Leben und Werke*, p. 178; t. II: *Beilagen und Textkritik*, p. 58.
20. F. Cumont, "À propos des dernières paroles de Socrate", *Compte rendu de l'Académie des Inscriptions et Belles-Lettres*, 1943, pp. 112-26.
21. G. Dumézil, *Le Moyne noir en gris...*, ed. citada, p. 143.
22. *Id.*, p. 146 *et seq.*
23. *Id.*, p. 140.
24. Platão, *Criton*, 45c, trad. M. Croiset, Paris, Les Belles Lettres, p. 219. [Trad. bras.: *Críton in Apologia de Sócrates/Críton*, Brasília, UnB, 1997.]
25. *Id.*, 45b, pp. 219-20.
26. *Id.*, 44b-c, p. 218, e 45e-46a, p. 220.
27. "O que melhora com um regime sadio (*hypò toû hygieinoû*) e se deteriora (*diaphtheirómenon*) com um regime malsão [...]. Ora, é possível a vida com um corpo miserável e arruinado (*diephtharménou*)?" (*id.*, 47d-e, p. 223).

28. *Id.*, 48a-d, p. 223.
29. *Id.*, 47e, p. 223.
30. "Por conseguinte, meu caro amigo, não é tanto com as palavras da maioria que temos de nos preocupar (*phrontistéon*) quanto com o juízo daquele que é um conhecedor da justiça e da injustiça" (*id.*, 48a, p. 223).
31. G. Dumézil, *Le Moyne noir en gris...*, pp. 155-7.
32. Platão, *Phédon*, 85b-86e, trad. P. Vicaire, pp. 53-5.
33. *Id.*, 86e-88b, pp. 55-8.
34. "Fiquei maravilhado com o modo amável, benevolente, admirativo com que acolheu as palavras desses jovens, e depois com sua fineza em captar o efeito de seus argumentos sobre nós, enfim com sua habilidade em curar nosso mal (*eû hemâs iásato*)" (*id*, 89a, p. 59).
35. "Nossa alma não deve acolher a ideia de que nada sem dúvida é sadio nos raciocínios. Ela deve, ao contrário, admitir que nós é que não temos a saúde (*oúpo hygiôs ékhomen*) e que devemos empregar nossa coragem e nosso ardor em nos comportar sadiamente, tu e os outros tendo em vista a vida que deve vir, eu tendo em vista a morte mesma" (*id.*, 90e, p. 62).
36. G. Dumézil, *Le Moyne noir en gris...*, pp. 159 *et sq.*
37. Sobre esse conceito, cf. a última aula de 1983 a propósito do *Górgias*, in *Le Gouvernement de soi et des autres*, ed. citada, pp. 341-3.
38. Platão, *Criton*, 45c-d, ed. citada, pp. 219-20.
39. *Id.*, 50a-53d, pp. 227-32.
40. Platão, *Phédon*, 62b, trad. P. Vicaire, p. 9.
41. Na verdade, ele vai tomar mais tarde (em 117c).
42. Platão, *Phédon*, 115b, trad. P. Vicaire, p. 105.
43. *Ibid.*
44. Platão, *Apologie de Socrate*, 41e, p. 173.
45. No texto, as coisas na verdade acontecem em sentido inverso: Sócrates começa indo tomar um banho ("que eu não dê às mulheres o trabalho de lavar um morto", Platão, *Phédon*, 115a, trad. P. Vicaire, p. 105).

AULA DE 22 DE FEVEREIRO DE 1984
Primeira hora

Pesquisas etimológicas em torno da epiméleia. *– O método de Dumézil e sua extensão. – O* Laques *de Platão: as razões da escolha. – O pacto da franqueza. – O problema da educação dos filhos. – Os juízos contraditórios de Nícias e Laques sobre a demonstração de armas. – A questão da competência técnica segundo Sócrates. – Subversão por Sócrates do jogo dialético.*

Por determinadas razões (porque alguns, é verdade, me pediram), não vou falar dos cínicos hoje, mas da próxima vez. Gostaria, no lugar, de fazer uma transição entre o que contei da última vez a propósito de Sócrates e da *Apologia*, e o que direi da próxima vez sobre os cínicos. Quer dizer, vou falar do *Laques*. Antes disso, uma pequena observação [acerca, em primeiro lugar,] do que lhes disse sobre o livro de Dumézil e, em segundo lugar, da missão de *epiméleia* e da raiz desse termo. As duas coisas, aliás, são diretamente ligadas, já que é de Dumézil que vai se tratar. Eu tinha essa questão [na cabeça]: qual a raiz dessa série de termos de que lhes falei várias vezes? Vocês têm o termo *mélo*, que encontram principalmente na forma impessoal *mélei moi* (eu me preocupo com; mais exatamente: isso me preocupa, já que é impessoal), e depois toda uma série de outras palavras: o substantivo *epiméleia*, o verbo *epimelein* ou *epiméleisthai*, o adjetivo *amelés* (negligente), o advérbio *amelos* (de modo negligente) e o substantivo *epimeletés* (aquele que se preocupa com, que zela por, e que muitas vezes tem um sentido bastante preciso nas instituições grega: é um cargo quase oficial, o de ser zelador de alguma coisa; [o termo] pode se referir em todo caso a um cargo muito preciso). De onde vem essa série de palavras? A raiz é evidente, mas a que se refere a raiz? Sou totalmente incompetente nessa ordem de coisas. Foi portanto a Dumézil que apelei. Perguntei-lhe o que era essa raiz, verossimilmente indo-europeia (*mel*). Sua primeira resposta foi: não se sabe, nenhuma indicação permite atribuir um significado, um valor a essa raiz. E me disse logo depois, evidentemente, que se pode pensar em *mélos*, isto é, a palavra que encontrávamos em *melodía* e que significa o canto, o canto ritmado, a música. Mas é evidente que não pode haver relação entre esse *melos* e a raiz *mel*, que encontramos em *epiméleia*, *mélei moi* etc. Eu tinha chegado aí quando, ontem, ele me mandou um bilhete para me dizer: foi verificar no Chantraine (o dicionário das raízes gregas), não há etimologia plausível para *epiméleia*, *mélei moi* etc.[1] Então, disse ele, tive uma ideia, meio maluca de início e que domina meu espírito: devemos de fato afastar a relação com o *mélos*, como fiz outro dia? Seria algo como: "ça me chante"*, com outra orientação, para o cuidado e o haver: o chamamento ao dever, em vez de à liberdade e ao prazer. Quer dizer, nossa expressão "ça me chante" se refere a uma coisa que não é em absoluto da ordem do dever, que é da ordem do prazer, da liberdade: "Faço isso porque 'me canta'." Mas, afinal de contas, podemos muito bem conceber um "isso me canta" que se referisse, ao contrário, a algo que temos na cabeça, que vem à cabeça, que fica na cabeça, que obceca até certo ponto e que nos atrai, mas sob a forma de uma ordem, de uma injunção, de um dever a cumprir. E acrescenta o seguinte: poderíamos encontrar um caso paralelo a partir do latim. Em latim existe o verbo *camere*, que quer dizer "estar quente". Ora, diz ele, é esse verbo que vamos encontrar no francês antigo "chaloir", que Hatzfeld & Darmesteter[2] dizem ser um termo um tanto envelhecido que significa "ter interesse por alguma coisa" e só se emprega impessoalmente em frases negativas ou interrogativas. Por exemplo, encontramos o verbo em "il ne m'en chaut" (não me preocupa). Aqui, portanto, do mesmo modo que "être chaud" finalmente adquiriu o valor de "se preocupar com"**, ou afinal, "cantar", ter uma música na cabeça pode muito bem ter evoluído até dar o valor de preocupação.

Depois de receber essa mensagem de Dumézil, conversei a respeito com Paul Veyne ontem à noite, e ele me disse: claro, podemos perfeitamente conceber isso. Poderíamos até, quem sabe, sem que seja totalmente incompatível, pelo menos como possibilidade a partir da mesma ideia, salientar que o *mélos* é o canto, um canto de chamamento. É, por exemplo, o canto do pastor que chama seu rebanho ou chama outros pastores, é o canto-sinal. E, por conseguinte, o *mélei moi* significaria algo como, não exatamente "isso canta na minha cabeça", mas "isso me canta" na medida em que me chama, em que me convoca. Diríamos em nosso pavoroso vocabulário contemporâneo: isso me interpela!*** Seria mais ou menos o que teríamos em *mélei moi*. Enfim, digo isso a título de indicação,

---

* Isso me apraz, me atrai, me seduz. Ao pé da letra: isso me canta. (N. do T.)
** Como, na linguagem informal, "se esquentar com" algo. (N. do T.)
*** Risos na plateia.

se vocês se interessam por esse problema da *epiméleia*. Haveria aí como que um segredo musical, um segredo da chamada musical nessa noção de preocupação, cuidado.

Segunda coisa, aqui também em referência ao que eu lhes dizia da última vez, a propósito do livro de Dumézil. Eu tinha dito imprudentemente [que], entre todas as coisas interessantes desse livro, a central é, está claro, a coexistência desses dois comentários de Dumézil: de um lado, o comentário sobre Nostradamus, de outro o comentário sobre Platão. Procurei ler com atenção as análises, os comentários, as reações que vocês podem encontrar na imprensa a propósito desse livro e fiquei impressionado com o fato de que alguns nem falam dele. Outros falam, mas [unicamente] do texto sobre Nostradamus. Ninguém fala do texto sobre Platão, e *a fortiori* do fato de que há esses dois textos, o sobre Platão e o sobre Nostradamus. Então, o que tenho a dizer aqui não representa o que o próprio Dumézil diz. É uma interpretação que sugiro, que não é sem dúvida de todo estranha ao que ele pensa, embora não seja a sua intenção explícita que está assim presente nessa justaposição dos dois textos. O primeiro, o sobre Nostradamus, se chama uma sotia: *Sotia nostradâmica*. O outro se chama *Divertimento*[3]. São portanto dois textos de diversão, mas que não têm totalmente o mesmo estatuto.

Cumpre notar também que esses dois [estudos] põem em jogo certa forma de análise de texto, certa forma de análise de palavras, um método de cotejo das diferentes indicações que podemos encontrar no texto, uma espécie de método de palavras cruzadas que [é] cem por cento homogêneo ao método empregado pelo próprio Dumézil em suas diferentes obras de análise das mitologias indo-europeias. E, em certo sentido, é uma maneira de pôr à prova seus próprios métodos, maneira essa que é evidentemente irônica, pela simetria dissimétrica entre esses dois textos e essas duas análises: um é uma *Sotia* e o outro um *Divertimento*. Tomando esses dois textos (o de Nostradamus e o de Platão), Dumézil punha em prova portanto seu método, a validade dele, da sua racionalidade, do caráter demonstrativo das suas análises. Ele o punha à prova a partir de dois textos que poderíamos dizer são os mais heterogêneos que há. [O] de Nostradamus representa, claro, o que poderíamos chamar de [o escrito] mais suspeito possível para todo racionalismo possível. Texto profético, texto obscuro, texto sobrecarregado de uma série de interpretações que, desde o século XVI, não cessaram de encobrir seu sentido e seu valor. Dumézil tomou portanto o texto mais alheio ao sistema da racionalidade moderna e europeia, sistema a que ele se vincula. Ele toma esse texto, analisa-o com métodos que são os da sua racionalidade. Obtém alguns resultados. Depois do que vai tomar um texto de Platão, e dentre os textos de Platão o *Fédon*, e, no *Fédon*, a passagem que é ao mesmo tempo terminal, mas evidentemente central: a morte de Sócrates. E, em certo sentido, pode-se dizer muito bem que o significado, o valor da morte de Sócrates está no próprio cerne da racionalidade ocidental. Afinal, a morte de Sócrates, a significação dessa morte é que é fundadora do discurso filosófico, da prática filosófica, da racionalidade filosófica. Esse texto a propósito do acontecimento maior que fundou a racionalidade ocidental (Sócrates e sua morte), nenhum comentador dos últimos dois mil anos conseguiu explicar o que nele se dizia e o que eram, com exatidão, as últimas palavras de Sócrates. Esse discurso de Sócrates que fundou nossa racionalidade terminava com uma frase, uma certa frase que ninguém, até então, tinha podido explicar. Dumézil retoma seu método, esse método que utilizou a vida toda em suas análises de mitologia indo-europeia, que aplicou a Nostradamus, exemplo de tudo o que o irracionalismo no discurso ocidental pode produzir, e ele o retoma para tentar resolver esse problema de um discurso, de um texto ou de um acontecimento fundador [...*]. Ele mostra que todos os comentadores, todos os historiadores da filosofia se viram absolutamente incapazes de resolver esse pequeno enigma do sacrifício do galo: eu, Sócrates, morrendo, peço o sacrifício do galo.

Então, se justapusermos essas duas análises, creio que vamos ver como Dumézil, de certo modo, tomou a maior distância possível, marcou a maior superfície possível quanto ao exercício de certo método, o método da análise ao mesmo tempo filosófica e estrutural que ele utilizou. É o que tem de interessante e quase desconcertante nesse texto: ele utiliza seu método em dois registros. Faz funcionar perfeitamente o registro irônico [com] a análise de Nostradamus. Mostra até que ponto se pode ir e qual o limite a que se pode chegar com tal método. Ele diz inclusive no fim que Nostradamus também viu – como Dumézil – a trifuncionalidade indo-europeia. E, por conseguinte, reinscreve seu método nessa espécie de cadinho do irracionalismo desse Nostradamus. E, depois [segundo registro], retomando e duplicando o mesmo método, ele o aplica ao que é o próprio cadinho da racionalidade ocidental: a morte de Sócrates. Faz dela uma análise totalmente probante que vem preencher uma lacuna que jamais a reflexão filosófica havia conseguido resolver a propósito de Sócrates, da morte de Sócrates [...**]. É nesse jogo entre esses dois textos que se encontra o interesse, ou um dos interesses do livro. Eis duas pequenas observações que eu gostaria de fazer como apêndice da última aula.

* Algumas palavras aqui são difíceis de ouvir (ouve-se: "e desse mundo pré-racional").
** O fim da frase é inaudível.

E agora, se vocês quiserem, passemos ao texto que eu gostaria de analisar, isto é, o *Laques*. A propósito da *Apologia* e, depois, prosseguindo, a propósito do *Críton* e do *Fédon*, eu havia procurado mostrar como Sócrates inaugurava um modo de veridicção que se distinguia, se opunha até de modo explícito a outros modos (o da profecia, o da sabedoria e o do ensino, da *tékhne* e da sua transmissão). Dessa veridicção socrática, cujos princípios, regras, características distintivas aparecem, a meu ver, nitidamente na trilogia dessa *parresía* socrática, eu gostaria de dar o exemplo de seu exercício nesse diálogo que se chama *Laques*. Claro, encontraríamos em outros diálogos de Platão, em particular em todos os diálogos socráticos, exemplos dessa *parresía*, da aplicação do jogo dessa veridicção próprio de Sócrates, tão diferente da veridicção profética, da veridicção de sabedoria e da veridicção de ensino. No entanto, eu me detive no *Laques* por algumas razões.

Primeiro, no *Laques* encontramos, claramente formuladas e explicitamente ligadas umas às outras, as três opções fundamentais que havíamos encontrado na *Apologia* e que caracterizam, por oposição aos outros modos de veridicção, o dizer-a-verdade socrático. Em primeiro lugar, encontramos de forma explícita e relativamente frequente a noção de *parresía*. Creio que é o diálogo de Platão em que o substantivo *parrhesía* ou o verbo *parresiázesthai* são mais empregados. Em todo caso, o substantivo ou o verbo aparecem no início do diálogo. Eles caracterizam os diferentes interlocutores. Assinalam também o engajamento que esses diferentes interlocutores assumem uns em relação aos outros. Há uma espécie de pacto parresiástico que é explicitamente formulado no começo do diálogo. E, depois, no cerne do diálogo, em seu centro, Sócrates aparece como aquele que detém a *parresía*, que tem o direito de usar da *parresía*, e a quem os interlocutores reconhecem o direito essencial de servir-se dela como ele bem entender. O tema da *parresía* está portanto bastante presente. Em segundo lugar, vocês encontram também esta segunda noção, que procurei mostrar estava presente e era importante na *Apologia* e que caracterizava a veridicção socrática, [implicando, além da *parresía*,] certo procedimento de verificação, de prova, de investigação e de exame: a *exétasis* como maneira de testar e de examinar. Essa noção está presente no próprio cerne do diálogo [do] *Laques*. E quando os interlocutores de Sócrates, antes de começar a verdadeira e grande discussão, aceitam o jogo que ele lhes propõe, eles próprios, vocês vão ver, é que colocam a *exétasis* (o princípio do exame) como regra fundamental do jogo que Sócrates vai jogar e que eles próprios aceitam jogar com Sócrates. [Em terceiro lugar,] a noção de *epiméleia* (a noção de cuidado) é constante no diálogo. Em todo caso, ela aparece de uma maneira explícita no início. Porque é o cuidado com os jovens (sua educação, sua formação, o aprendizado das qualidades e virtudes necessárias à política) que suscita o diálogo. E quando este último se encerrar um pouco depois, Sócrates aparecerá como o único titular possível desse cuidado. Ele é que deverá cuidar dos jovens, e a ele é que os pais referir-se-ão para que cuide dos filhos, e para que cuide dos filhos da mesma maneira que os filhos, por sua vez, devem cuidar de si mesmos. Encontramos portanto, ao longo de todo o diálogo, a articulação, o vínculo, de certo modo o entrelaçado dessas três noções: a *parresía* como franqueza corajosa do dizer-a-verdade; a *exétasis* como prática do exame e da prova da alma; e enfim o cuidado como objetivo e fim dessa *parresía*, dessa franqueza examinatória. É essa a primeira razão pela qual considerei o *Laques* diálogo de explicação.

Em segundo lugar, esse diálogo é importante, característico, por causa da relação que ele tem, e mantém, com a cena política. De fato, de certo ponto de vista, ele não tem nada de extraordinário. Nele, vemos Sócrates discutir a propósito da formação dos jovens, jovens que, pertencendo todos à aristocracia, às grandes famílias de Atenas, estão destinados um dia ou outro a desempenhar um papel na cidade e a ocupar cargos que lhes darão responsabilidades civis ou militares na vida. Não há nada de extraordinário nisso. Em compensação, o que há de singular no diálogo é que as pessoas com as quais Sócrates vai discutir a propósito da formação dos jovens não são jovens. São adultos. E esses adultos são precisamente homens que exercem, na época em que se situaria esse diálogo, funções políticas. Claro, podemos ver, em outros diálogos de Sócrates, pessoas, adultos discutirem. E esses adultos são, no mais das vezes, pessoas que puderam exercer funções políticas ou que são capazes de exercê-las, ou que pertencem a famílias que desempenham na cidade um papel importante. Mas aqui, no *Laques*, são homens políticos que exercem, na época em que falam, funções bem precisas, são personagens historicamente bem situados. Temos Nícias, que foi o principal personagem político de Atenas depois de Péricles, no fim do século V portanto. Ele foi o comandante da expedição da Sicília, e é na Sicília que morrerá. Laques é um chefe militar importante, um homem que exerceu sobretudo funções militares, que foi morto na batalha de Potideia, mas que desempenhou um papel importante. Vemos pois aqui, nesse diálogo, algo que não encontramos praticamente em nenhum outro: Sócrates indo interrogar homens de Estado eminentes, no momento em que eles exercem suas funções. Vocês se lembram, era essa situação que havia sido evocada na *Apologia* quando Sócrates dizia que, por injunção do deus que o havia encarregado de diferentes missões, tinha ido ter com os diferentes cidadãos de Atenas, a começar pelos homens de Estado mais eminentes e mais importantes, indo depois até os artesãos[4]. Aqui, temos precisamente esta situação: Sócrates se liga diretamente à cena política, e todo o jogo do diálogo será o de mostrar como, dirigindo-se diretamente aos políticos, ligando-se por conseguinte diretamente à atividade política, ele vai propor um jogo que não tem a forma do jogo político. Ele vai propor um tipo de discurso e de veridicção que não são os discursos da veridicção política, e fazer os políticos entrarem nessa outra coisa. É essa a segunda razão pela qual o *Laques* me parece interessante e importante.

A terceira razão é que o diálogo, claro, é inteiramente atravessado pelo tema da coragem, pois vai ter como tema a tentativa de definir o que é, em sua natureza, a coragem, para falar de certo modo da verdade da coragem. Mas esse tema da coragem não é simplesmente objeto do diálogo, é também a marca dos seus diferentes personagens. Laques, principalmente, que é um chefe militar, e Nícias, que é ao mesmo tempo chefe político e chefe militar, são homens corajosos. E, aliás, Sócrates – será repetido, relembrado pelo menos em dois lugares – também foi soldado e mostrou efetivamente na batalha, na guerra, sua coragem física. E ainda mais: cada um desses homens, corajosos no campo de batalha, na vida civil e militar, para defender a cidade também dá prova de coragem no diálogo. Coragem, veremos, para confessar coisas incômodas, coragem dos dois generais, dos dois políticos Laques e Nícias, para responder às questões de Sócrates, coragem também de Sócrates [para] enfrentar esses dois homens tão importantes na cidade. De modo que a coragem está presente como tema do diálogo; está presente como marca, de certo modo, cívica do valor dos diferentes personagens; e também é a regra do jogo moral no interior do diálogo, onde tudo gira em torno dessa questão da coragem: qual é, para esses homens que são verdadeiramente corajosos, a verdade da coragem? Mas para fazer essa pergunta, para enfrentá-la como convém, é preciso ter a coragem da dialética. É portanto o entrelaçamento do tema da coragem com o tema da verdade – problema da coragem da verdade, posto por homens verdadeiramente corajosos, que têm a coragem de se enfrentar na questão da verdade, e da verdade da coragem – que está presente no cerne do diálogo. E é evidente que, a partir do momento em que eu tinha como proposta este ano falar deste tema da coragem da verdade, era meio difícil não evocar esse texto, um dos raríssimos em toda a filosofia ocidental a colocar a questão da coragem primeiro e, sobretudo, da coragem da verdade. Que relação ética há entre a coragem e a verdade? Ou ainda em que medida a ética da verdade implica a coragem?

O tema da ética da verdade [...*], a questão das condições morais que possibilitam a um sujeito ter acesso à verdade e dizer a verdade, essa questão, claro, vocês vão encontrar com frequência em outros lugares, mas podemos dizer que ela é central na construção desse diálogo. O que se costuma encontrar e ocupou a maior superfície da reflexão ocidental é a questão ética da verdade sob [a] forma da questão da pureza ou da purificação do sujeito. Vocês têm toda uma catártica da verdade, desde o pitagorismo até a filosofia ocidental moderna[5]. É a ideia de que, para ter acesso à verdade, é preciso que o sujeito se constitua numa ruptura com o mundo sensível, com o mundo da falta, com o mundo do interesse e do prazer, com todo o mundo que constitui, em relação à eternidade da verdade e de sua pureza, o universo do impuro. A passagem do puro ao impuro, a passagem do obscuro ao transparente, a passagem do transitório e do fugidio ao eterno é o que constitui, marca ao menos, a trajetória moral pela qual o sujeito pode se constituir sujeito capaz de verdade (capaz de ver a verdade, de dizer a verdade). Toda essa catártica vocês encontram desde o pitagorismo e também na filosofia moderna. Porque, afinal de contas, o procedimento cartesiano também é um procedimento catártico; em que condições o sujeito vai poder se constituir como puro olhar, independente de todo interesse particular e capaz de universalidade na apreensão da verdade catártica?[6] Mas a catártica (condição de purificação do sujeito para que seja capaz de ser sujeito de verdade) não é mais que um aspecto [da ética da verdade]. Há um outro aspecto que é o da coragem da verdade: que tipo de resolução, que tipo de vontade, que tipo não só de sacrifício mas de combate somos capazes de enfrentar para alcançar a verdade? Essa luta pela verdade é diferente da purificação pela qual podemos alcançar a verdade. E seria interessante ver essa diferença. Seria a análise não mais da purificação pela verdade, mas a análise da vontade de verdade, sob suas diferentes formas, que podem ser a forma da curiosidade, a forma do combate, a forma da coragem, da resolução, da resistência. Em todo caso, creio que poderíamos encontrar nesse texto de Platão, o *Laques*, um dos elementos, um dos pontos de partida para a análise desse aspecto da ética da verdade.

Enfim, a última razão pela qual eu gostaria de me deter um pouco sobre o *Laques* é que, nele, vemos assinalado o ponto de partida de uma das linhas de desenvolvimento da filosofia ocidental. Vocês se lembram, ano passado ou dois anos atrás, havíamos visto juntos o texto do *Alcibíades*[7]. Esse texto do *Alcibíades* é, por muitos pontos, bastante próximo, pelo menos em alguns dos seus temas, do que podemos encontrar no *Laques*.

---

* Início de frase inaudível.

Trata-se, no *Alcibíades*, da formação de um jovem. Trata-se, como vocês vão ver no *Laques*, de uma formação tornada tanto mais necessária na medida em que os pais ou os tutores do jovem não foram capazes de lhe dar [essa] formação. Essa relação entre educação e negligência, no *Alcibíades* como no *Laques*, vai fundar o princípio do cuidado. É preciso cuidar da educação dos jovens: encontramos tudo isso no *Alcibíades* e no *Laques*. Mas tem o seguinte: no *Alcibíades*, essa temática educação/negligência/ cuidado leva rapidamente a um problema clássico, que é: de que se tem de cuidar? E, vocês se lembram, a resposta que o *Alcibíades* dá é: é da alma que se tem de cuidar[8]. E nesse momento se coloca a questão: o que é a alma? Qual a sua natureza? Em que consiste cuidar da alma? Encontrávamos aí o princípio de que cuidar da alma é, para a alma, ela se contemplar e, se contemplando, reconhecer o elemento divino que permite ver a verdade. Por conseguinte, o tema da *epiméleia* desembocava, de certo modo, rápida e diretamente no princípio da existência da alma, da possibilidade, da necessidade de a alma se contemplar, e conduzia enfim ao tema da divindade da alma, ao menos do elemento divino que há na alma. E, nesse sentido, o *Alcibíades* – vocês sabem [que] se colocava o problema histórico do diálogo[9] – prende-se muito rapidamente aos temas dos diálogos de juventude de Platão (como a formação [...]*]) e, ao mesmo tempo, aos do último Platão, no limite dos temas do neoplatonismo.

No *Laques*, ao contrário, a partir de um dado bem semelhante, de uma questão [similar]** sobre a formação dos jovens, a negligência de sua educação, a necessidade de cuidar deles, temos uma linha de desenvolvimento do diálogo bem diferente. E, em certo sentido, ele nunca vai alcançar aquele ponto a que conduzia tão rapidamente o *Alcibíades*. Quer dizer que nunca, no *Laques*, ninguém se indaga de que se vai cuidar exatamente. O tema é: é preciso cuidar dos jovens, ensinar os jovens a cuidar de si mesmos. Mas do que é que eles mesmos devem cuidar? Não se diz. Ou antes: não se diz, e no entanto, sim. Mas não se diz justamente [pela] designação da alma como sendo a realidade imortal à qual se deve dar atenção e que deve constituir o objetivo final e primeiro do cuidado de si. Aqui, o objeto designado ao longo do diálogo como aquilo de que se deve cuidar não é a alma, é a vida (o *bíos*), isto é, a maneira de viver. É essa modalidade, essa prática da existência que constitui o objeto fundamental da *epiméleia*.

Quando se compara o *Laques* com o *Alcibíades*, tem-se o ponto de partida de duas grandes linhas de evolução da reflexão e da prática da filosofia: a filosofia como o que, ao inclinar, ao incitar os homens a cuidar

---

* Algumas palavras inaudíveis.
** M.F.: de forma vizinha

de si mesmos, os conduz a essa realidade metafísica que é a da alma, e a filosofia como uma prova de vida, uma prova da existência e a elaboração de uma certa forma e modalidade de vida. Claro, não há incompatibilidade entre essas duas temáticas (a filosofia como prova de vida e a filosofia como conhecimento da alma). Mas creio que, embora não haja nenhuma incompatibilidade, embora, particularmente em Platão, as duas coisas sejam profundamente ligadas, temos aí o ponto de partida de dois aspectos, de dois perfis, de certo modo, da atividade filosófica, da prática filosófica no Ocidente. Por um lado, a filosofia que tem de se pôr sob o signo do conhecimento da alma e que faz desse conhecimento da alma uma ontologia do eu. E, depois, uma filosofia como prova da vida, do *bíos* que é matéria ética e objeto de uma arte de si. Esses dois grandes perfis da filosofia platônica, da filosofia grega, da filosofia ocidental, são facilmente decifráveis quando se compara o diálogo do *Laques* com o do *Alcibíades*.

Aqui também uma breve observação, depois vamos entrar no diálogo. Eu tinha lhes falado ano passado[10] do livro de Patocka que acaba de ser traduzido para o francês. Patocka é aquele filósofo tcheco que morreu faz cinco anos[11] e de que se publicou em francês um seminário com o título de *Platão e a Europa*[12]. É um texto interessantíssimo, porque é, a meu ver, pelo menos dentre os modernos de história da filosofia, o único que dá à noção de *epiméleia*, de cuidado em Platão, um lugar importante. Ele vê nessa noção de cuidado o arraigamento da metafísica ocidental e, por conseguinte, do destino da racionalidade europeia [...*]. Recomendo esse livro. O ponto sobre o qual me separarei dele, reconhecendo porém quanto é interessante como análise da *epiméleia* e do cuidado, é que ele encara essencialmente a *epiméleia* como cuidado não de si, mas da alma. Quer dizer, ele encara essa temática, me parece, unicamente sob a forma, na direção e sob o perfil do conhecimento e da ontologia da alma. Tudo o que é, ao contrário, a noção e o tema do cuidado de si como prova, questionamento, exame, verificação da vida (do *bíos*) desaparece em sua análise. E é precisamente esse aspecto que eu gostaria [de salientar] partindo do *Laques*, texto no qual se vê claramente surgir o *bíos* como objeto do cuidado, muito mais que a alma. E esse tema do *bíos* como objeto do cuidado me [parece] ser o ponto de partida de toda uma prática e de toda uma atividade filosófica, de que o cinismo, claro, é o exemplo primeiro.

O *Laques*, portanto, como ponto de partida dessa questão do cuidado de si, como prova da vida e não como conhecimento da alma. Nesse diálogo, tomarei três momentos, três textos particulares, que permitem justamente identificar a relação que pode haver entre a franqueza (a *parresía*,

---

* Fim de frase difícil de ouvir. Entende-se apenas: "geralmente husserliana".

a fala franca), o exame e o cuidado. A primeira passagem está bem no início, no estabelecimento do diálogo. A segunda passagem que procurarei explicar se encontra no fim do primeiro terço do texto: é a definição e a aceitação do exame socrático (*exétasis*). E, enfim, o terceiro momento, bem no fim do texto, no momento da conclusão, é o momento em que vemos agirem, um em relação ao outro, o problema da necessidade, da busca do mestre e o imperativo do cuidado de si.

Primeiramente, portanto, início do texto, primeira linha da página: o pacto de franqueza. Bem no início, e antes mesmo de Sócrates ser convidado a tomar parte, vemos quatro personagens. O primeiro se chama Lisímaco e o outro Melésias. Melésias mal fala, faz-se pequenino. Esses dois primeiros personagens, Lisímaco e Melésias, são de certo modo os que engrenam o diálogo, os que provocam o diálogo, o suscitam, são eles que o organizam porque têm uma pergunta a fazer e gostariam de ter uma resposta. É para ter uma resposta a essa pergunta que procuram organizar um diálogo. E são eles que, de tempo em tempo no decorrer do diálogo, vão dar seguimento ao debate. São eles finalmente que, terminado o debate e a despeito do fato de que, pelo menos aparentemente, ele não é conclusivo, vão tomar a resolução que se impõe. Digamos que esses dois personagens (Lisímaco e Melésias) são os patrocinadores do diálogo.

Os que vão ser os parceiros reais do diálogo são dois outros personagens, Nícias e Laques. Nícias é, como vimos, aquele líder político importante na vida ateniense do fim do século V, e Laques [é um] general. É a eles que se pede para opinar, eles é que são encarregados por Lisímaco e Melésias de discutir entre si certa questão, que é tão importante. Nessa apresentação dos quatro primeiros personagens, vemos imediatamente, de uma forma bem clara, como se ligam uma à outra a noção de *parresía*, de fala franca, e a de cuidado. Vou ler o comecinho: "*Lisímaco* – Vós vistes, Nícias e Laques, o combate daquele atleta armado. Não dissemos logo de início, Melésias e eu, por que vos pedimos para assistir conosco àquele espetáculo: vamos agora vos expor a razão, porque pensamos que devemos ser francos convosco (*ge humâs parresiázesthai*). Há quem ridicularize essas representações, mas que, se pedirmos sua opinião, se furtam e, em consideração a seu interlocutor, falam contra seu próprio pensamento. Quanto a vós, estimamos que sois bons juízes nessa matéria e que, uma vez formada vossa opinião, sereis francos o bastante para dá-la a conhecer [*haplôs eipeîn*: sereis capazes de falar direta, franca e simplesmente o bastante para nos dá-la a conhecer; M.F.]. É por isso que vos chamamos para nos dar vossa opinião sobre a questão que vamos vos submeter. Eis a que tende esse preâmbulo"[13], diz ele.

Lisímaco e Melésias levaram pois seus dois amigos, Laques e Nícias, a um espetáculo. Que espetáculo? A exibição de um mestre de armas – cujo nome ficamos sabendo depois: Estesilau – que mostra aos presentes, aos espectadores, o que ele é capaz de fazer. Primeira coisa. O fato de ser um espetáculo não é totalmente indiferente em toda essa história. De fato, o mestre de armas de que se trata aqui (Estesilau) não se contenta com explicar verbalmente o que ele é capaz de fazer. Suas fanfarronadas verbais podem ser encontradas em alguns sofistas que figuram em outros diálogos. Hípias, por exemplo, explica verbalmente o que é capaz de fazer, ainda que, sem dúvida, seja incapaz de executar tudo de que se gaba[14]. Em todo caso, aqui, temos alguém que se apresenta como professor, mais precisamente como uma espécie de sofista especializado no manejo das armas, e mostra de fato do que é capaz. Ele se põe à prova. E é essa prova que Lísias e Melésias, Laques e Nícias veem. É a isso que assistem. E assim não correm o risco de se deixar enganar pelas lisonjas de uma retórica persuasiva, vão poder apreciar, julgar com seus próprios olhos. E o diálogo lembrará várias vezes o que Estesilau é capaz de fazer. Disso têm-se testemunhas, testemunhas oculares. Vocês estão vendo que já estamos aqui numa dimensão que não é a da apresentação verbal, da capacidade de apresentar verbalmente o que alguém diz ser capaz de fazer. Estamos na ordem da prova, e da prova visual, direta.

Em segundo lugar, [há] também o que aconteceu e que Lisímaco recorda. Não só eles [foram] ver, com seus próprios olhos, para provar, esse espetáculo no qual o mestre de armas se punha à prova, mas Lisímaco e Melésias tomaram o cuidado de não dizer a Laques e a Nícias por que os levaram, de tal modo que a prova fosse pura e clara. Eles convocaram Nícias e Laques diante do próprio espetáculo, diante da própria coisa. E não disseram a eles por que os haviam convidado, de modo que, efetivamente, Nícias e Laques pudessem, de certo modo sem preconceitos, apreciar com muita exatidão o que Estesilau fazia.

Em terceiro lugar, o texto mostra que uma outra precaução também fora tomada. Se Lisímaco e Melésias escolheram levar a esse espetáculo, sem dizer por quê, esses dois homens que são Laques e Nícias, foi porque, por um lado, eles são competentes no assunto (de fato, são chefes de guerra, gente que exerceu responsabilidades militares) e, por outro lado, não são do tipo que disfarçam seus pensamentos[15]. E se é verdade, diz o texto, que alguns são de natureza a zombar das coisas que veem, mas depois não têm a coragem de dizer todo o mal que pensam delas, Nícias e Laques, depois de assistir à demonstração, sem nenhuma ideia preconcebida, sem nenhuma opinião já pronta, não sabendo nem mesmo por que os levam, terão caráter bastante para dizer, sem disfarçar, o que pensam.

Vocês estão vendo portanto toda uma série de precauções tomadas para que sejam criadas as condições, o espaço do dizer-a-verdade. É preciso que exista, bem protegido, garantido, um lugar de emergência da verdade. E é preciso que, em torno desse lugar da verdade, a emergência da verdade seja conjurada do que poderia haver de enganador no discurso. Vai se ver portanto a própria coisa. Os espectadores estão mudos, e a pergunta é feita francamente por Lisímaco a Nícias e a Laques, de quem se espera uma resposta franca. A *parresía* é pois o signo sob o qual vai se desenrolar todo o diálogo, graças a todas essas precauções. Qual é o objeto, a razão de ser de todas essas precauções? Por que é tão importante ser a *parresía* que atue aqui, na [nova] questão que vai ser colocada? [É que] essa questão, tão importante que é preciso preparar cuidadosamente todo esse espaço de *parresía*, é a do cuidado que se deve ter com os filhos e [da] maneira como se deve cuidar deles. Com efeito, explica Lisímaco a Laques e a Nícias, vocês têm filhos e sem dúvida cuidaram deles. Ou vocês cuidaram deles [e] refletiram portanto sobre o que é melhor para eles; ou vocês não se preocuparam com seus filhos e, nesse caso, seria mais do que hora que assim fizessem[16]. De qualquer modo, vocês certamente têm algo a dizer a propósito da maneira de cuidar dos filhos. Em todo caso, [trata-se de] responder a esta pergunta: será que nós, Lisímaco e Melésias – e eventualmente vocês, Nícias e Laques –, devemos confiar nossos filhos a esse mestre de armas cujas provas e exercícios acabamos de ver diretamente? O ensino que eles são capazes de receber dele e que ele é capaz de lhes dar vale a pena?

Lisímaco e Melésias fazem essa pergunta. Mas, assim que a fazem, acrescentam uma razão particular por tê-la feito. Dão uma razão pela qual, por um lado, eles próprios se preocupam tanto com a educação dos filhos e por que, ao se preocupar, se voltam para Nícias e Laques como sendo sem dúvida mais competentes que eles próprios. Por quê? Pois bem, diz Lisímaco, em seu próprio nome e em nome de Melésias, a razão pela qual nós nos preocupamos com nossos filhos e pedimos conselho a vocês sobre a educação deles é a seguinte: quando olhamos nossas vidas – nossas, de Melésias e Lisímaco –, percebemos que não fizemos nada de bom nem de notável nelas. Claro, pertencemos a grandes famílias; claro, nossos ancestrais tinham grande renome; claro, nossos pais tiveram uma elevada trajetória na cidade[17]. Mas temos de reconhecer que levamos uma vida no fim das contas obscura e medíocre, sem nenhuma dessas ações notáveis que, precisamente, poderiam nos autorizar a dar a nossos filhos conselhos sobre sua maneira de se conduzir. Não somos, em todo caso, esse tipo de exemplo que os filhos podem ter, devem ter diante de seus olhos para formar seu caráter, estabelecer sua existência. Por mais que nossos pais, dizem eles, tenham sido importantes e desempenhado um grande papel na cidade, nós não fizemos isso. E Lisímaco acrescenta imediatamente: mas, na realidade, se nós efetivamente levamos uma vida tão obscura, não foi precisamente porque nossos pais cuidaram dos assuntos dos outros? Tão absortos estavam nos assuntos da cidade, tão ocupados em tratar *tà tôn állon prágmata* (dos assuntos dos outros)[18], que não tiveram como não nos negligenciar. E é por termos sido negligenciados em nossa infância, é por não terem cuidado de nós que levamos uma vida obscura. Essa negligência de que Melésias e Lisímaco foram objeto em criança, por causa da alta fortuna política de seus pais, é isso que explica ao mesmo tempo por que Lisímaco e Melésias se afligem tanto com que seus filhos não sejam negligenciados, e também porque eles, que são tão obscuros e que têm exemplos tão pálidos a apresentar a seus filhos, se voltam para Nícias e Laques, homens notáveis, que certamente têm coisas a dizer sobre a educação dos filhos*.

Ora, no momento em que eles acabam de dar essa explicação a respeito da *epiméleia* (a palavra se repete nesses trechos uma meia dúzia de vezes pelo menos), depois de explicar por que se preocupam tanto com o cuidado a dar aos filhos, assinalam que, ao dizer isso, não o fazem sem certo sentimento de vergonha[19]. Porque não é nada agradável confessar a Nícias e Laques que o pouco brilho de sua vida os incomoda e lhes faz dar atenção muito particular ao cuidado que será necessário dispensar aos filhos. Eles são obrigados portanto a dar essa explicação de sua própria preocupação. Eles são obrigados a dar essa explicação superando sua própria vergonha, seu próprio incômodo. E para isso são obrigados a recorrer a quê? Pois bem, à *parresía* (à franqueza, à fala franca). É o que diz Lisímaco: "De onde nos veio esse pensamento [recorrer a vocês para lhes pedir conselhos sobre a educação dos nossos filhos; M.F.], a coisa merece ser contada, embora o relato seja um pouco longo [...]. Como eu vos dizia há pouco, serei franco. Logo, cada um de nós encontra na vida de seu pai belas ações que ele pode contar aos dois jovens, ações realizadas na guerra e na paz, ações relativas aos assuntos da cidade; mas de nós dois pessoalmente não temos nada a contar. Temos certa vergonha disso e recriminamos por isso nossos pais, que nos deram rédeas largas em nossa

---

* No manuscrito, Foucault escreve que encontra na moral antiga, por um lado, uma tensão "entre o cuidado dos outros na forma política, que parece tornar tão difícil o cuidado ético de si e dos outros, e o cuidado ético de si e dos outros, ao qual se pede tanto que conduza ao cuidado político como sua razão de ser e sua consumação ou como um de seus deveres essenciais"; e, por outro lado, uma relação de exclusão entre "fazer o que se quer" e "cuidar de si mesmo":

"É um ponto importante na história da moral antiga esse jogo entre a necessidade de uma direção pela qual o mestre ou o pai governam a alma e a conduta dos outros, e o princípio de uma autonomia e uma soberania de si sobre si que é a coroação desse esforço e desse trabalho, dessa *áskesis* pela qual nós cuidamos nós mesmos de nós mesmos."

juventude."[20] Como vocês veem, o tema da *epiméleia*, do cuidado que se deve ter com os filhos, e o da *parresía* estão diretamente ligados. Eles são obrigados a apelar para a *parresía*, para a sua coragem de dizer a verdade, a fim de colocar a questão do cuidado dos filhos, pois eles próprios foram negligenciados e não são capazes de dar exemplos [...*].

É o que eu queria dizer a propósito dessas primeiras linhas do diálogo. Gostaria agora de passar à parte mais importante dele, isto é, a definição do exame socrático. Depois desse convite, feito por Melésias e Lisímaco a Nícias e Laques, vemos Nícias e Laques responderem favoravelmente ao pedido que lhes foi [endereçado]. Eles vão dar sua opinião sobre o espetáculo a que assistiram, o de Estesilau dando essa espécie de representação, de espetáculo sobre suas atitudes como mestre de armas. Primeiro, opinião de Nícias; depois, opinião de Laques. E o que devemos salientar é que esse confronto das duas opiniões, de Nícias e Laques, sobre o mestre de armas adquire muito exatamente a forma de uma discussão política. Estamos numa espécie de *análogon* da cena política, *análogon* de uma assembleia em que os dois parceiros vão desenvolver sucessivamente, num discurso contínuo, suas opiniões próprias. Por um lado, Nícias acha úteis as lições do mestre de armas. Essas lições são úteis porque fornecem um bom exercício para os combates. Elas fornecem um bom exercício também na medida em que [ele] é capaz de iniciar os jovens na arte das batalhas, e finalmente no conjunto da estratégia. É um bom exercício [ainda] porque é capaz de dar qualidades morais de coragem e ousadia aos jovens que mais tarde terão de defender a pátria. Esses exercícios são capazes de dar qualidades físicas, não só de força e resistência, mas também uma certa beleza de atitude, beleza do gesto, que Nícias diz ser muito importante sob outros aspectos[21]. Em face disso, discurso de Laques que, ao contrário, critica os exercícios [...**]. Eles mostram suas aptidões de mestres de armas somente nas cidades em que justamente não há soldados realmente bem treinados[22]. E, depois, segunda razão – aqui é muito importante por oposição a Sócrates, como veremos daqui a pouco –, ele viu, ele, Laques, como general, como se comportava esse mestre de armas numa batalha. E esse mestre de armas se mostrava ao mesmo tempo não muito corajoso e, sobretudo, muito desajeitado, a tal ponto que os combatentes com os quais estava rolavam de rir ao ver como ele era incapaz de pôr em prática suas próprias lições[23]. Discurso de Nícias, discurso de Laques: eles continuam, e se opõem um ao outro, exatamente como num passe de armas próprio ou num enfrentamento físico.

* O fim da frase é inaudível.
** Passagem totalmente inaudível. Ouve-se justo um fim de frase: "... suas qualidades".

É aí, depois desses dois discursos, [diante] do impasse em que se encontra o diálogo por causa do confronto entre esses dois discursos, que vai se apelar para Sócrates, que já estava presente mas tinha permanecido calado. A intervenção de Sócrates, como sempre em todo diálogo desse tipo, vai marcar não só a retomada do tema sob uma outra forma, mas na verdade um procedimento totalmente diferente na discussão. Quais são as transformações que a intervenção de Sócrates vai realizar aqui? Há três. A transformação mais simples se dá de início sem a menor dificuldade. É, de certo modo, a passagem do modelo político da discussão para um modelo que poderíamos dizer técnico. O modelo político da discussão, como vimos, são dois personagens que se adiantam, um depois do outro, como se tivessem avançado até a tribuna, e que defendem sucessivamente sua tese. Um é a favor, o outro é contra. Que esse modelo político-judicial está presente e tinha estado presente até então, fica nitidamente marcado por Lisímaco no momento em que se chega [a] um impasse. De fato, Lisímaco, depois de ouvir Nícias e ouvir Laques, diz: é evidente que há divergência, discordância na *boulé* de vocês (no Conselho de vocês: referência às instituições da cidade)[24]. Nícias e Laques, diz ele, sustentaram opiniões contrárias. É preciso perguntar portanto a Sócrates – que está presente mas que até então se calou – para quem vai seu voto (*sýmpsephos*; *psêphos* é a pedrinha, a cédula de votação). Então: para quem vai seu voto?, pergunta Lisímaco a Sócrates. Vocês estão vendo que tudo isso se refere a esse modelo político. Ora, é esse modelo que explicitamente Sócrates – em resposta à pergunta de Lisímaco: para quem vai seu voto? – vai recusar de saída, salientando o seguinte: será de fato a lei da maioria que se pode aplicar aqui? De que se trata, de fato?, pergunta Sócrates. Trata-se de uma questão – ele emprega a palavra – de *tékhne*[25]. É uma questão de *tékhne* e, por conseguinte, sendo uma questão de *tékhne*, o que deve prevalecer não é a maioria, [mas] a técnica. Técnica de quê? Pois bem, muito precisamente – a palavra precisa ser retida – o que buscamos, diz ele, é um *tekhnikòs perì psykhês therapeían*[26] (um técnico do cuidado, [mais que] da "terapia", da alma).

Ora, como se pode saber se alguém é competente em geral na ordem da *tékhne* e, especificamente, na ordem desta "*tékhne*"? É evidente que se falarmos a título de simples sufragante, [basta] que alguém seja capaz de depositar uma cédula na urna pró ou contra uma opinião. Para que seja útil, eficaz, se dirigir a alguém quando se trata não da cena política ou dos temas da cena política, mas do problema da *tékhne*, é preciso haver dois critérios. Pode-se reconhecer que alguém é competente na ordem da *tékhne*, primeiro caso se saiba quais são seus mestres, e se esses mestres eram bons mestres, se eram capazes de formar bons alunos. A questão do mestre, é esse o primeiro critério. E o segundo critério, poderíamos dizer, é o da obra. Aquele que se declara competente e quer dar sua opinião, ou aquele para o qual a gente se volta como sendo competente, será que teve bons mestres e, sobretudo, foi capaz de fazer algo, e algo válido? (Podemos até admitir que, sem mestre, ele foi capaz de fazer algo válido.)[27] Em todo caso, esses dois critérios são necessários. Seja combinados, seja alternadamente, esses dois critérios são indispensáveis para que se possa levar em conta a opinião de alguém, a partir do momento em que se está na ordem da *tékhne*.

Logo, digamos adeus à cena política, aos procedimentos da cena política, onde as duas opiniões se opõem termo a termo e onde os votos, pela lei da maioria, decidem entre essas opiniões. Apelemos para outra coisa, que é o critério da competência, critério da competência apoiado nos dois esteios que são a qualidade do mestre, por um lado, e a qualidade da obra, por outro. Isso aparece quando Sócrates diz: "Do mesmo modo, Laques e Nícias, já que Lisímaco e Melésias vos pedem conselho acerca de seus filhos para ajudá-los a tornar suas almas o mais perfeitas possível, se declaramos que aprendemos essa arte, devemos lhes dar a conhecer que mestres tivemos e provar que esses mestres, eles próprios homens de mérito, haviam cuidado habilmente de gente jovem antes de nos transmitir seu ensino. Se um de nós declara não ter tido mestre [possibilidade perfeitamente legítima; M.F.], mas pode pelo menos nos mostrar suas obras, é preciso nos dizer que indivíduos, atenienses ou estrangeiros, escravos ou livres, se tornaram, graças a ele, homens de um mérito reconhecido. Se não podemos fazer nada de tudo isso, peçamos a nossos amigos para se endereçarem a outros e não nos exponhamos, corrompendo seus filhos, à mais séria responsabilidade para com seus pais."[28] Vocês estão vendo que passamos da veridicção de tipo político (a cena, uma Assembleia, um Conselho, uma *boulé*, opiniões que se enfrentam, um voto) a outra coisa. Essa outra cena é a veridicção técnica de que eu tinha falado e que vocês veem é bem definida aqui como havíamos visto da última vez: ela se apoia essencialmente na tradicionalidade de um saber que vai do mestre ao discípulo e se manifesta [por obras]. A veridicção da técnica, a veridicção do ensino é a que pode ser autorizada a partir dessa dupla relação à mestria e à obra.

Mas – e é aqui que vamos ver aparecer uma segunda transformação – Sócrates se esquiva. E quando ele acaba de estabelecer, por oposição a essa política, a cena técnica, no momento em que pensamos que ele vai abordar agora, pois se trata da técnica da alma, [a questão] "quais são os mestres de Sócrates e quais foram suas obras?", Sócrates se esquiva e diz: mas eu, pessoalmente, nunca tive mestre, porque nunca tive os meios para pagar um [...*]. Não era rico o bastante[29]. E quanto a ensinar os outros, não sou capaz. Por conseguinte, não é a mim que vocês devem se voltar se procuram efetivamente um homem competente que poderá lhes dizer como criar seus filhos.

E propõe imediatamente dirigir a questão da competência a Nícias e Laques. Com efeito, diz ele, é gente bastante rica para poder conseguir mestres. E, de todo modo, eles viveram bastante, tiveram experiência bastante para poder dar a saber o que poderiam ensinar aos jovens[30]. De modo que eis-nos agora numa cena totalmente diferente da que havíamos conhecido há pouco. Não mais a cena política, mas a cena técnica, com os mesmos personagens que reaparecem, graças a esse jogo de Sócrates, que deslocou a cena, mas se esquivou como interlocutor dessa cena. Encontramos novamente Nícias e Laques, é para eles que vão se voltar e a quem vão pedir que falem. Só que Sócrates pôs um grão de areia nesta nova cena que acaba de instaurar. Nessa [questão] técnica em que encontramos Nícias e Laques, de certo modo postos novamente em cena, ele introduziu um grão de areia. Esse grão de areia é o seguinte. Ele diz: já que se trata agora de competência, já que Nícias e Laques vão falar como competentes, antes mesmo que lhes peçamos sua opinião, eles têm de mostrar e atestar sua competência. Que credencial têm para falar da questão que lhes colocamos? Vai ser preciso portanto que os interroguemos sobre quem foi o mestre deles, como aprenderam o que sabem e quais foram suas obras nesse domínio[31]. Por conseguinte, Sócrates propõe não apenas um deslocamento de cena, da política à técnica, mas um deslocamento, uma transformação, do procedimento. Laques e Nícias não são simplesmente convidados a dar sua opinião porque são competentes. Vai se pedir e quase fazer pressão sobre eles para que aceitem um jogo no qual responderão às questões. Vão ser interrogados sobre o que os torna competentes para falar dessa questão técnica que é a arte da *psykhês therapeía* (o cuidado da alma). E essa forma de interrogação que Sócrates propõe, Lisímaco, como patrocinador do diálogo, aceita. De fato, Lisímaco aceita essa proposta de mudança de procedimento devida a Sócrates. E faz a Nícias e Laques a seguinte proposta: "Parece-me, Nícias e Laques, que Sócrates tem razão. Cabe a vós decidir se vos apraz ser interrogados e responder. Quanto a Melésias e a mim, ficaríamos obviamente encantados em vos ouvir expor vossas ideias em resposta às questões de Sócrates. Porque, assim como eu dizia no início, se vos pedimos para dar vossa opinião é que pensávamos que deveis ter meditado sobre esse problema, tanto mais que tendes como nós filhos na idade de completar sua educa-

---

* O fim da frase é inaudível.

ção. Por conseguinte, se não opuserdes objeção, dizei-nos e abordai essa busca com Sócrates, trocando sucessivamente perguntas e respostas; porque a questão, como diz Sócrates, é para nós das mais sérias. Vede pois se esse projeto vos agrada."[32] Então, como vocês estão vendo, deslocamento da cena política para a cena técnica; e, no interior da cena técnica, volta de Nícias e Laques, mas na posição de pessoas que vão ser interrogadas.

E é aí que se situa a terceira mudança, mudança essa que inaugura e marca a emergência do jogo propriamente socrático e da *parresía* socrática, em sua forma que vou procurar lhes mostrar daqui a pouco. Ele havia transformado portanto o modelo político numa referência à técnica e à competência. Em segundo lugar, a propósito dessa questão de competência, ele propôs e fez aceitar a regra de que os dois interlocutores não se valeriam diretamente da sua competência, mas seriam primeiro convidados a prestar contas dela, respondendo às perguntas que Sócrates lhes faz. Mas aí chega-se a uma terceira transformação, que é a mais importante. De fato, Sócrates, ao propor essa referência à técnica e o procedimento em questão, parece simplesmente arrastar seus dois interlocutores a esse domínio da técnica e, portanto, [os] convidar a indicar qual é, de certo modo, seu lugar, qual é seu papel, sua atuação, nessa transmissão do saber pelo mestre. E no momento em que parece lhes pedir simplesmente credenciais no encadeamento da mestria e do saber, está no fundo tramando uma coisa bem diferente. A pretexto de interrogá-los sobre os mestres que podem autenticar a competência e a opinião deles, vai lhes impor um jogo totalmente diferente, que não é nem o da política, claro, nem mesmo o da técnica, [mas] que será o jogo da *parresía* e da ética, que será o jogo da *parresía* orientada para o problema do *éthos*. Como ele faz essa transformação? Creio que se deve responder a outra pergunta. Primeiro: como esse jogo socrático é apresentado no diálogo, isto é, como é descoberto e aceito pelos parceiros? Segundo: como esse jogo é descrito, definido, em que consiste? E terceiro: o que autoriza Sócrates a desempenhar esse papel da *parresía* ética?

*

NOTAS

1. P. Chantraine, *Dictionnaire étymologique de la langue grecque*, Paris, Klincksieck, 1983, p. 683 (Chantraine fala, a propósito dessa hipótese de derivação, de uma aproximação "muito duvidosa").

2. A. Hatzfeld & A. Darmesteter, *Dictionnaire général de la langue française du commencement du XVIIe siècle à nos jours*, Paris, Delgrave, 1964.

3. O título completo é: *"Le moyne noir en gris dedans Varennes"*. *Sotie Nostradamique suivie d'un Divertissement sur les dernières paroles de Socrate*. [Sotia é uma farsa satírica. (N. do T.)]

4. Platão, *Lachès*, 21c-21e e 30a-b, trad. M. Croiset, ed. citada, pp. 145-6 e 157.

5. Cf. sobre esse ponto a aula de 6 de janeiro de 1982, in *L'Herméneutique du sujet*, ed. citada, pp. 15-20 e 29-31.

6. Em 1982, Foucault havia falado do "momento cartesiano" (diferente do próprio Descartes) como escapando da lógica catártica da espiritualidade (o acesso à verdade exige uma transformação do sujeito; cf. *id*., p. 19).

7. Cf. as aulas de 6 e 13 de janeiro de 1982, in *L'Herméneutique du sujet*.

8. Sobre esse ponto, cf. *id*., pp. 50-7.

9. Sobre esse ponto, cf. *id*., pp. 71-2.

10. Foucault não evoca esse livro em seu curso de 1983 (*Le Gouvernement de soi et des autres*, ed. citada). A primeira menção que ele faz se encontra na aula de 8 de fevereiro de 1984 (*supra*).

11. Falecido em 1977.

12. J. Patocka, *Platon et l'Europe*, trad. A. Abrams, Paris, Verdier, 1983.

13. Platão, *Lachès*, 178a-b, p. 90.

14. Cf. todo o início do diálogo platônico *Hípias menor*.

15. Platão, *Lachès*, 178b, p. 90.

16. 16 *Id*., 179b, p. 171.

17. Lisímaco é filho do "grande Aristides" e Melésias é filho de Tucídides, "distinto do historiador, um dos principais chefes do partido aristocrático em meados do século V" (Nota do *Lachès*, p. 85).

18. "Recriminamos por isso nossos pais, que nos deram rédeas largas em nossa juventude, ocupados que estavam com os assuntos dos outros (*tà tôn állon prágmata*)" (*Lachès*, 179d, p. 91).

19. *Id*., 179c, p. 92.

20. *Ibid*.

21. *Id*., 181e-182d, pp. 94-5.

22. *Id*., 183b, p. 96.

23. *Id*., 183d, p. 96.

24. "Nosso Conselho (*boulé*) me parece necessitar também de um árbitro que desempate [...]. Convém que tu nos digas a qual dos dois dás teu sufrágio (*sýmpsephos*)" (*id*., 184c-d, p. 8).

25. *Id*., 185a, p. 98.

26. *Id*., 185e, p. 100.

27. *Id*., 185e-186a, p. 100.

28. *Id*., 186a-b, pp. 100-1.

29. *Id*., 186c, p. 101.

30. *Id*., 186c-d, p. 101.

31. *Id*., 186e-187d, p. 101.

32. *Id*., 187c-d, p. 102.

AULA DE 22 DE FEVEREIRO DE 1984
*Segunda hora**

Sócrates e o exame completo e contínuo de si mesmo. – O bíos *como objeto da parresía socrática. – A sinfonia dos discursos e dos atos. – As conclusões do diálogo: a submissão final ao lógos.*

Primeira questão: como esse jogo é revelado e aceito? Vocês sabem que, em alguns diálogos de Platão, é uma regra quase geral que o método de Sócrates seja, num dado momento, apresentado, esboçado, definido em algumas das suas características, de sorte que o jogo nunca é invisível ao leitor nem mesmo desconhecido aos participantes e ao que são levados a jogar. Sempre se revela a eles um pouco desse jogo, mas [por um lado,] essa caracterização do jogo socrático é frequentemente dada pelo próprio Sócrates, e não pelos que vão ser, de certo modo, parceiros e vítimas do jogo socrático; e, por outro lado, quando os interlocutores percebem o jogo a que são arrastados, fazem, se não sempre, pelo menos com frequência, ato de resistência. É em todo caso o que acontece, vocês sabem, com personagens como Protágoras, Górgias, Cálicles e Trasímaco[1].

Ora, temos aqui algo, afinal de contas, interessantíssimo. Primeiro, os interlocutores estão perfeitamente a par, pelo menos um deles, de quem é Sócrates, do que faz e do que tem de particular. Segundo, não apenas um está a par e aceita seu jogo, [mas] o outro, Laques, que não estava a par, também aceita e entra, ao mesmo tempo de bom grado e voluntariamente, nesse jogo parresiástico que vai se desenrolar. Essa aceitação do jogo parresiástico, pelos que vão ser seus participantes, seus alvos e até certo ponto suas vítimas felizes e consencientes, é nitidamente marcada no momento em que Sócrates intervém. Com efeito, Sócrates acaba de dizer e de fazer que aceitem que fará as perguntas e os outros responderão. Sempre se acredita que se está na ordem da competência [e] que Sócrates vai

---

* Introduzimos aqui um corte artificial. Parece que excepcionalmente não houve nesse dia interrupção da sessão.

indagar: quem são seus mestres, ou em todo caso como vocês se formaram na coragem e quais são as obras de aptidão militar que podem autenticar a intervenção de vocês e as opiniões que emitem? Mas no momento em que Sócrates acaba de propor isso [...*], Nícias intervém e diz: não acreditem que as coisas vão transcorrer assim. Conheço Sócrates e sei perfeitamente o que ele vai fazer. Estou a par do que acontece quando se "pertence ao grupo íntimo e, por assim dizer, à família dos interlocutores habituais de Sócrates"[2]. E logo acrescenta que aceita o jogo, que está acostumado e que se compraz na família de Sócrates[3]. No caso, hoje, diz ele, "não me oponho a que Sócrates converse conosco da maneira que lhe aprouver"[4]. A esse engajamento de Nícias, baseado no que ele conhece de Sócrates e em benevolência, amizade que tem por ele, em sua familiaridade com ele, nessa aceitação prévia, Laques vai somar sua própria aceitação. Ele não conhece Sócrates direito, não está nem um pouco habituado com seu modo de discorrer, mas finalmente, por algumas razões que veremos daqui a pouco, ele aceita tudo o que Sócrates quiser colocar em matéria de questões [e] todas as mudanças possíveis que ele vier a impor ao diálogo. E se, ao contrário de Nícias, não sabe direito como a coisa vai [se desenrolar], aceita resolutamente a experiência: "minha boa vontade está ganha para ele", "sim, consinto (*toûto gár moi sygkhoreíto*)"[5], [e] um pouco mais longe: "eu te convido [Sócrates] a me ensinar"[6]. Ele termina essa intervenção, prévia à discussão, dizendo: "Fale pois livremente [*lég' oûn hóti soi phílon*: fale, diga o que queres; M.F.] sem levar em conta minha idade"[7]. Temos aí o ato parresiástico por excelência. Um falará francamente, livremente, dizendo tudo o que tem a dizer, da forma que quiser. Quanto aos outros, não [reagirão], como [acontece] tantas vezes na cena política ou diante de alguém que fale francamente: as pessoas se zangam, se melindram, ficam furiosas, evidentemente até se pune quem fez um uso considerado abusivo da *parresía*. Nada disso. Aqui é um bom jogo de *parresía*, inteiramente positivo, em que à coragem de Sócrates vai responder a coragem dos que aceitam a sua *parresía*. O pacto é inteiro, o pacto é pleno, e eu diria que nunca é desmentido. Estamos na forma da *parresía* feliz.

Segunda questão: agora que se sabe que os dois principais interlocutores aceitaram, o que vai acontecer? E que jogo – que Nícias aceita pois lhe é familiar, que Laques também aceita com sua coragem – Sócrates vai jogar? É Nícias, claro, por ser familiar de Sócrates, que vai expor esse jogo parresiástico. Eis o que ele diz a Lisímaco: "Como me parece que tu ignoras que os que pertencem ao grupo íntimo e, por assim dizer, à famí-

---

* Passagem inaudível.

lia dos interlocutores habituais de Sócrates são obrigados, qualquer que seja o tema que se aborde inicialmente, a se deixar conduzir pelo fio da conversa a explicações sobre si mesmo, sobre seu próprio gênero de vida e sobre toda a sua existência anterior. Quando se chega aí, Sócrates não nos larga mais antes de ter passado tudo implacavelmente pelo crivo. Para mim, que estou acostumado com o personagem, sei que não se pode evitar ser tratado assim e vejo claramente que também não escaparei. Porque me comprazo, Lisímaco, em sua companhia e não acho ruim ser lembrado do bem ou do mal que fiz ou que ainda faço; estimo que, passando por essa prova, ficamos mais prudentes para o futuro, se estivermos dispostos, de acordo com o preceito de Sólon, a aprender a vida toda e a não crer que a velhice sozinha nos traga a sabedoria. Suportar o exame de Sócrates (*basanízesthai*) não é, para mim, nem uma novidade nem um incômodo; eu sabia desde há muito que com Sócrates não apenas os jovens seriam questionados, mas que nós também passaríamos por isso. Repito pois: no que me diz respeito, não me oponho a que Sócrates converse conosco da maneira que lhe aprouver."[8]

Vocês têm portanto o pacto parresiástico, sobre o qual Nícias torna algumas vezes, e ao mesmo tempo a descrição do que vai acontecer. O que vai acontecer? Pois bem – é o signo sob o qual se coloca toda a *parresía* socrática e sua veridicção –, qualquer que seja o sujeito que se aborde, com Sócrates é necessário (*anágke*)[9] que as coisas ocorram da seguinte maneira: Sócrates não desistirá enquanto seu interlocutor não for levado (*periagómenon*[10]: levado como que pela mão, passeando) até o ponto em que pode prestar contas de si mesmo (*didónai perì hautoû lógon*: dar razão de si[11]). Essa citação é evidentemente importantíssima [...*]. No fundo, ainda se está bem perto – em aparência, se não se prestasse atenção – do que era pedido há pouco quando, tendo passado da cena política à cena técnica, Sócrates dissera: é muito bonito alguém dizer que é competente, que é consultado como tal, mas é preciso fora isso prestar contas da sua competência e dizer quem teve como mestres, que obras ele efetivamente realizou. É parecido portanto com estar no tribunal: trata-se também de prestar contas de si. Mas na verdade é de algo bem diferente que se trata, e o desenvolvimento que segue nos mostra isso muito bem. De fato, não se trata, ao prestar contas de si mesmo, de dizer quem é seu mestre e de dizer que obras [você realizou]. Não se trata, nessa *parresía* socrática, de interrogar alguém de certo modo sobre suas anterioridades na cadeia da tradição que permite a transmissão do saber, nem de interrogá-lo, de certo modo a montante, sobre as obras que fez graças à sua

* Fim de frase inaudível.

competência. Pede-se para prestar contas de si mesmo, isto é, de mostrar que relação existe entre ele próprio e o lógos (a razão). Qual a sua situação e a do lógos, você pode dar a razão, pode dar o lógos de você mesmo? Não se trata de competência, não se trata de técnica, não se trata de mestre nem de obra. De que se trata? Trata-se – o texto diz isso um pouco mais adiante – da maneira como se vive (*hóntina trûpon nûn te zê*).

Comparem então, se vocês quiserem, com o que acontece antes e também com o *Alcibíades*. No *Alcibíades*, vocês tinham o problema: o que é esse "si mesmo" [em que se deve] prestar atenção? Aqui, é preciso prestar contas de si mesmo, mas quem é esse si mesmo, que domínio deve ser coberto por esse "prestar contas de si mesmo"? Não a alma, mas a maneira como se vive (*hóntina trópon nûn te zê*: de que maneira você vive agora, de que maneira você viveu sua vida passada também). É esse domínio da existência, esse domínio da maneira da existência, do *trópos* da vida, é isso que vai constituir o campo em que se exercerá o discurso e a *parresía* de Sócrates. Não é portanto nem a cadeia de racionalidade como no ensino técnico, não é tampouco o modo de ser ontológico da alma, é o estilo de vida, a maneira de viver, a própria forma que se dá à vida.

Em segundo lugar, vocês também veem que, nesse "prestar contas de si mesmo", não se trata, como quando era o caso da técnica, há pouco, de autenticar uma competência que dá uma autoridade, mas de submeter sua vida ao que ele chama de uma pedra de toque, uma prova que permite distinguir o que se fez de bom e o que se fez de mal na existência. Vocês têm o verbo *bazanízesthai*, que deriva da palavra *básanos* (pedra de toque). Essa noção de triagem – da operação pela qual a pedra de toque separa as coisas e [possibilita] distinguir o que é ouro do que não é, o que é bom do que não é – é uma noção importantíssima em toda a prática socrática tal como Platão a define. No *Górgias*, em certo momento importante do longo diálogo entre Sócrates e Cálicles, Sócrates propõe uma espécie de pacto parresiástico possível a Cálicles[12]. Nesse pacto, Sócrates coloca as coisas fazendo crer que Cálicles vai ser uma pedra de toque para ele, quando, é claro, é o contrário que sucederá. Aqui é o contrário mesmo, pois é Sócrates o *básanos* (a pedra de toque) e, por fricção com ele, por confronto com ele, vai se poder distinguir o que é bom do que não é bom em sua vida. É também a noção de *básanos* que encontramos na *República*, livro VII (537b)[13] ou no *Político* em 308d[14], utilizada num sentido político, quando ele diz que é importante para a constituição da cidade fazer a prova, submeter à pedra de toque as pessoas que pertencerão à cidade e poder distinguir os que são bons dos que são ruins, os que podem ser integrados no tecido da trama dos que devem ser rejeitados.

Temos aí portanto – era o elemento importante que eu queria reter hoje principalmente – a emergência da vida, do modo de vida como objeto da *parresía* e do discurso socráticos, vida em relação à qual é preciso exercer uma operação que será uma operação de prova, de pôr à prova, de triagem. É preciso submeter a vida a uma pedra de toque para separar exatamente o que é bom do que não é bom no que se faz, no que se é, na maneira de viver. Ia esquecendo outra coisa, que não se trata simplesmente de provar ou de formar esse modo de vida de uma vez por todas em sua juventude, mas – Nícias insiste nesse ponto e é importantíssimo – esse princípio de prova de vida deve ser perseguido ao longo de toda a existência. Rememoração, vocês se lembram, da frase de Sólon dizendo que é preciso aprender a vida inteira: é preciso se submeter, mesmo velho, a essa prova socrática. Nícias, que tem [certa] idade na época do diálogo, aceita se submeter à prova socrática. Porque, ao contrário do que acontece na competência técnica que se adquire de uma vez por todas na vida e que se pode utilizar depois, a prova socrática é algo que não se pode renovar, não se pode fazer valer ao longo de toda a sua vida como princípio de organização e conformação de seu modo de vida. Trata-se aqui, portanto, vocês estão vendo, da constituição, da definição de certa prática parresiástica, de certo modo de veridicção que está agora extremamente distante da transmissão do saber técnico de um mestre àqueles a quem ensina. Trata-se, nessa veridicção, de instaurar certa relação com Sócrates, relação que sustenta a prova, o exame da vida, e isso ao longo de toda a existência.

A primeira questão era: como essa *parresía* é aceita? A segunda: em que consiste, a que se refere, qual o seu domínio de aplicação? [Resposta:] o modo de vida. Terceira questão agora: o que autoriza Sócrates a usar um método com todo o mundo e qualquer um, o que o autoriza a já o ter utilizado tão frequentemente com Nícias e a utilizá-lo hoje com Nícias e com Laques? Essa pergunta é Laques que vai responder. Nícias descreveu em que consiste a *parresía* de Sócrates, mas é Laques, que no entanto não conhece Sócrates nem como dialético nem como homem de discurso, que vai dar a razão pela qual deve se deixar a Sócrates a possibilidade de usar assim o seu discurso.

"Em matéria de discurso", diz Laques, "meu caso é simples, ou antes, é duplo. Ora pareço gostar dos discursos, ora detestá-los. Quando ouço um homem, que é verdadeiramente um homem e digno de seus discursos, discorrer sobre a virtude ou sobre alguma ciência, sinto uma alegria profunda pela contemplação da conveniência e da harmonia cujo espetáculo me é oferecido. Um homem assim, a meus olhos, é o músico ideal, que não se contenta com pôr a mais bela harmonia em sua lira ou em algum instrumento frívolo, mas que, na realidade da sua vida, acorda suas palavras e seus atos, segundo o modo dórico e não jônico, muito menos ainda frígio ou lídio, mas de acordo com o único que é verdadeiramente grego. Essa voz me encanta e me faz parecer, para todo o mundo, um amigo do discurso, a tal ponto recolho com paixão as palavras que ela faz ouvir. Mas o discursista que faz o contrário me entedia, tanto mais que parece falar melhor; o que me dá a aparência de um inimigo dos discursos. No que concerne a Sócrates, ainda não conheço seus discursos, mas creio conhecer seus atos e, sobre esse ponto, achei-o digno da linguagem mais bela e da mais inteira liberdade de palavra (*páses parresías*). Portanto se ele também possui essa qualidade, minha boa vontade está ganha para ele, ficarei feliz em ser examinado por ele (*exetázesthai*), e não peço nada mais que aprender de acordo com o preceito de Sólon, ao qual quero acrescentar uma só palavra: sim, aceito aprender em minha velhice, contanto que o mestre seja um homem de bem[15] [sempre a citação de Sólon que Nícias havia feito há pouco; M.F.]. É uma concessão que reclamo, a honestidade do mestre, para que não me acusem de ter o entendimento rebelde se vier a ouvir com prazer. Que aliás o mestre seja jovem, ainda pouco conhecido, ou que tenha alguma outra desvantagem desse gênero, não me importa. Convido-te pois, Sócrates, a me ensinar e a me examinar (*elégkhein*) como te aprouver, e te ensinarei em troca o que sei. Meus sentimentos por ti datam do dia em que compartilhaste meu perigo e em que me deste de tua coragem uma prova plenamente justificativa. Fala pois livremente (*lég' oûn hóti soi phílon*), sem levar em conta minha idade."[16]

É preciso ler essa resposta com certa atenção. Tende-se a interpretar essa passagem de um modo um tanto apressado, prestando a Laques mais ou menos a seguinte afirmação: aceito que Sócrates me interrogue, Sócrates está habilitado a me perguntar o que quiser, precisamente sobre a coragem. Por quê? Porque pude constatar que Sócrates havia sido corajoso na batalha de Delion. A essa célebre batalha já havia sido feita alusão um pouco antes, quando ele dissera: "Meus sentimentos por ti datam do dia em que compartilhaste meu perigo."[17] É a batalha em que os atenienses foram vencidos e Sócrates tivera uma atitude particularmente corajosa. Costuma-se interpretar essa passagem dizendo: Laques aceita essa discussão sobre a coragem, aceita responder às perguntas de Sócrates sobre a coragem, pois sabe que Sócrates foi corajoso na batalha de Delion. Ora, interpretá-lo [assim] é desrespeitar o movimento do texto. Primeiro, como vocês puderam ver, nesse estágio da discussão ainda não se trata de coragem. Continua-se na primeira questão, que era: Lisímaco e Melésias têm filhos, eles se perguntam se esses filhos deveriam aprender o exercício das armas e ser confiados a Estesilau. Quem poderia ajudá-los nisso? Continua-se nessa questão que é a do cuidado a dar aos filhos. Não se está na questão da natureza da coragem. Ela só será introduzida mais tarde. E, segundo, se examinarmos o texto, perceberemos que não apenas ainda não se trata da coragem em geral, mas Laques não se refere nem sequer exatamente à coragem de Sócrates. Ele se refere ao que ocorreu no momento da batalha de Delion, mas não emprega a palavra que significa estritamente coragem (*andreía*), que intervirá mais tarde em 190d[18]. Ele fala muito mais geralmente da virtude, do valor, da *areté* de Sócrates. A coragem, claro, é uma parte da virtude, mas é a essa virtude, a esse valor em geral [que] Laques se refere.

Mas na verdade o que ele diz em tudo isso? Não creio que ele diga: aceito que Sócrates me interrogue sobre a coragem porque ele foi corajoso. [No] início do texto, respondendo a uma pergunta (sou alguém que gosta dos discursos ou que não gosta?), ele diz: gosto e não gosto ao mesmo tempo, não entendo muito de discursos. No fundo, não procuro dividir os discursos entre bons e ruins, para distinguir os que vou receber e os que vou recusar, não me dirijo tanto ao que os discursos dizem, eu me dirijo sobretudo à maneira como há harmonia ou não entre o que diz aquele que fala (o próprio discurso) e o que é quem fala. Quando a vida (o *bíos*) de quem fala está em conformidade, há uma sinfonia entre os discursos de alguém e o que esse alguém é, e é nesse momento que aceito o discurso. Quando a relação entre a maneira de viver e a maneira de dizer é harmoniosa, é nesse momento que aceito o discurso e que sou *philólogos* (amigo dos discursos). É precisamente o que ocorre com Sócrates. Laques não diz: Sócrates poderá falar da coragem porque é corajoso. De uma maneira muito mais geral, tudo o que Sócrates dirá livremente, ele aceitará. Aceitará até ser testado, examinado, ele, que é um velho general entrado em anos, por esse homem ainda relativamente jovem que é Sócrates. Por que aceitará tudo isso? Porque existe precisamente essa sinfonia, essa harmonia entre o que diz Sócrates, sua maneira de dizer as coisas e sua maneira de viver. A *parresía* socrática como liberdade de dizer o que ele quer é marcada, autenticada, pelo som da vida do próprio Sócrates. A trajetória não é, portanto: da coragem de Sócrates (na batalha de Delion) à sua qualificação, sua competência a falar da coragem militar. A trajetória é: da harmonia entre vida e discurso de Sócrates à prática de um discurso verdadeiro, de um discurso livre, de um discurso franco. A fala franca se articula a partir do estilo de vida. Não é a coragem na batalha que autentica a possibilidade de falar da coragem.

Temos aí uma passagem muito importante e significativa para duas coisas pelas quais me interesso este ano, justamente. Primeiro: o vínculo que há entre a *epiméleia* (o cuidado) e certa modalidade do discurso socrático. O discurso socrático é aquele que é capaz de se encarregar do cuidado que os homens têm de si mesmos, na medida em que a *parresía* socrática é precisamente um discurso que se articula e se ordena a partir do princípio do "cuida de ti mesmo". Sócrates é no fundo o verdadeiro competente em matéria de como os homens cuidam de si mesmos e de seus filhos. Nem a forma política nem a forma técnica são capazes de responder a essa necessidade e a esse cuidado fundamental. Somente o desvelo, a aplicação, o zelo, a *epiméleia* socrática é capaz de corresponder ao cuidado com os homens.

[Em segundo lugar,] essa *parresía* socrática vai falar de quê? Não vai falar de competência, não vai falar de *tékhne*. Vai falar de outra coisa: do modo de existência, do modo de vida. E o modo de vida aparece como o correlativo essencial, fundamental, da prática do dizer-a-verdade. Dizer a verdade na ordem do cuidado dos homens é questionar o modo de vida deles, é procurar pôr à prova esse modo de vida e definir o que pode ser validado e reconhecido como bom e o que deve, ao contrário, ser rejeitado e condenado nesse modo de vida. É nisso que vocês veem se organizar essa cadeia fundamental que é a do cuidado, da *parresía* (da fala franca) e da divisão ética entre o bem e o mal na ordem do *bíos* (da existência). Temos aí, a meu ver, o esboço, o desenho já firme, apesar de tudo, do que é essa *parresía* socrática, que não é mais em absoluto a *parresía* política de que lhes falei da última vez. É, sim, uma *parresía* ética. Seu objeto privilegiado, seu objeto essencial [é] a vida e o modo de vida.

Mais uma palavra sobre o fim do texto. É a terceira passagem sobre a qual eu gostaria de me deter um instante. Aqui serei mais breve. Interrogando Laques e Nícias, que aceitaram esse jogo parresiástico, para saber se são capazes de dar conta (*didónai lógon*) de sua maneira de viver, Sócrates formula a questão: o que é a coragem? Vocês são efetivamente corajosos, podem dar conta (dar o lógos) do seu comportamento, da sua maneira de viver? É a isso que Laques primeiro e Nícias depois se dedicam. Todos os dois fracassam: Laques, que é corajoso, não é capaz de dar conta (de dar o lógos) de seu próprio comportamento. Sua definição da coragem fracassa porque é estreita demais a princípio e larga demais em seguida[19]. Nícias também é posto à prova. Pedem-lhe para dar conta da sua coragem e ele também não pode, porque procura fazê-lo em termos de saber, de aptidão, de competência, de episteme[20]. Fracasso, por conseguinte. Todas essas pessoas que são corajosas na realidade, essas pessoas que tiveram a coragem de aceitar o jogo da verdade que Sócrates lhes propôs não foram capazes de dizer a verdade da coragem. E, nesse sentido, há fracasso, e o diálogo é interrompido com uma constatação: "Não descobrimos a verdadeira natureza da coragem"[21], diz Sócrates. De fato, respondem os interlocutores.

Mas, no momento mesmo em que constatam que não puderam resolver a questão que havia sido posta (a saber, o que é a coragem em sua verdade, qual é a verdade da coragem?), o diálogo ainda assim não se limita a esse fracasso e à constatação desse fracasso. Alguma coisa aconteceu nele, algo que aparece, creio, no fim do texto, e impede de ver, em todos os obstáculos encontrados durante a discussão e no esforço para definir o que é a coragem, um impasse definitivo. O que aconteceu realmente e a que o diálogo conduz deve ser buscado não na conclusão mas nas três conclusões que encontramos no diálogo, na superposição dessas três conclusões.

A primeira é a conclusão irônica pela qual os dois interlocutores parceiros de Sócrates (Nícias e Laques, esses homens de Estado eminentes e corajosos) vão de certo modo se eliminar e se esquivar de si mesmos. Nícias, que é mais douto que Laques, acaba de fracassar. Laques zomba dele e o remete a quem foi e ainda é o mestre habitual de Nícias, um certo Damon, mestre de música que foi um personagem importante na época de Péricles, ao mesmo tempo mestre de música e conselheiro político. Laques ri e diz a Nícias: você devia ir tomar mais umas lições com esse Damon[22]. Remete por conseguinte a esse mundo da *tékhne*, esse mundo da mestria tradicional em que um saber é transmitido de um mestre a um discípulo. Nícias, que é portanto mandado de volta a seu mestre por não ter sido capaz de definir o que era a coragem, aceita o desafio de Laques e declara que, de fato, ele vai ver Damon para superar suas insuficiências, pois acaba de descobrir que não é capaz de dar uma definição da coragem[23]. Assim, ele se elimina, primeira conclusão.

A segunda conclusão é que, no momento em que vão embora, Nícias e Laques vão mesmo assim dar um conselho a Lisímaco. Para dizer a verdade, é o próprio Laques que dá. Ele diz: como não fomos capazes, nem eu nem Nícias, de dar a definição da coragem, o único conselho que posso dar, Lisímaco, a você que quer saber o que fazer de seus filhos, é confiá-los a Sócrates. Por quê? Para que ele cuide deles (*tôn meirakíon epimeleîsthai*)[24], para que ele os torne melhores. Temos aqui muito exatamente, vocês se lembram, a fórmula que encontramos na *Apologia de Sócrates*, quando Sócrates lembra que a missão que lhe foi dada pelos deuses foi de se ocupar dos cidadãos da cidade, e até de qualquer homem que possa passar pela rua, e fazer que eles se tornem melhores[25]. Tanto é de fato a missão divina que ele recebeu e à qual alude na *Apologia*, que aqui mesmo Sócrates ficaria mal se quisesse se esquivar dela. De fato, ele a aceita, ou em todo caso se recusa a se furtar a essa tarefa que Lisímaco agora lhe pede. E diz: seria ruim "recusar dar ajuda a quem deseja se tornar melhor"[26].

Eis que Sócrates está a ponto de ser encarregado da educação dos filhos de Lisímaco. A ele é confiada essa *epiméleia*, esse cuidado que tanto preocupava Lisímaco e Nícias no início do diálogo. No entanto, mal evoca o fato de que não pode se recusar, Sócrates objeta, a si mesmo e aos outros, que, no fundo, se não foi capaz, como Nícias e Laques, de dar uma definição da coragem, ele não é verdadeiramente capaz de cuidar dos outros. E como foi um fracasso geral (ninguém pôde chegar a uma definição), temos de procurar agora um mestre e, acrescenta ele, sem olhar para as despesas e sem ter vergonha de voltar à escola[27]. Tem-se a impressão, nesse momento, de que Sócrates não faz outra coisa senão o que Nícias fez pouco antes, quando disse: é muito simples, não consegui chegar a uma definição da coragem, volto para o meu mestre-escola. Por mais velho que eu seja, vou recomeçar a aprender, vou voltar à cena desse ensino técnico e da tradicionalidade. Eu me dirijo a meu bom mestre para que ele possa me ensinar aquilo de que necessito. Sócrates parece fazer isso, mas uma frase pelo menos deve nos alertar. É quando ele diz: não olhemos para as despesas e vamos procurar novos mestres. Dado o que Sócrates, como vocês sabem, não para de falar desses mestres que cobram por suas lições, está claro que só pode se tratar de uma conclusão irônica. Na verdade, é evidente que esse mestre em cuja escola é preciso ingressar, já que não se conseguiu chegar à definição da coragem, não é um mestre que é preciso pagar, como Damon e Estesilau. Esse mestre a cuja escuta todos têm de se pôr, já que ninguém pôde chegar à definição da coragem, é evidentemente o próprio *lógos*, é o discurso que vai dar acesso à verdade. E a esse mestre todos têm de se submeter, os jovens, claro, mas também seus pais e igualmente Sócrates. É por isso que Sócrates termina uma das suas últimas intervenções dizendo, [quando] mal acaba de evocar a necessidade de não olhar para as despesas e de voltar para a escola: sem dúvida, vocês vão rir de mim se me virem na escola, mas deixemos de lado "os engraçadinhos e cuidemos ao mesmo tempo de nós mesmos e desses jovens (*koinê hemôn autôn kaè tôn meirakéon epiméleian poiesómetha*)"[28].

Cuidemos ao mesmo tempo de nós mesmos e [dos jovens]. Cuidar de si e dos filhos: é isso que de fato está no cerne do projeto socrático, é isso que é o objetivo da sua prática parresiástica. Está claro que Sócrates se coloca assim na mesma condição dos outros. Como o verdadeiro mestre não é o mestre-escola, mas o *lógos*, ele tem de ouvi-lo igual aos outros e ele, Sócrates, tem de se ocupar de si mesmo e, ao mesmo tempo, dos outros. Vocês estão vendo no entanto que ele tem necessariamente uma posição privilegiada. Nessa escuta do mestre de que ele necessita, quem é que guia, quem é que não para de lembrar que é preciso cuidar de si mesmo e, para tanto, escutar o lógos, se não Sócrates? De modo que Sócrates recusa o papel de mestre, no sentido de mestre da *tékhne* que é capaz de transmitir um ensino a seus alunos. Ele não quer se pôr nessa posição do mestre e está, desse ponto de vista, exatamente na mesma condição dos outros. Ele deverá cuidar de si mesmo ouvindo a linguagem de mestria do próprio lógos. No entanto, nessa espécie de igualdade – que não é simplesmente uma igualdade aparente, [mas] uma igualdade real – que faz que todo o mundo na comunidade socrática deva cuidar de si e, se for capaz, cuidar dos outros, Sócrates tem no entanto uma posição que não é [a] dos outros. Ele é aquele que guia os outros para esse cuidado de si mesmos e, eventualmente, para a possibilidade de cuidar dos outros. Sócrates vai entrar para a escola do mestre que falta, não há dúvida. Mas ao mesmo tempo, entrando para a escola do mestre que falta (o lógos), ele é aquele que guia os outros no caminho do lógos. Todo o mundo, aliás, compreende isso tão bem e isso é de tal forma a lição do diálogo que, quando Sócrates acaba de dizer ironicamente: vamos para a escola e deixemos rir as pessoas que zombarem de nós, Lisímaco, que organizou todo o diálogo, que fez o pedido, que procurou e continua procurando alguém para cuidar de seus filhos, diz: "Teu discurso me agrada, Sócrates, e quero, como o mais velho, ser o que tem mais pressa de estudar com os filhos. Mas eis o que te peço: amanhã de manhã vem à minha casa, sem falta, para conversar mais sobre esse projeto. Por ora, separemo-nos."[29]

No momento em que Sócrates acaba de dizer sou tão ignorante quanto vocês e todos nós necessitamos de um mestre, Lisímaco, ouvindo isso, entendeu outra coisa: ele entendeu que é Sócrates, e somente Sócrates, o mestre desse caminho que conduz ao verdadeiro mestre. E é por isso que, em vez de procurar o mestre caro de que Sócrates havia ironicamente falado, Lisímaco diz simplesmente a Sócrates: passe lá em casa. É o pacto da *epiméleia* que aparece agora: é você que cuidará dos meus filhos, e não só cuidará dos meus filhos, mas também de mim – de acordo com o princípio evocado no início do diálogo, quando foi dito que mesmo quando se tem idade, e ao longo de toda a sua vida, é preciso questionar a própria maneira como se vive[30]. É preciso sem cessar submeter sua existência, a forma de seu estilo de existência, ao *básanos* (à pedra de toque). É como *básanos*, como aquele que faz cada um dar razão de sua existência, de toda a sua existência e ao longo de toda a sua existência, é a esse título que Sócrates é convocado, convocado para os filhos de Lisímaco e para o próprio Lisímaco. Aliás, Sócrates aceita a missão. Sua última palavra é a seguinte: não deixarei de ir, Lisímaco, "amanhã estarei em sua casa" para guiar vocês, você e seus filhos, no caminho do cuidado de si e da escuta do lógos. Estarei amanhã em sua casa "se assim aprouver aos deuses"[31].

Fórmula totalmente banal e ritual, mas afinal de contas é preciso entendê-la também em dois níveis, como muitas vezes as fórmulas rituais em Platão. É preciso lembrar que o deus, efetivamente, assim quis, e assim quis explicitamente. Mais que uma fórmula, é a lembrança do que o deus quis quando, lembrem-se da *Apologia*, mostrou a Sócrates que ele tinha de ir ver as pessoas para lhes pedir contas de sua maneira de viver e lhes ensinar assim a cuidar de si mesmos.

Pronto. Então desta vez, prometo, terminei com Sócrates. É preciso, para um professor de filosofia, dar pelo menos uma vez na vida uma aula sobre Sócrates e a morte de Sócrates. Está feito. *Salvate animam meam.* Da próxima vez, prometo, falamos dos cínicos.

*

NOTAS

1. Protágoras e Górgias aparecem nos diálogos platônicos do mesmo nome. Trasímaco é o interlocutor de Sócrates no livro I da *República* (cf. o que diz Foucault a esse respeito na aula de 9 de março de 1983, *in Le Gouvernement de soi et des autres*, ed. citada, p. 338).

2. Platão, *Lachès*, 187e, trad. M. Croiset, ed. citada, p. 103.

3. "Me comprazo, Lisímaco, em companhia dele" (*id.*, 188a, p. 103).

4. *Id.*, 188c, p. 103.

5. *Id.*, 189a, p. 104.

6. *Id.*, 189b, p. 104.

7. *Ibid.*

8. *Id.*, 187e-188c, p. 103.

9. *Id.*, 188a, p. 103.

10. *Id.*, 187e, p. 103.

11. *Ibid.*

12. Cf. uma primeira análise do *básanos* e do confronto Sócrates/Cálicles (*Górgias*, 486d-e) na aula de 9 de março de 1983 (*Le Gouvernement de soi...*, pp. 335-43).

13. "Esse curso [de ginástica] também é, aliás, uma prova (*tôn basánon*) das mais importantes para saber o valor de cada um deles" (*La République*, livro VII, 537b, trad. E. Chambry, ed. citada, p. 180).

14. "[Nossa política] começa pondo seus sujeitos à prova (*basánon*) do jogo" (Platão, *Le Politique*, 308d, trad. A. Diès, Paris, Les Belles Lettres, 1960, p. 83. [Trad. bras.: *Diálogos: Fédon, Sofista, Político*, Rio de Janeiro, Ediouro, 1989]).

15. Platão, *Lachès*, 188c-189a, pp. 103-4.

16. *Id.*, 189a-b, p. 104.

17. *Id.*, 189b, p. 104.

18. *Id.*, 190d, p. 106.

19. *Id.*, 190e-194c, pp. 106-12.

20. *Id.*, 196d-199e, pp. 115-20.

21. *Id.*, 199e, p. 120.

22. *Id.*, 200a, p. 120.
23. *Id.*, 200b, p. 121.
24. *Id.*, 200c, p. 121. A expressão "*tôn meirakíon epimeleîsthai*" aparece somente na retomada, por Nícias, da proposta de Laques, que por sua vez fala da "*paideían tôn neanískon*" (educação dos filhos).
25. Platão, *Apologie de Socrate*, 29b-30d, trad. M. Croiset, ed. citada, pp. 156-7.
26. Platão, *Lachès*, 200e, p. 121.
27. *Id.*, 201a, p. 121.
28. *Id.*, 201b, p. 122.
29. *Ibid.*
30. *Id.*, 188b, p. 103.
31. *Id.*, 200c, p. 122. É a última frase do diálogo: "Estarei amanhã em sua casa, se assim aprouver aos deuses (*eàn theòs ethéle*)".

AULA DE 29 DE FEVEREIRO DE 1984
Primeira hora

O círculo da verdade e da coragem. − Comparação entre o Alcibíades *e o* Laques. *− Metafísica da alma e estética da existência. − A verdadeira vida e a vida bela. − A articulação do dizer-a-verdade no modo de vida no cinismo. − A* parresía *como característica maior do cínico: textos de Epicteto, de Diógenes Laércio, de Luciano. − Definição da relação entre dizer-a-verdade e modo de vida: função instrumental/função de redução/função de prova. − A vida como teatro da verdade.*

[...*] Eu havia procurado mostrar a vocês quanto essa prática de veridicção, de *parresía* [ética], era diferente, em sua forma, em seus objetivos, em seu domínio de aplicação, em seus procedimentos também, da *parresía* política, ainda que, é claro, essa *parresía* moral, essa veridicção ética se apresenta e se justifica, em parte pelo menos, por sua utilidade para a cidade e pelo fato de ser necessária para o bom governo e a salvação da cidade. Dessa *parresía* ética que se acha fundada em e pela prática socrática, a *Apologia* havia contado e justificado a fundação. E o *Laques* − foi o que procurei lhes mostrar da última vez − tinha dado um exemplo notável de *parresía* ética, por duas razões.

A primeira é que o tema da fala franca, do dizer-a-verdade (*parresía*), da coragem de dizer a verdade, estava ligado ao tema da verdade da coragem, em todo caso à questão de saber o que é a coragem em sua verdade. Verdade da coragem, coragem de dizer a verdade. Era isso que estava amarrado e ligado no *Laques*. Em segundo lugar, nesse mesmo *Laques*, vocês se lembram, havíamos encontrado outro vínculo, outra relação − igualmente forte, igualmente essencial − entre o uso da fala franca (a *parresía*) e o princípio de ter de se aplicar a si mesmo, de cuidar de si (*epiméleia heautoú*). Por um lado, portanto, o vínculo, o círculo verdade da coragem/coragem da

---

* A aula começa por uma frase de que só se ouvem as últimas palavras: "... tinha se efetuado o que poderíamos chamar, de uma maneira um tanto solene e bárbara, de fundação da *parresía*, da veridicção, do dizer-a-verdade ético.

verdade; e por outro lado, o vínculo, o pertencimento, da prática da *parresía* ao grande tema do cuidado de si mesmo.

Último ponto levantado rapidamente da última vez, me parecia que podíamos fazer uma aproximação entre esse diálogo do *Laques* e o diálogo do *Alcibíades*, evocado creio que no ano passado[1]. Claro, entre o *Laques* e o *Alcibíades*, há grande diferença, visível e manifesta [relativamente a] dois aspectos essenciais da dramaturgia desses diálogos. [Aspecto social primeiro:] no *Laques*, Sócrates faz uso da sua fala franca e da coragem que existe em praticá-la com adultos, anciãos quase, homens respeitáveis, honrados, importantes na cidade, que efetivamente deram testemunho de seu valor, de sua valentia, da sua coragem, mas não são capazes de explicitá-la; no *Alcibíades*, é a um jovem que Sócrates dirige sua *parresía*, sua fala franca, um jovem que, justamente, ainda não deu provas de todas as qualidades que, no entanto, são requeridas se ele quiser honrar sua ambição de reger Atenas. A dramaturgia dos dois diálogos ainda é diferente em seu termo, em seu fim, em seu resultado filosófico, e não simplesmente em seu ponto de partida e em seu âmbito social. No *Laques* [de fato], chega-se à constatação de que não se sabe o que é a coragem, e ninguém pode dizer o que é. Ao contrário, o *Alcibíades* termina com a descoberta e a posição da alma como realidade à qual devemos voltar a nossa atenção.

Apesar dessas diferenças, há alguns pontos comuns, e a [aproximação] desses diálogos permite descobrir uma coisa muito importante, não apenas para a temática socrática, mas também, penso, para toda a filosofia ocidental. De fato, nesses dois diálogos há ao menos uma coisa em comum, que, tanto em relação àqueles homens respeitáveis e honrados que são Laques e Nícias, como em relação àquele adolescente desejável que é Alcibíades, de qualquer modo, num caso como no outro, a *parresía* de Sócrates serve para perguntar aos interlocutores (Nícias e Laques de um lado; Alcibíades, do outro) se eles são capazes de dar conta de si, de dar razão de si (*didónai lógon*). [Em segundo lugar,] essa *parresía*, que serve para pedir aos interlocutores para dar conta de si mesmos, deve conduzi-los e efetivamente conduz à descoberta de que são obrigados a reconhecer que têm de cuidar de si mesmos. Enfim, terceiro ponto comum a esses dois diálogos, nessa condução no sentido do cuidado de si mesmo ou nessa descoberta de ter de cuidar de si mesmo e nas consequências que daí [decorrem], Sócrates aparece como aquele que é capaz, cuidando dos outros, de lhes ensinar a cuidar de si mesmos. Essa proximidade dos dois diálogos, apesar da diferença dramatúrgica que podemos encontrar entre eles, permite apreender o ponto de arraigamento comum a dois desenvolvimentos diferentes na história da filosofia ocidental. Muito esquematicamente podemos dizer o seguinte.

Por um lado, o *Alcibíades*, vocês se lembram, a partir desse princípio de que é preciso dar conta de si, procede, graças à *parresía* socrática, à descoberta e à instauração de si mesmo como realidade ontológica distinta do corpo. E essa realidade ontologicamente distinta do corpo é o que é designado muito explicitamente como a alma (a *psykhé*). No *Alcibíades*, Sócrates interrogava seu interlocutor assim: você acaba de admitir que tem de cuidar de si mesmo, mas o que quer dizer "cuidar de si mesmo" e qual é essa coisa de que se deve cuidar? E aí Sócrates, procedendo a algumas distinções, mostrava a Alcibíades que ele devia cuidar dessa *psykhé*. E essa instauração da *psykhé* como realidade ontologicamente distinta do corpo de que era preciso cuidar era correlativa de um modo de conhecimento de si que tinha a forma da contemplação da alma por si mesma e do reconhecimento por si mesma de seu modo de ser. Vocês se lembram de todas essas passagens em que Sócrates explicava que a alma deve olhar para si mesma, que ela é como um olho que, procurando se ver, seria obrigado a olhar na pupila de outro olho para perceber a si mesma. É do mesmo modo que, diz ele, contemplando a realidade divina, podemos apreender o que há de divino em nossa própria alma[2]. E, assim, essa instauração de si mesmo como realidade ontologicamente distinta do corpo, sob [a] forma de uma *psykhé* que tem a possibilidade e o dever ético de se contemplar, dá lugar a um modo de dizer-a-verdade, de veridicção, que tem como papel e como fim conduzir essa alma de volta ao modo de ser e ao mundo que são os dela. Essa veridicção socrática, que vemos se desenvolver no *Alcibíades* a partir desse tema fundamental, recorrente e comum do cuidado de si, designa, e até certo ponto circunscreve o que será o lugar do discurso da metafísica, quando esse discurso tiver de dizer ao homem como está seu ser e o que, [d]esse fundamento ontológico do ser do homem, decorre quanto à ética e às regras de conduta.

Em compensação, no *Laques*, a partir de um mesmo ponto comum (dar conta de si mesmo e cuidar de si), a instauração de si mesmo não se faz mais no modo da descoberta de uma *psykhé* como realidade ontologicamente distinta do corpo, [mas] como maneira de ser e maneira de fazer de que se trata – está dito explicitamente no *Laques* – de dar conta ao longo de toda a sua existência. A maneira como se vive, a maneira como se viveu, é disso que é preciso dar conta, e é isso que se apresenta como o próprio objetivo dessa empreitada de prestação de contas. Quer dizer que a prestação de contas de si mesmo, que no *Alcibíades* nos levava àquela realidade ontologicamente distinta que é a *psykhé*, no *Laques* nos conduz a uma coisa bem diferente. Ela nos conduz ao *bíos*, à vida, à existência e à maneira como se leva essa existência. Essa instauração de si mesmo, não mais como *psykhé* mas como *bíos*, não mais como alma mas como vida e modo de vida, é correlativa de um modo de conhecimento de si que, é claro, de certa maneira e fundamentalmente pertence ao princípio do "conhece a ti mesmo", evocado com tanta frequência no *Alcibíades*. Mas esse *gnôthi seautón* que vale no *Laques* como vale no *Alcibíades*, que vale para descobrir a alma, por um lado, e para trazer à luz o problema do *bíos*, esse conhecimento de si tem evidentemente uma forma bem diferente quando a prestação de contas de si mesmo é indexada ao problema do *bíos* (da vida) e não à descoberta da alma como realidade ontologicamente distinta. Esse conhecimento de si, bem mais evocado [do que] posto em ação no *Laques*, não tem a forma da contemplação da alma por ela mesma no espelho da sua própria divindade. Esse modo de conhecimento de si toma [a forma] – as palavras estão no *Laques*, já as salientamos – da prova, do exame, também do exercício, relativos à maneira de se conduzir. E dá ensejo a um modo de dizer-a-verdade que não circunscreve o lugar de um discurso metafísico possível, a um modo de dizer-a-verdade que tem como papel e fim dar a esse *bíos* (essa vida, essa existência) uma forma.

Num caso, temos um modo de prestação de contas de si mesmo que vai à *psykhé* e que, indo à *psykhé*, designa o lugar de um discurso metafísico possível. No outro caso, tem-se uma prestação de contas, um "dar razão de si mesmo" que se dirige para o *bíos* como existência, [um] modo de existência que se trata de examinar e pôr à prova ao longo dessa própria existência. Por quê? Para poder lhe dar, graças a um discurso verdadeiro, uma certa forma. Esse discurso de prestação de contas de si mesmo deve definir a figura visível que os humanos devem dar à sua vida. Esse dizer-a-verdade defronta não o risco metafísico de situar acima ou fora do corpo essa realidade outra que é a alma; esse dizer-a-verdade defronta agora o risco e o perigo de dizer aos homens o que precisam de coragem e o que lhes custará para dar à sua vida um certo estilo. Coragem do dizer-a-verdade quando se trata de descobrir a alma. Coragem do dizer-a-verdade também quando se trata de dar à vida forma e estilo. Temos aí, confrontando o *Alcibíades* e o *Laques*, o ponto de partida das duas grandes linhas de desenvolvimento da veridicção socrática através da filosofia ocidental. A partir desse tema primeiro, fundamental, comum do *didónai lógon* (dar conta de si mesmo), uma [primeira] linha vai ao ser da alma (o *Alcibíades*), a outra às formas da existência (o *Laques*). Uma vai à metafísica da alma (o *Alcibíades*), a outra a uma estilística da existência (o *Laques*). E como esse "dar razão de si" constitui o objetivo obstinadamente buscado pela *parresía* socrática – está [aí] sua equivocidade fundamental, que vai ser marcada em toda a história do nosso pensamento –, pode ser e foi entendido como a tarefa de ter de encontrar e dizer o ser da alma, ou ainda como a tarefa e o trabalho que consistem em dar estilo à existência. Nessa dualidade entre "ser da alma" e "estilo da existência" é marcado, a meu ver, algo importante para a filosofia ocidental.

Se insisti sobre essa proximidade e essa divergência fundamentais que podemos captar nesses dois diálogos, do *Laques* e do *Alcibíades*, foi pela seguinte razão. Procuro encontrar assim, pelo menos em alguns de seus lineamentos mais antigos e mais arcaicos, a história do que poderíamos chamar, numa palavra, de estética da existência. Quer dizer, não apenas, não tanto por ora, as diferentes formas que puderam adquirir as artes da existência, [o que] exigiria, evidentemente, toda uma série de estudos particulares. Mas gostaria de captar, gostaria de tentar mostrar a vocês e mostrar a mim mesmo como, pela emergência e pela fundação da *parresía* socrática, a existência (o *bíos*) foi constituída no pensamento grego como um objeto estético, como objeto de elaboração e de percepção estética: o *bíos* como uma obra bela. Temos aí a abertura de um campo histórico de grande riqueza. Há que fazer, é claro, a história da metafísica da alma. Há que fazer também – o que [constitui] até certo ponto o outro lado e também a alternativa – uma história da estilística da existência, uma história da vida como beleza possível. Todo esse aspecto da história da subjetividade, na medida em que constitui a vida como objeto para uma forma de estética, foi por muito tempo encoberto e dominado, claro, pelo que poderíamos chamar de história da metafísica, história da *psykhé*, história da maneira como se fundou e estabeleceu a ontologia da alma. Esse estudo possível da existência como forma bela foi encoberto também pelo estudo privilegiado dessas formas estéticas que foram concebidas para dar forma às coisas, às substâncias, às cores, ao espaço, à luz, aos sons e às palavras. Mas afinal de contas é preciso [lembrar], para o homem, sua maneira de ser e de se conduzir, o aspecto que sua existência faz aparecer aos olhos dos outros e aos seus próprios, também o vestígio que essa existência pode deixar e deixará na lembrança dos outros depois da sua morte, essa maneira de ser, esse aspecto, esse vestígio foram um objeto de preocupação estética. Eles suscitaram para ele um cuidado de beleza, de brilho e de perfeição, um trabalho contínuo e sempre renovado de enformação, pelo menos tanto quanto a forma que esses mesmos homens procuraram dar aos deuses, aos templos ou à canção das palavras. Essa estética é um objeto histórico essencial que não se deve esquecer, seja em benefício de uma metafísica da alma, seja de uma estética das coisas e das palavras.

Articulando assim os rudimentos dessa história nos diálogos socráticos, procurando encontrar nesses diálogos o ponto de partida do que chamo de estética da existência – e aqui as coisas precisam ficar claras –, não pretendo em absoluto que o cuidado da bela existência seja uma invenção socrática ou uma invenção do pensamento, da filosofia grega na virada dos séculos V a IV. Seria de todo aberrante fixar tão tarde o instante em que emergiu o cuidado de uma existência bela. Seria de todo aberrante situá-lo tão tarde quando se pensa que esse cuidado de uma bela existência apareceu como um tema já totalmente dominante, seja em Homero, seja ainda em Píndaro. Mas o que eu quis captar, situando-me nesse momento socrático do fim do século V, foi o momento em que se estabeleceu uma certa relação entre esse cuidado, sem dúvida arcaico, antigo, tradicional, na cultura grega, de uma existência bela, de uma existência brilhante, e a preocupação com o dizer-a-verdade. Mais precisamente, o que eu gostaria de captar é como o dizer-a-verdade, nessa modalidade ética que aparece com Sócrates no início da filosofia ocidental, interferiu com o princípio da existência como obra a ser modelada em toda a sua perfeição possível, como o cuidado de si que havia sido por muito tempo, antes de Sócrates e na tradição grega, comandado pelo princípio de uma existência brilhante e memorável, como esse princípio [...] foi, não substituído, mas retomado, inflectido, modificado, reelaborado pelo do dizer-a-verdade com o qual há que se confrontar corajosamente, como se combinaram o objetivo de uma beleza da existência e a tarefa de dar conta de si mesmo no jogo da verdade. A arte da existência e o discurso verdadeiro, a relação entre a existência bela e a verdadeira vida, a vida na verdade, a vida para a verdade, é um pouco isso que eu queria tentar captar. A emergência da verdadeira vida no princípio e na forma do dizer-a-verdade (dizer a verdade aos outros, a si mesmo, sobre si mesmo e dizer a verdade sobre os outros), verdadeira vida e jogo do dizer-a-verdade, esse é o tema, o problema que eu gostaria de estudar. Esse problema, esse tema das relações entre o dizer-a-verdade e a existência bela, ou ainda, numa palavra, esse problema da "verdadeira vida", exigiria evidentemente toda uma série de estudos. Mas aqui também, desculpem se me queixo mais uma vez – é evidente que são coisas que ainda não analisei, que seria interessante estudar em grupo, em seminário, poder discutir. Não, não tenho condições atualmente – pode ser que venha a ter um dia, talvez nunca – de dar um curso na devida forma sobre esse tema da verdadeira vida. Eu gostaria simplesmente de dar a vocês alguns esboços e alguns delineamentos. Se entre vocês houver quem se interesse por esse problema, que o estude mais detalhadamente.

 A segunda observação que eu gostaria de fazer, a propósito dessa emergência da questão verdadeira vida/estética da existência é que procurei encontrar, com Sócrates, o momento em que a exigência do dizer-a--verdade e o princípio da beleza da existência foram amarrados ao cuidado de si. Procurei mostrar também como, a partir daí, podiam se esboçar dois desenvolvimentos possíveis: o de uma metafísica da alma e o de uma estética da vida. Não pretendo em absoluto – e é a segunda observação que gostaria de fazer – que haja como que uma incompatibilidade ou uma insuperável contradição entre o tema de uma ontologia da alma e o de uma estética da existência. Pode-se inclusive dizer, ao contrário, que esses dois temas foram realmente, continuamente, associados. Praticamente, não há ontologia da alma que não tenha de fato associado à definição ou à exigência de um certo estilo de vida uma certa forma de existência. E não há tampouco estilo de existência, de forma de vida, que não tenha sido elaborado ou desenvolvido sem se referir, de maneira mais ou menos explícita, a algo como uma metafísica da alma. Mas eu gostaria de salientar que essa relação entre metafísica da alma e estilística da existência nunca é uma relação necessária ou única.

Em outras palavras, a estilística da [existência* jamais poderia ser] a projeção, a aplicação, a consequência ou a colocação em prática de algo como uma metafísica da alma. Entre as duas coisas as relações são elásticas e variáveis. A relação existe, mas suficientemente elástica para que se possa encontrar toda uma série de estilos de existência totalmente diferentes associados a uma só e mesma metafísica da alma. Admitindo-se, a partir de uma visão esquemática e superficial, que há certa constância na metafísica da alma própria do cristianismo, vocês sabem muito bem que o cristianismo desenvolveu, no âmbito dessa metafísica da alma, estilos de existência bem diferentes, seja de forma simultânea, seja de forma sucessiva. No cristianismo, vários modos de existência simultâneos foram definidos. A vida do asceta não é a vida de quem leva a existência de todo o mundo, a vida do leigo não é a mesma do clérigo, a vida do monge ou do clero regular não é a mesma do clero secular etc. Toda uma série de diferenças, de modulações na estilística da existência, ou mesmo de estilos de existência diferentes foram tornados simultaneamente possíveis no interior de um marco metafísico que é, em suma, o mesmo. Podem-se encontrar no cristianismo, sempre em referência a essa metafísica que permanece mais ou menos constante, estilos que foram sucessivamente muito diferentes. O estilo do ascetismo cristão nos séculos IV ou V da nossa era é muito diferente do [estilo do] ascetismo do século XVII, por exemplo. Logo: metafísica relativamente constante, e no entanto estilística que varia.

Mas vocês podem encontrar o inverso também, isto é, metafísicas da alma bem diferentes que servem de suporte, de referência, ou digamos

* M.F. diz: alma

de marco teórico para estilos de existência que, por sua vez, permanecem relativamente estáveis. Poderíamos considerar dessa maneira, por exemplo, a história do estoicismo e ver como o estoicismo, desde o período helenístico ou pelo menos desde o período romano até tarde no século XVII europeu, definiu certo estilo de existência no fim das contas muito constante, apesar de certo número de modificações de detalhe. Ora, esse estoicismo vocês veem se desenvolver no interior de um monoteísmo racionalista à maneira do estoicismo da época imperial. Vocês podem encontrá-lo associado a formas de panteísmo, ou ao que podemos chamar de cristianismo, ao mesmo tempo humanista e universalista do século XVII. Entre as metafísicas ou as filosofias da alma e as estilísticas da existência, vocês têm pois uma relação que pode ser sempre analisada, mas que nunca é constante e que implica na verdade variações possíveis, tanto de um lado como do outro.

Nesse quadro geral, em torno desse tema da verdadeira vida, da estilística da existência, da busca de uma existência bela na forma da verdade e da prática do dizer-a-verdade, eu gostaria de tomar – sem ainda ter ideia de até onde levarei isso, se vai durar até o fim do ano ou se vou parar – o exemplo do cinismo, pela razão essencial que é a seguinte. Parece-me que, no cinismo, na prática cínica, a exigência de uma forma de vida extremamente marcante – com regras, condições ou modos muito caracterizados, muito bem definidos – é fortemente articulada no princípio do dizer-a-verdade ilimitado e corajoso, do dizer-a-verdade que leva sua coragem e sua ousadia até se transformar [em] intolerável insolência. Essa articulação do dizer-a-verdade no modo de vida, esse vínculo fundamental, essencial no cinismo, entre viver de certa maneira e se dedicar a dizer a verdade, são tanto mais notáveis por se fazerem de certo modo imediatamente, sem mediação doutrinal, ou em todo caso dentro de um marco teórico assaz rudimentar. Aqui também vamos ter de precisar melhor. Por ora, eu lhes dou um simples panorama, uma simples indicação de problemas. Na verdade, há sim um certo marco teórico, mas é evidente que esse marco é infinitamente menos importante, menos desenvolvido, menos essencial na prática cínica do que podia ser no platonismo, é claro, ou mesmo no estoicismo ou no epicurismo. Tornaremos sobre isso tudo. Por ora, gostaria simplesmente de salientar, para justificar o fato de que me interesso pelo tema, alguns traços que marcam o cinismo e o distinguem de uma maneira radical, seja da prática socrática, que no entanto ele reivindicou com frequência, seja também dos movimentos filosóficos em que o modo de vida era muito importante.

O cinismo me parece portanto uma forma de filosofia na qual modo de vida e dizer-a-verdade estão direta, imediatamente, ligados um ao outro.

Como isso se manifesta? Estou falando por ora apenas do cinismo em sua forma antiga, como pode ser atestado nos textos do período helenístico e romano, isto é, [em] Diógenes Laércio, [em] Dion Crisóstomo, até certo ponto [em] Epicteto, e também naqueles textos satíricos ou críticos escritos por Luciano no fim do século II ou pelo imperador Juliano em sua polêmica com os cínicos. Através desses textos, podemos ver que o cínico é constantemente caracterizado como o homem da *parresía*, o homem do dizer-a-verdade. Claro, o termo *parresía* não é reservado aos cínicos, não os designa constante e exclusivamente. Ele é encontrado designando com frequência outras formas de fala franca filosófica, de palavra livre e verídica. Lembrem-se por exemplo da maneira como Arriano, prefaciando as *Conversações* de Epicteto, diz que vai ser possível, lendo essas conversações, compreender o que é o pensamento e a *parresía* de Epicteto, isto é, o que ele pensava e a maneira como o exprimia livremente[3]. Logo, a palavra *parresía* não é evidentemente reservada aos cínicos. Mesmo assim, com seu significado polivalente, a ambiguidade do seu valor (fala franca, mas também insolência), a palavra *parresía* é constantemente aplicada aos cínicos. O retrato do cínico comporta praticamente sempre a sua menção. A *parresía*, a fala franca, figura em primeiro plano na emblemática do cínico e do cinismo.

Vocês podem encontrar, por exemplo, em Diógenes Laércio esta anedota, dentre muitas outras atribuídas a Diógenes [o Cínico]. Um dia perguntaram a ele o que podia haver de mais belo entre os homens (*tò kálliston en toîs anthrópois*). Resposta: a *parresía* (a fala franca)[4]. Vocês estão vendo como o tema da beleza da existência, da forma mais bela possível a dar à sua existência, e o do exercício da *parresía*, da fala franca, estão diretamente ligados.

Outro exemplo dessa presença da *parresía* na emblemática do cinismo, no livro III das *Conversações*, naquela célebre conversação 22 (o retrato do cínico), Epicteto, que não é cínico, dá um retrato do cinismo extremamente favorável e até certo ponto próximo dele próprio. É uma espécie de passagem ao limite da sua própria filosofia (passagem ao ascetismo radical). Não se deve, é claro, considerar esse retrato por Epicteto como um retrato do que era verdadeiramente o cínico em sua época, mas como uma espécie de definição ideal do que [ele] poderia ser, do que poderia ser, de certo modo, a essência cínica de uma forma de ascetismo filosófico de que Epicteto, aliás, dava em sua vida e em sua filosofia alguns exemplos. Nesse capítulo, Epicteto explica que o papel do cínico é exercer a função de espia, de batedor. Ele emprega a palavra *katáskopos*, que tem um sentido preciso no vocabulário militar: são pessoas enviadas um pouco à frente do exército para espiar o mais discretamente possível o que o inimigo está fazendo. É uma metáfora que Epicteto utiliza aqui, pois ele diz que o cínico é enviado como batedor à frente, além do front da humanidade, para determinar o que nas coisas do mundo pode ser favorável ao homem ou pode lhe ser hostil. A função do cínico [será a de determinar] onde estão os exércitos inimigos e onde estão os pontos de apoio ou os auxílios que poderemos achar, encontrar, de que será possível tirar proveito em nossa luta. É para isso que o cínico, enviado como batedor, não poderá ter nem abrigo nem lar nem mesmo pátria. Ele é o homem da errância, é o homem do galope à frente da humanidade. E depois dessa errância, depois desse galope à frente da humanidade, depois de ter bem observado e consumado sua tarefa de *katáskopos*, o cínico deve voltar. Ele voltará para anunciar a verdade (*appaggeîlai talethê*), anunciar as coisas verdadeiras sem, acrescenta Epicteto, se deixar paralisar pelo medo[5]. Temos aqui a própria definição da *parresía* como exercício do dizer-a-verdade que é anunciado aos homens sem nunca se deixar impressionar pelo medo.

Tomarei agora de Luciano uma outra série de testemunhos que mostram até que ponto o cinismo e a prática da *parresía* eram associados, tanto que era impossível descrever um cínico sem se referir à sua prática da *parresía*. Luciano polemizou violentamente contra os cínicos, dos quais deu várias vezes retratos extremamente severos, por exemplo o de Peregrino (voltaremos a ele mais adiante). Satiriza-os também nos numerosos textos que consagrou à crítica da filosofia. Um deles é o famoso mercado de vidas (*Bíon prásis*)[6] em que Luciano conta, de maneira divertida, como, no mercado, os diferentes filósofos vêm vender fórmulas de vida. O primeiro que aparece é Diógenes, que vem vender a vida cínica e propô-la baratinho (dois óbolos). E se apresenta dizendo que é *alethéias kaì parresias prophétes* (o profeta da verdade e da *parresía*, da verdade e da franqueza)[7].

Luciano, como eu lhes dizia, havia multiplicado seus ataques contra os cínicos. Mas há pelo menos um texto dele que é favorável a estes, ou pelo menos a um personagem que representou o cinismo em Atenas no século II: Demonax. Vocês encontram em Luciano o elogio de Demonax, e aí, muito claramente, esse cínico (esse bom cínico, esse cínico que apresenta do cinismo uma forma válida e aceitável) também aparece como o homem que diz a verdade, o homem da *parresía*. Isso é dito explicitamente no início do retrato de Demonax, quando Luciano conta que, desde a sua infância, Demonax sentiu-se impulsionado por um movimento natural à filosofia[8] – voltaremos a isso, é todo o problema da naturalidade da vida filosófica [...*]. E a partir daí Luciano lembra que essa *parresía* (essa fala franca) e essa liberdade atraíram sobre Demonax um ódio tão grande quanto aquele com que Sócrates se chocou quando havia, na Atenas do século V, praticado sua *parresía*. Demonax também teve seu Meleto e seu Anito, e foi denunciado e acusado de impiedade[9]. Luciano aproxima o processo de impiedade movido contra Sócrates do processo de impiedade que havia sido recentemente movido contra Demonax. Em que se baseava exatamente esse processo de impiedade? É interessante, porque a *parresía* desempenha aí um papel bem preciso: primeiro teriam acusado Demonax, a crer em Luciano, de não ter oferecido sacrifício a Atena e de ter se recusado a ser iniciado nos mistérios de Elêusis. Levado ao tribunal por essa dupla inculpação, Demonax responde (ele teve mais sorte do que Sócrates: escapou). Mas a resposta, pelo menos tal como Luciano relata, é muito interessante no que concerne à sua recusa de ser iniciado nos mistérios de Elêusis. Ele diz: claro, eu me recusei a ser iniciado nos mistérios de Elêusis. Porque, teria dito Demonax segundo Luciano, de duas uma: ou os mistérios são ruins, o que acontece é ruim, e nesse caso, há que dizê-lo, e dizê-lo publicamente para afastar todos os que ainda não são iniciados e teriam a má ideia ou a nefasta vontade de se iniciar; ou os mistérios são bons, o que acontece é bom, e deve-se portanto atrair para eles, na medida do possível, todas as pessoas que pudermos convencer. Num caso como no outro, dizer a todos a verdade sobre os mistérios de Elêusis – sejam eles bons ou ruins – faz absolutamente parte da função e do papel do filósofo. Ele tinha de dizê-lo, ele tinha de proclamar, ele tinha de afastar [de], ou ao contrário atrair para os mistérios de Elêusis. Ele tinha de fazer isso, diz o texto, *hypò philanthropías* ("por amor à humanidade")[10]. Seu vínculo com a humanidade, sua função de benfeitor da humanidade [supunha] uma *parresía* (uma liberdade de palavra) que implicava que ele revelasse toda verdade possível a propósito dos mistérios de Elêusis. Ele não queria se iniciar, portanto, porque, se houvesse sido iniciado, teria sido obrigado a se comprometer a calar. E ele, que é cínico, isto é, o homem da *parresía*, não pode se comprometer a calar. Através de toda essa série de textos – poderíamos citar dezenas e dezenas de outros –, o cínico aparece como o *parresías prophétes* (o profeta da fala franca).

Mas – e é esta uma outra característica importante que encontramos constantemente a propósito dos cínicos e da sua *parresía* – essa *parresía* é diretamente vinculada a certo modo de vida, de uma maneira que é particular e que merece, creio, ser examinada mais de perto. No *Laques*,

* Trecho inaudível.

a *parresía*, a ousadia de dizer a verdade, essa coragem que [lhe permite] falar livremente, mesmo com pessoas tão honoráveis, velhas, respeitáveis, corajosas e honradas quanto Nícias e Laques, só era autorizada a Sócrates por ter ele dado, em sua vida, um certo número de cauções e garantias. Laques, lembrem-se, convidado a se submeter ao exame de Sócrates, disse: eu gosto de certos *lógoi*, de outros não, depende. Depende de quê? De certa harmonia, de certa homofonia entre o que diz a pessoa que fala e a maneira como ela vive. Temos aí a emergência desse problema do dizer-a-verdade em sua relação com a própria vida de quem fala. Só que a relação entre o dizer-a-verdade e o modo de vida dos cínicos se insere, de certo modo, no marco geral dessa homofonia entre o dizer e o viver que era designada no *Laques*. Mas, dentro desse marco, a relação entre dizer-a-verdade e maneira de viver é, nos cínicos, a meu ver bem complicada e mais precisa. Primeiro pelo motivo de que, no cinismo, não é simplesmente a vida que mostra e manifesta algumas virtudes, que Sócrates aliás testemunhara a seu próprio favor, como a temperança, a coragem, a sabedoria. O modo de vida que é implicado, suposto, que serve de marco, de suporte, de justificação também para a *parresía*, se caracteriza por formas extremamente precisas e codificadas de comportamento, formas extremamente reconhecíveis. Quando, tardiamente, o imperador Juliano ataca os cínicos em geral e certo cínico chamado Heracleios, que havia abusado do seu papel e da sua vocação, ele o interpelará dizendo: mas para que te serve então o cajado de Diógenes e sua *parresía*?[11] *Parresía* e cajado estão vinculados, pois. O cínico usa a *parresía* e porta o cajado. Na verdade, esse cajado, no discurso *Contra Heracleios*, não passa de um elemento bem conhecido, de que se tem testemunho na Antiguidade. O cínico é o homem do cajado, é o homem da mochila, é o homem do manto, é o homem das sandálias ou dos pés descalços, é o homem de barba hirsuta, é o homem sujo. É também o homem errante, é o homem que não tem nenhuma inserção, não tem nem casa nem família nem lar nem pátria – lembrem-se do texto que citei[12] –, é o homem da mendicidade também. E temos vários testemunhos de que esse gênero de vida forma um corpo único com a filosofia cínica, que não é um simples ornamento. Por exemplo, em Diógenes Laércio, o casamento, as bodas paradoxais e insultuosas de Crates e Hiparquia é um deles. Hiparquia queria de qualquer modo se casar com Crates, filósofo cínico que, como tal, não queria saber de casamento. Então Crates, irritado com o assédio de Hiparquia que dissera que se suicidaria se ele não se casasse com ela, se planta à frente da moça, fica nu em pelo e lhe diz: olhe o seu marido, olhe o que ele possui, decida-se porque você não vai ser minha mulher se não compartilhar meu modo de vida[13]. O modo de vida, definido, esboçado com os elementos que eu evocava há pouco, faz portanto totalmente parte da prática filosófica do cínico. Ora, esse modo de vida não tem por papel simplesmente corresponder de certo modo harmoniosamente ao discurso e à veridicção dos cínicos. Ele não tem simplesmente uma função homofônica, como a que pudemos ver no *Laques*, entre a vida de Sócrates e o uso da sua *parresía*. O modo de vida (o cajado, a mochila, a pobreza, a errância, a mendicidade) tem funções precisas em relação a essa *parresía*, em relação a esse dizer-a-verdade.

Primeiro, ele tem funções instrumentais. Desempenha o papel de condição de possibilidade em relação ao dizer-a-verdade. Eu citei há pouco para vocês o texto de Epicteto em que víamos o cínico representar o papel de *katáskopos* (de batedor, de espia). De fato, se quisermos ser um espia da humanidade e voltar para dizer a ela a verdade, dizer franca e corajosamente todos os perigos com que corre o risco de deparar e onde estão seus verdadeiros inimigos, para tanto, é preciso não estar ligado a ninguém. Para poder desempenhar o papel do que diz a verdade e acorda os outros para ela, é preciso ser livre de qualquer vínculo. Epicteto diz isso na conversação 22 do livro III, o cínico não pode ter família porque, no fundo, o gênero humano é a sua família: "Homem, foi toda a humanidade que ele gerou, todos os homens que ele tem por filhos, todas as mulheres que ele tem por filhas."[14] E nos parágrafos 69-70, ele diz: "Não tem o cínico de permanecer livre de tudo o que poderia distraí-lo, por inteiro a serviço de Deus, em condição de se misturar aos homens sem estar agrilhoado pelos deveres privados?"[15] Como poderia ele observar todas essas obrigações "sem destruir em si o mensageiro, o batedor e o herói dos deuses?". Para ser *ággelos*, para ser o anjo, para exercer essa função angélica[16], para exercer essa função catascópica de espia e de batedor, ele tem de estar livre de qualquer vínculo. O modo de vida é portanto condição de possibilidade para o exercício dessa *parresía*.

Segundo, esse modo de vida tem um outro papel em relação à *parresía*. Não apenas condição de possibilidade, mas função de redução: reduzir todas as obrigações inúteis, todas as que são recebidas e aceitas ordinariamente por todo o mundo e não são fundadas nem em natureza nem em razão. E esse modo de vida como redução de todas as convenções inúteis e de todas as opiniões supérfluas é evidentemente uma espécie de decapagem geral da existência e das opiniões, para fazer a verdade surgir. É por exemplo o famoso gesto de Diógenes, numa anedota que foi repetida tantas vezes na Antiguidade, se masturbando em praça pública e dizendo: por que vocês se escandalizam, se se trata, na masturbação, da satisfação de uma necessidade que é da mesma ordem que a da alimentação?[17] Ora, eu como em público. Por que não satisfaria esta necessidade elementar em público também? Logo, modo de vida que tem essa função redutora em relação às convenções e às crenças.

Enfim e sobretudo, esse modo de vida próprio dos cínicos tem, em relação à verdade, o que poderíamos chamar de um papel de prova. Ele permite mostrar, em sua nudez irredutível, as únicas coisas indispensáveis à vida humana, ou o que constitui sua essência mais elementar, mais rudimentar. Nesse sentido, é esse modo de vida que mostra, em sua independência, em sua liberdade fundamental, o que é simplesmente e, por conseguinte, o que deve ser a vida. Enquanto todo o procedimento socrático que encontrávamos no *Alcibíades* consistia em poder definir em sua separação radical, a partir desse cuidado de si mesmo, o que é o ser da alma, temos aqui uma operação reversa de redução da própria vida, redução da vida a si mesma, redução da vida ao que ela é na verdade e que se faz aparecer assim no próprio gesto da vida cínica. Na conversação 22 do livro III, o cínico diz: "Não tenho mulher nem filhos nem palácio de governador, mas somente a terra e o céu e um velho manto. Acaso me faz falta? Acaso não vivo sem tristeza e sem temor, não sou livre?"[18]

O cinismo não se contenta portanto com acoplar ou fazer se corresponderem numa harmonia ou numa homofonia um tipo de discurso e uma vida conforme apenas aos princípios enunciados no discurso. O cinismo vincula o modo de vida e a verdade a um modo muito mais estrito, muito mais preciso. Ele faz da forma da existência uma condição essencial para o dizer-a-verdade. Ele faz da forma da existência a prática redutora que vai abrir espaço para o dizer-a-verdade. Ele faz enfim da forma da existência um modo de tornar visível, nos gestos, nos corpos, na maneira de se vestir, na maneira de se conduzir e de viver, a própria verdade. Em suma, o cinismo faz da vida, da existência, do *bíos* o que poderíamos chamar de uma aleturgia, uma manifestação da verdade.

Com base nesse tema da vida cínica como manifestação, como o próprio gesto da verdade, gostaria de citar um texto, que é tardio mas interessante. É interessante porque, por um lado, mostra a longa persistência do cinismo, na Antiguidade e até o fim dela. Porque, igualmente, ele torna sensíveis os vínculos que foram tão importantes entre o cinismo e o cristianismo. E enfim porque apela para um termo que é particularmente importante. Encontramos esse texto [em] Gregório de Nazianzo (século IV) na homilia 25. Nessa homilia, Gregório de Nazianzo, que nessa época está em Constantinopla, faz o elogio de certo Máximo, o qual é um cristão de origem egípcia que, nascido numa família cristã, tinha se retirado por um tempo no deserto e a quem sua grande reputação de santidade, de ascese, valera ser notado pelo arcebispo de Alexandria, que o havia enviado a Constantinopla. Gregório, que nessa época era diocesano de Constantinopla, recebe-o – na verdade, a história terminará mal, Máximo se tornou herético, será condenado e haverá lutas violentas entre Gregório e Máximo na sequência, mas pouco importa... Ele recebe [pois] esse homem, vindo do Egito para as terras do monacato e do ascetismo, ele recebe esse Máximo que conheceu e praticou pessoalmente essa vida de ascese e faz um elogio público dele. Ele o apresenta como um herói filosófico, ele o apresenta como um verdadeiro cínico. E falando de Máximo, diz precisamente o seguinte: detesta a impiedade dos cínicos (voltaremos a isso mais tarde quando estudarmos melhor o cinismo: havia de fato toda uma corrente, dominante no cinismo, de impiedade, ou pelo menos de incredulidade e de ceticismo em relação aos deuses e a algumas práticas religiosas) e o desprezo que eles tinham pela divindade, mas adotou dos cínicos a frugalidade, igual a um cão que late contra os outros cães. E depois de ter assim definido, caracterizado, esse asceta cristão como um herói filosófico que é um verdadeiro cínico, que adotou do cinismo o que é seu núcleo importante e válido, a saber a frugalidade e o modo de vida, independentemente de todas as falsas crenças ou falsas incredulidades, Gregório de Nazianzo continua, dirigindo-se desta vez diretamente a Máximo: comparo você a um cão (a comparação se refere evidentemente a essa assinalação de verdadeiro cinismo, que Gregório elogia em Máximo) não porque você é despudorado, mas por causa da sua franqueza (*parresía*). Não porque você é guloso, mas porque você vive ao sabor dos dias; não porque você late, mas porque você monta guarda para a salvação das almas[19]. E um pouco mais adiante acrescenta: você é o melhor e o mais perfeito dos filósofos, por ser o mártir, a testemunha da verdade (*martýron tês aletheías*)[20]. Então, claro, *martýron* ([do verbo] *martyreîn*) não designa unicamente o mártir no sentido que costumamos dar a esse termo. É o testemunho da verdade que é designado aqui. Mas vocês estão vendo que na boca de Gregório não se trata simplesmente do testemunho verbal de alguém que diria a verdade. Trata-se de alguém que, em sua própria vida, em sua vida de cão, não cessou, desde o momento em que abraçou o ascetismo até então, de ser em seu corpo, em sua vida, em seus gestos, em sua frugalidade, em suas renúncias, em sua ascese, a testemunha viva da verdade. Ele sofreu, suportou, privou-se para que a verdade, de certo modo, tomasse corpo em sua própria vida, em sua própria existência, tomasse corpo em seu corpo.

Essa expressão "*martýron tês aletheías*" (ser a testemunha da verdade) é tardia, mas creio que podemos retê-la para caracterizar no fundo o que foi o cinismo durante toda a Antiguidade, e sem dúvida o que será essa espécie de cinismo que podemos encontrar ao longo de toda a história do Ocidente, através de diferentes perfis. Mártir da verdade entendido no sentido de "testemunha da verdade": testemunho que é dado, manifestado, autenticado por uma existência, uma forma de vida no sentido mais concreto e mais material do termo; testemunho de verdade dado por e no corpo, na roupa, no modo de comportamento, na maneira de agir, de reagir, de se portar. O próprio corpo da verdade é tornado visível, e risível, em certo estilo de vida. A vida como presença imediata, brilhante e selvagem da verdade, é isso que é manifestado no cinismo. Ou ainda: a vida como disciplina, como ascese e despojamento da vida. A verdadeira vida como vida de verdade. Exercer em sua vida e por sua vida o escândalo da verdade, é isso que foi praticado pelo cinismo, desde sua emergência, que podemos situar no século IV do período helenístico e que prossegue pelo menos até o fim do Império romano e – gostaria de mostrar – bem além dele. Exercer em e por sua vida o escândalo da verdade, é isso que está no cerne do cinismo. E é por isso que, com o cinismo, temos, parece-me, um ponto bem notável e que merece um pouco de atenção, se quisermos fazer a história da verdade e a história das relações da verdade com o sujeito. Eis a justificativa de por que eu gostaria agora de me deter um pouco nessa questão do cinismo.

A lógica, a pedagogia, as regras de todo ensino deveriam me levar agora a falar com vocês do cinismo tal como podemos tentar identificá-lo, destacá-lo nos textos antigos, para depois tentarmos contar, se não sua história, pelo menos alguns dos seus episódios. Na verdade, vou fazer o contrário, no intento de me justificar por prender vocês sem cessar na filosofia antiga. Vou fazer um desvio e procurarei mostrar por que e como o cinismo não é simplesmente, como muitas vezes se imagina, uma figura um pouco particular, singular e afinal esquecida na filosofia antiga, mas uma categoria histórica que perpassa, sob formas diversas, com objetivos variados, toda a história ocidental. Há um cinismo que faz corpo com a história do pensamento, da existência e da subjetividade ocidentais. Era um pouco esse cinismo trans-histórico que gostaria de evocar na próxima hora. E depois, da próxima vez, voltaremos ao que podemos considerar o núcleo histórico do cinismo na Antiguidade.

*

NOTAS

1. Foi em 1982, nas duas primeiras sessões do ano de curso, que Foucault analisou demoradamente esse diálogo (*L'Herméneutique du sujet*, ed. citada).

2. Cf. sobre esse ponto o desenvolvimento da aula de 13 de janeiro de 1982 (*id.*, pp. 68-70).

3. "Tudo o que ouvi desse homem [Epicteto] enquanto ele falava, procurei transcrever tanto quanto possível com suas próprias palavras, a fim de guardar cuidadosamente para mim tendo em vista a memória do seu pensamento e da sua fala franca (*dianoias kaì parresías*)" ("Lettre d'Arrien à Lucius Gellius", *in Épictète*, trad. J. Souilhé, t. I, Paris, Les Belles Lettres, 1943, p. 4). Cf. para uma primeira análise desse texto a aula de 3 de março de 1982 (*L'Herméneutique du sujet*, pp. 349-50).

4. Diógenes Laércio, *Vie et doctrines des philosophes illustres*, trad. M.-O. Goulet-Cazé, ed. citada, livro VI, § 69, p. 736.

5. "Na realidade, o cínico é para os homens um batedor (*katáskopos*) do que lhes é favorável e do que lhes é hostil. E deve explorar previamente com exatidão, depois voltar para anunciar a verdade (*apaggeîlai talethê*), sem se deixar paralisar pelo medo" (Epicteto, *Entretiens*, livro III, entretien XXII, 24-5, ed. citada, p. 73).

6. *Les Sectes à l'encan, in Oeuvres complètes de Lucien de Samosate*, t. I, trad. E. Talbot, Paris, Hachette, 1912, pp. 199-214.

7. "Quero ser o intérprete da verdade e da franqueza (*aletheías kaì parresias prophétes*)" (*id.*, § 8, p. 203).

8. "Ele foi conduzido ao estudo da sabedoria por uma inclinação natural para a virtude e por um amor inato à filosofia" (Luciano, *Démonax*, in *Oeuvres complètes...*, t. i, ed. citada, § 3, p. 525).

9. "O ódio popular foi no caso dele, como no de Sócrates, fruto da sua franqueza e da sua liberdade" (*id.*, § 11, p. 527).

10. *Ibid.*

11. Juliano (*Imperador*), *Contre Héracleios*, 225b-c, *in Oeuvres complètes*, t. II-1, trad. G. Rochefort, Paris, Les Belles Lettres, 1963, § 19, p. 71.

12. "Vede, estou sem abrigo sem pátria sem recursos sem escravos. Durmo no chão. Não tenho mulher nem filhos nem palácio de governador, mas somente a terra e o céu e um velho manto" (Epicteto, *Entretiens*, III, XXII, 47-8, p. 77).

13. Diógenes Laércio, *Vies et doctrines...*, trad. M.-O. Goulet-Cazé, livro VI, § 96, p. 760 (ed. R. Genaille, p. 44).

14. Epicteto, *Entretiens*, III, XXII, 81, p. 82.

15. *Id.*, III, XXII, 69-70, p. 80.

16. "O verdadeiro cínico [...] deve saber que também foi enviado aos homens por Zeus na qualidade de mensageiro (*ággelos*)" (*id.*, III, XXII, 23, p. 72).

17. Diógenes Laércio, *Vies et doctrines...*, trad. M.-O. Goulet-Cazé, livro VI, § 46, p. 722, e VI, 69, p. 736.

18. Epicteto, *Entretiens*, III, XXII, 48, p. 77.

19. Gregório de Nazianze, *Discours*, 24-6, trad. J. Mossay, Paris. Éd. du Cerf (col. "Sources chrétiennes" n. 284), 1981; cf. discurso 25: "Tu, filósofo e sábio [...], tu, cão não pelo impudor, mas pela franqueza (*parresían*), não pela gula, mas pela imprevidência, não pelos latidos, mas pela proteção do bem pela vigilância espiritual" (1200B, 25, I, 2, p. 159).

20. "Tu, o melhor e mais perfeito dos filósofos – e acrescentarei: dos mártires da verdade (*martýron tês aletheías*)" (*id.*, 1200A, 25, I, 1, p. 159).

AULA DE 29 DE FEVEREIRO DE 1984
Segunda hora

Hipóteses sobre as posteridades do cinismo. – As posteridades religiosas: o ascetismo cristão. – As posteridades políticas: a revolução como estilo de existência. – As posteridades estéticas: a arte moderna. – Antiplatonismo e antiaristotelismo da arte moderna.

Vou pedir a indulgência de vocês. O que vou lhes propor agora não é nada mais que um passeio, um excurso, uma errância. Imaginem que pudéssemos trabalhar em grupo ou que quiséssemos escrever um livro sobre o cinismo como categoria moral na cultura ocidental: o que faríamos? Eu teria de projetar previamente um estudo como este e diria mais ou menos o seguinte... Da próxima vez voltaremos ao cinismo histórico (o da Antiguidade), mas me deu vontade agora, um tanto excitado com o cinismo no decorrer destas últimas semanas, de propor o seguinte a vocês.

É verdade que o cinismo aparece de muito bom grado como uma figura meio anedótica, e não simplesmente marginal na filosofia antiga. Há algumas razões para isso. Primeiro, claro, a desqualificação fortíssima, sobre a qual tornaremos, que pesou sobre o cinismo na própria Antiguidade, ou em todo caso a atitude que fez que, em relação ao cinismo, a filosofia instituída, institucional, reconhecida, sempre tivesse uma atitude ambígua, tentando distinguir no cinismo toda uma série de práticas desprezadas, condenadas, violentamente criticadas, e um núcleo que seria o núcleo do cinismo e que mereceria ser salvo. Essa atitude em relação ao cinismo foi frequente na Antiguidade e certamente pesou muito para a sua desqualificação ulterior. A outra razão é que algumas filosofias antigas transmitiram ao pensamento ocidental núcleos doutrinais extremamente fortes e bem caracterizados, como Platão, Aristóteles – até certo ponto o estoicismo, e aí já é bem menos nítido. Não é, evidentemente, o caso do cinismo, pela simples razão de que conhecemos muito pouco os textos cínicos, que no entanto existiram em grande número, [mas] também porque, parece, o arcabouço teórico do cinismo, inclusive na Antiguidade, foi extremamente rudimentar. A doutrina cínica, portanto, de certo modo desapareceu. Mas quer isso dizer que o cinismo, um pouco à maneira do estoicismo, um pouco à maneira do epicurismo, um pouco e sobretudo à maneira do ceticismo – vai ser preciso voltar a esse ponto mais detalhadamente – não se transmitiu, não continuou e prosseguiu essencialmente como uma atitude, uma maneira de ser, muito mais do que como uma doutrina? Poderíamos portanto imaginar a história do cinismo não, mais uma vez, como doutrina, e sim, muito mais, como atitude e maneira de ser, tendo é claro suas justificações e mantendo sobre si mesma seu próprio discurso justificativo e explicativo. De sorte que, desse ponto de vista, me parece que seria possível fazer, através dos séculos, uma história do cinismo da Antiguidade até nós.

No que concerne aos trabalhos [relativos a] essa longa história do cinismo, devo dizer que estamos um tanto desprovidos de material. Pelo que sei, só vejo nos textos alemães referências a esse problema do cinismo em sua longa duração histórica, e sobretudo escritos consagrados à relação entre o cinismo digamos moderno (o cinismo no pensamento e na cultura europeus modernos) e o cinismo antigo. Seria necessário fazer pesquisas um pouco mais precisas. Por ora, vejo o seguinte. Nos textos alemães, primeiro um texto de 1953 de Tillich que se chama *Der Mut zum Sein* (a coragem de ser, ou a coragem em relação ao ser)[1], cuja referência a Nietzsche é evidente (vontade de potência, coragem de ser), ao mesmo tempo, claro, que ao existencialismo. Nesse texto, vocês encontram uma distinção – não sei se ela aparece pela primeira vez, mas é explícita aí – entre *Kynismus* e *Zynismus*. Tillich utiliza o termo *Kynismus* para designar o cinismo antigo, que ele define, caracteriza, como a crítica da cultura contemporânea dos cínicos, com base na natureza e na razão. E desse cinismo ele deriva, mas com diferenças notáveis, consideráveis, o *Zynismus* contemporâneo, o cinismo contemporâneo, que ele diz que é uma coragem de ser seu próprio criador. Em *Parmenides und Jona*[2], Heinrich em 1966 também retoma essa distinção entre *Kynismus* e *Zynismus*, e consagra um capítulo interessantíssimo, logo no início do livro se bem me lembro, à longa história do cinismo [com], mais uma vez, a oposição entre o *Kynismus* antigo e o *Zynismus* contemporâneo. O *Kynismus* antigo seria, segundo ele – em resposta à destruição da cidade e da comunidade política da Antiguidade clássica –, uma forma de afirmação de si mesmo que, não podendo mais tomar como referência nem apoio as estruturas políticas e comunitárias da vida antiga, seria indexada [à] animalidade. A afirmação de si mesmo como animal é que estaria, de acordo com Heinrich, no núcleo do *Kynismus* antigo. E o *Zynismus* contemporâneo, o da Europa moderna, também seria, como o *Kynismus* antigo, uma afirmação de si – e ele assinala bem a filiação ou pelo menos a continuidade da experiência da forma cínica –, mas essa afirmação de si não se faria por uma indexação à animalidade, e sim se efetuaria em face de e em relação ao absurdo e à ausência universal de significação. O terceiro texto a que podemos nos referir é o livro de Gehlen que se chama *Moral und Hypermoral*[3]. No primeiro capítulo ele define o cinismo como um individualismo, uma afirmação do eu (*Ichbetonung*). Enfim [o] quarto livro, que não conheço, só me foi assinalado recentemente, lançado ano passado na Alemanha pela Suhrkamp, é de uma pessoa chamada Sloterdijk e tem o solene título de *Kritik der zynischen Vernunft* (*Crítica da razão cínica*)[4]. Nenhuma das críticas da razão nos será poupada, nem a pura nem a dialética nem a política, e agora pois: "crítica da razão cínica". É um livro em dois volumes sobre o qual não sei nada. Deram-me opiniões, digamos, divergentes sobre o interesse por esse livro. Em todo caso é certo que vocês encontram, na filosofia alemã contemporânea, desde a guerra, toda uma problematização do cinismo em suas formas antigas e modernas. E seria sem dúvida uma coisa a estudar mais de perto: por que e em que termos os filósofos alemães contemporâneos colocaram esse problema.

    Se me atenho aos três primeiros textos que citei, pois não conheço o quarto, parece-me que essas interpretações, que têm pelo menos o enorme interesse de colocar o problema do cinismo como categoria trans-histórica, podem mesmo assim convidar a algumas observações. Primeiro, parece-me que, de uma maneira bem sistemática, esses autores opõem um cinismo de valor mais positivo, que seria o cinismo antigo, a um cinismo de valor negativo, que seria o cinismo moderno. Claro, diante disso é preciso ressaltar que o cinismo, mesmo em sua forma antiga, sempre foi considerado, percebido, na cultura antiga com uma ambiguidade muito forte, como eu recordava há pouco. E, depois, se quisermos dar suas verdadeiras dimensões ao cinismo como forma de existência na Europa cristã e na Europa moderna, não poderemos fazer sobre ele um juízo uniformemente negativo. Creio que essas três primeiras análises – não falo da quarta – se constroem com base na hipótese de uma descontinuidade bastante forte e bem marcante entre o cinismo antigo e o cinismo moderno, como se não tivesse havido intermediários e como se se tratasse de duas formas, mais ou menos aparentadas sem dúvida, mas violentamente conflitantes. Se houve uma história longa, contínua do cinismo, implicando é claro formas diversas, práticas diferentes, estilos de existência modulados de acordo com esquemas diferentes, é fácil mostrar a existência permanente de algo que pode aparecer como *o* cinismo através de toda a cultura europeia.

    Enfim e sobretudo, nessas interpretações, seja a de Gehlen, a de Heinrich ou a de Tillich, o cinismo é sempre apresentado como uma espécie de individualismo, de afirmação de si, uma exasperação da existência particular, da existência natural e animal, da existência em sua extrema singularidade, seja por oposição, em reação ao deslocamento das estruturas sociais da Antiguidade, seja em face do absurdo do mundo moderno. Em todo caso o indivíduo e o individualismo é que seriam o cerne do cinismo. Centrando a análise do cinismo nesse tema do individualismo, corremos [no entanto] o risco de não ver o que, do meu ponto de vista, é uma [das suas] dimensões fundamentais, isto é, o problema, que está no cerne do cinismo, do relacionamento entre formas de existência e manifestação da verdade. A forma de existência como escândalo vivo da verdade, é isso, me parece, que está no cerne do cinismo, pelo menos tanto quanto o tal individualismo que se tem o costume de encontrar com tanta frequência a propósito de tudo e de qualquer coisa. Pois bem, se aceitássemos – se tratam de hipóteses, do trabalho possível – enfocar a história longa do cinismo a partir desse tema da vida como escândalo da verdade, ou do estilo de vida, da forma de vida como lugar de emergência da verdade (o *bíos* como aleturgia), me parece que, nesse caso, poderíamos fazer aparecer algumas coisas e seguir algumas pistas. Veríamos pelo menos três fatores, três elementos que puderam, na longa história da Europa, transmitir, sob formas mais uma vez diversas, o esquema cínico, o modo cínico de existência na Antiguidade cristã, primeiro, e no mundo moderno.

    O primeiro suporte da transferência e da penetração do modo de ser cínico na Europa cristã foi [constituído], é claro, pela própria cultura cristã, pelas práticas e pelas instituições do ascetismo. No ascetismo cristão, encontramos o que foi, a meu ver, por muito tempo e durante séculos, o grande veículo do modo de ser cínico através da Europa. Que as [práticas ascéticas] do cristianismo antigo tenham sido vividas e aplicadas como testemunho da própria verdade, que o asceta cristão tenha querido dar corpo à verdade por meio dessas práticas de ascese à maneira do cínico, tivemos disso tudo uma grande série de testemunhos todos eles convergentes. Temos aliás mil [exemplos] dessa proximidade extrema entre a prática do despojamento cínico como testemunho, martírio da verdade, e a ascese cínica como testemunho também da verdade (ainda que se trate de uma outra verdade). Um dos mais antigos se encontra justamente em Luciano, a propósito de Peregrino. Peregrino era um filósofo, um cínico, cuja morte teatral Luciano conta. Ele se queimou vivo, creio que nos Jogos Olímpicos[5]. E a propósito dessa morte, Luciano escreve um texto extremamente violento em que conta a vida de Peregrino e como este, num dado momento da sua vida, foi cristão e adotou e praticou todas as renúncias que caracterizam a vida cristã. Por quê? Por fidelidade e obediência àquele que Luciano chama de o sofista, que foi crucificado na Palestina[6]. Peregrino é portanto um cínico que passou pelo cristianismo, ou um cristão que se tornou cínico. Em todo caso, a interferência entre as duas formas de vida é bastante próxima para que alguém como Luciano, evidentemente bem distante desses problemas, bastante hostil a todas essas formas de práticas, possa confundi-las sem muita dificuldade. É do mesmo modo que Juliano, mais tarde, em sua crítica dos cínicos, salientará a proximidade que há entre a vida cínica e a vida cristã. E é notável que santo Agostinho, por exemplo, num texto que eu gostaria de citar para vocês, evoca esse problema dos cínicos. É numa passagem de *A cidade de Deus* (livro XIX), em que ele faz a pergunta: será que se pode efetivamente admitir na comunidade cristã e reconhecer como cristão alguém que leva o modo de vida cínico (o que prova que o modo de vida cínico ainda era praticado inclusive nas comunidades cristãs, ou pelo menos que aqueles que praticavam o modo de vida cínico desejavam, procuravam, se integrar nas comunidades cristãs)? E santo Agostinho responde: "Pouco importa a essa cidade que, professando a fé que conduz a Deus, se adote este ou aquele gênero de vida [...]. Ela não impõe portanto aos próprios filósofos, quando estes se fazem cristãos, que mudem seu modo de vestir e suas maneiras de viver, se elas não tiverem nada de contrário à religião, mas sim que renunciem às suas falsas doutrinas."[7] A lição de santo Agostinho é clara, portanto: a partir do momento em que a doutrina é a doutrina boa, pode-se perfeitamente aceitar na comunidade cristã alguém que leve a vida cínica, que use os trajes cínicos, que viva como um cínico. Encontraríamos, por exemplo, em são Jerônimo (*Contra Joviniano*, livro II, parágrafo IV, capítulo 14), alguma coisa sobre a morte de Diógenes, completada por um elogio. Ele incita os cristãos a não serem inferiores a um filósofo como Diógenes.

Que tenha havido, no início do cristianismo, uma interferência muito sensível entre a prática cínica e a ascese cristã, não há nada de surpreendente, evidentemente. Mas o que se deve notar também é que o modo de vida cínico foi, por intermédio é claro da ascese cristã e do monaquismo, transmitido por muito tempo. E mesmo que as referências explícitas ao cinismo, à doutrina, à vida cínicas, se o próprio termo de "cão" em referência ao cinismo de Diógenes desaparece, muitos dos temas, das atitudes e das formas de comportamento que foi possível observar entre os cínicos vão se encontrar em numerosíssimos movimentos espirituais da Idade Média. Afinal de contas, as ordens mendicantes – gente que, se despojando de tudo, usando a roupa mais simples e mais grosseira, anda descalça para convocar os homens a zelar por sua salvação e os interpela em diatribes cuja violência é conhecida[8] – retomam de fato um modo de comportamento que é o modo de comportamento cínico. Os franciscanos, com seu despojamento, sua errância, sua pobreza, sua mendicidade, são até certo ponto os cínicos da cristandade medieval. Quanto aos dominicanos, pois bem, vocês sabem que eles próprios se chamam de *Domini canes* (os cães do Senhor). Embora verossimilmente só *a posteriori* se fez a aproximação com o cinismo antigo, de fato esse modelo, transmitido através do cristianismo, é que foi reativado. Encontraríamos muitos outros exemplos [dessa reativação] em movimentos mais ou menos heréticos que floresceram e se desenvolveram ao longo de toda a Idade Média. A descrição de Robert d'Abrissel, esse inspirador espiritual que foi importantíssimo no oeste da França, em Anjou e Touraine no fim do século XI, é a seguinte: vestindo andrajos, ele ia descalço de um burgo a outro, combatendo a desmoralização do clero e convocando todos os cristãos a fazer ato de penitência. Ou ainda, no movimento valdense, vocês encontram esta descrição: não têm domicílio fixo, circulam aos pares, como os apóstolos (*tanquam Apostolicum*), seguindo nus a nudez de Cristo (*nudi nudum Christum sequentes*). E esse tema (seguir a nudez de Cristo, seguir a nudez da Cruz) foi extremamente importante em toda essa espiritualidade cristã, e, aí também, ele se refere, pelo menos implicitamente, ao que foi essa famosa nudez cínica, com seu duplo valor de ser ao mesmo tempo um modo de vida de despojamento completo e a manifestação, em plena nudez, do que é a verdade do mundo e da vida. A opção de vida como escândalo da verdade, o despojamento da vida como maneira de constituir, no próprio corpo, o teatro visível da verdade parecem ter sido, ao longo de toda a história do cristianismo, não apenas um tema, mas uma prática particularmente viva, intensa, forte, em todos os esforços de reforma que se opuseram à Igreja, a suas instituições, a seu enriquecimento, a seu relaxamento de costumes. Houve todo um cinismo cristão, um cinismo anti-institucional, um cinismo que eu diria antieclesiástico, cujas formas e vestígios ainda vivos eram sensíveis à Reforma, durante a Reforma, dentro da própria Reforma protestante, ou mesmo da contrarreforma católica. Toda essa longa história do cinismo cristão poderia ser feita.

Em segundo lugar, seria interessante também, situando-se mais perto de nós, analisar um outro suporte do que foi o modo de vida cínico, entendido o cinismo como forma de vida no escândalo da verdade. Nós o encontraríamos não mais nas instituições e nas práticas religiosas, mas nas práticas políticas. Com isso, entenda-se, penso nos movimentos revolucionários, ou pelo menos em alguns desses movimentos que vocês sabem aliás tomaram muitos empréstimos das diferentes formas, ortodoxas ou não, da espiritualidade cristã. O cinismo, a ideia de um modo de vida que seria a manifestação irruptiva, violenta, escandalosa, da verdade faz parte e fez parte da prática revolucionária e das formas assumidas pelos movimentos revolucionários ao longo do século XIX. A revolução no mundo europeu moderno – esse é um fato conhecido e tínhamos falado dele, creio, ano passado – não foi simplesmente um projeto político, foi também uma forma de vida. Ou, mais precisamente, ela funcionou como um princípio que determinava um modo de vida. E se vocês quiserem chamar por comodidade de "militantismo" a maneira como foi definida, caracterizada, organizada, regrada a vida como atividade revolucionária, ou a atividade revolucionária como vida, podemos dizer que o militantismo, como vida revolucionária, como vida consagrada, total ou parcialmente, à Revolução, adquiriu na Europa dos séculos XIX e XX três grandes formas. Duas principalmente são conhecidas (a mais antiga e a mais recente), mas vou me interessar pela terceira.

[Primeiro, encontramos] a vida revolucionária na forma da socialidade e do secreto, a vida revolucionária na sociedade secreta (associações, complôs contra a sociedade presente e visível, constituição de uma sociedade invisível pautada por um princípio ou um objetivo milenarista). Esse lado da vida revolucionária foi evidentemente importantíssimo no início do século XIX.

Segundo, na outra extremidade, vocês têm o militantismo, na forma não mais da socialidade secreta, mas da organização visível, reconhecida, instituída, que procura impor seus objetivos e sua dinâmica no campo social e político. É o militantismo não mais se escondendo na socialidade secreta, mas aparecendo, se fazendo reconhecer em organizações sindicais ou partidos políticos com função revolucionária.

E, depois, terceira maneira importante de ser militante, é o militantismo como testemunho pela vida, na forma de um estilo de existência. Esse estilo de existência próprio do militantismo revolucionário, que assegura esse testemunho pela vida, está em ruptura, deve estar em ruptura com as convenções, os hábitos, os valores da sociedade. E ele deve manifestar diretamente, por sua forma visível, por sua prática constante e sua existência imediata, a possibilidade concreta e o valor evidente de uma outra vida, uma outra vida que é a verdadeira vida. Aqui também vocês encontram, bem no centro da experiência, da vida, do militantismo revolucionário, esse tema, tão fundamental e ao mesmo tempo tão enigmático e tão interessante, essa verdadeira vida cujo problema já foi posto por Sócrates e cuja temática não cessou, acredito, de percorrer todo o [pensamento] ocidental.

A vida revolucionária, a vida como atividade revolucionária teve esses três aspectos: a socialidade secreta, a organização instituída e, depois, o testemunho pela vida (testemunho da verdadeira vida pela própria vida). Esses três aspectos do militantismo revolucionário (socialidade secreta, organização e estilo de existência) estiveram constantemente presentes no século XIX. Mas nem todos eles, nem sempre, evidentemente, tiveram a mesma importância. Poder-se-ia dizer esquematicamente que foram sucessivamente dominantes: o aspecto da socialidade secreta dominou claramente os movimentos revolucionários do início do século XIX; o aspecto da organização se tornou essencial no último terço do século XIX com a institucionalização dos partidos políticos e dos sindicatos; e o aspecto do testemunho pela vida, do escândalo da vida revolucionária como escândalo da verdade foi dominante muito mais nos movimentos que são, grosso modo, os do meado do século XIX. Dostoiévski, claro, deveria ser estudado e, com Dostoiévski, o niilismo russo; e depois do niilismo russo, o anarquismo europeu e americano; e igualmente o problema do terrorismo e a maneira como o anarquismo e o terrorismo, como prática da vida até a morte pela verdade (a bomba que mata inclusive quem a põe), aparecem como uma espécie de passagem ao limite, passagem dramática ou delirante, dessa coragem pela verdade que havia sido posta pelos gregos e a filosofia grega como um dos princípios fundamentais da vida de verdade. Ir à verdade, manifestar a verdade, fazer a verdade estourar até perder nisso a vida ou fazer correr o sangue dos outros, é uma coisa cuja longa filiação encontramos através do pensamento europeu.

Mas quando digo que esse aspecto do testemunho pela vida foi dominante no século XIX, que o encontramos sobretudo nesses movimentos que vão do niilismo ao anarquismo ou ao terrorismo, não quero dizer com isso que esse aspecto desapareceu totalmente e não passou de uma figura histórica na história do revolucionarismo europeu. Na verdade, vemos ressurgir sem cessar esse problema da vida como escândalo da verdade. Vocês veem reaparecer [assim], constantemente, o problema do estilo de vida revolucionário no que podemos chamar de esquerdismo. A ressurgência do esquerdismo como tendência permanente no interior do pensamento e do projeto revolucionário europeus sempre se fez se apoiando não na dimensão da organização, mas nessa dimensão do militantismo que é a socialidade secreta ou o estilo de vida, e às vezes o paradoxo de uma socialidade secreta se manifesta e se torna visível por formas de vida escandalosas. Aliás, não se deveria acreditar que, onde o revolucionarismo adquire a forma da organização em partidos políticos, a dimensão do segredo e a do estilo de vida, ou da vida como escândalo da verdade, desaparece completamente. Seria preciso evidentemente fazer uma análise precisa do que foram os partidos revolucionários na França (partido socialista e partido comunista). Seria interessante ver como, no partido comunista, se colocou o problema do estilo de vida, como ele se colocou nos anos 1920, como pouco a pouco foi transformado, elaborado, modificado e finalmente revertido, pois chegamos a esse resultado paradoxal, mas que em certo sentido apenas confirma a importância do estilo de vida e da manifestação da verdade na vida militante. Na situação atual, todas as formas, todos os estilos de vida que poderiam ter o valor de uma manifestação escandalosa de uma verdade inaceitável foram banidos, mas o tema do estilo de vida continua sendo, apesar de tudo, absolutamente importante no militantismo do Partido Comunista Francês, na forma da injunção, de certo modo revertida, de ter de retomar e valorizar, em seu estilo de vida, obstinada e visivelmente, todos os valores recebidos, todos os comportamentos mais habituais e os esquemas de conduta mais tradicionais. De sorte que o escândalo da vida revolucionária – como forma de vida que, em ruptura com toda vida aceita, faz aparecer a verdade, testemunha a favor dela – se reverte agora, nessas estruturas tradicionais do Partido Comunista Francês, [com] a aplicação dos valores referidos, dos comportamentos habituais, dos esquemas de conduta tradicionais, em oposição ao que seria a decadência burguesa ou a loucura esquerdista. Imagina-se bem o que seria essa análise, importante de se fazer, do estilo de vida nos movimentos revolucionários europeus, mas, que eu saiba, isso nunca foi feito: como a ideia de um cinismo da vida revolucionária como escândalo de uma verdade inaceitável se opôs à definição de uma conformidade de existência como condição para o militantismo em partidos que se dizem revolucionários. Seria outro objeto de estudo.

Depois dos movimentos religiosos, ao longo de toda a Idade Média e por muito tempo, [depois] da prática política do século XIX, houve, a meu ver, um terceiro grande veículo, na cultura europeia, do cinismo ou do tema do modo de vida como escândalo da verdade. Poderíamos encontrá-lo na arte. E aqui também a história seria longa e complexa. Seria sem dúvida preciso remontar até bem longe, porque, por mais claramente afirmada, por mais violenta que tenha sido na Antiguidade a oposição do cinismo às diferentes regras de conduta e valores culturais e sociais, houve na Antiguidade uma arte e uma literatura cínicas. A sátira, a comédia foram frequentemente atravessadas por temas cínicos e, melhor ainda, elas até certo ponto constituíram um lugar privilegiado de expressão para os temas cínicos. Na Europa medieval e cristã, haveria sem dúvida a considerar todo um aspecto da literatura como sendo uma espécie de arte cínica. Os *fabliaux* pertenceriam sem dúvida a ela, assim como toda essa literatura que Bakhtin estudou[9], referindo-a sobretudo à festa e ao carnaval, mas que, também penso, pertence certamente a essa manifestação da vida cínica: o problema das relações entre a festa e a vida cínica (a vida no estado nu, a vida violenta, a vida que escandalosamente manifesta a verdade). Haveria uma interseção com muitos temas sobre o carnaval e a prática carnavalesca. Mas creio que é sobretudo na arte moderna que a questão do cinismo se torna singularmente importante. O fato de a arte moderna ter sido e ainda ser para nós o veículo do modo de ser cínico, o veículo desse princípio do relacionamento do estilo de vida e da manifestação da verdade, se fez de duas maneiras.

Primeiro com o aparecimento – no fim do século XVIII, correr do século XIX, sei lá, tudo isso, repito, precisava ser estudado – de algo que é totalmente singular na cultura europeia: a vida de artista. [No entanto,] a ideia de que o artista como artista deve ter uma vida singular, que não pode ser reduzida totalmente às dimensões e às normas ordinárias, já era uma ideia estabelecida. Bastaria por exemplo ler a *Vida dos pintores* de Vasari[10] ou a autobiografia de Benvenuto Cellini[11]. Nelas vocês vão ver nitidamente, facilmente admitida a ideia de que o artista como artista não pode ter uma vida totalmente parecida com a dos outros. Sua vida não é exatamente comensurável à dos outros. Mas, em fins do século XVIII/ início do XIX, aparece uma coisa nova, diferente em relação ao que se podia encontrar no Renascimento em Vasari. É a ideia, moderna creio, de que a vida do artista deve, na forma mesma que ela assume, constituir um testemunho do que é a arte em sua verdade. Não somente a vida do artista deve ser suficientemente regular para que ele possa criar sua obra, mas sua vida deve ser, de certo modo, uma manifestação da própria arte em sua verdade. Esse tema de uma vida de artista, tão importante ao longo do século XIX, repousa, no fundo, em dois princípios. Primeiro: a arte é capaz de dar à existência uma forma em ruptura com toda outra, uma forma que é a da verdadeira vida. E, depois, outro princípio: se ela tem a forma da verdadeira vida, a vida, em contrapartida, é a caução de que toda obra, que se enraíza nela e a partir dela, pertence à dinastia e ao domínio da arte. Creio pois que essa ideia da vida de artista como condição da obra de arte, autenticação da obra de arte, obra de arte ela própria, é uma maneira de retomar, sob uma outra luz, sob um outro perfil, com uma outra forma, é claro, esse princípio cínico da vida como manifestação de ruptura escandalosa, pela qual a verdade vem à tona, se manifesta e toma corpo.

Não é tudo, e há uma outra razão pela qual a arte no mundo moderno foi o veículo do cinismo. É a ideia de que a própria arte, quer se trate da literatura, da pintura ou da música, deve estabelecer com o real uma relação que não é mais da ordem da ornamentação, da ordem da imitação, mas que é da ordem do desnudamento, do desmascaramento, da decapagem, da escavação, da redução violenta ao elementar da existência. Essa prática da arte como desnudamento e redução ao elementar da existência é algo que se assinala de uma maneira cada vez mais sensível a partir sem dúvida de meados do século XIX. A arte (Baudelaire, Flaubert, Manet) se constitui como lugar de irrupção do debaixo, do embaixo, do que, na cultura, não tem direito, ou pelo menos não tem possibilidade de expressão. E nessa medida, há um antiplatonismo da arte moderna. Se vocês viram a exposição de Manet neste inverno*, salta aos olhos: há um antiplatonismo da arte moderna que foi o grande escândalo de Manet e que, a meu ver, sem ser a caracterização de toda arte possível atualmente, foi uma tendência profunda que vocês encontram de Manet a Francis Bacon, de Baudelaire a Samuel Beckett ou Burroughs. Antiplatonismo: a arte como lugar de irrupção do elementar, desnudamento da experiência.

E com isso a arte estabelece com a cultura, com as normas sociais, com os valores e os cânones estéticos uma relação polêmica de redução, de recusa e de agressão. É o que faz a arte moderna desde o século XIX, esse movimento pelo qual, incessantemente, cada regra estabelecida, deduzida, induzida, inferida a partir de cada um desses atos precedentes, se encontra rejeitada e recusada pelo ato seguinte. Há em toda forma de arte uma espécie de permanente cinismo em relação a toda arte adquirida. É o que poderíamos chamar de caráter antiaristotélico da arte moderna.

A arte moderna, antiplatônica e antiaristotélica: redução, desnudamento do elementar da existência; recusa, rejeição perpétua de toda forma já adquirida. Essa arte moderna, sob esses dois aspectos, tem uma função que poderíamos dizer essencialmente anticultural. Ao consenso da cultura se opõe a coragem da arte em sua verdade bárbara. A arte moderna é o cinismo na cultura, é o cinismo da cultura voltada contra ela mesma. E se não é simplesmente na arte, é na arte principalmente que se concentram, no mundo moderno, em nosso mundo, as formas mais intensas de um dizer-a-verdade que tem a coragem de assumir o risco de ferir. E nessa medida, creio que poderíamos fazer uma história do modo cínico, da prática cínica, do cinismo como modo de vida ligado a uma manifestação da verdade. Poderíamos fazê-la a propósito da arte moderna, como podemos fazê-la a propósito dos movimentos revolucionários e como pudemos fazê-la a propósito da espiritualidade cristã. Desculpem esses so-

---

* Foucault, que certamente não faz referência aqui à grande retrospectiva de Manet no Grand Palais (22 de abril-1º de agosto de 1983), evocaria a exposição do Centre Georges Pompidou ("Bonjour Monsieur Manet"), realizada de junho a outubro de 1983, e que apresentava, de maneira às vezes provocadora, visões e variações em torno das obras de Manet por artistas contemporâneos.

brevoos, são anotações, é trabalho possível. Voltaremos da próxima vez a coisas mais sérias sobre o cinismo antigo. Obrigado.*

* Foucault não pronuncia aqui todo um desenvolvimento importante que encontramos no manuscrito, que prossegue assim:

"... haveria evidentemente muitas questões a elaborar em torno disso tudo: a própria gênese dessa função da arte como cinismo na cultura. Ver em *O sobrinho de Rameau* os primeiros sinais precursores desse processo que se tornará notável no decorrer do século XIX. Escândalo em torno de Baudelaire, Manet (Flaubert?); a relação entre o cinismo da arte e a vida revolucionária: proximidade, fascínio de um pelo outro (perpétua tentativa de ligar a coragem do dizer-a-verdade revolucionário à violência da arte como irrupção selvagem do verdadeiro); mas também uma insuperponibilidade essencial, que se deve sem dúvida ao fato de que, enquanto essa função cínica está no próprio cerne da arte moderna, ela é simplesmente marginal no movimento revolucionário desde que este foi dominado por formas organizativas: quando os movimentos revolucionários se organizam em partidos e quando os partidos definem a "verdadeira vida" por uma uniformidade sem falhas às normas, por uma uniformidade social e cultural. É evidente que, longe de assegurar um vínculo, o cinismo constitui um ponto de incompatibilidade entre o *éthos* próprio da arte moderna e o *éthos* próprio da prática política, mesmo sendo esta revolucionária. Poderíamos encontrar essa mesma questão através de uma formulação diferente: como o cinismo, que parece ter sido um movimento popular bastante difundido na Antiguidade, se tornou nos séculos XIX e XX uma atitude ao mesmo tempo elitista e marginal, importante em nossa história, muito embora o próprio termo cinismo não remeta de modo algum a valores negativos. Acrescentar mais uma coisa: o cinismo pode ser aproximado de outra forma do pensamento grego: o ceticismo. Este também, muito mais estilo que doutrina, maneira de ser e de fazer e de dizer; ele também, atitude ética perante a verdade; atitude de ser, de fazer e de dizer; atitude de prova, de exame, de questionamento dos princípios. Mas com esta grande diferença: o ceticismo é uma atitude de exame que desenvolvemos sistematicamente no domínio do saber, e não mais das vezes deixa de lado as implicações práticas; enquanto o cinismo é centrado sobretudo numa atitude prática, e se articula numa falta de curiosidade ou numa indiferença teórica, e na aceitação de alguns princípios fundamentais. Mesmo assim, a combinação do cinismo e do ceticismo no século XIX foi um princípio do "niilismo" entendido como maneira de viver em certa atitude perante a verdade. É preciso perder o hábito de nunca pensar o niilismo senão sob o aspecto como é encarado hoje: seja na forma de um destino próprio da metafísica ocidental, destino de que não poderíamos escapar a não ser voltando àquilo cujo esquecimento tornou possível essa mesma metafísica; seja na forma de uma vertigem de decadência própria de um mundo ocidental incapaz de acreditar doravante em seus próprios valores. Primeiro o niilismo deve ser considerado uma figura histórica bem precisa nos séculos XIX e XX, o que não quer dizer que não se deva inscrevê-lo na história longa do que o precedeu e preparou: ceticismo; cinismo. E através daí, é preciso considerá-lo um episódio, ou, antes, uma forma historicamente bem situada desse problema posto desde há muito na cultura ocidental: o problema da relação entre vontade de verdade e estilo de existência.

Cinismo e ceticismo foram duas maneiras de colocar o problema da ética da verdade. Seu cruzamento no niilismo manifesta algo de essencial, de central na cultura ocidental. Esse algo pode ser enunciado brevemente: onde o cuidado da verdade questiona esta sem cessar, qual é a forma de existência que possibilita esse questionamento; qual é a vida necessária a partir do momento em que a verdade não seria necessária? A questão do niilismo não é: se Deus não existe, tudo é permitido. Sua fórmula é, antes, uma pergunta: se devo me defrontar com o "nada é verdadeiro", como viver? No cerne da cultura ocidental, existe a dificuldade de definir o vínculo entre o cuidado da verdade e a estética da existência. É por isso que o cinismo me parece uma questão importante, muito embora, é claro, existam vários textos sobre ele e embora esses textos não permitam ver neles uma doutrina bem estabelecida. Pouco importa a história da doutrina, o importante é estabelecer uma história das artes de existência. Neste Ocidente que inventou tantas verdades diversas e moldou artes de existência tão múltiplas, o cinismo não para de lembrar o seguinte: que muito pouca verdade é indispensável para quem quer viver verdadeiramente e que muito pouca vida é necessária quando se é verdadeiramente apegado à verdade."

*

NOTAS

1. P. Tillich, *Der Mut zum Sein*, Sttutgart, Steingrüben, 1953, reéd. Berlim, De Gruyter, 1991 / *Le Courage d'être*, trad. J.-P. Le May, Paris, Le Cerf, 1999.
2. K. Heinrich, *Parmenides und Jona*, Frankfurt/Meno, Suhrkamp, 1966.
3. A. Gehlen, *Moral und Hypermotal. Eine pluralische Ethik*, Frankfurt/Meno, Athenäum Verlag, 1969.
4. P. Sloterdijk, *Kritik der zynischen Vernunft*, Frankfurt/Meno, Suhrkamp, 1983 / *Critique de la raison cynique*, trad. H. Hildebrand, Paris, Bourgois, 1987.
5. Cf. *Oeuvres complètes de Lucien de Samosate*, t. II, § 36-39, trad. E. Talbot, ed. citada, pp. 395-6.
6. *Id.*, § 11, p. 387.
7. Santo Agostinho, *La Cité de Dieu*, XIX, 19, t. 37, trad. G. Combès, Paris, Desclée de Brouwer, 1960, p. 135.
8. N. Cohn, *Les Fanatiques de l'Apocalypse*, trad. S. Clémendot, Paris, Juilliard, 1962 (ed. orig.: *The Pursuit of the Millenium: Revolutionary Millenarians and Mystical Anarchists of the Middle Ages*, Londres, Oxford University Press, 1957).
9. M. Bakhtine, *L'Oeuvre de François Rabelais et la culture populaire au Moyen Âge et sous la Renaissance* (redigido em 1940, ed. orig. em russo, 1965), Paris, Gallimard, 1982.
10. [G.] Vasari, *Les vies des meilleurs peintres, sculpteurs et architectes italiens* [1546], ed. A. Chastel, Paris, Berger-Levrault, 1981-1985. (Cf. o texto de 1962, "Le 'non' du père", a propósito de Hölderlin, que já compreende todo um desenvolvimento sobre a filosofia dessas *Vidas*, em *Dits et Écrits*, ed. citada, t. I, pp. 192-3.)
11. *Vie de Benvenuto Cellini par lui-même*, trad. L. Leclenché, Paris, Éd. Sulliver, 1951.

AULA DE 7 DE MARÇO DE 1984
Primeira hora

Recapitulação bibliográfica. – Dois personagens cínicos opostos: Demétrio e Peregrino. – Duas apresentações opostas do cinismo: como impostura ou universal da filosofia. – Estreiteza doutrinal e extensão social do cinismo. – O ensino cínico como armadura de vida. – O tema dos dois caminhos. – Tradicionalidade de doutrina e tradicionalidade de existência. – O heroísmo filosófico. – O Fausto de Goethe.

Recebi esta semana uma carta de uma ouvinte a propósito da *parresía* e dos diferentes e novos significados que a palavra adquire na literatura cristã. E essa ouvinte me envia algumas referências muito interessantes em Cassiano, em João Clímaco, nos *Apotegmas*, nos Padres etc. Então, discrição: ela não põe nem seu nome nem seu endereço. Não posso responder portanto. Em todo caso, digo a ela que tem toda razão. Suas referências são interessantíssimas, é justamente nesse sentido que eu queria ir, se tiver tempo, este ano: mostrar a vocês como, através da própria evolução do termo de *parresía* na Antiguidade greco-romana, chegou-se no cristianismo a uma espécie de deslocamento dos sentidos da palavra *parresía* que vamos encontrar na literatura cristã. Claro, quando Gregório de Nazianzo, fazendo o elogio de Máximo, o apresenta como um cínico dotado de *parresía*, a palavra é empregada em seu sentido plenamente tradicional[1]. Mas toda uma série de outras significações, positivas ou negativas, serão trazidas à palavra *parresía*. É o que eu gostaria de estudar um pouco mais tarde. Esta é a breve resposta a essa carta, resposta simplesmente em forma de promessa que nem tenho certeza de ser capaz de cumprir.

Em segundo lugar, sempre a propósito do cinismo. Finalmente encontrei um livro, não quero dizer *o* livro, mas um livro sobre o cinismo, que é certamente muito mais interessante, ou pelo menos muito mais documentado do que os que eu havia evocado da última vez. É mais uma vez um livro alemão, já que manifestamente o problema, ao mesmo tempo histórico e filosófico do cinismo, preocupou muito os alemães, pelo menos desde o fim da Segunda Guerra [Mundial]. Esse livro se encontra na Bibliothèque Nationale, é escrito por alguém chamado Heinrich Niehues--Pröbsting e se intitula *Der Kynismus des Diogenes und der Begriff des Zynismus*[2]. Vejam, as duas grafias da palavra cinismo: *Kynismus* (o cinismo antigo) e *Zynismus* (a noção geral de cinismo). É um livro publicado em 1979, eu o recomendo. Vocês têm ao mesmo tempo uma análise interessantíssima do cinismo antigo e uma história do conceito de cinismo, muito diferente aliás em suas referências ao vago esboço que eu havia feito da última vez, quando procurei identificar pelo menos alguns dos veículos do cinismo, da vida cínica, da atitude cínica na cultura ocidental (no interior das instituições cristãs, na vida política, na prática artística). Nesse livro de Pröbsting, vocês vão encontrar ao contrário uma série de referências à reflexão teórica sobre o cinismo, à maneira como, na história da filosofia, se representou o cinismo desde o século XVI até agora, e a autores que, ao mesmo tempo diretamente se referiram ao cinismo, às vezes de uma maneira muito explícita como Wieland[3] ou Friedrich Schlegell[4], mas também a outros, como Nietzsche[5] – [o autor dá] boas indicações sobre a maneira como o cinismo de Nietzsche foi percebido, refletido, criticado em sua época, ou logo depois, em particular por alguém que se chamava Ludwig Stein, que escreveu em 1893 sobre a Weltanschauung de Nietzsche e seus perigos, um livro em que ele identifica, designa, denuncia o cinismo de Nietzsche[6]. Vocês encontrarão tudo isso nesse livro. Não o li inteiramente, e não posso jurar que não cometo um erro ao lhes dizer que [não tem nada] acerca do *Sobrinho de Rameau*, que afinal é na história da reflexão sobre o cinismo no Ocidente um momento, uma virada, tampouco sobre Sade[7]. Enfim, aí está para aqueles de vocês que possam se interessar pelo cinismo. Acrescento – e aqui perdoem o meu erro, claro – que não lhes falei do livro de Glucksmann (*Cynisme et Passion*)[8], que trata de uma reflexão sobre a possibilidade, os significados e os valores que poderia ter o cinismo na hora atual.

Voltemos então, humilde e modestamente, à história do cinismo na Antiguidade, ao qual eu gostaria de consagrar esta sessão. Se não tiver tempo de terminar, continuaremos da próxima vez, mas gostaria de tentar concluir agora. Começarei assinalando alguns problemas a propósito do cinismo, que fazem ao mesmo tempo sua singularidade entre as outras formas de reflexão e de práticas filosóficas na Antiguidade e também a dificuldade que há em analisá-lo. Para dizer coisas muito elementares, muito esquemáticas, a primeira dificuldade, a primeira singularidade também, a propósito desse cinismo é a variedade das atitudes e das condutas que, na época mesma, foram designadas, reconhecidas como pertencentes ao cinismo. Claro, sempre há um nível central, ou pelo menos uma espécie de estereótipo, que, aos olhos de todos, é regularmente carimbado como cinismo. A emblemática do cinismo é – já falamos nisso – o homem de manto curto, barba hirsuta, pés descalços e sujos, com a mochila, o cajado, e que está ali, nas esquinas, nas praças públicas, na porta dos templos, interpelando as pessoas para lhes dizer algumas verdades. Mas além, ou ao lado desse estereótipo, de ambos os lados desse personagem familiar, já assinalado desde o século IV [antes da nossa era] e que encontraremos em face de Juliano no século III, de ambos os lados desse personagem há outras formas de vida que, na época, se apresentaram, foram percebidas, caracterizadas, valorizadas e desvalorizadas como formas de vida cínica. Tomarei dois exemplos extremos, ou em todo caso extremamente diferentes.

Vocês têm um personagem que foi muito importante, ao mesmo tempo, na história do cinismo, nas relações entre o pensamento e a vida cínicos e o pensamento estoico – muito importante para Sêneca, em particular –, é o célebre Demétrio. Sêneca cita-o com frequência, sempre muito elogiosamente, chamando-o de "nosso Demétrio"[9], e dizendo que ele é sem dúvida uma das figuras mais notáveis da filosofia de seu tempo, se não da filosofia de todos os tempos. Tal como o vemos aparecer através dos textos de Sêneca, esse Demétrio é evidentemente alguém que levava uma vida despojada, pobre, pois que numa das suas cartas (62, 3), Sêneca diz que prefere frequentar Demétrio a gente vestida de púrpura. E, às pessoas vestidas de púrpura, ele opõe Demétrio "*seminudus*" (seminu)[10]. É esse mesmo Demétrio que Sêneca conta, no *De beneficiis* (livro VII), que recusara nitidamente, violentamente, uma soma considerável que o imperador, no caso Calígula, teria lhe oferecido. Demétrio teria acompanhado essa recusa de um comentário. Ele teria dito, o que soa cem por cento cínico: se ele tivesse querido me tentar, teria precisado oferecer todo o Império[11]. Ele queria dizer com isso, não, claro, que se tivessem lhe oferecido todo o Império ele teria aceitado e teria cedido à tentação, mas que sendo a tentação uma prova, prova de resistência pela qual alguém se fortalece e garante, em face do mundo, sua soberania; se houvesse sido necessária uma prova verdadeiramente séria e que teria lhe permitido se aperfeiçoar, se fortalecer, aumentar sua resistência, não era, evidentemente, uma soma de dinheiro que deviam lhe dar, era pelo menos todo o Império. Diante dessa oferta é que ele precisaria ter resistido e diante dessa oferta é que sua vitória teria tido valor e sentido. Temos, nesse [indivíduo] *seminudus*, que recusa todas as propostas que lhe podem fazer e que acompanha sua recusa de palavras firmes e insolentes que se referem ao caráter de prova que ele dá a toda a sua vida, um personagem que é na verdade totalmente cínico, correspondendo pelo menos a alguns dos traços fundamentais da existência cínica. Mas não se deve esquecer que Sêneca também apresenta esse mesmo Demétrio como um homem de cultura, bem distante, com toda certeza, de todos esses pregadores de rua a que muitas vezes reduziram a imagem do cínico. Ainda no *De beneficiis* (livro VII), Sêneca fala da sua eloquência. Descreve a maneira como Demétrio fala e o apresenta assim: é um homem de uma sabedoria consumada, tendo a eloquência que convém aos sujeitos importantes e que fala sem afetação, sem buscar as palavras, sem palavras rebuscadas. Sua eloquência persegue seu objeto próprio com uma grande força de espírito e vai até onde a leva seu movimento (seu *impetus*)[12]. Definição da eloquência sóbria, eficaz, da eloquência até certo ponto cínica, na medida em que é despojada de todos os ornamentos. Mas está claro que essa forma de eloquência que Sêneca descreve aqui não tem nada a ver com as gritarias, as insolências, as injúrias que os pregadores de rua podiam lançar à multidão. Aliás, a própria vida de Demétrio não tinha nada a ver com essa vida de agitador popular. Era um homem ligado à aristocracia romana, que foi o conselheiro de todo um grupo no qual se encontra Thrasea Paetus e Helvidius Priscus. E quando Thrasea Paetus é condenado à morte ou, em todo caso, forçado a se suicidar pelo imperador, Demétrio é exilado ao mesmo tempo que vários membros desse grupo, como Helvidius Priscus. Ele só poderá voltar quando Vespasiano tomar o poder, em 69. Mas também então ele torna a fazer parte de um grupo de oposição que parece ter se organizado sobretudo em torno dos que recusam o princípio de um imperador hereditário. Ei-lo de novo no grupo de Helvidius Priscus, e é expulso pela segunda vez com os outros filósofos nos anos 71-75[13]. Temos aí o tipo de um filósofo, não de corte, mas de um filósofo conselheiro, conselheiro de alma e conselheiro político, de grupos aristocráticos. Nada a ver com um orador das ruas.

Na outra extremidade, o cinismo pode ser simbolizado por um personagem como Peregrino, de que falamos da última vez. Ele, ao contrário, é um vagabundo, um vagabundo ostentatório que sem dúvida foi ligado aos movimentos populares e antirromanos de Alexandria, dirigindo, em Roma, seu ensinamento aos *idiôtai* (os que não têm cultura nem estatuto social ou político). É expulso de Roma. Depois, ao que parece, torna-se cristão, a crer em Luciano[14]. É esse Peregrino que, antes de morrer em condições que veremos daqui a pouco, envia a diferentes cidades seu testamento, conselhos e leis. Ele desempenhou, ou quis desempenhar, diz Luciano no retrato bastante crítico que faz dele, o papel de profeta, de chefe de tíase[15]. Ele foi considerado pelas pessoas um pontífice, um legislador e até um deus[16].

Nada sem dúvida simboliza melhor a oposição entre esses dois personagens – Peregrino que percorre o mundo mediterrâneo e entra em contato com os diversos movimentos populares e religiosos, ao contrário dele, Demétrio tão bem localizado na aristocracia romana – do que a relação deles com a morte e o suicídio. Não se sabe como Demétrio morreu, mas sabe-se, pois Tácito relata[17], que Demétrio foi o conselheiro de suicídio de Thrasea Paetus. Quando Thrasea Paetus foi obrigado a se suicidar por ordem do imperador, Demétrio foi a única pessoa que teve acesso a ele. Thrasea Paetus trancou-se com ele e eles tiveram, num modo totalmente socrático, uma conversa sobre a imortalidade da alma. Suicídio tipicamente greco-romano, na grande tradição da cultura antiga, nitidamente filosófico, e ao mesmo tempo totalmente conforme a uma prática que podia se encontrar naquele momento em Roma e na aristocracia romana. E em face disso, temos o suicídio de Peregrino. Porque Peregrino se matou, mas se matou de uma maneira totalmente diferente, ele se matou queimando-se vivo, perto de Olímpia, depois de ter – a crer em Luciano, que mais uma vez faz dele um retrato bem crítico – organizado esse suicídio, juntando as pessoas em torno dele e fazendo da sua morte uma espécie de grande festa popular[18].

Há pois toda uma família de atitudes bem diferentes umas das outras que se reuniram sob essa mesma caracterização de cinismo e cobrem um leque extremamente amplo, tanto em relação às regras sociais como à vida política ou às tradições religiosas. O cinismo, no fundo, apresenta esquemas de atitudes que são bem diferentes e tornam um pouco difícil definir o que seria a atitude, ou uma atitude cínica por excelência. É essa uma primeira dificuldade, a primeira interferência que encontramos quando queremos estudar o cinismo.

A segunda razão que torna difícil essa análise – ela é mais interessante para avançar um pouco no estudo do que o cinismo foi – é a ambiguidade de atitude que se exprimiu a seu respeito, sobretudo no período de seu maior desenvolvimento, isto é, a partir do século I a.C. Até o século III, digamos [até] Juliano. Durante esse longo período de quatro séculos, encontramos de fato duas coisas que caracterizam a atitude em relação ao cinismo. Primeiro, claro, numerosas, violentíssimas denúncias. Qualquer que tenha sido o ardor dos filósofos antigos em discutir entre si, qualquer que tenha sido a severidade que puderam opor a certas escolas filosóficas, como por exemplo os epicuristas, creio que nenhum dos retratos do filósofo alcança em violência os que foram dados, apresentados, do cinismo. Ao cínico recrimina-se sua grosseria, sua ignorância, sua incultura. Eis, por exemplo, no fim do século II, [o retrato que] Luciano – grande adversário, evidentemente, da filosofia em geral e do cinismo em particular – faz do cínico. Está num diálogo que se chama *Os fugitivos*, em que é a filosofia que fala.

Esse texto é interessante, e vamos encontrá-lo duas vezes (gostaria de citá-lo agora como um dentre os numerosos retratos do cinismo que circularam na Antiguidade, e voltaremos a encontrá-lo depois, por uma razão mais precisa). Nesse texto, a Filosofia fala e faz de certo modo sua própria história e a das pessoas que vieram frequentá-la ou que procuraram retomar os princípios e as regras da vida filosófica. No parágrafo 12 dos *Fugitivos*, ela diz o seguinte: "Há uma espécie de homens desprezíveis, a maioria deles servis e mercenários, que, dedicados desde a infância a grosseiros trabalhos, não puderam formar comigo nenhuma ligação; eles são presas da escravidão, ocupam-se em ganhar seu salário e exercem ofícios apropriados à sua condição – sapateiros, marceneiros, pisoeiros, cardadores de lã [...]. Exercendo essas profissões desde tenra idade, nunca tinham ouvido pronunciar meu nome. Mas, chegando à idade viril e vendo a multidão atestar o mais profundo respeito aos meus íntimos [quer dizer, aos verdadeiros filósofos; M.F.], tolerar a franqueza destes, buscar sua amizade, ouvir seus conselhos, ceder à sua mais leve censura, imaginaram que a filosofia dominava tudo com seu poder quase absoluto. Aprender o que é necessário para essa profissão lhes pareceu demorado demais ou mesmo impossível. Por outro lado, seus ofícios vis e penosos mal supriam à sua existência, e o jugo da servidão se tornou pesado para eles, como de fato é. O que eles fazem? Eles tomam a decisão de lançar a última âncora [...], atracar no porto da loucura, chamam em sua ajuda a Insolência, a Ignorância e a Impudência, suas aliadas ordinárias, munem-se de uma nova provisão de injúrias, que mantêm ao alcance das suas mãos; depois [...] se fantasiam o melhor que podem e adquirem um aspecto exterior semelhante ao meu."[19] Esse texto é interessante por toda a paisagem social – voltarei sobre isso daqui a pouco – na qual se percebe o cinismo. Nele também encontramos a ideia de que certa forma de cinismo não passa de imitação, de caricatura, de careta, de impostura do verdadeiro cinismo. Em todo caso, vocês têm nele um retrato da grosseria, da ignorância e da incultura dos que, em geral, praticam o cinismo.

Vocês encontrariam outro retrato extremamente violento e negativo no imperador Juliano, autor de dois textos diretamente dirigidos contra o cinismo: o discurso *Contra Heracleios* e o discurso intitulado *Contra os cínicos ignorantes*. No parágrafo V do *Contra Heracleios*, Juliano escreve: "Agora, em nome das musas, responda a essa pergunta relativa ao cinismo: é ele uma forma de desrazão, um gênero de vida indigno de um homem, se não uma disposição bestial da alma que nega toda beleza, toda honestidade, toda bondade? [...] O desaparecimento de toda reverência para com os deuses e o descrédito de toda humana prudência conduzem não só a pisotear as leis a que se chama igualmente honra e justiça, mas também as que os deuses gravaram em nossas almas e que nos convenceram, a todos, sem precisarmos aprender, que existe um ser divino: é para ele que voltamos nossos olhares [...]. Além disso, suponhamos também a rejeição da segunda lei, naturalmente sagrada e divina, que ordena um respeito total e absoluto aos direitos de outrem, que convida a não introduzir nela nenhuma confusão em palavra, em ato ou pelos impulsos secretos da alma [...]. Essa atitude não merece o báratro?[20] Não seria necessário que os que preconizam essas doutrinas recebam o banimento, sem conhecer o assalto dos tirsos[21] como as vítima expiatórias [...], mas sim a morte por lapidação? Porque em que se diferenciam [...] dos saqueadores do deserto e dos 'irmãos da costa', que molestam os que desembarcam? Eles desprezam o morto, pelo que dizem, como se essa desrazão não estivesse ligada a essa gente!"[22] Temos aí um retrato dos cínicos igualmente violentíssimo, que desta vez não [ataca] tanto a imitação hipócrita da filosofia, mas o fato de que os cínicos se opõem às leis divinas, às leis humanas e a toda forma de tradicionalidade ou de organização social. São esses os dois grandes pontos a que se costuma vincular a crítica dos cínicos, mas haveria vários outros.

Apesar disso, o fato é que, ao mesmo tempo e em face desse cinismo ostentatório, barulhento, agressivo, negador das leis, das tradições e das regras, mesmo seus adversários mais encarniçados sempre ressaltam o valor e os méritos de um outro cinismo, um outro cinismo que, de seu lado, é ou seria comedido, refletido, educado, discreto, honesto e realmente austero. Não há praticamente crítica contra os cínicos que não se faça acompanhar de um juízo explicitamente favorável sobre o verdadeiro cinismo, seja o cinismo primitivo que se acredita reconhecer ou que se elogia em Diógenes ou Crates, seja um cinismo essencial que seria praticado pelos bons cínicos, seja um cinismo de princípio que cada um praticaria por conta própria.

Por exemplo, esse mesmo Luciano que vimos quão violento era contra os cínicos, seja atacando pessoalmente, diretamente, Peregrino (no texto sobre a sua morte), seja atacando-os globalmente, como em *Os fugitivos*, pois bem, ele faz de um certo Demonax, que se conhece muito pouco, somente por intermédio dele, um retrato extremamente positivo, um longo e belo retrato, do que seria, de acordo com ele, a vida autenticamente cínica. Esse retrato é de fato conforme, em determinados pontos, a alguns dos princípios gerais do cinismo. Nesse texto de Luciano, Demonax é apresentado primeiro como um homem naturalmente inclinado à filosofia por um movimento que lhe é inato[23]. Era, de fato, um dos temas importantes do cinismo que o movimento para a filosofia, no fundo, não deve ser exigido nem de uma cultura nem de uma formação ou de um aprendizado. É essencialmente por natureza que se é e que se nasce filósofo. No diálogo, evidentemente mítico, que Dion Crisóstomo relata entre Diógenes e Alexandre, Diógenes explica que "rei", no sentido filosófico do termo, ninguém se torna. Somos, somos por natureza, porque nascemos como filhos de Zeus[24]. Demonax é, nesse sentido, também uma espécie de filho de Zeus. Ele se inclina naturalmente para a filosofia por um movimento inato, o que não impede, acrescenta logo em seguida Luciano, que seja um homem culto. Ele, de certo modo, não se valeu desse movimento natural em direção à filosofia para se autorizar a permanecer inculto. Ao contrário, leu muito e aprendeu muito com os poetas. Familiarizou-se com os princípios da filosofia e, aliás, tomou o cuidado de não se encerrar numa filosofia particular, mas fez questão de compor, uns com os outros, os melhores elementos dos diferentes filósofos. [Luciano] acrescenta que Demonax completou essa cultura literária e filosófica com treinamentos de resistência física, não, é claro, exercícios de ginástica como os que se fazem na educação aristocrática, mas treinamentos de resistência física que permitam suportar a privação e o sofrimento: treinamentos físicos para o frio, a fome. Em seu retrato, Luciano frisa outro ponto que mostra que há um verdadeiro e um bom cinismo que até ele é capaz de reconhecer. De fato, ele apresenta Demonax como uma espécie de médico da verdade, um médico da verdade que foi destinado durante toda a sua vida à liberdade (*eleuthería*) e à *parresía*, e que dá a todos o exemplo do conhecimento de si. Mas essa preocupação com a liberdade não adquire nele, segundo Luciano, a forma da violência, da agressão, do insulto, como em tantos cínicos[25]. Como bom médico dos humanos, que se preocupa em curar a alma destes, Demonax teria praticado a doçura e, ao mesmo tempo em que desprezava as riquezas e as honras, teria feito questão de participar da vida da cidade[26]. Esse retrato termina com a evocação de Demonax já velho: à beira da morte, acolhido, recolhido, apoiado, mantido pelos diferentes cidadãos de Atenas, recebido nas casas e dando a cada um os conselhos necessários ou úteis para assegurar seja a paz e o entendimento nas famílias, seja também a paz e o entendimento na cidade inteira[27]. Homem da verdade, decerto, homem que não teme nunca dizê-la – é evidente –, esse Demonax é ao mesmo tempo alguém para o qual a prática da verdade é uma prática doce, uma prática curativa e terapêutica, uma prática de paz e não de insultos e ataques[28]. Como vocês estão vendo, até Luciano pode dar do cinismo um retrato e uma imagem positivos.

Num espírito muito mais próximo da preocupação filosófica, o imperador Juliano, em seu discurso *Contra Heracleios*, faz o elogio da verdadeira filosofia cínica, a que ele pretende encontrar [em] Diógenes e Crates, que teriam sido os fundadores autênticos desse verdadeiro cinismo, cujo exemplo seria hoje desprezado. E dentre as qualidades principais que ele reconhece em Diógenes e Crates, e que os opõem, ambos, ao que é o cinismo de hoje, Juliano ressalta que neles não havia distinção, distância, contradição entre os atos e as palavras. Eis por exemplo o que Juliano escreve: "Que forma assumia então o trato com nossos filósofos [Diógenes e Crates; M.F.]? Seus atos precediam suas palavras. Os que honravam a pobreza [Diógenes e Crates; M.F.] se mostravam os primeiros a desprezar seu patrimônio [referência ao fato de que Crates teria abandonado todos os bens que herdara de sua família; M.F.]; os que se apegavam à modéstia [sempre Crates e Diógenes; M.F.] eram os primeiros a praticar a simplicidade em tudo; os que retiravam da vida dos outros a pompa teatral e a arrogância eram os primeiros a habitar em praças públicas e nos recintos consagrados aos deuses. Antes de mover uma guerra de palavras contra a libertinagem, eles a combatiam por meio de seus atos e provavam pelos fatos, não por vociferações, que é possível reinar com Zeus quando não se tem quase nenhuma necessidade ou quando não se é importunado pelo corpo."[29] Há portanto um verdadeiro cinismo, aquele que foi manifestado em palavras, mas sobretudo em atos, por Crates e Diógenes.

Não só existe esse cinismo primitivo, ao qual Juliano se refere e rende tributo, mas Juliano, e isso é interessante, também faz do cinismo uma espécie de filosofia universal, filosofia universal que seria ao mesmo tempo válida para todo o mundo e acessível a todos. Este trecho se encontra no segundo discurso (*Contra os cínicos ignorantes*). Eis o que ele diz: "Quanto a mim, que desejo falar com deferência dos deuses e dos que se encaminharam para a vida divina, estou convencido de que mesmo antes dele [ele se refere a Héracles, a quem acaba de erigir, conforme a tradição cínica, como o próprio fundador da filosofia, principalmente da filosofia ascética; M.F.] houve – não apenas entre os helenos, mas também entre os bárbaros – homens que professaram essa filosofia [essa filosofia cínica cujo núcleo se encontra, segundo ele, em Crates e em Diógenes, antes de Crates e de Diógenes, em Héracles, e antes dele: houve em toda parte, entre os helenos ou os bárbaros, homens que professaram essa filosofia; M.F.], a qual é, pelo que me parece, universal, totalmente natural e não requer nenhum estudo particular. Basta escolher o que é honesto por desejo de virtude e aversão ao vício; não é necessário tampouco abrir milhares de volumes porque, como se diz, 'a erudição não proporciona o espírito'. Não há que se dobrar a uma disciplina diferente daquela que suportam, em sua diversidade, os adeptos das outras escolas filosóficas."[30]

Vocês estão vendo portanto essa representação do cinismo que é muito interessante, representação tardia, mas muito significativa. O cinismo aparece como uma filosofia perfeitamente antiga, pois remonta, além mesmo dos filósofos historicamente ou pseudo-historicamente identificados, como Diógenes ou Crates, até Héracles. Na esteira de Héracles ela remonta aos homens, a todos os homens, sejam eles helenos ou bárbaros. Universalidade cultural, podemos dizer, ao mesmo tempo que antiguidade. Em segundo lugar, não é preciso fazer estudos particulares ou especiais para adquirir essa filosofia, tão antiga e tão universal. Muito poucas coisas na ordem dos conhecimentos: a prática de algumas virtudes finalmente elementares, que todo o mundo pode conhecer e em que todo o mundo pode se exercitar, isso basta para constituir o núcleo do cinismo. Terceira ideia, essa antiguidade, essa universalidade, essa facilidade de acesso é ao mesmo tempo uma espécie de sincretismo filosófico, já que basta extrair de cada uma dessas filosofias existentes um núcleo elementar relacionado à prática das virtudes para que se tenha finalmente a modalidade cínica da existência. O cinismo aparece, nesse ponto, como o universal da filosofia, seu universal e sem dúvida também sua banalidade. Mas vocês estão vendo que temos aí um paradoxo muito curioso, pois, de um lado, vimos o cinismo descrito como uma forma de existência bem particular, à margem das instituições, das leis, dos grupos sociais mais reconhecidos: o cínico é alguém que está verdadeiramente à margem da sociedade e circula em torno da própria sociedade sem que se possa aceitar recebê-lo. O cínico é escorraçado, o cínico é errante. E ao mesmo tempo o cinismo aparece como o núcleo universal da filosofia. O cinismo está no cerne da filosofia e o cínico gira em torno da sociedade sem ser admitido nela. Paradoxo interessante. Tem-se a impressão de que em relação ao cinismo as pessoas que, no período imperial, mesmo tardio, se interessavam pela filosofia tinham uma atitude dúbia. Por um lado, tentativa de discriminar e eliminar certa forma de prática cínica. E, de outro, esforço para retirar dessa prática cínica, ou de outras práticas filosóficas, um núcleo reconhecido como sendo a essência, e a essência limpa, pura, do próprio cinismo.

Esse esforço, retomado sem cessar, de discriminação entre um cinismo impostor e um verdadeiro cinismo, entre um cinismo transviado e um núcleo de cinismo essencial, me parece bastante singular. No entanto, muitos pontos de interrogação permanecem. Porque não se poderia encontrar uma atitude semelhante a propósito de outras filosofias. Por exemplo, [no que concerne aos] epicuristas, havia-se adquirido o costume de distinguir cuidadosamente a lição do primeiro mestre, Epicuro, da maneira como seus discípulos, e os discípulos transviados, punham em prática o epicurismo. Mas a propósito do cinismo, creio, estamos diante de uma coisa um pouco diferente e que me parece bastante singular na história da filosofia antiga. Não se trata simplesmente, de fato, de distinguir a primeira lição (a do mestre) e a maneira como ela pôde em seguida ser transviada e esquecida pelos discípulos. Em relação ao cinismo, procura-se, de um lado, expulsar o cínico e seu modo de existência do campo da filosofia honrada e reconhecida, mas não se pode praticar essa expulsão sem fazer ao mesmo tempo referência a um cinismo universalmente válido e sem se afirmar como cínico e como representante do verdadeiro cinismo. A crítica do cinismo sempre se faz em nome de um cinismo essencial. Vocês sabem muito bem, afinal, que esse gênero de procedimento, bastante singular na Antiguidade, foi retomado com frequência. Vocês conhecem bem, ou vocês conheceram bem, pelo menos no curso dos anos recentes, esse mesmo fenômeno quando a crítica do socialismo só podia ser feita em nome do socialismo, de um socialismo essencial. Em todo caso, tem-se essa forma de elaboração de um pensamento bastante singular.

Terceira razão, que torna difícil e singular o estudo do cinismo antigo, é que a tradição cínica não comporta textos teóricos, ou muitíssimo poucos. Digamos, em todo caso, que o arcabouço doutrinal do cinismo parece ter sido bem rudimentar. Essa característica rudimentar deve ser associada evidentemente à forma popular dessa filosofia. A propósito desse vínculo entre o caráter rudimentar da teoria e a forma popular da filosofia, não é necessário se perguntar se é porque essa filosofia era popular que estava fadada a semelhante simplicidade doutrinal ou se, inversamente, a rusticidade teórica do cinismo é que faz dele uma filosofia popular e possibilita sua implantação social bastante ampla. Em todo caso, o fato é atestado: o cinismo foi uma filosofia, por um lado, de ampla implantação social e, por outro, de um arcabouço teórico estreito, exíguo e elementar.

Algumas palavras sobre esses dois aspectos do cinismo. Primeiro, o caráter popular dessa filosofia é atestado por numerosos testemunhos. Sabe-se que ela se dirigia, por seus discursos e suas intervenções, a um público vasto, por conseguinte pouco cultivado, e seu próprio recrutamento se fazia fora das elites cultivadas que praticavam ordinariamente a filosofia. Vocês viram o [relato] de Luciano, extraído dos *Fugitivos*, em que a Filosofia conta o nascimento do cinismo; está dito com todas as letras que as pessoas que se devotaram ao cinismo eram pessoas entregues desde a infância a trabalhos grosseiros, obrigadas a ganhar seu salário e a exercer ofícios apropriados à sua condição. Eram – e Luciano nesse ponto é extremamente preciso – sapateiros, marceneiros, pisoeiros, cardadores de lã. E explica o interesse dessas pessoas pela filosofia por uma espécie de ambição política e social: vendo o respeito que cerca os verdadeiros discípulos da verdadeira filosofia, vendo como esses filósofos eram bem acolhidos, como toleravam a sua franqueza, como buscavam a sua amizade, como ouviam seus conselhos, essas pessoas, na realidade simples sapateiros, marceneiros, pisoeiros, cardadores de lã, decidiram se tornar filósofos, ou, antes, imitar o gênero, o estilo de vida filosófico; é um testemunho bastante claro da maneira como se percebia, de forma crítica, o caráter popular do cinismo.

A propósito desse recrutamento e desse caráter popular do cinismo, temos outro texto que é interessante. Em Dion Crisóstomo (discurso 32)[31], vocês encontram uma descrição sem dúvida historicamente muito mais confiável do que essa sátira de Luciano. É um discurso que Dion Crisóstomo dirige aos habitantes de Alexandria para censurá-los por não [ouvir a verdade] – referência à desgraça de Atenas, quando os atenienses se mostraram incapazes de ouvir as verdades que lhes diziam. Aos habitantes de Alexandria, Dion Crisóstomo (século II a.C.) faz uma alocução na qual diz: vocês também não ouvem a verdade. Mas vocês não ouvem a verdade sem dúvida por uma primeira razão que é porque não lhes dizem essa verdade. Não lhes dizem porque os que poderiam ou deveriam dizê-la não cumprem como deveriam seu ofício. E ele distingue três categorias de filósofos – diríamos hoje mais ou menos: três categorias de intelectuais. Há intelectuais ou filósofos que se calam, e se calam porque pensam que a multidão não é capaz de ser convencida e que, por mais que se empreguem perante ela e para ela os argumentos mais prementes, ela nunca é capaz de entender. Por conseguinte, estes ficam em casa e se calam. Segunda categoria de filósofos: são os que reservam suas palavras às salas de aula e de conferências para um público seleto e que se recusam a enfrentar o público em geral, de se endereçar à cidade como tal. Existe uma terceira categoria de filósofos que, desta vez, ele nomeia (não diz quem são os dois primeiros): são os cínicos. Ele descreve os cínicos, postados nas esquinas, nas alamedas, nas portas dos templos, estendendo o pires, pedindo esmola e se aproveitando da credulidade das crianças, dos marinheiros e das pessoas desse tipo, encadeando umas às outras suas palhaçadas grosseiras e causando assim, continua Dion Crisóstomo, o maior mal à filosofia verdadeira, porque fazem rir da filosofia (assim como se pode estragar todo um ensino fazendo as crianças rirem de seu professor). Aqui também temos um retrato do cinismo e da prática cínica como prática popular que tem por cena lugares bem precisos e particulares: as ruas, as portas dos templos. O cínico mendiga. E a quem se dirige? Quem ele convence? Qual é o seu público? Quais são as pessoas de que obtém a adesão? São crianças, marinheiros, gente desse tipo.

O cinismo parece ter sido, pelo menos numa grande parte das suas dimensões, uma filosofia popular. Mas havia, fora ou em correlação com isso, dentro da própria doutrina cínica, uma justificação dessa pobreza teórica e da magreza, da banalidade do ensino doutrinal que era dispensado; os dois aspectos (magreza doutrinal e recrutamento popular) remetiam um ao outro [por] uma espécie de indução circular.

Que a filosofia deve, não apenas pode mas deve, ter um arcabouço doutrinal limitado, pobre, esquemático, é o que os cínicos afirmavam por algumas razões, razões que concernem à própria concepção que eles tinham da vida filosófica e da relação que havia entre o ensino e a vida filosóficos. De fato, para os cínicos, o ensino filosófico não tinha essencialmente como função transmitir conhecimentos, mas, sobretudo e antes de tudo, dar aos indivíduos que eram formados um treinamento ao mesmo tempo intelectual e moral. Tratava-se de armá-los para a vida, para que pudessem enfrentar os acontecimentos. Dessa concepção do ensino como transmissão de uma armadura para a vida, e não de um conjunto de conhecimentos, Diógenes Laércio dá um exemplo quando explicar a maneira como Diógenes, o Cínico, concebeu o ensino que devia dar aos filhos de Xeníades. Diógenes havia sido comprado como escravo por Xeníades. À pergunta de Xeníades: Estou interessado em comprar você, mas o que você sabe fazer?, Diógenes havia respondido: Sei comandar[32]. E a essa resposta parresiástica, Xeníades havia reagido dizendo: pois bem, você vai educar meus filhos. Diógenes Laércio conta a lenda da educação dos filhos de Xeníades por Diógenes. E em que consiste esse ensino? O texto começa dizendo que Diógenes, o Cínico, havia ensinado aos filhos de Xeníades todas as ciências. O que nos pareceria indicar uma educação de tipo enciclopédico, como podia ser encontrada em outras escolas filosóficas, em particular nos platônicos ou nos peripatéticos. Mas logo Diógenes Laércio acrescenta: todas essas ciências Diógenes havia ensinado aos filhos de Xeníades na forma de resumos e sínteses, de maneira a fazer que as memorizassem mais facilmente[33]. Ou seja, as ciências não são aprendidas em todo o seu desenvolvimento, mas nos princípios essenciais que são necessários e suficientes para viver convenientemente. Esse ensino era completado como um aprendizado da resistência. Os filhos de Xeníades tinham de ser capazes de se servir sozinhos, quer dizer, sem recorrer [a] servidores e escravos. É o aprendizado da independência. Ele lhes ensinou a usar sempre roupas muito simples, sem túnica e sem calçado. Ensinou também a caça – referência sem dúvida ao ensino espartano –, que permite que as pessoas se virem sozinhas, sejam independentes, pratiquem a autarquia. O que se captura na caçada e se mata – é com isso que nos alimentamos. Ele lhes ensinou também uma postura física, uma atitude física extremamente rigorosa. Eles não tinham direito de passear na rua sem manter os olhos baixos nem de dirigir a palavra a qualquer um. É esse tipo de aprendizado, aprendizado de resistência, de combate, aprendizado na forma de uma armadura dada para a existência, que caracteriza o ensino cínico. Aliás, a crer nesse mesmo Diógenes Laércio, os cínicos haviam banido do domínio da filosofia a lógica e a física. Eles só consideravam disciplina verdadeiramente filosófica a moral[34]. E entre o que ensinavam, haviam banido, suprimido, a geometria e a música. Diógenes Laércio cita uma afirmação de Diógenes, o Cínico, replicando a alguém que queria aprender música com estes dois versos: "É com pensamentos sábios que os homens regem as vidas e as casas, e não com melodias de lira e gorjeios."[35]

Dessa concepção do ensino cínico como formação e armadura para a vida encontramos a teoria, ou pelo menos o desenvolvimento, num texto importante de Sêneca. No início do livro VII do *De beneficiis*, Sêneca relata de que maneira Demétrio concebia o aprendizado das ciências. Desculpem-me, como a biblioteca estava fechada, vou ler para vocês numa tradução ruim, mas não tem muita importância: "É com razão que Demétrio, o Cínico, grande homem a meu ver, mesmo em comparação com os maiores, costuma dizer que é mais proveitoso conhecer poucos sábios preceitos a nosso alcance e a nosso uso do que aprender muitos que não temos à mão. Do mesmo modo que um lutador hábil não é o que aprendeu a fundo todas as posições e todas as complicações dos movimentos cujo uso é raro no combate, mas aquele que, tendo se exercitado longa e cuidadosamente em uma ou duas delas, espia atentamente a oportunidade de aplicá-las. Porque não lhe importa saber muito contanto que saiba o bastante para vencer; assim também, nesse estudo, há muitas coisas que agradam, mas bem poucas que garantem a vitória." O ensino é, portanto, essencialmente um ensino de luta, que deve transmitir o que é necessário na luta e indispensável para alcançar a vitória. A partir daí, Demétrio, citado por Sêneca, mostra como o que, na natureza, é difícil de conhecer, só está escondido, no fundo, porque seu conhecimento é inútil para a vida. É inútil saber, por exemplo, qual a origem das tempestades ou por que existem gêmeos. Essas coisas nós não conhecemos, elas seriam muito difíceis de conhecer. Elas são ocultas, porque não servem para nada. Em compensação, tudo o que é necessário à existência, necessário a essa luta em que deve consistir a vida cínica, tudo isso está à disposição de todos. São as coisas mais familiares e mais evidentes que a natureza dispôs assim em torno de nós para que as aprendêssemos e delas pudéssemos nos servir. O ensino cínico é um ensino simples, um ensino prático. É um ensino que os próprios cínicos diziam consistir num atalho, num caminho breve. Que a doutrina cínica seja um atalho para a virtude, um caminho breve (*sýntomos odós*), é algo repetido com muita frequência. Era a tal ponto característico do cinismo que, na definição que dele dá a *Suda*[36], o cinismo é apresentado como o caminho breve para a virtude.

Essa noção de caminho breve para a virtude, driblando o ensino longo e teórico, é interessante. Primeiro porque se inscreve na longa história que haveria sem dúvida que fazer dessa figura, tão frequente no pensamento filosófico e na espiritualidade do Ocidente: a figura dos dois caminhos. Vocês encontram essa figura com muita frequência; pode-se dizer que ela é constante. Vocês têm a distinção entre os dois caminhos no Poema de Parmênides. O primeiro caminho diz que o Ser é, e esse caminho é o caminho da certeza, porque acompanha a verdade. O outro caminho diz que o Ser não é. Esse caminho, diz Parmênides, é a trilha estreita em que não se pode aprender nada[37]. Vocês encontram também uma imagem dos dois caminhos, com uma significação diferente, no relato mítico de Pródico no livro II das *Memoráveis* de Xenofonte. Pródico contava que Héracles tinha se encontrado, num dado momento, na encruzilhada de dois caminhos: o caminho rude e difícil da austeridade, mas que leva por fim à verdadeira e estável felicidade; e o caminho fácil, o caminho da depravação, dos prazeres incessantes, caminho no qual nunca se pode chegar a uma felicidade estável e definitiva, pois os prazeres desaparecem sem cessar, são misturados com sofrimento e têm de ser renovados[38]. Esse tema dos dois caminhos é encontrado com muita frequência na Antiguidade, mas também no início do cristianismo. O texto, tão característico do cristianismo arcaico, que se chama a *Didakhé* também se inicia com a distinção dos dois caminhos, mas não são nem os dois caminhos de Parmênides nem os de Héracles ou de Pródico. São o caminho da vida e o caminho da morte. O texto começa assim: "Há dois caminhos: um da vida e outro da morte; mas é grande a diferença entre os dois caminhos."[39]

Os cínicos também tinham uma concepção dos dois caminhos, mas que não se parece nem com a de Parmênides nem com a de Pródico nem, é claro, com a distinção futura que encontraremos no cristianismo primitivo. Há dois caminhos, um longo, relativamente fácil, que não requer muito esforço e que é o caminho pelo qual se chega à virtude através do *lógos*, isto é, através dos discursos e do aprendizado destes (aprendizado escolar e doutrinal). E há o caminho breve que, este sim, é o caminho difícil, o caminho árduo que sobe reto em direção ao cume à custa de muitos obstáculos, e que é o caminho de certo modo mudo. Em todo caso, é o caminho do exercício, o caminho da *áskesis*, o caminho das práticas de despojamento e de resistência. É a essa distinção dos dois caminhos a que se referem muitos textos cínicos. Vocês encontrarão uma alusão a eles em

Diógenes Laércio, no parágrafo 104 da *Vida* de Diógenes, o Cínico. Também encontrarão uma referência no *Amatorius* de Plutarco[40]. E encontram uma descrição bastante longa numa pseudocarta de Crates, texto evidentemente apócrifo. Crates era o primeiro discípulo de Diógenes e foram postas em circulação, sem dúvida no primeiro século da nossa era, algumas cartas apócrifas de Diógenes ou de Crates. Esses textos são característicos não do que Crates e Diógenes possam ter dito ou pensado, é claro, mas do cinismo tal como era reconhecido, valorizado, aceito, tal como circulava no início do Império. Nessa pseudocarta de Crates (a carta 21), vocês encontram essa caracterização dos dois caminhos: longo é o caminho que leva à felicidade pelo discurso (portanto: o caminho do discurso é o caminho longo). O que passa pelos exercícios cotidianos é um atalho (*sýntomos*). Mas muitos dos que perseguem o mesmo fim que os cães (os filósofos cínicos), quando constatam quanto esse caminho é difícil, fogem dos que o invocam. Eles não sabem se tornar cães por esse caminho, porque por natureza o exercício é muito mais eficaz do que o próprio discurso[41]. Caminho breve: o caminho do exercício. Caminho longo: o caminho do discurso. E vocês compreendem, por conseguinte, como e por que a doutrina cínica é tão difícil de identificar na medida em que a transmissão da vida cínica se fez essencialmente por esse caminho breve, sem discurso, que era o do exercício e do aprendizado.

Enfim, a última razão, que aliás toca nesta e torna singular o caso do cinismo e difícil seu estudo, é que o cinismo teve um modo de tradicionalidade bastante particular. Quero dizer o seguinte: já que, como acabamos de ver, eles não se preocupam tanto em ensinar uma doutrina mas em transmitir esquemas, pois bem, os cínicos utilizam, para transmitir esquemas de vida, não tanto um ensino teórico, dogmático, mas sobretudo modelos, relatos, anedotas, exemplos. Esses exemplos, essas anedotas, esses relatos são atribuídos seja a figuras históricas precisas, seja a pais fundadores – como Crates e Diógenes, que, com certeza, existiram, mas cuja realidade histórica foi coberta mais tarde com elementos de relatos totalmente fictícios, de tal sorte que é muito difícil encontrar o núcleo de sua doutrina –, seja até a figuras inteiramente lendárias e míticas, como Héracles. De sorte que, através dessa transmissão dos esquemas de vida pelos exemplos e pelas anedotas, vocês hão de compreender que é muito difícil tanto saber o que pode ter sido a doutrina cínica, como conhecer a própria história do cinismo e o encadeamento das figuras históricas que a balizaram. Mas através dessas incertezas sobre a história do cinismo e a realidade da sua doutrina, parece-me que, [nessa] maneira que tinha o ensino cínico de transmitir pelos exemplos e pelas anedotas, esse ensino cínico encontrou, forneceu, um modo de tradicionalidade que é interessante e que foi importante. Essa tradicionalidade do ensino cínico, que passava por modelos de comportamento, matrizes de atitudes, pois bem, ela adquiria a forma seja de anedotas breves, chamadas *khreîai* e que contavam, em algumas palavras, um gesto, uma réplica, uma atitude de um cínico numa situação dada, seja de *apomnemoneúmata* (recordações)[42], relatos mais longos nos quais todo um episódio da vida cínica era contado; eram também brincadeiras, anedotas chamadas *paignía*, anedotas que faziam rir (*paízein*) e eram espécies de *khreîai*, porém engraçadas, irônicas[43].

Essa forma de transmissão dos esquemas de conduta, através das anedotas exemplares, fundou uma tradicionalidade bem diferente da que poderíamos chamar de doutrinal. De fato, em que consiste a tradicionalidade doutrinal? Pois bem, ela consistiu, na Antiguidade, em atualizar um núcleo de pensamento esquecido e desconhecido, e isso para fazer dele, quando atualizado, o ponto de partida e o princípio de autoridade de um pensamento que se dá numa relação, ao mesmo tempo variável e complexa, de identidade, de alteridade com o pensamento inicial. Essa tradicionalidade de ensino, essa tradicionalidade doutrinal foi evidentemente muito importante para a transmissão de doutrinas filosóficas como o platonismo, o aristotelismo – o estoicismo até certo ponto, já o epicurismo muito menos, e quase nada o cinismo.

Ao lado disso, o cinismo – e também, cumpre dizer, até certo ponto o epicurismo – praticou o que poderíamos chamar não de uma tradicionalidade de doutrina, mas de uma tradicionalidade de existência. E a tradicionalidade de existência não se dá como objetivo atualizar um núcleo de pensamento primitivo, mas rememorar elementos e episódios de vidas – da vida de alguém que realmente existiu ou que existiu miticamente sem que isso tenha, no fundo, nenhuma importância –, elementos e episódios que se trata agora de imitar, aos quais se tem de dar existência, não porque teriam sido esquecidos como na tradicionalidade doutrinal, mas porque não estaríamos mais, agora, hoje, à altura desses exemplos, porque um declínio, um debilitamento, uma decadência levaram a perder a possibilidade de fazer a mesma coisa. Digamos, de uma maneira esquemática, que a tradicionalidade doutrinal permite manter ou reter um sentido para além do esquecimento. A tradicionalidade de existência permite, em compensação, restituir a força de uma conduta para além de um debilitamento moral.

Essa tradicionalidade de existência, tão distinta da tradicionalidade de doutrina, foi sem dúvida importante em várias seitas filosóficas – e inclusive, até certo ponto, em todas as seitas filosóficas –, mas a maneira como ela se compõe e se combina com a tradicionalidade de doutrina não é a mesma. Está claro que no platonismo ou no aristotelismo a tradicionalidade de doutrina foi a parte essencial, e a tradicionalidade de existência, através da transmissão dos exemplos de vida, teve um papel apenas limitado. No estoicismo, no epicurismo, a combinação entre tradicionalidade de doutrina e tradicionalidade de existência foi mais equilibrada, seja porque a tradicionalidade de doutrina foi um pouco mais importante, seja porque a tradicionalidade de existência o foi um pouco mais. Mas, no caso da tradicionalidade cínica, a forma da tradicionalidade de existência é que prevaleceu largamente, apagando quase inteiramente, ou tornando inútil a tradicionalidade de doutrina. E através dessa tradicionalidade de existência, vemos aparecer – é muito claro entre os cínicos, muito menos do que em qualquer outra forma de filosofia, muito menos até que no epicurismo ou no estoicismo – essa figura tão importante que é a do herói filosófico.

O herói filosófico é diferente do sábio, do sábio tradicional, do sábio da alta Antiguidade, do sábio tal como podia aparecer em Sólon ou Heráclito. O herói filosófico não é mais o sábio, mas ainda não é o santo ou o asceta do cristianismo. Entre o sábio da tradição arcaica – o homem divino – e o asceta dos últimos séculos da Antiguidade, o herói filosófico representa [certo] modo de vida que foi extremamente importante na época em que se constituía, em que [esse] modelo foi transmitido, na medida em que essa figura do herói filosófico modelou algumas existências, representou uma espécie de matriz prática para a atitude filosófica. Vocês compreendem então por que o cinismo desempenhou esse papel, que vemos tão claramente em Juliano, de constituir como que uma espécie de essência, de lugar-comum de toda filosofia possível. Era precisamente a forma do heroísmo filosófico sob seu aspecto ao mesmo tempo mais geral, mais rudimentar, mas também mais exigente. O cinismo como essência do heroísmo filosófico – foi isso que percorreu toda a Antiguidade e que faz do cinismo, qualquer que seja sua pobreza teórica, um acontecimento importante na história, não apenas das formas de vida, mas do pensamento. O heroísmo filosófico, a vida filosófica como vida heroica, é algo que foi inscrito e transmitido por essa tradição cínica.

Ao mesmo tempo portanto que o cinismo enformou essa imagem do herói filosófico, ao mesmo tempo que afirmou os valores deste, ele teve, por isso mesmo, uma influência considerável sobre o que se desenvolverá [sob a forma de um] ascetismo cristão arraigado, numa parte não desprezível, nesse [modelo] de heroísmo. Esse heroísmo filosófico constituiu o que poderíamos chamar de um legendário, uma legenda filosófica que modelou de certo modo a maneira como se concebeu e praticou no Ocidente, até agora, a própria vida filosófica. Pode-se conceber a partir daí a ideia de uma história da filosofia que poderia ser um pouco diferente da que se ensina tradicionalmente em nossos dias, uma história da filosofia que não seria uma história das doutrinas filosóficas, mas [das] formas, dos modos e dos estilos de vida, uma história da vida filosófica como problema filosófico, mas também como modo de ser e como forma ao mesmo tempo de ética e de heroísmo.

Evidentemente, essa história da filosofia como ética e heroísmo se deteria a partir do momento, que vocês conhecem bem, em que a filosofia se tornou um ofício de professor, ou seja, no início do século XIX. Mas, afinal de contas, é preciso notar que o momento em que a filosofia se torna um ofício de professor e em que, por conseguinte, a vida filosófica, a ética filosófica, o heroísmo filosófico, o legendário filosófico não têm mais razão de ser e em que a filosofia não pode mais ser recebida senão como um conjunto histórico de doutrinas, esse momento também é o momento em que a lenda da vida filosófica recebe sua mais elevada e sua derradeira formulação literária. É ela, claro, o *Fausto* de Goethe[44]. O *Fausto* de Goethe me parece ser – ou pelo menos pode ser interpretado assim – a derradeira grande imagem, mas também a maior formulação do legendário filosófico tal como se constituiu, como se desenvolveu e como se havia sedimentado durante séculos em nosso Ocidente. O *Fausto* de Goethe é essa formulação última do legendário filosófico. A filosofia se torna um ofício de professor, a vida filosófica desaparece nesse momento. A não ser que se queira recomeçar essa história da vida filosófica, do heroísmo filosófico, precisamente na mesma época, mas de uma forma totalmente diferente, uma forma deslocada. O heroísmo filosófico, a ética filosófica não vão mais encontrar lugar na própria prática da filosofia, que se tornou ofício de ensino, mas nesta outra forma de vida filosófica, deslocada e transformada, [ou seja,] no campo político: a vida revolucionária. *Exit* Fausto, entra o revolucionário.

Pronto. Eu me alonguei um bocado. Daqui a pouco voltaremos sobre o problema do cinismo histórico e sobre a questão da verdadeira vida entre os cínicos.

*

NOTAS

1. Gregório de Nazianzo, homilia 25, cf. *supra*, aula de 29 de fevereiro, primeira hora, pp. 159-60.
2. Heinrich Niehues-Pröbsting, *Der Kynismus des Diogenes und der Begriff des Zynismus*, Munique, W. Fink, 1979.
3. *Id.*, pp. 228-31.
4. *Id.*, pp. 245-50.
5. *Id.*, pp. 250-78.

6. L. Stein, *Friedrich Nietzsche's Weltanschauung und ihre Gefahren*, Berlim, Deutsche Rundschau, 1893.

7. O livro não comporta nada sobre Sade, mas evoca, isso sim, *O sobrinho de Rameau* (*id.*, pp. 36-41).

8. A. Glucksmann, *Cynisme et Passion*, Paris, Grasset, 1981.

9. "Nosso Demétrio, por sua vez (*Demetrius autem noster*), não vive como um homem que desprezaria todos os bens, mas como homem que teria abandonado aos outros a posse desses bens (Sêneca, *Lettres à Lucilius*, t. II, livros V-VII, ed. F. Préchac, trad. H. Noblot, Paris, Les Belles Lettres, 1969, carta 62, 3, p. 95).

10. "Demétrio é a própria virtude: eu o levo em toda parte comigo e, deixando os que se vestem de púrpura para lá, converso com esse seminu (*illo seminudo*), admiro-o" (*ibid.*).

11. "Quando C. César quis lhe dar de presente 200 000 sestércios, ele os rejeitou rindo, essa soma não merecendo a seu ver nem mesmo que ele se vangloriasse de tê-la recusado [...]. 'Se ele estivesse decidido a me experimentar, diz ele, o império não teria sido muito para essa experiência" (Sêneca, *Des bienfaits*, VII, XI, 1, trad. F. Préhac, Paris, Les Belles Lettres, 1961, p. 88).

12. "Homem rigorosamente perfeito em sua sabedoria, apesar de ser o primeiro a negá-la; de uma lógica inflexível em sua linha de conduta; de uma eloquência adequada aos pensamentos mais másculos, sem ornamento, sem busca laboriosa de expressão, mas que persegue (*impetus tulit*) com uma altivez soberba, ao acaso de uma fogosa inspiração, a exposição de ideias pessoais" (*id.*, VII, VIII, 2, p. 85).

13. Sobre essa história, cf. Dion Cassius, *Histoire romaine*, livro 66, § 12-3, trad. E. Gros, Paris, Didot frères, 1867, pp. 370-3, e os *Anais* de Tácito (livro XIV), assim como sua primeira menção em Foucault em 1982 (*L'Herméneutique du sujet*, ed. citada, pp. 137-8 e 143 n. 42).

14. *Sur la mort de Pérégrinus*, § 11, in *Oeuvres complètes de Lucien de Samosate*, t. II, trad. E. Talbot, ed. citada, pp. 386-7.

15. A tíase é um grupo de fiéis que louva ruidosamente sua divindade (o termo é empregado principalmente para evocar círculos dionisíacos). Luciano designa Peregrino como um "tiasarca" (*ibid.*)

16. *Ibid.*

17. Tácito, *Annales*, XVI, 34-35, trad. P. Grimal, Paris, Gallimard, 1980, p. 443.

18. Luciano, *Sur la mort de Pérégrinus*, in *op. cit.*, § 20-39, pp. 390-6.

19. *Les Fugitifs*, in *Oeuvres complètes de Lucien de Samosate*, t. II, ed. citada, § 12-3, p. 402.

20. Abismo profundo, situado na Ática, no fundo do qual se costumava atirar os criminosos.

21. Bastão enfeitado com hera e pâmpanos, e terminado por uma pinha, o tirso é o atributo tradicional de Dioniso e das mênades.

22. Juliano (o Imperador), *Contre Héracleios*, 290b-210a, in *Oeuvres complètes*, t. II, II-1, trad. G. Rochefort, ed. citada, § 5, pp. 50-1.

23. *Demonax*, in *Oeuvres complètes de Lucien de Samosate*, t. I, § 3, p. 525.

24. Dion Crisóstomo, discurso IV: *Sur la royauté*, in *Les Cyniques grecs. Fragments et témoignages*, org. & trad. L. Paquet, Paris, Le Livre de Poche, 1992, § 21-3, pp. 205-6.

25. Luciano, *Démonax*, in *op. cit.*, § 7, p. 526.

26. *Id.*, § 3 ("desprezando todos os bens deste mundo") e § 7, pp. 525-6.

27. "Ele viveu perto de cem anos, sem doença, sem dor, não importunando ninguém, não pedindo nada, útil a seus amigos e não tendo feito nenhum inimigo. Os atenienses, a Grécia

inteira tinham tão grande afeto por ele, que os magistrados se levantavam à sua passagem e todo o mundo se calava. No fim, em sua velhice extrema, ele entrava sem ser convidado na primeira casa, jantava, passava a noite. Os moradores encaravam esse incidente como a aparição de um deus e acreditavam que um bom gênio tinha vindo visitar a residência. Quando ele passava, as padeiras o disputavam e rogavam que aceitasse um pão: a que lhe dava o pão ficava toda feliz. As próprias crianças lhe levavam frutas e chamavam-no de pai" (*id.*, § 63, p. 534).

28. "Nunca se ouviu ele gritar, discutir com violência, deixar-se levar pela cólera quando precisava repreender. Ele perseguia os vícios mas perdoava os culpados: queria que se tomassem como modelo os médicos que curam as doenças mas não se irritam com os doentes" (*id.*, § 7, p. 526).

29. Juliano (o Imperador), *Contre Héracleios*, 214b-c, *in op. cit.*, § 9m pp. 56-7.

30. Juliano (o Imperador), *Contre les cyniques ignorants*, 187c-d, *in Oeuvres complètes*, ed. citada, t. I, II-1, § 8, p. 153.

31. *Dion Crisóstomo, Discourses*, org. J.W. Cohoon, Londres-Cambridge, Mass., Harvard University Press, 1939-1951, discurso 32, "Ao povo de Alexandria", § 8-12, pp. 178-83.

32. "Menipo, em seu *Venda de Diógenes*, diz que o filósofo, prisioneiro e posto à venda, ouviu lhe perguntarem o que sabia fazer. Ele respondeu: 'Comandar homens', e disse ao vendedor: 'Grita este anúncio: alguém quer comprar um mentor?'" (Diógenes Laércio, *Vies et doctrines des philosophes illustres*, trad. M.-O. Goulet-Cazé, ed. citada, livro VI, § 29, pp. 710-1).

33. Foucault segue aqui a antiga tradução de R. Genaille: "Essas crianças também aprenderam numerosos trechos dos poetas, dos prosadores e até escritos de Diógenes, que lhes apresentava para cada ciência resumos e sínteses, para que eles memorizassem mais facilmente" (*Vie, doctrines...*, ed. citada, p. 17). A nova tradução de M.-O. Goulet-Cazé traz: "Essas crianças decoravam várias passagens de poetas, de prosadores e obras do próprio Diógenes; ele fazia que elas se exercitassem em todo procedimento que permitisse lembrar depressa e bem" (*Vies et doctrines...*, livro VI, § 31, p. 712).

34. "Eles [os cínicos] sustentam que é preciso rejeitar o lugar lógico e o lugar físico, assim como Ariston de Quios, e só se aplicar ao lugar ético" (id., VI, 103, p. 766).

35. *Vie, doctrines...*, trad. R. Genaille, p. 48 (ed. M.-O. Goulet-Cazé, livro VI, § 104, p. 767).

36. A Suda é uma enciclopédia datada do fim do século IX, cujo autor seria um eruditíssimo lexicógrafo grego chamado Suidas.

37. "Vou te dizer quais são os dois únicos caminhos concebíveis de busca: o primeiro – como ele é e como não é possível que não seja – é o caminho em que confiar – porque ele segue a Verdade. O segundo, que ele não é e que o não ser é necessário, esse caminho, eu te digo, não passa de uma trilha em que não se encontra absolutamente nada em que confiar" (*Parménide. Le Poème*, II, traduzido por Jean Beaufret, Paris, PUF, 1955).

38. Xenofonte, *Mémorables*, II, 1, 21-34, trad. P. Chambry, Paris, Garnier-Flammarion, pp. 320-3.

39. *La Doctrine des Douze Apôtres: Didachè*, trad. W. Rodorf & A. Tuilier, Paris, Éd. du Cerf, 1978, p. 141.

40. "Assim atraído, o amante vence uma grande distância num instante, como por esse caminho 'de trajeto ao mesmo tempo reto e curto' que os filósofos cínicos dizem ter encontrado e que conduziria à virtude" (Plutarco, *Dialogue sur l'amour*, Tratado 47, 759c, trad. M. Cuvigny, *in Oeuvres morales*, t. X, Paris, Les Belles Lettres, 1980, p. 75).

41. "Tu aprenderás, para o resto também, a te conduzir assim, te habituando a não temer, em vez de somente raciocinar: longo é de fato o caminho da felicidade quando se passa pelo raciocínio, enquanto o exercício, que passa pelos atos da vida cotidiana, oferece um atalho. No entanto a maioria dos homens, ao mesmo tempo que persegue o mesmo fim que os cães, foge

dos que os interpelam quando veem a dificuldade da coisa. Mas por esse caminho ninguém tem de se tornar um cão, tem de sê-lo de nascimento: porque o exercício é, por natureza, muito mais eficaz do que esse caminho" (Carta 21, *in Lettres de Diogène et Cratès*, trad. G. Rombi & D. Deleule, Paris, Babel, 1998, p. 22; Foucault podia na época consultar o texto grego em R. Hercher, *Epistolographi Graeci*, Paris, Firmin Didot, 1873, pp. 208-17).

42. O *apomnemoneuma* também evoca um gesto memorável (cf. o título do livro de Xenofonte sobre Sócrates: os Memoráveis – *Ta Apomnemoneumata*).

43. Sobre todos esses gêneros, em particular a khreía, cf. M. Alexandre, "The Chreia in Greco-Roman education", *Ktèma*, 1989, 14, pp. 161-8; R.F. Hock, *The Chreia in Ancient Rhetoric*, vol. I: *The Progymnasmata*, Atlanta, Ga., Scholars Press, 1986; R.F. Hock & E.N. O'Neil, *The Chreia and Ancient Rhetoric*, Leiden-Boston, Mass., Brill Academic Publishers, 2002.

44. Cf. sobre esse personagem, já o que Foucault dizia em 1982 (*L'Herméneutique du sujet*, pp. 296-7).

AULA DE 7 DE MARÇO DE 1984
Segunda hora

O problema da verdadeira vida. – Os quatro sentidos da verdade: sem dissimulação; sem mistura; reto; imutável. – Os quatro sentidos do verdadeiro amor em Platão. – Os quatro sentidos da verdadeira vida em Platão. – A divisa de Diógenes: "Muda o valor da moeda."

Desculpem, eu me alonguei um pouco nessa apresentação geral do cinismo. Gostaria agora de voltar ao problema que me preocupa e me interessa, para e no qual o cinismo desempenha um papel, senão exclusivo, pelo menos importante. O problema é o seguinte. Como eu tinha dito da última vez, o cinismo se apresenta essencialmente como certa forma de *parresía*, de dizer-a-verdade, mas que encontra seu instrumento, seu lugar, seu ponto de emergência na própria vida daquele que deve assim manifestar a verdade ou dizer a verdade, sob a forma de uma manifestação de existência. Tudo o que eu lhes disse há pouco era uma maneira de encontrar, nas características gerais do cinismo, os elementos que permitem compreender como [e] por que o dizer-a-verdade do cínico adquire, de forma privilegiada, a forma de vida como testemunho da verdade. De Diógenes, a quem Luciano presta a afirmação de que é o profeta da verdade (muito exatamente da *parresía*: *parresías prophétes*)[1], até Gregório de Nazianzo dizendo de Máximo, ao mesmo tempo asceta cristão e verdadeiro filósofo, que ele é *martýron alétheias* (que traz o testemunho, que testemunha a verdade)[2], de ponta a ponta o cinismo aparece como essa maneira de manifestar a verdade, de praticar a aleturgia, a produção da verdade na própria forma da vida. Encontrei aí, parece-me, um tema – que evidentemente mereceria desenvolvimentos bem diferentes dos que foram feitos nesse âmbito –, tema que foi afinal muito importante na filosofia antiga, na espiritualidade cristã, muito menos sem dúvida na filosofia contemporânea, mas com certeza no que poderíamos chamar de ética política desde o século XIX: é o tema da verdadeira vida. O que é a verdadeira vida? Dado que nossos parâmetros mentais, nossa maneira de pensar nos fazem conceber, não sem alguns problemas, como um enunciado pode ser verdadeiro ou falso, como pode receber um valor de verdade, que sentido se pode dar a essa expressão de "verdadeira vida"? Quando se trata da vida – poderíamos dizer a mesma coisa a propósito de um comportamento, de um sentimento, de uma atitude –, como é que se pode utilizar a qualificação de verdadeiro? O que é um verdadeiro sentimento? O que é o verdadeiro amor? O que é a verdadeira vida? Esse problema da verdadeira vida foi absolutamente essencial na história do nosso pensamento filosófico ou espiritual. É esse tema da verdadeira vida que eu gostaria de evocar de uma maneira geral, mas tomando como ponto de aplicação o cinismo.

Antes de mais nada – é o que gostaria de explicar agora – o que é que, antes mesmo do cinismo ou ao lado dele, se entendia por "verdadeira vida" na filosofia grega? Essa expressão às vezes se encontra, e aliás um número de vezes não insignificante, em Platão. Antes de colocar a questão do que é a verdadeira vida (*alethès bíos, alethinòs bíos*), alguns lembretes, extremamente elementares, sobre a noção de verdade. *Alétheia*: a verdade. *Alethés*: verdadeiro. De uma maneira geral, no pensamento grego clássico, o que se entende por *alétheia*, o que é *alethés* (verdadeiro)? Creio que podemos – mais uma vez de uma maneira muito esquemática, me desculpem – distinguir quatro significados ou ver quatro formas nas quais, segundo as quais e por causa das quais alguma coisa pode ser dita verdadeira.

Primeiro, é verdadeiro, claro, desculpem se lembro isso a vocês, o que é não oculto, não dissimulado. Estrutura negativa do termo – *a-létheia*, *a-léthes* – que encontramos com tanta frequência em grego. A palavra *a-trekes*, por exemplo, que quer dizer reto, etimologicamente significa exatamente "não curvo". *Ne-mertes*, que quer dizer sincero, etimologicamente [significa]: que não engana, que não tapeia. *A-léthes* é o que, sendo não oculto, não dissimulado, é oferecido ao olhar em sua totalidade, o que é completamente visível, nenhuma parte sua se encontra velada nem furtada ao olhar. Primeiro valor da palavra *alethés* (verdadeiro), não apenas o que não é dissimulado, mas o que não recebe nenhuma adição e suplemento, o que não sofre nenhuma mistura com outra coisa além de si mesmo. Aquilo cujo ser não só não é velado e dissimulado, mas também aquilo cujo ser não é alterado por um elemento que lhe seria estranho e que, assim, alteraria e terminaria por dissimular o que ele é na realidade.*

Terceiro sentido: é *alethés* o que é reto (*euthús*: direto). Essa retidão se opõe aos rodeios e às dobras. Esse fato de ser *euthús*, no caso do que é

---

* No manuscrito, Foucault constrói outro sentido de verdade, ao qual renuncia (trecho riscado): "*alethés* se opõe também ao que não passa de reflexo, imagem, sombra, imitação, aparência; é *alethés* o que é adequado à sua essência, o que é idêntico".

verdadeiro, se opõe igualmente à multiplicidade e à mistura que altera. Desse ponto de vista, o fato de que *alethés* seja reto, de que *alétheia* (a verdade) também seja uma retidão, deriva diretamente do fato de que a verdade não é dissimulada e não apresenta multiplicidade nem mistura. Dir-se-á pois, com toda naturalidade, que uma conduta, uma maneira de fazer são *aléthai* na medida em que são retas, conformes à retidão, conformes ao que é preciso.

Enfim, quarto sentido, quarto valor do termo *alethés*: é *alethés* o que existe e se mantém além de toda mudança, o que se mantém na identidade, na imutabilidade e na incorruptibilidade. Essa verdade não dissimulada, essa verdade não misturada, essa verdade reta, pelo fato de que não tem rodeios, não tem dissimulação, não tem mistura, não tem curvatura nem perturbação (ela é bem reta), por isso mesmo ela pode se manter tal qual, em sua identidade imutável e incorruptível.

Eis, muito esquematicamente, quatro valores essenciais que podemos encontrar nesses termos, *alethés* e *alétheia*. Vocês compreendem então que essa noção de verdade, com seus diferentes valores e seu campo significativo, repartidos segundo esses quatro eixos, é aplicável a algo bem diferente de proposições ou enunciados. Essa noção de verdade – como o não dissimulado, o não misturado, o reto, o imóvel e o incorruptível – é aplicável, seja em suas quatro significações, seja nesta ou naquela dentre elas, a maneiras de ser, maneiras de fazer, maneiras de se conduzir ou formas de ação. Aliás, aplica-se essa noção de verdade, com seus quatro sentidos, ao próprio lógos, ao lógos entendido não como proposição, como enunciado, mas como uma maneira de falar. O *lógos aléthes* não é simplesmente um conjunto de proposições que são exatas e podem receber o valor de verdade. O *lógos aléthes* é uma maneira de falar na qual, primeiramente, nada é dissimulado; na qual, em segundo lugar, nem o falso nem a opinião nem a aparência vêm se misturar ao verdadeiro; [em terceiro lugar], é um discurso reto, um discurso que é conforme às regras e à lei; e, enfim, o *aléthes lógos* é um discurso que permanece o mesmo, não muda, não se corrompe nem se altera, não pode nunca ser vencido nem revertido nem refutado.

Mas vocês compreendem também como e por que essas mesmas palavras, *aléthes* e *alétheia*, podem ser aplicadas a outra coisa que não o logos. Há pelo menos um domínio no qual a aplicação desse qualificativo *aléthes* teve uma grande importância. Precisamos sem dúvida nos deter um pouco nele, pelo menos a título de convite à reflexão, porque essa qualificação pela verdade vai ter, com toda certeza, uma importância considerável na cultura ocidental. É simplesmente a noção de *alethès éros* (amor verdadeiro)[3]. O verdadeiro amor – noção estranha, singular, capital é claro na filosofia platônica, mas de uma maneira geral na ética grega – o que é? Pois bem, no verdadeiro amor, encontramos precisamente os valores de que eu lhes falava há pouco. O verdadeiro amor, primeiro, é aquele que não dissimula, e não dissimula em dois sentidos. Primeiro, porque não tem nada a dissimular. Ele não tem nada de vergonhoso que deveria ser escondido. Ele não procura a sombra. Ele aceita, e é tal que pode aceitar se manifestar sempre perante testemunhas. É também um amor que não dissimula seus fins. O verdadeiro amor não procura obter de quem ama algo que esconderia aos olhos do outro, mas seria seu verdadeiro objetivo. Ele não tem artimanhas, não tem rodeios com seu parceiro. Ele não se dissimula aos olhos das testemunhas, nem tampouco aos olhos de seu parceiro. O verdadeiro amor é um amor sem dissimulação. Segundo, o verdadeiro amor é um amor sem mistura, isto é, sem mistura de prazer e desprazer. É também um amor em que não se misturam o prazer sensual e a amizade das almas. É portanto, nessa medida, um amor puro já que sem mistura. Terceiro, o amor verdadeiro (*alethès éros*) é um amor conforme ao que é reto, ao que é justo. É um amor direto (*euthús*). Ele não tem nada de contrário à regra ou ao costume. E, enfim, o verdadeiro amor é um amor que nunca é submetido à mudança ou ao devir. É um amor incorruptível que permanece sempre o mesmo.

Se vocês pegarem a definição, a caracterização, o retrato do verdadeiro amor nos textos socráticos e platônicos, encontrarão facilmente esses quatro valores da *alétheia*. E creio que essa definição do verdadeiro amor pode permitir avançar na busca do que é a vida verdadeira (*alethès bíos*) que constitui agora nosso problema. Aliás, não carece de significações o fato de que o verdadeiro amor tenha sido, na filosofia platônica – mas será também, como vocês sabem muito bem, em todo um setor, todo um domínio da espiritualidade e da mística cristãs –, a forma por excelência da verdadeira vida. O verdadeiro amor, a verdadeira vida são duas coisas que, tradicionalmente, desde o platonismo, se pertencem uma à outra, e o platonismo cristão retomará amplamente esse tema. Deixemos isso de lado, mas seria um domínio de estudo interessantíssimo e muito vasto.

Chegamos agora à *alethès bíos*, que eu gostaria de identificar primeiro fora da sua acepção cínica e de sua forma muito paradoxal, curiosíssima, tomada no cinismo. [Seja a verdadeira vida] tal como aparece nos textos filosóficos da época clássica, essencialmente em Platão, mas vocês poderiam encontrar ao menos rudimentos dela, menos interessantes claro, menos elaborados, em Xenofonte. Tomemos essa definição. Não vou tentar pegar a noção de *alethès bíos* em sua elaboração filosófica última em Platão, mas nos significados óbvios, correntes, que encontramos nos textos platônicos, fora de toda elaboração filosófica particular.

A *alethès bíos* é, em primeiro lugar, claro, uma vida não dissimulada, isto é, uma vida que não encerra nenhuma parte de sombra. É uma vida que é tal que pode enfrentar a plena luz e se manifestar sem reticência à vista de todos. Uma maneira de ser e de se conduzir é portanto verdadeira e pertence à verdadeira vida se não esconder nada das suas intenções e dos seus fins. Vocês encontram uma referência dessa concepção da verdadeira vida, como vida que não dissimula nada, no *Hípias menor*, nos parágrafos 364e-365a, onde se trata do famoso paralelo, da famosa oposição tantas vezes retomada, entre Ulisses e Aquiles. O texto citado nesse momento por Sócrates é um texto da *Ilíada*, no canto IX, onde Aquiles, dirigindo-se a Ulisses e chamando-o de "engenhoso Ulisses" (*polymékhan' Odysseû*), lhe diz: "Tenho de te dizer minhas intenções sem nenhum rodeio, tais como as realizarei, tais como sei que elas se consumarão. Detesto tanto quanto as portas do Hades aquele que esconde uma coisa em seu espírito e diz outra."[4] Comentando essa interpelação de Ulisses por Aquiles, Sócrates diz: Ulisses é o homem *polytropótatos*[5], o homem de mil rodeios, isto é, aquele que esconde a seus parceiros o que ele tem no espírito e o que quer fazer. Já Aquiles – que acaba de dizer justamente ao engenhoso Ulisses: vou te dizer minhas intenções sem rodeios, tais como eu as realizarei, não somente tais como quero realizar mas tais como efetivamente eu as realizarei, tais como sei [que as realizarei] –, pois bem, por oposição a Ulisses [Aquiles] aparece como o homem da verdade, sem rodeios. Entre o que ele pensa e o que ele diz, entre o que ele diz e o que ele quer fazer, entre o que ele quer fazer e o que ele fará efetivamente, não há nenhuma dissimulação, nenhum rodeio, nada que venha ocultar a realidade do que ele pensa e que será a realidade do que ele faz. Estamos em plena luz, e é a propósito de Aquiles que Sócrates diz: eis um homem *haploústatos kaì alethéstatos* (o mais simples, o mais direto, o mais verdadeiro; *haploûs* é aquele que não tem rodeios)[6]. A conjunção *haploûs/ aléthes*, quando se trata de designar um homem, um caráter, uma existência, uma forma de vida, é bem frequente. Aliás, vocês encontram esse par *haploûs* e *aléthes* na *República* no livro II, onde, desta vez, o que é caracterizado como verdade, vida verdadeira, modo de ser verdadeiro, é a existência do deus, de que a *República* diz ser algo simples e verdadeiro (*haploûn kaì alethès*: sem rodeios e verdadeiro): "Simples e verdadeiro em ações e em palavras, Deus não muda e não engana os outros, nem por fantasmas nem por discursos nem por sinais enviados dele na vigília ou nos sonhos."[7] Vocês estão vendo portanto como se caracteriza aqui essa simplicidade que é verdade de existência, que é verdadeira vida: não há mudança, mas não há enganos capazes de se produzir pela desconexão, a defasagem entre o que acontece e os discursos, os fantasmas, os sinais.

O segundo valor [da expressão] *alethès bíos* corresponde ao que eu dizia há pouco, [a saber,] que *alethès* designava o que é sem mistura. A *alethès bíos*, em Platão, aparece como a vida sem mistura, sem mistura de bem e de mal, sem mistura de prazer e de sofrimento, sem mistura de vício e de virtude. Uma verdadeira vida é uma vida que não pode ser abigarrada. Todo esse abigarramento (abigarramento da parte concupiscível ou irascível da alma, abigarramento das cidades democráticas ou tirânicas em que todos os desejos têm seu lugar, em sua violência ou em sua singularidade) é precisamente o que impede de levar a verdadeira vida. Que o homem abigarrado, que o homem presa da multiplicidade dos seus desejos, de seus apetites e dos movimentos da sua alma, que esse homem não possa, não seja capaz de verdade, é exatamente o que está dito na *República* no livro VIII, onde se trata da descrição do homem democrático. Eis como Platão o descreve: "Ele estabelece então entre os prazeres uma espécie de igualdade, e vive entregando o comando da sua alma ao primeiro que se apresenta [...], até que este fique saciado, depois se abandona a outro, e os trata em pé de igualdade [...]. Hoje ele se embriaga aos sons da flauta; amanhã bebe água e emagrece; ora se exercita no ginásio, ora está ocioso e não se preocupa com nada; às vezes parece mergulhar na filosofia; muitas vezes é homem de Estado e, pulando para a tribuna, diz e faz o que lhe passa pela cabeça."[8] Essa vida do homem democrático, ora ociosa, ora ocupada, ora entregue aos prazeres, ora entregue à política, e quando ele se entrega à política diz tudo e o que quer que lhe passe pela cabeça, essa vida sem unidade, essa vida misturada, essa vida fadada à multiplicidade é uma vida sem verdade. Ela é incapaz, diz Platão, de ceder lugar ao *lógos alethés* (ao verdadeiro discurso)[9]. Podemos citar um outro texto em que a verdadeira vida é assim oposta à vida de mistura. No fim do *Crítias*, Platão evoca rapidamente a decadência da Atlântida – é logo antes da interrupção do texto, cujo fim se perdeu – e explica: depois da vida feliz que os homens puderam levar na Atlântida, veio um momento em que o quinhão, a parte que havia sido dada aos homens da Atlântida pelos deuses se viu misturada com muitos elementos mortais[10]. Essa mistura entre o quinhão divino que caracterizava a verdadeira vida dos homens da Atlântida e dos elementos mortais foi o que os fez serem depostos da vida verdadeira, da felicidade que é a dela e da beleza que a acompanha. A partir do momento em que a vida é misturada, não é mais a verdadeira vida.*

---

* O manuscrito comporta aqui uma passagem correspondente ao quinto sentido de verdade a que Foucault renunciou (conformidade à essência):

"A *alethès bíos* é uma vida que não se dá a aparência do que ela não é. Ela não imita uma forma que não seria a sua. A verdadeira vida é a que deixa reconhecer facilmente seu *ethos*" (ele se baseia no livro V das *Leis* de Platão, em 738d-e).

Em terceiro lugar, a verdadeira vida em Platão é uma vida reta (*euthús*). Segundo a caracterização da verdade como retidão, do verdadeiro como o que é reto, a verdadeira vida é uma vida reta, isto é, uma vida conforme aos princípios, às regras e ao *nómos*. Na célebre carta VII, Platão conta como foi levado a ir para a Sicília por solicitação de Dion e como hesitou em aceitar esse convite. Mas ele se deixou convencer quando percebeu que Dion havia aceitado facilmente seus princípios e moldado sua vida de acordo com as regras que [ele] lhe dera[11]. Essa conversão de Dion à filosofia, em todo caso a formação recebida, permitia que Platão esperasse que, através de Dion, seria a cidade de Siracusa, e talvez toda a Sicília, que aceitaria se colocar sob essa forma de lei. E nesse momento, diz ele, era uma esperança para todo o mundo ter uma *alethinòs bíos* (uma vida verdadeira)[12]. A vida verdadeira, que é portanto a promessa de Platão aos sicilianos, ou antes sua esperança quando ele foi à Sicília, é a vida de acordo com as regras que Platão, que a filosofia, pode propor aos homens, não apenas em sua vida individual, como é o caso [de] Dion, mas também em sua vida social, sua vida pública, sua vida política. São as leis, a ordem política que Platão quer propor aos sicilianos e aos siracusanos*.

Pode-se aliás aproximar essa passagem de um texto do *Górgias*, em que também encontramos essa noção de vida verdadeira. É bem no fim, quando Platão está evocando o Juízo das almas. No mito do *Górgias*, veem-se as almas, depois da morte, virem se apresentar aos que serão seus juízes, e em particular a Radamanto. Sócrates diz: Radamanto, juiz das almas e dos infernos, terá sem dúvida trabalho. Ele encontrará, vindo a ele, almas que são a alma dos grandes reis. Ele não se deixará impressionar por essas almas de grandes reis, porque verá na mesma hora que, nessas almas, não há uma só parte que seja santa, "tudo nelas é deformado pela mentira e pela vaidade [e a impostura; M.F.], nada nelas é reto (*euthús*)"[13]. Por que nada nelas é reto? Porque essa alma viveu sem a verdade (*áneu aletheías*)[14]: "a licenciosidade, enfim, o langor, o orgulho, a intemperança da sua conduta encheram-na de desordem e de feiura"[15]. Almas plurais, almas abigarradas, almas perpassadas pelo desejo, pela licenciosidade, pelo langor, almas sem verdade. Radamanto, por conseguinte, mandará essas almas sofrerem a punição que merecem[16]. Mas acontece também, continua Sócrates, que Radamanto descobre almas que são de um tipo totalmente diferente, almas que são as almas seja de filósofos, seja inclusive eventualmente de cidadãos ordinários, de cidadãos como os outros.

---

* O manuscrito traz aqui uma primeira citação do livro X da *República* de Platão, em 604b-c, a propósito da censura feita aos poetas por só proporem imitações. Mas a passagem está riscada.

Mas quer seja a alma de um filósofo ou a de alguém como todo o mundo, essas almas viveram sadiamente (*hósios*) e com verdade (*met'alétheías*)[17], sem se fadar a agitações estéreis. Tendo essas almas vivido com a verdade (*met'alétheias*), Radamanto "admira sua beleza" e manda-as para as Ilhas Bem-Aventuradas[18]. Donde, apenas a evocação de dois destinos opostos das almas (umas punidas porque foram sem verdade; outras recompensadas e enviadas à felicidade eterna porque viveram com a verdade), a resolução de Sócrates: quero me esforçar, pela busca da verdade, para me tornar o mais perfeito possível "na vida e na morte"[19]. A vida com verdade é portanto a vida reta.

Enfim, quarto significado, quarto valor da expressão *bíos alethés, alethinòs bíos* em Platão: essa vida verdadeira é uma vida que escapa da perturbação, das mudanças, da corrupção e da queda, e se mantém sem modificação na identidade do seu ser. É essa identidade da vida em relação a si mesma que a faz escapar de todo elemento de alteração e, por um lado, lhe assegura uma liberdade entendida como independência, não dependência, não escravidão, com respeito a tudo o que poderia submetê-la à dominação e ao controle, e por outro lado lhe assegura a felicidade (*eudaimonía*), entendida como controle de si e gozo de si por si. Essa verdadeira vida como vida de controle perfeito e de felicidade completa é evocada, como vimos há pouco, no *Crítias*: é a existência desses habitantes da Atlântida que, antes que os elementos mortais viessem se misturar a eles, levavam uma vida verdadeira e feliz. A verdade da vida é sua felicidade, sua felicidade perfeita. Do mesmo modo, segundo valores bastante análogos, vocês têm no *Teeteto*, em 174c-176a, toda uma passagem muito conhecida em que Platão descreve a vida atarefada, tumultuada e sem tempo livre dos que, familiarizados com todos os problemas da existência prática, sabem perfeitamente se virar nela, mas passam nela todo o seu tempo. Em face disso, ele evoca a vida de todos os que, por contemplarem a verdade verdadeira, são desastrados e ridículos nas atividades correntes, suscitando até o riso das criadas trácias. Mas essas pessoas, tão desastradas na vida de todos os dias, são capazes de "se adaptar à harmonia dos discursos para dignamente cantar a verdadeira vida (*bíon alethê*) que vivem os deuses e os homens felizes"[20]. A verdadeira vida é portanto a vida divina e a vida feliz. Aí estão, muito esquematicamente e, mais uma vez, sem procurar uma elaboração filosófica mais precisa como *background* para a análise que eu gostaria de fazer agora, os significados que se reconheciam à noção de verdadeira vida (*alethès bíos*).

O que precisamos apreender agora – vou apenas começar e desenvolverei da próxima vez – é [a maneira como] o cinismo jogou com essa noção de *alethès bíos*. No início da vida de Diógenes, contada por Diógenes

Laércio, há uma série de episódios ou de alusões importantes. É primeiramente a alusão ao fato de que Diógenes era filho de um cambista, de um banqueiro, de alguém que manipulava moeda e as trocava umas contra outras. É também a referência ao fato de que seria em consequência de uma malversação – na verdade, uma atividade de falsificação de moeda – que Diógenes ou seu pai foram banidos de Sinope, de onde eram originários e onde viviam. Terceira referência enfim a esse problema da moeda, é Diógenes, exilado de Sinope portanto, indo a Delfos e pedindo ao deus, a Apolo, para lhe dar um conselho e uma opinião. E o conselho de Apolo teria sido o de falsificar a moeda, ou alterar seu valor[21].

Esse princípio, de "mudar o valor da moeda", foi utilizado regularmente na tradição cínica com duas finalidades. Primeiro, equilibrar, aproximar, estabelecer uma simetria entre Sócrates e Diógenes. Assim como Sócrates havia recebido do deus de Delfos essa profecia, essa indicação, essa assinalação de papel de que era o mais sábio dos homens, do mesmo modo Diógenes, indo a Delfos e perguntando ao deuses sobre si próprio, obtém esta resposta: "mudar, alterar o valor da moeda". Sócrates e Diógenes, pois, um e outro, receberam uma missão. Essa simetria, essa proximidade de Sócrates e Diógenes será mantida ao longo da tradição cínica. Nos textos que ele escreverá no século IV contra os cínicos, e a favor do verdadeiro cinismo, Juliano, que fala com um enorme respeito de Diógenes, nunca deixa de falar ao mesmo tempo de Sócrates e de Diógenes: um, que havia escutado a palavra do deus de Delfos, sabia que era o mais sábio dos homens e procurava conhecer a si mesmo; e o outro havia recebido do deus de Delfos outra missão, bem diferente, que era a de mudar o valor da moeda. Simetria, pois, entre esses dois personagens.

O segundo significado desse imperativo é, evidentemente, muito mais difícil de identificar. De fato, o que quer dizer "alterar o valor da moeda" (*parakharáttein tò nómisma*)? É em torno desse tema que procurarei desenvolver o problema da verdadeira vida cínica da próxima vez. Agora, gostaria simplesmente de indicar o seguinte para vocês: em torno do tema "mudar, alterar o valor da moeda", é preciso, primeiramente, salientar a aproximação que há – e que a própria palavra indica – entre moeda e costume, regra, lei. *Nomisma* é a moeda. *Nómos* é a lei. Mudar o valor da moeda também é tomar certa atitude em relação ao que é convenção, regra, lei. Em segundo lugar, sempre a propósito dessa noção de *parakharáxis*. *Parakharáttein* (mudar, alterar) não significa desvalorizar a moeda. Pode-se às vezes encontrar o sentido significativo de "alterar" uma moeda para que ela perca seu valor, mas aqui o verbo significa essencialmente e sobretudo: a partir de certa moeda que traz certa efígie, apagar a efígie e substituí-la por outra que representará muito e permitirá que essa moeda circule com seu verdadeiro valor. Que a moeda não engane sobre o seu verdadeiro valor, que lhe restituam seu valor impondo-lhe outra efígie, melhor e mais adequada, é isso que é definido por esse princípio cínico, tão importante, de alterar e mudar o valor da moeda.

Parece-me – é nisso que terminarei e que encadearei da próxima vez – que o ponto de que se trata no cinismo a propósito da verdadeira vida é, primeiro, pegar a moeda da *alethès bíos*, pegá-la de volta o mais rente possível do significado tradicional que ela recebeu. Desse ponto de vista, os cínicos não mudam, de certo modo, o metal dessa moeda. Mas eles vão modificar a efígie e, a partir desses mesmos princípios da verdadeira vida – que deve ser não dissimulada, não misturada, reta e estável, incorruptível, feliz –, vão fazer aparecer, por passagem ao limite, sem ruptura, simplesmente empurrando esses temas até seu ponto extremo, uma vida que é precisamente o contrário do que era reconhecido tradicionalmente [como] a verdadeira vida. Pegar a moeda de volta, mudar a efígie e fazer de certo modo o tema da verdadeira vida caretear. O cinismo como careta da verdadeira vida. Os cínicos tentaram fazer o tema da verdadeira vida, tradicional na filosofia, caretear. Em vez de ver no cinismo uma filosofia que, por ter sido popular ou nunca ter recebido direito de cidadania no consenso e na comunidade filosófica culta, seria uma filosofia de ruptura, em vez disso, seria preciso vê-lo como uma espécie de passagem ao limite, uma espécie de extrapolação em vez de exterioridade, uma extrapolação dos temas da verdadeira vida e uma reversão desses temas numa espécie de figura ao mesmo tempo conforme ao modelo e, no entanto, careteira como a verdadeira vida. Trata-se muito mais de uma espécie de continuidade carnavalesca do tema da verdadeira vida, do que de uma ruptura em relação aos valores recebidos na filosofia clássica, quando se tratava da verdadeira vida.

Desculpem-me, estive longe de respeitar o meu contrato e dizer o que devia dizer desta vez. Vou tentar terminar da próxima vez com o cinismo.

*

NOTAS

1. "Eu [Diógenes] quero ser o intérprete da verdade e da franqueza (*alétheias kai parrhésias prophetes*)" (*Les Sectes à l'encan*, § 8, *in op. cit.* [*supra*, p. 162, nota 6], p. 203).

2. Gregório de Nazianze, homilia 25; cf. *supra*, aula de 29 de fevereiro, primeira hora.

3. Cf. *in L'Usage des plaisirs*, o capítulo V ("Le véritable amour", ed. citada, pp. 251-69).

4. Platão, *Hippias Mineur*, 365a, *in Oeuvres complètes*, t. I, trad. M. Croiset, Paris, Les Belles Lettres, 1970, p. 28.

5. *Id.*, 364c, p. 27.
6. É na verdade Hípias que caracteriza Aquiles assim em 364e ("[Homero] fez dele [de Aquiles] o mais simples e o mais sincero (*haploústatos kaì alethéstatos*) dos homens)" (*ibid.*).
7. Platão, *La République*, livro II, 382e, trad. E. Chambry, Paris, Les Belles Lettres, 1943, p. 89.
8. Platão, *La République*, livro VIII, 561b-561d, trad. E. Chambry, ed. citada [1934], pp. 32-33.
9. "Quanto à razão e à verdade (*lógon alethê*), continuei, ele os repele e não os deixa entrar na cidade de guarnição" (*id.*, 561b, p. 32).
10. "Mas, quando o elemento divino neles diminuiu, por efeito do cruzamento repetido com numerosos elementos mortais, quando dominou o caráter humano, então incapazes daí em diante de suportar sua prosperidade presente, caíram na indecência. Aos homens clarividentes, eles pareceram feios, porque haviam deixado se perder os mais belos dos bens mais preciosos. Ao contrário, na visão de quem não sabe discernir que gênero de vida contribui verdadeiramente para a felicidade (*toîs adynatoûsin alethinòn pròs eudaimonían bíon horân*), pareceram então perfeitamente belos e felizes" (Platão, *Critias*, 121a-b, trad. A. Rivaud, Paris, Les Belles Lettres, 1949, p. 274).
11. Platão, carta VII, 327b, *in* Platão, *Lettres*, trad. J. Souilhé, ed. citada [*supra*, p. 66 nota 9], p. 31.
12. "Que se agora inspirava esse mesmo desejo em Dionísio, como tentava, ele tinha a maior esperança de estabelecer em todo o país, sem massacres, sem assassinatos, sem todos esses males que se produziram atualmente, uma vida feliz e verdadeira (*bíon eudaímona kaì alethinòn*)" (*id.*, 327d, p. 32).
13. Platão, *Gorgias*, 525a, trad. A. Croiset, Paris, Les Belles Lettres, 1968, p. 221. [Trad. bras.: *Górgias*, 3ª ed., Rio de Janeiro, Bertrand Brasil, 1989.]
14. *Ibid.*
15. *Ibid.*
16. *Ibid.*
17. *Id.*, 526c, p. 222.
18. *Id.*, 526c, p. 223.
19. *Id.*, 527e, p. 224.
20. *Théétète*, 176a, trad. A. Diès, Paris, Les Belles Lettres, 1967, p. 207 (a tradução dá *bíon alethe* como "a realidade da vida", corretamente traduzido por Foucault como "verdadeira vida").
21. Diógenes Laércio, *Vies et doctrines...*, trad. M.-O. Goulet-Cazé, ed. citada, livro VI, § 20-21, pp. 703-5.

AULA DE 14 DE MARÇO DE 1984
Primeira hora

O paradoxo cínico, ou o cinismo como banalidade escandalosa da filosofia. – O ecletismo de efeito inverso. – As três formas da coragem da verdade. – O problema da vida filosófica. – Elementos tradicionais da vida filosófica: a armadura de vida; o cuidado de si; os conhecimentos úteis; a vida conforme. – Interpretações do preceito cínico "transforma os valores". – A qualificação do "cão". – As duas linhas de desenvolvimento da verdadeira vida: Alcibíades *ou* Laques.

Vou lhes falar hoje da vida cínica, do *bíos kynikós* enquanto verdadeira vida. Como procurei lhes mostrar da última vez, o que no fundo me parece ao mesmo tempo difícil e importante de compreender no cinismo é o seguinte paradoxo, bastante simples em si mesmo, no entanto. Por um lado, o cinismo se apresenta na forma de um conjunto de características que são comuns a diversas filosofias da época – há certa banalidade nas teses propostas, nos princípios recomendados; e, por outro lado, ele é marcado por um escândalo que sempre o acompanha, uma reprovação com que o rodeiam, um misto de zombarias, de repulsão, de apreensão, pelas quais se reagiu à sua presença e a suas manifestações. O cinismo, ao longo de toda a sua existência, desde a época helenística até o início do cristianismo, foi, na paisagem da filosofia, do pensamento, da sociedade greco-romana, ao mesmo tempo muito familiar e estranho. Ele foi ordinário, banal e inaceitável. Poderíamos dizer, em suma, que um número considerável dentre os filósofos consideráveis se reconhece facilmente no cinismo e dele apresenta uma imagem positiva. Temos alguns testemunhos disso em textos importantes. Lembrem-se de Sêneca fazendo o retrato, apoiado por citações e referências, de Demétrio, o Cínico, que ele considera um dos mais importantes filósofos da sua época[1]. Lembrem-se de Epicteto apresentando na conversação 22 do livro III o célebre retrato do cínico ideal. Mesmo em [seus] adversários declarados, tem-se uma caracterização positiva de uma forma de cinismo. Juliano, ao mesmo tempo que critica o cinismo, reivindica[-o] como uma atitude universal de todo filósofo, desde a própria origem da filosofia. Luciano também, apesar das críticas violentas dirigidas não só a um cínico como Peregrino, mas praticamente a todos os filósofos, faz um retrato positivo de Demonax.

Assim, ao mesmo tempo que se reconhecem tão facilmente no cinismo, os filósofos se demarcam dele violentamente com uma caricatura repulsiva. Eles [o] apresentam como uma espécie de alteração inaceitável da filosofia. O cinismo desempenharia, de certo modo, o papel de espelho quebrado para a filosofia antiga. Espelho quebrado em que todo filósofo pode e deve se reconhecer, no qual ele pode e deve reconhecer a própria imagem da filosofia, o reflexo do que ela é e do que ela devia ser, o reflexo do que ele próprio é e do que ele próprio gostaria de ser. E ao mesmo tempo, nesse espelho, ele percebe como que uma careta, uma deformação violenta, feia, sem graça, na qual ele não poderia em hipótese alguma se reconhecer nem reconhecer a filosofia. Tudo isso para dizer, simplesmente, que o cinismo foi percebido, creio, como a banalidade da filosofia, mas uma banalidade escandalosa. Da filosofia tomada, praticada, vestida em sua banalidade, ele fez um escândalo.

Para terminar esse ponto, direi que o cinismo me parece ser, no fundo, na Antiguidade, uma espécie de ecletismo de efeito inverso. Quero dizer com isso que, se definimos o ecletismo como a forma de pensamento, de discurso, de opção filosófica que compõe os traços mais comuns, mais tradicionais, das diferentes filosofias de uma época, é em geral por poder torná-los aceitáveis a todos e fazer deles os princípios organizadores de um consenso intelectual e moral. É essa, em geral, a definição do ecletismo. Direi que o cinismo é um ecletismo de efeito inverso: ecletismo porque retoma alguns dos traços mais fundamentais que podemos encontrar nas filosofias que lhe são contemporâneas; de efeito inverso porque faz dessa retomada uma prática revoltante, prática esta que instaurou não, de modo algum, um consenso filosófico, mas ao contrário uma estranheza na prática filosófica, uma exterioridade e até uma hostilidade e uma guerra.

O cinismo constituiu, e é esse seu paradoxo, os elementos mais comuns da filosofia em pontos de ruptura para a filosofia. É isso que é preciso procurar compreender: como o cinismo pode dizer no fundo o que diz todo o mundo e tornar inadmissível o próprio fato de dizer? Esse paradoxo do cinismo, se podemos caracterizá-lo assim, merece um pouco de atenção por duas razões. A primeira é que ele permite situar o cinismo nessa história, ou nessa pré-história, que eu gostaria de esboçar este ano, a da coragem da verdade. O cinismo, parece-me, faz surgir sob uma nova luz, dá uma forma nova a esse grande e velho problema, ao mesmo tempo político e filosófico, da coragem da verdade, que havia sido tão importante em toda a filosofia antiga. Poderíamos traçar muito esquematicamente o seguinte esboço.

Encontramos o problema da coragem da verdade – é o que eu havia tentado estudar ano passado – primeiro sob a forma do que poderíamos chamar de ousadia política, isto é: ou a coragem do democrata, ou ainda a bravura do cortesão, os quais dizem, seja à Assembleia no caso do democrata, seja ao Príncipe no caso do cortesão, uma coisa diferente do que pensa essa Assembleia ou esse Príncipe. A ousadia política, tanto a do democrata como a do cortesão, consiste portanto em dizer algo diferente, algo contrário ao que pensa a Assembleia ou o Príncipe. É contra a opinião desse Príncipe ou dessa Assembleia, e é pela verdade que o homem político, se for corajoso, arrisca a vida. Está aí, muito esquematicamente, a estrutura do que poderíamos chamar de a bravura política do dizer-a-verdade.

Encontramos uma segunda forma de coragem da verdade – eu a tinha esboçado um pouco ano passado e retomado este ano. Essa outra forma não é mais a bravura política, é o que poderíamos chamar de ironia socrática, ironia que consiste em fazer as pessoas dizerem e em fazê-las progressivamente reconhecer que o que elas dizem saber, o que elas pensam saber, na verdade não sabem. Nesse caso, a ironia socrática consiste em se arriscar à cólera, à irritação, à vingança, de parte das pessoas, até mesmo a ser processado por elas, para conduzi-las, a despeito de si mesmas, a cuidar de si mesmas, da sua alma e da verdade. No caso mais simples, o da bravura política, tratava-se de opor a uma opinião, a um erro, a coragem do dizer-a-verdade. No caso da ironia socrática, tratava-se de introduzir dentro de um saber que os homens não sabem que sabem uma forma de verdade que os conduzirá a cuidar de si mesmos.

Com o cinismo, temos uma terceira forma de coragem da verdade, distinta da bravura política, distinta também da ironia socrática. A coragem cínica da verdade consiste em conseguir fazer condenar, rejeitar, desprezar, insultar, pelas pessoas a própria manifestação do que elas admitem ou pretendem admitir no nível dos princípios. Trata-se de enfrentar a cólera delas dando a imagem do que, ao mesmo tempo, admitem e valorizam em pensamento e rejeitam e desprezam em sua própria vida. É isso o escândalo cínico. Depois da bravura política, depois da ironia socrática, teríamos, se vocês quiserem, o escândalo cínico.

Nos dois primeiros casos, a coragem da verdade consiste em arriscar a vida dizendo a verdade, em arriscar a vida para dizer a verdade, em arriscar a vida por tê-la dito. No caso do escândalo cínico – é isso que me parece importante e que merece ser retido, isolado –, arrisca-se a vida, não simplesmente dizendo a verdade, por dizê-la, mas pela própria maneira como se vive. Em todos os sentidos da palavra francesa, "expõe-se" [*on expose*] a vida. Quer dizer, mostra-se e arrisca-se a vida. Arrisca-se mostrando-a, e é por mostrá-la que se arrisca. Expõe-se sua vida não por seus discursos, mas por sua própria vida. É esse o primeiro ponto devido ao qual é preciso reter, em sua própria estrutura, esse escândalo cínico, que atua sempre no âmbito do grande tema – ter a coragem da verdade –, mas que faz atuar de uma maneira diferente da coragem política e da ironia socrática.

A segunda razão que eu gostaria de indicar, para nos determos um pouco nesse problema da vida cínica, é que nessa prática cínica, nesse escândalo cínico, a questão que no fundo o cinismo não cessou de colocar à filosofia na Antiguidade, no cristianismo também ou no mundo moderno, a questão permanente, difícil, perpetuamente embaraçosa, é a da vida filosófica, do *bios philosophikos*. Se retomarmos o problema e o tema do cinismo a partir dessa grande história da *parresía* e do dizer-a-verdade, podemos dizer então que, enquanto toda a filosofia vai tender cada vez mais a colocar a questão do dizer-a-verdade nos termos das condições sob as quais podemos reconhecer um enunciado como verdadeiro, o cinismo é a forma de filosofia que não cessa de colocar a questão: qual pode ser a forma de vida que seja tal que pratique o dizer-a-verdade?

Desde a origem da filosofia, e talvez, no fundo, até hoje mesmo e a despeito de tudo, o Ocidente sempre admitiu que a filosofia não é dissociável de uma existência filosófica, que a prática filosófica deve sempre ser mais ou menos uma espécie de exercício de vida. É nisso que a filosofia se distingue da ciência. Mas ao mesmo tempo que coloca com estardalhaço, em seu princípio, que filosofar não é simplesmente uma forma de discurso, mas também uma modalidade de vida, a filosofia ocidental – e essa foi sua história e esse foi talvez seu destino – eliminou progressivamente, ou pelo menos negligenciou e manteve sob tutela, o problema dessa vida filosófica, que, como ela havia no entanto postulado de início, não podia ser dissociada da prática filosófica. Ela negligenciou cada vez mais, manteve sob uma tutela cada vez mais estrita o problema da vida em seu vínculo essencial com a prática do dizer-a-verdade. Esse esquecimento, essa negligência, essa eliminação, essa exteriorização do problema da verdadeira vida, da vida filosófica em relação à prática e ao discurso filosófico, podemos supor que são o efeito [de], ou que manifestam, diversos fenômenos.

É certo que a absorção, e até certo ponto o confisco, do tema e da prática da verdadeira vida na religião foi uma das razões desse desaparecimento. Como se a filosofia pudesse se aliviar do problema da verdadeira vida na mesma medida em que a religião, as instituições religiosas, o ascetismo religioso, a espiritualidade religiosa haviam levado em conta esse problema, de maneira cada vez mais manifesta, desde o fim da Antiguidade até o mundo moderno. Pode-se supor também que a institucionalização das práticas do dizer-a-verdade na forma de uma ciência (uma ciência normatizada, uma ciência regulada, uma ciência instituída, uma ciência que toma corpo em instituições), pois bem, essa institucionalização foi sem dúvida a outra grande razão pela qual o tema da verdadeira vida desapareceu como questão filosófica, como problema das condições de acesso à verdade. Se a prática científica, a instituição científica, a integração ao consenso científico bastam, por si sós, para garantir o acesso à verdade, é evidente que o problema da verdadeira vida como base necessária da prática do dizer-a-verdade desaparece. Confisco do problema da verdadeira vida na instituição religiosa. Anulação do problema da verdadeira vida na instituição científica. Vocês compreendem por que a questão da verdadeira vida não parou de se extenuar, de se atenuar, de se eliminar, de se puir no pensamento ocidental.

O caso é que a questão da verdadeira vida se apagou pouco a pouco da reflexão e da prática filosóficas, salvo é claro em alguns pontos e em alguns momentos notáveis. Poder-se-ia talvez retomar, de Montaigne[2] até a *Aufklärung*, o problema da vida filosófica. Porque, se é verdade que a história tradicional da filosofia, particularmente da filosofia clássica, se interessa quase exclusivamente pelo problema da sistematicidade do pensamento filosófico e do seu dizer-a-verdade em sua estrutura formal e sistemática, mesmo assim o problema da vida filosófica sem dúvida se colocou, desde o século XVI até o século XVIII, com certa intensidade e certa força. Afinal, Espinosa – leiam *A reforma do entendimento* – coloca bem a questão da vida filosófica e da verdadeira vida no próprio princípio do projeto de filosofar[3]. E, sob reserva de algumas análises muito mais precisas, poder-se-ia dizer que, com Espinosa, tem-se de certo modo a última grande figura [segundo] a qual a prática filosófica reivindica o projeto fundamental e essencial de levar uma vida filosófica. E a Espinosa e à maneira como ele próprio viveu, poder-se-ia opor Leibniz, que seria o primeiro dos filósofos modernos, na medida em que, para ele, a atividade filosófica, longe de implicar como em Espinosa a escolha de uma vida filosófica, sempre se manifestou, sempre se exerceu através de algumas atividades que poderíamos dizer modernas: ele foi bibliotecário, diplomata, político, administrador etc. Temos aí uma forma de vida filosófica moderna que poderíamos opor à prática filosófica de Espinosa, que implicava uma verdadeira vida de um tipo absolutamente diverso da vida de todos os dias. Mas, para dizer a verdade, mesmo no caso de Leibniz, poderíamos sem dúvida discutir. Seria afinal interessante traçar a história da filosofia clássica a partir do problema da vida filosófica, problema encarado como opção identificável através dos acontecimentos e das decisões de uma biografia, mas também através do lugar [que lhe é] dado no próprio sistema.

Eu gostaria, em todo caso, de sugerir simplesmente que, se é verdade que a questão do Ser foi de fato o que a filosofia ocidental esqueceu e cujo esquecimento tornou possível a metafísica, talvez também a questão da vida filosófica não tenha cessado de ser, não diria esquecida, mas desprezada; ela não cessou de aparecer como demasiada em relação à filosofia, à prática filosófica, a um discurso filosófico cada vez mais indexado ao modelo científico. A questão da vida filosófica não cessou de aparecer como uma sombra, cada vez mais inútil, da prática filosófica. Essa negligência da vida filosófica possibilitou que a relação com a verdade não pudesse mais se validar e se manifestar agora a não ser na forma do saber científico.

Nessa perspectiva, o cinismo, como figura particular da filosofia antiga, mas também como atitude recorrente através de toda a história ocidental, coloca imperiosamente, [sob] a forma do escândalo, a questão da vida filosófica. O fato de que o cinismo seja sempre ao mesmo tempo interno e externo à filosofia (familiaridade e estranheza do cinismo em relação à filosofia que lhe servia de contexto, de meio, de vis-à-vis, de oponente, de inimigo), a constituição cínica da vida filosófica como escândalo, tudo isso é a marca histórica, a manifestação primeira, o ponto de partida do que foi, a meu ver, a grande exteriorização do problema da vida filosófica em relação à filosofia, à prática filosófica, à prática do discurso filosófico. Eis por que o cinismo me interessa e o que eu gostaria de tentar identificar com ele. Vocês estão vendo como o estudo dele pode, a meu ver, se relacionar à questão das práticas e das artes de existência: é que ele foi a forma ao mesmo tempo mais rudimentar e mais radical na qual se colocou a questão dessa forma particular de vida – que não é evidentemente mais que uma forma particular, mas quão importante e central pelos problemas que ela põe – que é a vida filosófica.

Gostaria agora de estudar como o cinismo colocou a questão da vida filosófica e como a praticou. Tomemos o cinismo no que ele pode ter de comum, de ordinário, de familiar, de bem conhecido, de próximo de todas as filosofias que lhe eram contemporâneas. Mais uma vez – volto um pouco ao que eu dizia da vez passada –, do cinismo conhecemos pouca coisa, o essencial vem de fontes tardias, datando dos primeiros séculos da nossa era. É por conseguinte muito difícil saber se houve uma evolução no cinismo. É difícil inclusive saber qual foi a responsabilidade histórica da tradição e da continuidade cínicas, desde essas figuras meio lendárias como Antístenes, Diógenes, Crates. Considero o cinismo tal como se manifesta, tal como se formula através desses textos dos dois ou três primeiros séculos da nossa era, independentemente de toda questão histórica de cronologia, de sucessão, de influência ou do que quer que seja. No ponto de partida dessa prática cínica, tal como é descrita nos textos de que lhes falo, como princípios gerais, princípios de base, encontramos alguns elementos muito comuns, muito correntes, que vinculam manifestamente a prática cínica, de um lado, à velha tradição socrática e, de outro, às temáticas comuns às outras filosofias.

Primeiro, para o cinismo, a filosofia é uma preparação para a vida – tema, é claro, muito comum que vocês reconhecem facilmente. Presta-se a Diógenes, por exemplo, esse aforismo segundo o qual era preciso preparar para a vida ou o lógos, ou o *brókhos*. Quer dizer: ou a razão (lógos) que organiza a vida, ou a corda (*brókhos*) com o qual você se enforca[4]. Ou você se enforcará, ou preparará sua vida de acordo com o lógos. A filosofia é preparação para a vida.

Segundo, essa preparação para a vida – aqui também, princípio bem conhecido que vocês reconhecem facilmente – implica ocupar-se antes de tudo de si mesmo. Encontraremos muitos testemunhos sobre a importância desse cuidado de si, dessa regra "cuida de ti mesmo", nos cínicos. Relata-se de Diógenes a seguinte anedota (*khreía*). Um dia em que ele falava numa praça pública ou numa esquina, falava seriamente, dizendo coisas graves, coisas de peso, ninguém o ouvia. Então ele interrompe seu discurso e põe-se a assobiar como um passarinho. Logo, uma multidão de pessoas, de curiosos, se junta em torno dele. Ele então injuria esses curiosos que fazem a roda, dizendo-lhes que eles corriam para "escutar tolices, mas que, para as coisas sérias, não se apressavam nem um pouco"[5]. Sobre esse mesmo tema de que é preciso se ocupar de si, que é a única coisa séria, vocês encontrarão uma porção de testemunhos. Demonax, por exemplo – é um testemunho citado em Estobeu –, censurava os que se preocupam por demais com seu corpo descuidando de si mesmos. É, dizia ele, como querer cuidar da casa sem cuidar dos que nela moram[6]. E Juliano, em seus discursos nos quais procura dar a imagem pura, essencial e válida do cinismo, diz o seguinte: quem desejar ser um cínico sério (*spoudaîos*) deve começar por cuidar primeiro de si mesmo – e emprega a célebre expressão que citei com tanta frequência: *hautou tou próteron epimeleîthai* –, imitando Diógenes e Crates[7]. Diógenes e Crates são portanto os mestres do cuidado de si, como vimos que Sócrates era. Aqui também tema de todo banal e corrente na filosofia.

Terceiro princípio que encontramos perpetuamente retomado, repetido pelos cínicos e que também é um tema de todo familiar: o de que, para se ocupar de si mesmo, deve-se estudar apenas o que é realmente útil na e para a existência. Diógenes Laércio cita estas palavras de Diógenes, o

Cínico. Este último "se espantava com ver os gramáticos estudar tanto os modos de Ulisses e negligenciar os próprios, ver os músicos afinar tão bem sua lira e esquecer a afinação da própria alma, ver os matemáticos estudar o sol e a lua e esquecer o que têm sob os pés, ver os oradores cheios de zelo pelo bem falar mas nunca preocupados com bem fazer"[8]. Exatamente no mesmo espírito – de novo um texto citado por Estobeu –, a alguém que lhe perguntava se, para ele, o mundo era esférico ou não, Demonax teria respondido: "Tu te preocupas muito com a ordem cósmica, mas não te preocupas nem um pouco com a tua desordem interior."[9] Logo, se quisermos cuidar de nós mesmos, não é a ordem cósmica, não são as coisas do mundo, não são a gramática, a matemática ou a música que é preciso estudar, mas as coisas imediatamente úteis para a vida, isto é, para o cuidado de si mesmo.

Quarto, enfim. Você precisa tornar a vida conforme aos preceitos que formula. Segundo Diógenes Laércio, Diógenes, o Cínico, criticava as pessoas que desprezam as riquezas mas invejam os ricos, criticava os que oferecem sacrifícios aos deuses para obter saúde mas se entopem de porcarias durante esses mesmos sacrifícios[10]. Só pode haver verdadeiro cuidado de si se os princípios formulados como princípios verdadeiros forem ao mesmo tempo garantidos e autenticados pela maneira como se vive.

Nisso tudo, vocês reconhecem princípios que são totalmente comuns e tradicionais. Mas a esses quatro princípios tão gerais, tão comuns, que vocês encontram tanto em Sócrates como nos estoicos ou até nos epicuristas, os cínicos acrescentavam um quinto, bem diferente, particular deles e sinalético. Esse princípio eu evoquei da última vez ao concluir. É o princípio segundo o qual é preciso "*parakharáttein tò nómisma*" (alterar, mudar o valor da moeda). Princípio difícil, princípio obscuro, princípio a partir do qual foram apresentadas muitas interpretações. Podemos considerar que a expressão *parakharáttein tò nómisma* quer dizer "mudar a moeda", mas em dois sentidos: um sentido pejorativo e um sentido positivo, ou em todo caso neutro. De fato, pode ser uma alteração desonesta da moeda. Pode ser também uma mudança da efígie gravada na moeda, mudança essa que possibilita restabelecer o verdadeiro valor dessa moeda. Em todo caso, esse princípio, com sua ambiguidade de sentido (valor positivo ou negativo), é perpetuamente associado, em toda a doxografia e a maioria das referências que podemos fazer ao cinismo, a Diógenes e aos principais cínicos. Assim, Diógenes Laércio dá várias versões do início da vida, da vocação e da opção filosófica de Diógenes.

Primeira versão: o pai de Diógenes, em Sinope, teria sido alterador de moeda, mas teria falsificado – no sentido pejorativo portanto, negativo do termo – a moeda. E, com isso, seu filho Diógenes teria sido obrigado a partir da cidade, teria emigrado e se exilado em Atenas[11]. Diógenes Laércio conta outras versões em torno do mesmo tema. De acordo com [algumas] – ele cita Eubúlides – o próprio Diógenes, e não seu pai, é que teria falsificado a moeda[12]. De acordo com outras fontes, ainda, Diógenes teria na realidade ido espontaneamente consultar o oráculo de Delfos – nessa versão, nem seu pai nem ele próprio parecem ter falsificado a moeda – e o oráculo teria dito: "Falsifica a moeda", ou "altera", "muda o valor da moeda"[13]. Enfim, numa versão mais complicada, o mesmo Diógenes Laércio combina as que ele acaba de evocar e diz: para alguns, Diógenes teria falsificado, em sua infância e juventude, moedas que seu pai teria lhe dado – voltamos a encontrar aqui o pai e sua relação com a moeda –, em consequência do que o pai de Diógenes teria sido preso como responsável por essa falsificação e teria morrido na prisão. Diógenes então teria se exilado ou teria sido exilado como punição. Teria ido a Delfos e feito ao deus de Delfos a pergunta: como ficar célebre? E o oráculo, nesse momento, teria respondido: altere a moeda[14]. Nesse relato, vocês estão vendo que tudo é combinado: o pai, a falsificação da moeda por Diógenes e depois o preceito délfico "altera a moeda" (*parakharáxon tò nómisma*).

O fato é que o princípio de alterar a moeda é regularmente associado ao cinismo e, na vida dos filósofos contada por Diógenes Laércio, podemos encontrar toda uma série de anedotas que associam regularmente os cínicos à moeda, à sua prática, a seu uso correto ou pervertido. Assim é que, sempre de acordo com Diógenes Laércio, Mônimo, que teria sido o primeiro discípulo de Diógenes, o Cínico, teria sido empregado de um banqueiro. Simulando loucura, teria roubado dinheiro desse banqueiro[15]. Crates, por sua vez, teria sido um homem riquíssimo que, tendo herdado a fortuna do pai, abandonara essa fortuna e distribuíra o dinheiro aos pobres, a não ser que, segundo outra versão, tenha jogado diretamente no mar todo o numerário que havia herdado[16]. Na *Vida* de Menipo citada por Diógenes Laércio com base em Hermipo, Menipo teria sido um agiota que acumulara tesouros, mas finalmente teria sido arruinado por seus adversários e, por desespero, se enforcara[17]. Quanto a Bion de Boristeno – situado no limite entre certa forma de platonismo e de cinismo –, ele contava, sempre de acordo com Diógenes Laércio, que seu pai, tendo fraudado o fisco, tinha sido vendido com toda a família. E foi assim que Bion de Boristeno teria sido escravo[18]. Como vocês estão vendo, muitas vezes, quando se trata dos cínicos, uma história de moeda, de banco, de alteração é contada a respeito deles.

O que é importante, o que em todo caso eu gostaria de reter, é que o princípio "altera a tua moeda", "muda o valor da tua moeda", é tido como um princípio de vida, inclusive o princípio mais fundamental e mais característico dos cínicos. Quando Juliano, por exemplo, escreve seus dois grandes discursos contra os cínicos, ele faz numerosas vezes referência a esse princípio: alterar a moeda, mudar o valor da moeda. No discurso *Contra os cínicos ignorantes* – lembrem-se, falei dele da última vez –, Juliano apresenta o cinismo como uma espécie de filosofia universal, cujos traços essenciais se encontram em todas as outras filosofias, cujos princípios fundamentais remontariam não apenas a Hércules, mas, antes mesmo de Hércules, aos primórdios da humanidade. Nessa mesma passagem, Juliano enuncia o que, para ele, constitui os dois princípios do cinismo; observa que esses dois princípios remontam tão longe quanto o Apolo Pítio. Esses dois princípios são, de fato, primeiramente: "conhece a ti mesmo"; segundo: *"parakharáxon tò nómisma"* (reavalia a tua moeda, altera a tua moeda, muda o seu valor). E acrescenta que se esse princípio, ao qual os cínicos se prendem e que reivindicam, não foi dirigido apenas a Diógenes, pois foi igualmente endereçado a Sócrates, em particular, e de um modo mais geral ainda a todos (ele estava inscrito, gravado na própria porta do templo), em compensação o princípio *"parakharáxon tò nómisma"* foi endereçado unicamente a Diógenes. De sorte que, segundo Juliano, desses dois grandes princípios fundamentais, desses dois princípios mais universais da filosofia, um teria sido endereçado a todos e a Sócrates ("conhece a ti mesmo") e o outro reservado apenas a Diógenes ("reavalia tua moeda")[19].

No outro discurso (*Contra Heracleios*), Juliano, lembrando mais uma vez os dois princípios delfianos ("conhece a ti mesmo", "altera o valor da tua moeda"), faz a pergunta, importante, interessante, da relação entre esses princípios[20]. É preciso reavaliar a sua moeda para conhecer a si mesmo ou é conhecendo a si mesmo que se pode reavaliar a sua moeda? É essa segunda solução que Juliano escolhe, quando diz que aquele que se conhece saberá exatamente o que é e não, simplesmente, o que ele passa por ser. O sentido que Juliano dá à justaposição e à coordenação desses dois preceitos seria portanto o seguinte: o preceito fundamental é "reavalia a tua moeda"; mas essa reavaliação só poderia ser feita pelo canal e o meio do "conhece a ti mesmo", que substitui a moeda falsa da opinião que temos de nós mesmos, que os outros têm de você, por uma moeda verdadeira que é a do conhecimento de si. Podemos manipular nossa existência, podemos cuidar de nós mesmos como de uma coisa real, podemos ter em nossas mãos a moeda verdadeira da nossa existência verdadeira contanto que nos conheçamos a nós mesmos. E Juliano observa que, assim que Diógenes obedece a Apolo Pítio, assim que ele pode começar a tomar conhecimento de si, essa moeda que ele era assume seu valor verdadeiro. Por ter tomado conhecimento de si, Diógenes pôde se reconhecer e ser reconhecido pelos outros como superior ao próprio Alexandre. É a referência àquele célebre confronto entre Diógenes e Alexandre. Alexandre diz: se eu não fosse Alexandre, gostaria de ser Diógenes[21]; Diógenes replica: mas o verdadeiro rei (a verdadeira moeda) sou eu. Vocês estão vendo que ao longo da história e da representação do cinismo, o tema da *parakharáxis toû nomísmatos*, o preceito "*parakharáxon tò nómisma*" (muda a tua moeda) aparecem no cerne da experiência e da prática cínicas.

Encontramos, é claro, algumas interpretações desse princípio, essencialmente em torno do tema de que *nómisma* é a moeda, mas também é *nómos*: a lei, o costume. O princípio de alterar o *nómisma* também é mudar o costume, romper com ele, quebrar as regras, os hábitos, as convenções e as leis. É bem verossímil que, qualquer que tenha sido o sentido originário dessa fórmula, tenha sido assim que ela foi recebida e compreendida. É isso, portanto, em certo sentido, que é necessário reter. Mas me parece que se pode avançar um pouco na análise desse princípio.

Poder-se-ia talvez esclarecer o sentido dessa fórmula lembrando a caracterização que os cínicos parecem ter dado de si mesmos quando comentaram o qualificativo que tinham se atribuído: o de "cães". A propósito das razões pelas quais Diógenes tinha sido chamado de "cão", há diferentes interpretações. Umas são de ordem local: seria por causa do lugar em que Diógenes elegeu domicílio[22]. De acordo com outras interpretações, é porque ele teria efetivamente levado uma vida de cão. Taxado pelos outros de cão, teria assumido esse epíteto e se proclamado cão. Aqui também pouco importa a origem da fórmula. O problema está em saber que valor ela recebe e como a fazem funcionar nessa tradição cínica que podemos identificar no século I da nossa era.

Encontramos num comentador de Aristóteles[23] – mas outros autores fazem várias referência a ela – a seguinte interpretação, que parece ter sido canônica, a propósito desse *bíos kynikós*. Primeiro, a vida *kynikós* é uma vida de cão na medida em que não tem pudor, não tem vergonha, não tem respeito humano. É uma vida que faz em público e aos olhos de todos o que somente os cães e os animais ousam fazer, enquanto os homens geralmente escondem. A vida de cínico é uma vida de cão como vida impudica. Segundo, a vida cínica é uma vida de cão porque, como a dos cães, é indiferente. Indiferente a tudo o que pode acontecer, não se prende a nada, contenta-se com o que tem, não tem outras necessidades além das que pode satisfazer imediatamente. Terceiro, a vida dos cínicos é uma vida de cão, ela recebeu esse epíteto de *kynikós* porque é, de certo modo, uma vida que late, uma vida diacrítica (*diakritikós*), isto é, uma vida capaz de brigar, de latir contra os inimigos, que sabe distinguir os bons dos maus, os verdadeiros dos falsos, os amos dos inimigos. É nesse sentido que é uma vida *diakritikós*: vida de discernimento que sabe se pôr à prova, que sabe testar e que sabe distinguir. Enfim, quarto, a vida cínica é *phylaktikós*. É uma vida de cão de guarda, uma vida que sabe se dedicar para salvar os outros e proteger a vida dos amos. Vida de impudor, vida *adiáphoros* (indiferente), vida *diakritikós* (diacrítica, de distinção, de discriminação, vida de certo modo latida) e vida *phylaktikós* (vida de guarda, de cão de guarda).

Nessas quatro características, mais uma vez canônicas, identificadas, distinguidas, com esses termos, na tradição pela qual são representados os cínicos, vocês estão vendo que não é difícil reconhecer um parentesco muito próximo com os que eu procurava identificar da última vez e pelos quais se definia tradicionalmente a verdadeira vida. No fundo, a vida cínica é ao mesmo tempo o eco, a continuação, o prolongamento, mas também a passagem ao limite e a reversão da verdadeira vida (essa vida não dissimulada, independente, reta, essa vida de soberania). O que é a vida de impudor senão a continuação, o prosseguimento, mas também a reversão, reversão escandalosa, da vida não dissimulada? Esse *bíos alethès*, essa vida na *alétheia*, vocês se lembram, era uma vida sem dissimulação, que não ocultava nada, uma vida capaz de não ter vergonha de nada. Pois bem, essa vida, no limite, é a vida desavergonhada do cão cínico. A vida indiferente, essa vida *adiáphoros* que não necessita de nada, que se contenta com o que tem, com o que encontra, com o que lhe jogam, essa vida não é nada mais que a continuação, o prolongamento, a passagem ao limite, a reversão escandalosa da vida sem mistura, da vida independente que era uma das características fundamentais da verdadeira vida. A vida diacrítica, essa vida latidora que faz distinguir entre o bem e o mal, entre os amigos e os inimigos, entre os amos e os outros, é a continuação mas também a reversão escandalosa, violenta, polêmica, da vida reta, da vida que obedece à lei (ao *nómos*). Enfim, a vida de cão de guarda, vida de combate e de serviço que caracteriza o cinismo também é a continuação e a reversão dessa vida tranquila, senhora de si, dessa vida soberana que caracterizava a existência verdadeira.

Procurarei desenvolver tudo isso com mais precisão daqui a pouco. No que eu queria insistir agora é que, vocês estão vendo, essa alteração da moeda, essa mudança do seu valor, tão constantemente associadas ao cinismo, querem sem dúvida dizer algo como: trata-se de substituir as formas e os hábitos, que costumam marcar a existência e lhe dar sua figura, pela efígie dos princípios tradicionalmente admitidos pela filosofia. Mas pelo próprio fato de que esses princípios são aplicados à própria vida em vez de serem simplesmente mantidos no elemento do lógos, pelo próprio fato de que enformam a vida assim como a efígie de uma moeda enforma o metal no qual é impressa, por isso mesmo faz-se que as outras vidas, a vida dos outros, apareça como não sendo nada mais que uma moeda falsa, uma moeda sem valor. Retomando esses princípios mais tradicionais, mais convencionalmente admitidos, mais gerais da filosofia corrente, pelo simples fato de lhes ser dada a própria existência do filósofo como ponto de aplicação, como lugar de manifestação, como forma de dizer-a-verdade, põe-se em circulação pela via cínica a verdadeira moeda com o verdadeiro valor. O jogo cínico manifesta que essa vida, que aplica verdadeiramente os princípios da verdadeira vida, é diferente da que levam os homens em geral e os filósofos em particular. Creio que com essa ideia de que a verdadeira vida é a vida outra, chega-se a um ponto particularmente importante na história do cinismo, na história da filosofia, e com certeza na história da ética ocidental.

De fato, se admitirmos que o cinismo é mesmo esse movimento pelo qual a vida, a partir do momento em que ela traz real, efetiva e verdadeiramente a efígie da filosofia, com isso se torna outra, pois bem, estamos então no cerne de um problema importante. De fato, nessa medida, o cinismo não foi simplesmente a forma de lembrança insolente, grosseira, rudimentar, da questão da vida filosófica. Ele colocou uma questão seriíssima, ou antes, deu, me parece, sua incisividade ao tema da vida filosófica colocando a seguinte questão: a vida, para ser verdadeiramente a vida de verdade, não deve ser uma vida outra, uma vida radical e paradoxalmente outra? Radicalmente outra, porque em ruptura total e em todos os pontos com as formas tradicionais de existência, com a existência filosófica habitualmente recebida pelos filósofos, com seus hábitos, suas convenções. A verdadeira vida não vai ser uma vida radical e paradoxalmente outra pois não fará outra coisa senão aplicar os princípios mais comumente admitidos na prática filosófica corrente? A vida de verdade não é, não deve ser, uma vida outra? É uma questão de valor filosófico importante e de alcance histórico bem longo. Talvez – mais uma vez perdoem o esquematismo, são hipóteses, linhas pontilhadas, delineamentos, possibilidades de trabalho – se poderia dizer que a filosofia grega, no fundo, colocou desde Sócrates, com e pelo platonismo, a questão do outro mundo. Mas também colocou, a partir de Sócrates ou do modelo socrático a que se referia o cinismo, uma outra questão. Não a questão do outro mundo, mas da vida outra. O outro mundo e a vida outra foram, me parece, no fundo, os dois grandes temas, as duas grandes formas, os dois grandes limites entre os quais a filosofia ocidental não cessou de se desenvolver.

Poderíamos talvez propor o seguinte esquema. Lembrem-se de Heráclito, que, se recusando a levar a vida solene, a vida majestosa, a vida isolada e retirada do sábio, ia à casa dos artesãos e sentava e se aquecia junto do forno do padeiro, dizendo aos que se espantavam e se indignavam com isso: *kaì entaûta theoús* (mas aqui também há deuses)[24]. Heráclito [concebe] uma filosofia, uma prática filosófica, um filosofar que se consuma com o princípio do *kaì entaûta theoús* (aqui também há deuses, até no forno do padeiro). O filosofar se consuma no próprio pensamento do mundo, e na própria forma de vida.

Só que, com o cuidado socrático de si, vemos se esboçarem duas grandes linhas de desenvolvimento ao longo das quais a filosofia ocidental vai se manifestar. Por um lado – essa linha de desenvolvimento tem seu ponto de partida no texto do *Alcibíades*, como todos os neoplatônicos haviam reconhecido –, esse cuidado de si vai conduzir à questão do que é, em sua verdade, em seu ser próprio, aquilo de que é necessário cuidar. O que é esse "mim", esse "si", de que é preciso cuidar? São essas as questões que encontrávamos no *Alcibíades*[25] e elas conduziam esse diálogo a descobrir que era da alma que se precisava cuidar, era a alma que se precisava contemplar. E no espelho da alma se contemplando a si mesma, o que se descobria? O mundo puro da verdade, esse mundo outro que é o da verdade e aquele a que se deve aspirar. E nessa medida, o *Alcibíades* fundava, a partir do cuidado de si, através da alma e da contemplação da alma por si mesma, o princípio do outro mundo, e assinalava a origem de metafísica ocidental.

Por outro lado, ainda e sempre a partir desse cuidado de si, mas desta vez tomando como ponto de origem não mais o *Alcibíades*, mas o *Laques*, a partir desse ponto de partida, o cuidado de si leva à questão não de saber o que é, em sua realidade e em sua verdade, esse ser de que devo me ocupar, mas de saber o que deve ser esse cuidado de si e o que deve ser uma vida que pretende cuidar de si. E tem início a partir daí não o movimento para esse outro mundo, mas a interrogação sobre o que deve ser, em relação a todas as outras formas de vida, a que precisamente cuida de si e do que ela pode em verdade ser.

Essa outra linha de desenvolvimento fornece se não a origem, pelo menos o fundamento filosófico para a questão da arte de viver e da maneira de viver. Nessa linha, não encontramos o platonismo e a metafísica do outro mundo. Encontramos o cinismo e o tema da vida outra. Essas duas linhas de desenvolvimento – uma das quais vai ao outro mundo e a outra à vida outra, as duas a partir do cuidado de si – são evidentemente divergentes, já que uma vai resultar na especulação platônica, neoplatônica, e na metafísica ocidental, enquanto a outra não vai resultar em nada mais que, em certo sentido, a grosseria cínica. Mas ela lançará novamente, como questão ao mesmo tempo central e marginal em relação à prática filosófica, a questão da vida filosófica e da verdadeira vida como vida outra. Será que a vida filosófica, será que a verdadeira vida, não pode, não deve ser obrigatoriamente uma vida radicalmente outra?

Essas duas grandes linhas de divergência, fundadoras, creio, de toda a prática filosófica ocidental, não se deve é claro considerá-las completamente, definitivamente estranhas uma à outra. Afinal, o platonismo também colocou a questão da verdadeira vida na forma da existência outra. E vimos que o cinismo, justamente, podia perfeitamente se ligar, se combinar, se carregar de especulações filosóficas bem estranhas à tradição rústica, rudimentar e tosca do próprio cinismo. Portanto houve perpetuamente interferência. E é preciso levar em conta também o fato, capital na história da filosofia, da moral e da espiritualidade ocidentais, de que o cristianismo e também em torno do cristianismo todas as correntes gnósticas[26] foram precisamente movimentos nos quais se procurou pensar de maneira sistemática e coerente a relação entre o outro mundo e a vida outra.

Nos movimentos gnósticos, no cristianismo, tentou-se pensar a vida outra, a vida de ruptura, a vida de ascese, a vida sem medida comum com a existência [ordinária] como condição para o acesso ao outro mundo. E é essa relação entre a vida outra e o outro mundo – tão profundamente marcada no cerne do ascetismo cristão pelo princípio de que a vida outra é que vai levar ao outro mundo – que vai se encontrar radicalmente questionada na ética protestante, e por Lutero quando o acesso ao outro mundo poderá ser definido por uma forma de vida absolutamente conforme à própria existência neste mundo. Levar a mesma vida para chegar ao outro mundo, é essa a fórmula do protestantismo. E é a partir desse momento que o cristianismo se tornou moderno.

Vamos parar três minutos, depois retomaremos o problema da vida outra.

*

NOTAS

1. Os retratos de Demétrio se encontram em Sêneca (*Dos benefícios*, VII, I-II&XI, e *Cartas a Lucílio* 69).

2. Montaigne foi levado a pensar em 1982 como a ilustração perfeita da tentativa, no Renascimento, de "reconstituir uma estética e uma ética de si" (*L'Herméneutique du sujet*, ed. citada, p. 240).

3. Espinosa e seu *Tratado sobre a reforma do entendimento* já haviam sido convocados por Foucault em 1982 para mostrar a persistência das exigências de espiritualidade no interior da filosofia clássica (*L'Herméneutique du sujet*, p. 29).

4. "Ele não parava de repetir que, se quisermos estar equipados para viver, é preciso a razão ou uma corda" (Diógenes Laércio, *Vies et doctrines...*, trad. M.-O. Goulet-Cazé, ed. citada, livro VI, § 24, p. 708).

5. *Vies, doctrines...*, trad. R. Genaille, ed. citada, p. 16 (trad. M.-O. Goulet-Cazé, ed. citada, livro VI, § 27, p. 709).

6. "Demonax criticava essas pessoas que têm muito cuidado com seu corpo mas negligenciam de si mesmos, como alguém que cuidasse da casa sem se preocupar com os que nela moram" (Estobeu, W.H. II, I, 11, *in Les Cyniques grecs*, trad. L. Paquet, ed. citada, p. 281).

7. "Quem deseja ser um cínico e um homem sério (*kunikós einaî kaì spoudaîos anér*) deve começar dirigindo seus cuidados a si mesmo, imitando Diógenes e Crates" (Juliano (o Imperador), *Contre les cyniques ignorants*, 201d, trad. G. Rochefort, ed. citada, § 18, p. 171).

8. Diógenes Laércio, *Vies, doctrines...*, trad. R. Genaille, ed. citada, p. 17 (trad. M.-O. Goulet-Cazé, ed. citada, livro VI, § 27-8, pp. 709-10).

9. Estobeu, W.H. II, I, 1 (*in Les Cyniques grecs*, Demonax n. 61, p. 282).

10. Diógenes Laércio, *Vies, doctrines...*, trad. R. Genaille, ed. citada, pp. 16-7 (trad. M.-O. Goulet-Cazé, ed. citada, livro VI, § 28, p. 710).

11. "De acordo com Diocles, foi por seu pai, que dirigia o banco público, ter falsificado a moeda que Diógenes se exilou" (*Vies et doctrines...*, trad. M.-O. Goulet-Cazé, ed. citada, livro VI, § 20, p. 703).

12. "Eubúlides, em sua obra *Sobre Diógenes*, diz que foi o próprio Diógenes que cometeu a malfeitoria e que errou no exílio em companhia do pai" (*id.*, VI, 20, pp. 703-4).

13. Foucault evoca aqui a terceira versão proposta por Diógenes Laércio, que de fato é muito mais complexa: Diógenes, intendente público, teria sido persuadido por funcionários das finanças a falsificar a moeda. Ele teria ido a Delfos pedir conselhos sobre esse ponto, e o oráculo teria respondido "falsifique", mas referindo-se aos costumes estabelecidos. Diógenes teria entendido mal e teria falsificado as moedas.

14. "Ele o é por dizer que havia recebido de seu pai a moeda e que ele é que a alterou: o pai foi preso e morreu, enquanto ele partiu para o exílio; foi a Delfos, onde perguntou não se devia falsificar a moeda, mas o que devia fazer para se tornar uma celebridade; foi assim que recebeu do oráculo essa resposta" (*Vies et doctrines..*, trad. M.-O. Goulet-Cazé, livro VI, § 21, p. 705).

15. Foucault se deixa confundir aqui pela antiga tradução de R. Genaille. Na verdade, Mônimo não rouba o dinheiro mas o dispersa, atira-o ao vento ("Mônimo simula a loucura e atira a moeda para todos os lados, assim como todo o dinheiro que se encontrava no estabelecimento do banqueiro, até que esse o despede", *id.*, VI, 82, p. 749).

16. "Depois de converter seus bens em dinheiro – com efeito, ele fazia parte das pessoas destacadas – e separar uns duzentos talentos, distribuiu essa soma a seus concidadãos [...]. Diógenes, ao que diz Diocles, o persuadiu a deixar suas terras para pasto dos carneiros e jogar no mar o dinheiro que podia ter" (*id.*, VI, 87, p. 754).

17. *Id.*, VI, 99-100, pp. 762-3.

18. *Id.*, IV, 46, p. 525.

19. Juliano (o Imperador), *Contre les cyniques ignorants*, 188a-b, § 8, pp. 153-4.

20. Juliano (o Imperador), *Contre Héracleios*, 211b-d, trad. G. Rochefort, ed. citada, § 8, pp. 23-54.

21. Diógenes Laércio, *Vies et doctrines...*, trad. M.-O. Goulet-Cazé, livro VI, § 32, p. 713.

22. Trata-se na verdade da localização de Antístenes, o primeiro cínico: "Ele discorria no ginásio de Cinosarges, não longe das Portas. De onde vem, segundo alguns, a origem do nome da escola cínica" (*id.*, VI, 13, p. 691).

23. Trata-se de Elias (cf. *Commentaire sur les* Catégories, *proemium*, 1-32, ed. A. Busse, Berlim, IV, 2, 1888, p. 111; cf. também: C.A. Brandis, *Commentaria in Aristotelem graeca*, Berlim, Akademie der Wissenschaften, 1836, reed. 1882-1909, p. 23; J. Humbert, *Socrate et les petits socratiques*, Paris, PUF, 1967).

24. "Como dizia Heráclito, segundo se relata aos estrangeiros que queriam encontrá-lo e que, ao entrar em sua casa, viam-no se aquecendo na cozinha e ficavam paralisados: ele os convidava a não ter medo de entrar, pois 'mesmo num lugar assim, há deuses' (*eînai gàr kaì entaûta theoús*)" (*Les Écoles pré-socratiques*, Héraclite A 9, ed. J.-P. Dumont, Paris, Gallimard, col. "Folio Essais", p. 57). Esse trecho foi extraído de Aristóteles (*Partie des animaux*, I, 5, 645a7-23). Foucault, portanto, faz Heráclito passar da "cozinha" para o "forno do padeiro". Na verdade, parece que no texto de Aristóteles se trata das "latrinas", mas a tradição preferiu pensar nas "cozinhas" (cf. a tradução de J.-F. Pradeau, *in Héraclite. Fragments*, Paris, Garnier-Flammarion, 2002, p. 193, bem como a nota p. 324).

25. Cf. sobre esse ponto a aula de 13 de janeiro de 1982, *in L'Herméneutique du sujet*, pp. 68-71.

26. Cf. sobre esse movimento as indicações de Foucault em seu curso de 1982 (*id.*, pp. 246, 402-3).

AULA DE 14 MARÇO DE 1984
Segunda hora

A vida não dissimulada: versão estoica e transvaloração cínica. – A vida sem mistura em sua interpretação tradicional: independência de pureza. – A pobreza cínica: real, ativa, indefinida. – A busca da desonra. – Humilhação cínica e humildade cristã. – Reversão cínica da vida reta. – O escândalo da animalidade.

Na análise da vida cínica, eu havia indicado quatro aspectos: a vida não dissimulada, a vida independente, a vida reta e a vida soberana, senhora de si mesma. Procurei mostrar como, a partir desses temas, apoiando-se neles e fazendo-os atuar, a prática do cinismo e da vida cínica consistia precisamente em revertê-los, até fazer deles um escândalo.

Primeiro, a vida não dissimulada. Procurei mostrar da última vez que a noção de verdadeira vida (*alethès bíos*) se construía primeiro e antes de tudo em função do princípio geral de que o *alethès* é o não oculto, o não dissimulado. A verdadeira vida era portanto a vida não dissimulada, a vida que não esconde nenhuma parte de si mesma, e isso porque não comete nenhuma ação vergonhosa, nenhuma ação desonesta, repreensível, que pudesse suscitar a censura dos outros e fazer corar aquele que a comete. A vida não dissimulada é portanto a vida da qual você não se envergonha porque não tem de se envergonhar. E dessa concepção da verdadeira vida como vida não dissimulada, vida de que ninguém se envergonha, encontraríamos muitos exemplos. É o caso em Platão. Vocês se lembram do que está dito no *Fedro* e no *Banquete*: o verdadeiro amor é aquele que não tem de esconder nenhuma ação vergonhosa e que nunca procura a sombra para consumar seus desejos[1]. É um amor que pode ser vivido, praticado sempre com a caução e a garantia dos outros. Vocês poderiam encontrar também em Sêneca uma série de desenvolvimentos interessantíssimos sobre essa vida não dissimulada. Para Sêneca, a verdadeira vida é a vida que a gente deve viver como se estivesse sempre diante do olhar dos outros em geral, mas sobretudo e de preferência diante dos olhos, do olhar, do controle, do amigo, o amigo que é ao mesmo tempo o guia exigente e a testemunha. Para Sêneca, a própria prática da correspondência, da troca de cartas, tornando presentes um ao outro o autor da missiva e seu destinatário, tinha precisamente esse papel de pôr de certo modo a existência dos dois correspondentes ante o olhar de cada um deles, cada um ante o olhar do outro². De um lado, o autor da carta constitui, para aquele a quem ele endereça seus conselhos e suas opiniões, uma espécie de olho, de princípio de vigilância. Sêneca diz a Lucílio: quando eu lhe mando uma carta lhe dando opiniões é, de certo modo, como se eu próprio viesse ver e controlar o que você está fazendo. Mas, por outro lado, na medida em que ele conta sua própria vida, o que faz, suas escolhas, suas hesitações, suas decisões, aquele que escreve a carta põe sua própria vida ante o olhar do seu destinatário. Os dois correspondentes, o autor da missiva e o destinatário, estão assim um diante do olhar do outro. A correspondência é uma prática de verdadeira vida como vida não dissimulada, isto é, como vida diante do olhar ao mesmo tempo real e virtual do outro.

Em Epicteto vocês encontrariam outra formulação, outras variações em torno desse tema da vida não dissimulada. A vida não dissimulada em Epicteto não é a que se expõe pela correspondência ao olhar do outro, é uma vida que sabe que se desenrola por inteiro diante de um olhar interior que é o da divindade que habita em nós. A não dissimulação se torna então uma consequência da estrutura ontológica do ser humano, dado que o lógos na alma é um princípio divino (um *daímon*). Assim, Epicteto, em algumas passagens que vocês conhecem bem, evoca esse princípio da vida não dissimulada, mas não dissimulada a esse olhar interior, tão diferente desse controle sobre o amor que Platão evocava, tão diferente também dessa prática da correspondência espiritual em Sêneca. Em Epicteto, a não dissimulação é viver e se saber vivendo diante desse olhar interior. Na conversação 14 do livro I, ele diz: "Zeus [...] colocou ao pé de cada homem, como guardião, um gênio particular, [...] e é um guardião que não se deixa enganar [...]. Por isso, quando tu fechas as tuas portas e escureces o interior, lembra-te de nunca dizer que tu estás só: de fato, não estás, pois Deus está lá dentro, e seu gênio também. E para que eles precisariam de luz para ver o que tu fazes?"³ E na conversação 8 do livro II, vocês podem ler: "Tu és um fragmento de Deus. Tu tens em ti uma parte desse Deus [...]. Não queres te lembrar, quando comes, quem és tu, que comes e que te alimentas? Em tuas relações sexuais, quem és tu, que usas dessas relações? [...] É em ti que tu portas esse Deus e tu não percebes que tu o maculas com teus pensamentos impuros e com tuas ações sujas."⁴

Esse tema da vida não dissimulada foi extremamente importante e assumiu uma série de formas totalmente diferentes, mas é central na tradição filosófica como caracterização da verdadeira vida. Parece ter sido retomado constantemente no cinismo. Mas é retomado através de uma espécie de alteração, de transvaloração, que faz de sua aplicação um escândalo.

Como se faz essa alteração, essa transvaloração? Primeiro da maneira de certo modo mais simples, mais imediata, mais direta: por uma dramatização desse princípio de não dissimulação, dramatização desse princípio na e pela própria vida. A regra de não dissimulação, para os cínicos, não é mais, como podia ser em Epicteto ou em Sêneca, um princípio ideal de conduta. É a enformação, é a encenação da vida em sua realidade material e cotidiana: ante o olhar efetivo dos outros, de todos os outros, ou pelo menos do maior número possível de outros. A vida do cínico é não dissimulada, no sentido de que ela é realmente, materialmente, fisicamente pública. Esses elementos da vida cínica como vida pública aparecem nos relatos mais ou menos lendários que dizem respeito a Diógenes. Eles são bem conhecidos. É Diógenes Laércio que conta: "Ele resolveu comer, dormir e falar em qualquer lugar."[5] Ausência de casa – sendo a casa, entenda-se, como é para nós, porém na Grécia mais ainda, o lugar do segredo, do isolamento, da proteção ao olhar dos outros. Ausência até de roupas: o cínico Diógenes está nu, ou quase nu. É também a escolha de seus lugares de permanência: Corinto. Dion Crisóstomo diz que se Diógenes havia optado por ir com tanta frequência a Corinto, é porque era uma grande cidade, uma cidade pública, uma cidade em que se podia viver em público e encontrar nas esquinas, nos templos, marinheiros, viajantes, gente vinda de todos os cantos do mundo. Era ante esse olhar que Diógenes havia decidido viver. E enfim morreu num ginásio nas portas de Corinto, enrolado num manto, como um mendigo adormecido. Levantaram o manto e perceberam que ele tinha morrido[6]. Não há intimidade, não há segredo, não há não publicidade na vida cínica. É um tema que encontraremos constantemente daí para a frente: o cínico vive nas ruas, mora na porta dos templos. Ele come, satisfaz suas necessidades e seus desejos em público[7]. Vai a todas as grandes aglomerações de gente. É visto nos jogos, nos teatros. Dá a todos testemunho da sua vida. Lembrem-se também do tal Peregrino que Luciano detestava e que tinha decidido se suicidar pelo fogo – no ponto de junção, sem dúvida, de um velho tema hercúleo e, talvez, também de uma prática vinda da Índia. Peregrino decide se queimar, mas ele se queima em público, durante os Jogos, de maneira que haja em torno da sua morte o maior número possível de espectadores. Visibilidade absoluta da vida cínica.

Mas essa dramatização, essa teatralização do princípio de não dissimulação é logo acompanhada de uma reversão de seus efeitos, de sorte que essa vida cínica, que é a mais realmente fiel ao princípio da não dissimulação, aparece, pelo próprio fato dessa radicalização, como radicalmente outra, e irredutível a todas as outras. O jogo, que faz que essa dramatização vá se reverter em escândalo e na própria inversão da vida não dissimulada dos outros filósofos, é o seguinte: uma vida não dissimulada é uma vida que não ocultaria nada do que não é ruim e não faria o mal pois não dissimularia nada. Ora, dizem os cínicos, pode haver algum mal no que quer a natureza e no que ela pôs em nós? E, inversamente, se há em nós algo de ruim ou se fazemos algo de ruim, não é o que os homens acrescentaram à natureza por seus costumes, suas opiniões, suas convenções? Tanto que a não dissimulação, se deve ser a garantia e a caução de uma vida inteiramente boa, de uma vida que será boa porque inteiramente visível, pois bem, essa não dissimulação não deve fazer seus e aceitar os limites habituais, tradicionais do pudor, esses limites que os homens convencionaram e que imaginam indispensáveis. Ao contrário, ela deve fazer aparecer, sem limite e sem dissimulação, o que, no ser humano, é da ordem da natureza, logo da ordem do bem. Ou seja, a não dissimulação, longe de ser a retomada e a aceitação dessas regras de pudor tradicionais que fazem que as pessoas se envergonhem de fazer o mal diante das outras, deve ser a exposição da naturalidade do ser humano ante o olhar de todos. Essa manifestação da naturalidade que escandaliza, que transforma em escândalo a não dissimulação da existência limitada pelo pudor tradicional, [essa exposição] se manifesta nos célebres comportamentos cínicos. Diógenes comia em público – o que, na Grécia tradicional, não era admitido com facilidade[8]. Diógenes, principalmente, se masturbava em público[9]. É também Crates que, tendo aceitado se casar porque sua mulher tinha prometido que adotaria exatamente o mesmo estilo, o mesmo modo de vida dele, fazia amor com ela em público[10]. Tudo isso constitui a forma dessa vida não dissimulada, em função do princípio que Diógenes e Crates retomam frequentemente, a saber: como fazer amor, ter relações sexuais, poderia ser considerado um mal, se isso foi inscrito em nossa natureza? Se está inscrito em nossa natureza, não pode ser um mal. Não há portanto que dissimulá-lo. A vida pública cínica será portanto uma vida de naturalidade exposta e inteiramente visível, fazendo valer o princípio de que a natureza nunca pode ser um mal. A dramatização cínica da vida não dissimulada é portanto a aplicação estrita, simples, em certo sentido tão grosseira quanto possível, do princípio de que é preciso viver sem ter de se envergonhar do que se faz, viver por conseguinte diante do olhar dos outros e sob a caução da presença destes. Mas, em consequência dessa aplicação estrita, simples, grosseira, do princípio mais geral, vocês veem a reversão de todas as regras, hábitos e convenções de pudor que esse princípio, no fundo, aceitava espontaneamente, que ele renovava e reforçava. O pensamento filosófico tradicional, com o *slogan* da vida não dissimulada, no fundo colocava ou renovava a exigência do pudor, aceitava seus hábitos. O cinismo, aplicando ao pé da letra o princípio da não dissimulação, pôs pelos ares o código de pudor a que esse princípio de não dissimulação permanecia, implícita ou explicitamente, associado. É essa a vida impudica, a vida na *anaídeia* (a vida desavergonhada). A vida filosófica dos cínicos, assim dramatizada, manifesta o tema geral da não dissimulação, mas a libera de todos os princípios convencionais. Com isso, a vida filosófica aparece como radicalmente outra em relação a todas as outras formas de vida.

Em segundo lugar, agora, a vida sem mistura. Vocês lembram, a verdadeira vida era sem mistura, isto é, sem vínculo, sem dependência em relação ao que podia lhe ser alheio, em função do princípio de que o que é *alethés* é puro, sem alteridade, em perfeita identidade consigo mesmo. Essa caracterização da verdadeira vida como vida sem mistura havia levado, na filosofia antiga, a duas estilísticas da existência bem diferentes, e no entanto muitas vezes ligadas uma à outra: uma estética da pureza, que encontramos sobretudo no platonismo, no qual se trata de desprender a alma de tudo o que pode constituir para ela um elemento de desordem, de agitação, de perturbação involuntária (libertá-la portanto de tudo o que é material e corporal); e depois uma estilística da independência, da autossuficiência, da autarquia, que encontramos mais facilmente entre os epicuristas e entre os estoicos, nos quais se trata de libertar a vida de tudo o que pode torná-la dependente de elementos externos, de acontecimentos incertos. Trata-se em todo caso de definir uma atitude que seja inteiramente desprendida desses acontecimentos sobre os quais ela não tem influência. A indiferença da vida cínica, essa vida indiferente (*adiáphoros bíos*) se inscreve na linha comum a esses diversos temas da vida independente. Mas, nesse ponto também, ela se desenvolve a partir desse consenso, mas numa forma tal que altera seu princípio. Ela reavalia a moeda, muda o valor dessa moeda e faz aparecer a vida filosófica como sendo ou devendo ser uma vida radicalmente outra. De que maneira? Primeiro, aqui também pelo que podíamos chamar de uma dramatização material, física, corporal, do princípio da vida sem mistura nem dependência. E essa dramatização do princípio de independência na forma da própria vida, da vida física, material, assume a figura, evidentemente, da pobreza.

Encontramos aí um tema que é ao mesmo tempo importante e difícil. De fato, o tema de que a verdadeira vida deve ser uma vida de pobreza é um tema que possui evidentemente uma extensão cultural muito grande e que encontraríamos em muitas outras civilizações, muitas outras filosofias e, claro, num grande número de religiões. É certo também que encontramos bem cedo na Grécia – Sócrates seria um exemplo – essa ideia de que a verdadeira vida, a vida filosófica, não pode ser uma vida de riquezas, uma vida apegada às riquezas. Não obstante, o problema da pobreza colocou na ética, na filosofia e na prática filosófica greco-romanas algumas dificuldades, pela razão de que a cultura greco-romana não cessou de atuar sobre certa oposição, socialmente reconhecida, validada e estruturante: a oposição entre os primeiros, os melhores, os mais poderosos, os que têm educação e poder, e depois os outros, a multidão, os que não têm poder de nenhum tipo, não têm formação nem fortuna tampouco. Essa oposição entre os primeiros e os outros, entre os melhores e a multidão, não parou de organizar as sociedades antigas, gregas e romanas, e não parou tampouco de modelar, até certo ponto apenas, mas de uma maneira afinal bastante sensível, o pensamento moral e filosófico da Antiguidade. Mesmo aí e mesmo entre os que, como Sêneca por exemplo, dizem que não há diferença entre a alma de um escravo e a alma de um cavaleiro ou de um senador, a oposição entre os melhores e os outros, os primeiros e a multidão, continua a valer. E Sêneca não para de assinalar incessantemente que, por sua atitude, ele faz absoluta questão de estar entre os primeiros, entre os melhores, em oposição à multidão – na qual se poderão encontrar aliás pessoas poderosas, ricas. Mas a oposição entre os primeiros e os melhores/os outros e a multidão é estruturante dessas sociedades e dessa forma de pensamento.

Por conseguinte, o problema da pobreza como componente da verdadeira vida não foi um problema simples na sociedade, na cultura e no pensamento antigos, muito menos simples sem dúvida do que no cristianismo medieval. E, é claro, por causa dessa incerteza, da dificuldade de conciliar o princípio de que a verdadeira vida não pode ser uma vida de riquezas, mas que ao mesmo tempo a verdadeira vida é a vida dos melhores, encontramos, em relação à pobreza, uma posição um pouco mista, ambígua; vê-se em todo caso privilegiar essa ideia de que o importante não é tanto ter ou não ter dinheiro, é ter uma posição e uma atitude em relação ao dinheiro, em relação à fortuna, tais que a gente não se deixe absorver pelos cuidados com essa fortuna, que não nos preocupemos com a ideia de que poderíamos perdê-la e que não nos deixemos perturbar caso de fato a perdermos. Trata-se, em vez disso, nessa verdadeira vida de que falam os filósofos, de certa atitude em relação à fortuna e ao infortúnio e em relação à mudança de fortuna em infortúnio. É sobretudo isso que está em questão nessa verdadeira vida. E mais uma vez Sêneca, ladrão e riquíssimo, desenvolveu longamente essa ideia de que a verdadeira vida é uma vida de desprendimento virtual em relação à fortuna.

Em compensação, e em face disso, a pobreza cínica é, claro, uma pobreza efetiva, material, física. A pobreza cínica é real, é ativa, é indefinida.

Primeiro, a pobreza cínica é real, ou seja, ela não é em absoluto um simples desprendimento da alma. Ela é um despojamento da existência que se priva dos elementos materiais a que ela está tradicionalmente ligada e de que acreditamos habitualmente que ela depende. A pobreza cínica vai se referir, por exemplo, à roupa, ao *habitat* reduzido ao mínimo, às posses – Crates distribui efetivamente seus bens[11]. Ela vai se referir à alimentação que se procura reduzir ao mínimo. Pode-se comparar essa vida cínica a várias passagens de Sêneca na correspondência com Lucílio, onde ele evoca essas espécies de estágios de pobreza que é bom fazer de tempos em tempos[12]. E Sêneca diz: por alguns dias, três ou quatro, você deveria pôr uma roupa de tecido grosseiro, dormir num catre rústico, comer o menos possível; garanto que isso lhe faria bem, não só porque lhe daria de novo capacidade para o prazer – é o que alguns libertinos fazem –, mas também porque lhe ensinaria a ter, em relação a tudo isso, uma atitude tal que, se por acaso você viesse a perder tudo, não sofreria. Proteção contra o acontecimento possível, e não prática real. Exercício, podemos dizer, virtual. A pobreza cínica é uma pobreza real, que exerce um despojamento efetivo.

Em segundo lugar, é uma pobreza ativa, no sentido que não é uma pobreza que se contentaria com renunciar a toda preocupação com relação à fortuna, a toda conduta de aquisição, a toda economia. Essa pobreza cínica não se contenta com se manter na mediocridade de uma condição que seria dada de início. Assim, os cínicos que, no entanto, sempre têm em relação a Sócrates uma atitude de veneração, de respeito, em todo caso referindo-se a ele sem cessar, pois bem, eles prestavam a Diógenes uma crítica [a] Sócrates na qual diziam: Sócrates é, afinal, uma pessoa que tem uma casa, uma mulher, filhos, tem até chinelo[13]. Quer dizer, a atitude socrática, que consistia em se contentar com a mediocridadezinha que constitui nossa existência, não é a atitude cínica. A pobreza cínica não pode ser uma indiferença à fortuna e a aceitação de uma situação dada. A pobreza cínica deve ser uma operação que fazemos sobre nós mesmos, para obter resultados positivos, de coragem e de resistência. A dramaturgia da pobreza cínica está muito distante da indiferença que não se preocupa com a riqueza, seja a riqueza dos outros, seja a própria, ela é uma elaboração de si mesmo na forma da pobreza visível. Ela não é uma aceitação da pobreza, ela é uma conduta efetiva de pobreza.

Enfim, em terceiro lugar, a pobreza cínica é uma pobreza infinita. Ela é real, ela é ativa e ela é infinita, ou indefinida, no sentido que não se detém num estágio considerado satisfatório, porque, nesse momento, você poderia considerar que, em suma, é livre de tudo o que é supérfluo. Ela procura sempre despojamentos possíveis. É uma pobreza inquieta, uma pobreza insatisfeita consigo mesma, que sempre se esforça por alcançar novos limites, até atingir o chão do absolutamente indispensável. Temos sobre esse tema uma série de anedotas. A mais célebre sem dúvida é a da cuia. Diógenes, que tinha como única louça uma cuia, uma tigelinha em que tomava água, vê perto de uma fonte um garotinho que junta as mãos em forma de cuia e bebe nelas. Nesse momento Diógenes joga fora sua cuia, dizendo que é uma riqueza inútil[14].

Como vocês estão vendo, a pobreza característica da vida cínica não é uma pobreza virtual, de atitude, como em Sêneca. Não é tampouco uma pobreza média de situação, como a que Sócrates aceitava. É uma pobreza efetiva de despojamento, uma pobreza indefinida em trabalho indefinido sobre si mesmo.

Mas essa dramaturgia da pobreza real, da pobreza indefinida, leva a efeitos paradoxais. Por fidelidade aos princípios dessa pobreza ativa, como forma visível da vida sem mistura, da vida pura e autossuficiente, o cínico termina de fato levando uma vida de feiura, de dependência e de humilhação. E assim a aplicação radical desse princípio conduz à sua reversão: vida de pobreza escandalosa, insuportável, feia, dependente e humilhada do cínico. Temos, aqui também, uma série de provas. Pode-se passar rapidamente por cima de uma coisa que no entanto é importante, a saber, a valorização paradoxal da sujeira, da feiura, da miséria rude e desgraciosa. Essa valorização da sujeira, da feiura, da falta de graça, que faz parte do cinismo, concebe-se que não era muito fácil de aceitar em sociedades tão apegadas aos valores de beleza, aos valores da plástica no corpo humano, no gesto humano, nas atitudes, na vestimenta dos indivíduos. Essa inversão dos valores físicos sem dúvida desempenhou um papel que não era pequeno. Compreende-se, em todo caso, que essa inversão tenha dado lugar a um escândalo. Porque, é claro, poder-se-ia encontrar também em Sócrates algumas coisas relativas ao jogo entre a valorização e a desvalorização do belo e do feio. Mas, justamente, Sócrates insiste no fato de que não devemos nos apegar à beleza do corpo, devemos preferir os exercícios da alma aos que servem para embelezar e fortalecer o corpo. Encontra-se também nele essa ideia de que na falta de graça de um corpo sem beleza é preciso reconhecer a beleza da alma. Mas, precisamente, é sempre a preferência de uma beleza em relação a outra, o privilégio de uma beleza em relação a outra que são, em Sócrates, o princípio dessa relativa, e sempre simplesmente relativa, desqualificação da beleza e do valor físicos.

A pobreza cínica, ao contrário, é a afirmação do valor próprio e intrínseco da feiura física, da sujeira, da miséria. Isso é importante e introduziu, ao mesmo tempo na ética, na arte da conduta e, infelizmente, também na filosofia, valores de feiura a que elas nunca renunciaram.

No entanto, há mais do que essa valorização da feiura em si mesma. Há o fato de que, nessa pobreza absoluta, o indivíduo acaba se encontrando numa situação de dependência. E esse princípio da vida sem mistura, da vida sem subordinação, da vida independente de tudo, esse princípio termina se revertendo. Porque, quando se atinge esse grau de pobreza absoluta, o que encontramos? Encontramos a escravidão, escravidão que era, vocês sabem, aos olhos de um greco-romano, inaceitável – e quando a escravidão se torna aceitável, é em geral como um destino que se sofre e que é necessário sofrer com indiferença.

Entre os cínicos, ao contrário, há como uma aceitação direta, positiva, da situação de escravidão. É a história de Diógenes que, quando é posto à venda no mercado, quer sentar, porque acha que é mais confortável, e como o mercador de escravos que o vende lhe recusa o direito de sentar, Diógenes replica: "Não importa, afinal compram os peixes deitados de barriga para baixo."[15] E ele se deita como um peixe, aceitando assim desempenhar o papel dessa mercadoria à venda. A pobreza leva portanto à aceitação da escravidão. Ela leva a algo que era ainda mais grave do que a escravidão para um grego ou um romano (porque, afinal, a escravidão podia sempre fazer parte dos infortúnios da existência humana): a mendicidade. A mendicidade é a pobreza levada ao ponto de depender dos outros, da sua boa vontade, dos acasos do encontro. Estender a mão, para um antigo, era o gesto da pobreza infamante, da dependência na forma mais insuportável. E essa mendicidade é que constituía a pobreza cínica levada ao ponto do escândalo voluntário.

E, enfim, além dessa mendicidade, dessa dependência material, a pobreza cínica afrontava algo que era mais grave ainda que a escravidão e que a mendicidade. Ela afrontava a *adoxía*. A *adoxía* é a má reputação, é a imagem que se deixa de si quando se foi insultado, desprezado, humilhado pelos outros, coisas essas que evidentemente jamais haviam recebido um valor positivo entre os gregos e entre os romanos. Não se podia evidentemente dar valor positivo à *adoxía* numa sociedade em que as relações de honra eram tão importantes, em que a glória, a boa reputação, a lembrança que a gente deixa na memória dos homens era uma das formas de sobrevivência desejada. Ora, a *adoxía* passa agora a fazer parte, precisamente, da vida despojada dos cínicos. Alguém como Sócrates, aqui também, é um homem que, é claro, não temia aceitar uma condenação à morte, apesar de injusta. E quando lhe ofereceram a possibilidade de fugir, ele não quis, aceitando essa espécie de desonra que era o fato de ser condenado à morte. Mas, quando aceita essa espécie de desonra, Sócrates não pratica em absoluto a *adoxía* dos cínicos. Ele sabe perfeitamente que se, aos olhos da opinião majoritária, ele nada mais é que, de fato, alguém que cometeu um crime e é condenado à morte, em compensação, de certo ponto de vista, e aos olhos dos que efetivamente sabem, ele, Sócrates, é justo e nenhuma desonra atinge a sua vida.

Para os cínicos, a prática sistemática da desonra é, ao contrário, uma conduta positiva, uma conduta que tem sentido e valor. E temos aí, sem dúvida, algo extremamente singular em toda a moral antiga e que faz efetivamente dos cínicos uma exceção. [Acerca da] *adoxía* nos cínicos, encontrei um artigo que trata dela de uma maneira interessante – [mas] não sei se ela é historicamente fundada – pela maneira mesma como o autor coloca o problema. O artigo se encontra nos *Harvard Studies in Classical Philology* de 1962, de autoria de um tal de Ingalls, e se chama "The Seeking of Dishonor" (a busca da desonra). O autor mostra quanto é sensível ao fato de que o cinismo fazia totalmente parte da paisagem grega. E insiste em que os cínicos, no fundo, não eram nada mais que uma espécie de expressão, particularmente concentrada e vigorosa, de alguns temas próprios da moral grega. Mas há um ponto sobre o qual não se pode em absoluto considerar que os cínicos representam a moral grega, e é precisamente o problema da *adoxía* (da desonra). E aí ele faz intervir a influência da Índia – como dizer..., de certa prática que encontramos em alguns grupos religiosos hindus nos quais a desonra e a busca da desonra adquirem um valor positivo. Ele faz portanto dessa inserção da *adoxía* na moral grega o efeito de uma influência externa.

Na verdade, não sei se é historicamente verdadeiro ou não. De qualquer modo, o que me interessa nisso tudo é que essa idea da *adoxía* me parece poder se justificar e ser compreendida a partir da reversão desse princípio da vida independente que, a partir do momento em que ela se dramatiza até a pobreza absoluta, não pode deixar de encontrar a dependência e a desonra. [Ora,] é essa desonra que é efetivamente buscada pelos cínicos: pela busca ativa de situações humilhantes que valem porque exercitam o cínico a resistir a tudo o que é fenômeno de opiniões, crenças, convenções. Temos um exemplo disso na anedota de Diógenes que, tendo levado um soco na cabeça, ou uma cacetada, não lembro mais, se recusa a responder. Não é uma questão de honra. Ele diz: da próxima vez porei um elmo[16]. Porque a pancada nada mais é que uma pancada, e toda desonra que se pretende acompanhar essa situação – levar uma pancada – não tem nenhuma importância e literalmente não existe. Logo: indiferença em relação a todas essas situações humilhantes, e até mesmo busca ativa das situações de humilhação, porque há de início esse lado de exercício, de redução das opiniões, e também o fato de que vai se poder, no interior dessa humilhação aceita, reverter de certo modo a situação e retomar seu controle. É a história de Diógenes que, comendo na praça pública, se faz tratar de cão pelos passantes: você come como um cão, dizem eles. E Diógenes reverte logo a situação, aceitando a humilhação. Ele aceita a humilhação e a reverte, dizendo: mas vocês também são cães, pois só os cães fazem uma roda em torno de um cão que come. Cão eu sou, mas vocês são tanto quanto eu[17]. Um dia, ele aparece num banquete, jogam-lhe um osso, já que ele é um cão. Nesse momento, ele vai embora com seu osso, volta e mija nos convivas, como um cão[18].

Como vocês veem, esse jogo da humilhação cínica é interessante e [pode-se] compará-lo com algo que, até certo ponto, dele derivará mas alterará seus valores, seus significados e suas formas: a humildade cristã. Da humilhação cínica à humildade cristã, há toda uma história, toda uma história do humilde, toda uma história da infâmia, toda uma história da vergonha, do escândalo pela vergonha, que é uma coisa muito importante historicamente, mais uma vez bastante alheia ao que era a moral corrente dos gregos e dos romanos. E creio que é preciso distinguir bem o que será a humildade cristã – que é um estado, uma atitude de espírito que se manifesta e se prova em humilhações sofridas – e essa desonra cínica que é um jogo sobre as convenções relativamente à honra e à desonra, no qual o cínico, no próprio momento em que faz o papel mais desonroso, faz valer seu orgulho e sua supremacia. O orgulho cínico se apoia nessas provas. O cínico afirma sua soberania, seu controle através dessas provas da humilhação, enquanto a humilhação, ou antes, a humildade cristã será uma renúncia a si mesmo. Humilhação cínica, humildade cristã, tudo isso precisaria sem dúvida ser muito mais elaborado do que faço agora. Indico simplesmente certas coisas. A partir desse tema da vida independente, e por sua dramatização sob a forma da pobreza, da escravidão, da mendicidade, da *adoxía*, da desonra, temos uma reversão do tema filosófico clássico e a emergência da verdadeira vida como vida outra, escandalosamente outra.

Poder-se-ia dizer a mesma coisa a propósito da vida reta, que é uma das características da verdadeira vida no sentido tradicional do termo. Essa vida reta como característica da verdadeira vida era uma vida em conformidade com certo lógos, lógos esse que era [por sua vez] indexado à natureza. A vida reta era uma vida conforme à natureza, mas era também uma vida conforme às leis, ou pelo menos a certas leis, regras, costumes, que eram convencionadas entre os homens. Havia uma espécie de equívoco fundamental nessa noção tradicional da verdadeira vida como vida reta. Essa vida reta estava, de fato, em conformidade bastante ambígua com um núcleo de naturalidade e um conjunto nunca totalmente definido, bastante vago, e, conforme as escolas e os filósofos, variável,

variável relativamente às leis humanas, às leis sociais, às leis cívicas reconhecidas como devendo servir de marco, de grade, de princípio organizador para a verdadeira vida.

O cínico vai retomar esse tema da verdadeira vida como vida reta, como vida conforme. Ele vai simplesmente retomá-lo de tal modo que essa vida conforme se tornará uma vida totalmente outra. De fato, a conformidade à qual os cínicos indexam o princípio da verdadeira vida, da vida reta, se apoia [em], diz respeito unicamente, ao domínio da lei natural. Só o que é da ordem da natureza é que pode ser um princípio de conformidade para definir a vida reta de acordo com os cínicos. Nenhuma convenção, nenhuma prescrição humana pode ser aceita na vida cínica, se não for exatamente conforme ao que se encontra na natureza, e somente na natureza. É assim, claro, que os cínicos recusam o casamento, recusam a família, praticam, ou pretendem praticar, a união livre[19]. Assim, os cínicos recusam todos os tabus e as convenções alimentares. Diógenes teria experimentado comer carne crua[20]. Parece até, voltaremos a isso, que morreu por ter comido um polvo vivo que o teria sufocado[21]. De acordo com Diógenes Laércio, Diógenes não teria considerado tão odioso e intolerável comer carne humana[22]. Nem a antropofagia pode ser recusada pelo cínico.

Era também pela mesma razão que os cínicos recusavam tudo o que podia ser interdição do incesto. Sobre isso, remeto vocês a uma passagem interessantíssima que encontramos em Dion Crisóstomo. O discurso X de Dion Crisóstomo, consagrado em grande parte à vida cínica e ao personagem de Diógenes, termina com uma crítica a Laio, que consiste em dizer: Laio, no fundo, não era tão esperto assim, pois tinha compreendido mal o oráculo. O oráculo de Delfos tinha dito a ele: não tenha filho ou enjeite-o. E, segundo Dion Crisóstomo ao esboçar o retrato ideal de Diógenes, este último teria dito que o oráculo dizia na realidade: não se deve ter filho nem enjeitá-lo. Quer dizer: não tenha filho; mas, caso tenha, não o enjeite. E Laio, em sua tolice, teria tido um filho, o que era uma maneira de não escutar o oráculo; ele o teria enjeitado, o que era uma segunda maneira de não compreender e transgredir a ordem do oráculo[23]. Em todo caso, Laio cometeu essa tolice, e dessa tolice Édipo é ao mesmo tempo o resultado e o herdeiro. O herdeiro, porque está claro que Édipo não foi muito esperto quando desvendou o enigma da esfinge[24]. Qualquer um teria encontrado a resposta para o célebre enigma. Mas, sobretudo, foi a respeito de seu próprio incesto que Édipo demonstrou sua tolice e sua ingenuidade. De fato, o que Édipo deveria ter feito? Deveria ter praticado verdadeiramente o princípio délfico do "conhece a ti mesmo". Nesse caso, não teria consultado Tirésias para saber de que se tratava. Não teria enviado Creonte para consultar o oráculo de Delfos, teria ido ele próprio. E lá, recolhendo o oráculo de Delfos, teria compreendido que havia se casado com sua mãe, matado seu pai e feito filhos em sua mãe. E sabendo disso tudo, o que ele teria se dito, se tivesse sido esperto? Teria se dito: mas é o que vejo todos os dias no meu galinheiro, é o que acontece com todos os animais, que matam efetivamente o pai, esposam a mãe e são ao mesmo tempo pai e irmão de seus filhos, de seus irmãos e de suas irmãs[25]. Tínhamos aí portanto um lua de mel natural que Édipo não reconheceu porque não foi capaz de conhecer a si mesmo e de encontrar em si mesmo um dos núcleos da sua naturalidade.

Haveria ainda muitas coisas a dizer sobre essa naturalidade nos cínicos*. É à valorização positiva da animalidade que esse princípio de uma vida reta, que deve ser indexada à natureza e somente à natureza, conduz. E isso é algo que, também aqui, é singular e escandaloso no pensamento antigo. Pode-se dizer que, de uma maneira geral e resumindo muito, a animalidade desempenhava, no pensamento antigo, o papel de ponto de diferenciação absoluta para o ser humano. É distinguindo-se da animalidade que o ser humano afirmava e manifestava sua humanidade. A animalidade era sempre, mais ou menos, um ponto de repulsão para essa constituição do homem como ser razoável e humano.

Nos cínicos, em função da aplicação rigorosa e sistemática do princípio da vida reta indexada à natureza, a animalidade vai desempenhar um papel totalmente diferente. Ela será carregada de valor positivo, será um modelo de comportamento, modelo material em função dessa ideia de que, daquilo que o animal pode prescindir, o ser humano não deve necessitar. Encontramos aqui uma série de anedotas: a de Diógenes observando como vivem os camundongos[26], de Diógenes vendo um caracol que carrega sua casa nas costas e que decide viver da mesma maneira[27]. A partir do momento em que a necessidade é uma fraqueza, uma dependência, uma falta de liberdade, o homem não deve ter outras necessidades além das do animal, além das que são satisfeitas pela própria natureza.

* O manuscrito compreende o seguinte desenvolvimento, que Foucault não retoma em sua aula:

"Mas não é simplesmente por um recuo para a sua naturalidade mais imediata que a vida cínica opera a reversão da vida reta. Também nesse ponto se trata de um recuo ativo, agressivo, polêmico, militante. A vida natural do cínico tem uma função maiêutica. Trata-se, para ele, de tentar, de experimentar, todas as verdades que podem ser aceitas e reverenciadas pelos homens. A militância da vida cínica se opõe, também nesse ponto, à existência filosófica sob a forma mais geral. Sêneca ou Epicteto afirmam que não dão mais crédito a um homem poderoso do que a outro homem. O cínico cita Diógenes, que diz a Alexandre que este não passa de um corpo opaco entre ele e o sol. Todos os filósofos se mostram severos contra os que saboreiam pratos refinados. Eles sempre recomendam uma alimentação simples, natural, que deixe o apetite satisfeito. Diógenes é conhecido por ter experimentado carne crua. Todos os filósofos recomendavam só praticar os prazeres secretos em caso de necessidade e quando era necessário e estava em conformidade com as leis da cidade. Quanto aos cínicos, eles se referem a um modelo natural que não exclui o incesto."

Para não ser inferior ao animal, é preciso ser capaz de assumir essa animalidade, como forma reduzida mas prescritiva da vida. A animalidade não é um dado, é um dever. Ou antes, é um dado, é o que nos é oferecido diretamente pela natureza, mas é ao mesmo tempo um desafio que é preciso perpetuamente enfrentar. Essa animalidade, que é o modelo material da existência, que também é seu modelo moral, constitui, na vida cínica, uma espécie de desafio permanente. A animalidade é uma maneira de ser em relação a si mesmo, maneira de ser que deve assumir a forma de uma perpétua provação. A animalidade é um exercício. É uma tarefa para si mesmo, e é ao mesmo tempo um escândalo para os outros. Assumir, diante dos outros, o escândalo de uma animalidade que é uma tarefa para si mesmo: é a isso que conduz o princípio da vida reta segundo os cínicos, a partir do momento em que ela é indexada à natureza e a partir do momento em que esse princípio de uma vida reta indexada à natureza se torna a forma real, material, concreta da própria existência. O *bios philosophikos* como via reta é a animalidade do ser humano encarada como um desafio, praticada como um exercício e lançada na cara dos outros como um escândalo.

Restaria o quarto elemento, o da vida imutável, da vida sem corrupção nem decadência, da vida de soberania. Precisaria mostrar a vocês como essa vida é revertida pelos cínicos. Procurarei lhes mostrar da próxima vez, pois isso nos conduz muito exatamente a um outro momento, a uma outra figura: a verdadeira vida na espiritualidade do ascetismo cristão.

*

NOTAS

1. Cf. sobre esse ponto *L'Usage des plaisirs*, ed. citada, pp. 251-69 (cap. "Le véritable amour").
2. Cf., sobre esse ponto, *L'Herméneutique du sujet*, ed. citada, pp. 343-4.
3. Epicteto, *Entretiens*, trad. J. Souilhé, ed. citada, livro I, conversações XII-XIV, pp. 57-8.
4. Epicteto, *Entretiens*, II, VII, 11-4, p. 30.
5. Diógenes Laércio, *Vie, doctrines...*, trad. R. Genaille, ed. citada, p. 15 (trad. M.-O. Goulet-Cazé, ed. citada, livro VI, § 22, p. 706).
6. Diógenes Laércio, *Vie et doctrines...*, trad. M.-O. Goulet-Cazé, ed. citada, livro VI, § 77, p. 743.
7. *Id.*, VI, 69, p. 736.
8. *Id.*, VI, 58, p. 730 e 69, p. 736.
9. *Id.*, VI, 46, p. 722 e 69, p. 736.
10. *Id.*, VI, 96-7, p. 760.
11. *Id.*, VI, 87, p. 754.

12. Cf. sobre os exercícios de pobreza em Sêneca, *L'Herméneutique du sujet*, pp. 410-1.

13. "Diógenes afirmava que o próprio Sócrates levava uma vida preguiçosa: ele se trancava numa boa casinha, com uma caminha e chinelos elegantes que usava de vez em quando" (Elien, *Histoire variée*, IV, 11, *in Les Cyniques grecs*, Diogène n. 186, trad. L. Paquet, ed. citada, p. 110).

14. Diógenes Laércio, *Vie et doctrines...*, trad. M.-O. Goulet-Cazé, ed. citada, livro VI, § 37, p. 715.

15. Diógenes Laércio, *Vie, doctrines...*, trad. R. Genaille, ed. citada, p. 17 (trad. M.-O. Goulet-Cazé, ed. citada, livro VI, § 29, p. 711).

16. Diógenes Laércio, *Vie et doctrines...*, trad. M.-O. Goulet-Cazé, ed. citada, livro VI, § 41, p. 719.

17. *Id.*, VI, 61, p. 732.

18. *Id.*, VI, 46, p. 722.

19. "[Diógenes] pedia a comunidade das mulheres, não falando sequer de casamento, mas de acoplamento de um homem que seduziu uma mulher com a mulher seduzida" (*id.*, VI, 72, p. 738; ler também as palavras horrorizadas de Filodemo, *Sur les Stoïciens = Papyrus d'Herculanum* 155 e 339, XV-XX, *in Les Cyniques grecs*, p. 117).

20. Diógenes Laércio, *Vie et doctrines...*, trad. M.-O. Goulet-Cazé, ed. citada, livro VI, § 34, p. 713.

21. Na verdade, as duas versões relativas à morte de Diógenes por causa de um "polvo" não falam de sufocamento: Diógenes teria sido vítima da cólera por ter comido um polvo cru (*id.*, VI, 76, p. 742), ou "querendo compartilhar com uns cães um polvo, foi mordido no tendão do pé e morreu disso" (*id.*, VI, 77, p. 743).

22. *Id.*, VI, 73, p. 739.

23. Dion Crisóstomo, discurso X: *Diogène, ou Des domestiques*, §24-25, *in Les Cyniques grecs*, p. 253.

24. *Id.*, § 31, p. 255.

25. "Cáspite! Os galos não fazem tanta história por tais aventuras, nem tampouco os cães nem os burros" (*id.*, § 30, p. 254).

26. "Foi por ter visto, pelo que diz Teofrasto em seu *Megárico*, um camundongo correndo de um lado para o outro, sem procurar lugar de descanso, sem ter medo do escuro nem desejar nada do que é tido como fonte de prazeres, que Diógenes descobriu um remédio para as dificuldades nas quais se encontrava" (Diógenes Laércio, *Vie et doctrines...*, trad. M.-O. Goulet-Cazé, ed. citada, livro VI, § 40, p. 718).

27. "Eu havia me dirigido a ti para ter uma morada; grato por ter me prometido uma; mas ao ver um caracol tive a ideia de uma morada ao abrigo do vento, é meu vaso de barro no Metrion" (*Lettres de Diogène et Cratès*, trad. G. Rombi & D. Deleule, ed. citada [*supra*, p. 199, nota 41], Diogène, carta 16, "À Apoplexis", p. 45).

AULA DE 21 DE MARÇO DE 1984
Primeira hora

A reversão cínica da verdadeira vida em vida outra. – A vida soberana no sentido tradicional: o sábio prestimoso e exemplar. – O tema do filósofo-rei. – A transformação cínica: o confronto Diógenes/Alexandre. – Elogio de Héracles. – A ideia de militantismo político. – O rei de derrisão. – O rei oculto.

[...*] Gostaria hoje de terminar o que havia começado da última vez, isto é, a reversão cínica dos temas da verdadeira vida. Tínhamos procurado ver como a prática da verdadeira vida, levada ao limite pelos cínicos, dramatizada por eles sob várias formas, se torna a manifestação escandalosa da vida outra. E é essa passagem, essa inversão, essa transformação da verdadeira vida em vida outra que me parece ter sido a origem, o cerne do escândalo cínico.

Tínhamos visto primeiro que o tema da vida não dissimulada havia sido levado ao limite, dramatizado pelos cínicos, na forma da vida desavergonhada. Vimos também como o tema da vida sem mistura, sem dependência, bastando-se a si mesma, também havia sido dramatizado na forma da pobreza e tinha se revertido numa prática de despojamento voluntário, de mendicidade e finalmente até de desonra. Terceiro, enfim, relativamente ao tema da vida reta, da vida conforme à natureza, à razão e ao *nómos*, vimos como esse tema havia sido dramatizado pelos cínicos na forma da vida natural, da vida fora das convenções, e como a partir daí tinha se revertido e havia aparecido a forma de uma vida que se manifesta como desafio e exercício na prática da animalidade.

Vida nua, vida mendicante, vida bestial, ou ainda vida de impudor, vida de despojamento e vida de animalidade: é isso tudo que surge com os cínicos, nos limites da filosofia antiga – num sentido e de certo modo,

---

* M.F. começa com as seguintes observações: "Vou tentar dar duas horas de aula hoje, mas não tenho muita certeza de chegar até o fim, porque estou um pouco, estou até bem gripado. Então, vou fazer o possível. Desculpem-me se pararmos um tempinho."

o mais rente ao que ela tinha o costume de pensar, pois todos esses temas não passam, no fundo, da continuação, da extrapolação, de alguns princípios bastante comuns para ela. O cinismo aparece em suma como o ponto de convergência de alguns temas totalmente correntes, e, ao mesmo tempo, essa figura da vida outra, da vida desavergonhada, da vida de desonra, da vida de animalidade, é também o que, para a filosofia antiga, para o pensamento antigo, a ética e a cultura antiga inteira, também é o mais difícil de aceitar. O cinismo é portanto essa espécie de careta que a filosofia faz para si mesma, esse espelho quebrado em que o filósofo é ao mesmo tempo chamado a se ver e a não se reconhecer. É esse o paradoxo da vida cínica, como eu tentei definir; ela é a consumação da verdadeira vida, mas como exigência de uma vida radicalmente outra.

Restava-nos estudar um quarto aspecto dessa reversão. Vocês lembram que [essa noção] da verdadeira vida, se a considerarmos em sua forma mais corrente, dizia respeito primeiramente ao tema da vida não dissimulada, depois ao da vida independente, sem mistura, enfim ao da vida reta. O quarto aspecto que eu havia evocado era, lembrem-se, o tema da vida soberana. Parece-me que também nesse ponto podemos identificar ao mesmo tempo uma passagem ao limite e uma reversão, e é esse o elemento mais fundamental, mais característico, mais paradoxal também dessa vida cínica. Quarta reversão pois: a reversão do tema da vida soberana.

Aqui também, é um tema tradicional, habitual. Em sua forma tradicional, parece-me, o tema da vida soberana, isto é, da vida senhora de si, superior a toda outra, se caracteriza em geral por duas características principais. Primeiro, na filosofia antiga a vida soberana é em geral uma vida que tende à instauração de uma relação consigo que é da ordem do gozo, em ambos os sentidos da palavra: ao mesmo tempo como posse e como prazer. A vida soberana é uma vida em posse de si mesma, uma vida de que nenhum fragmento, nenhum elemento, escapa ao exercício do seu poder e da sua soberania sobre si mesma. Ser soberano é antes de tudo ser seu, pertencer a si mesmo. Temos sobre isso uma série de formulações. As mais explícitas estão em Sêneca, onde vocês encontram todo um lote de expressões, como por exemplo: *in se potestatem habere* (ter posse de si mesmo: cartas 20[1], 61[2], 75[3]), ou simplesmente *sui juris esse* (ser de seu próprio direito, não depender de nenhum direito estrangeiro: *De brevitate vitae*[4]); vocês também têm a expressão *se habere* (se possuir, ter a si mesmo, de certo modo: carta 42[5]), simplesmente *suum esse* ou *suum fieri* (ser seu, tornar-se seu: *De brevitate vitae*[6]).

Essa relação de gozo-posse também é uma relação de gozo-prazer. Agradamos a nós mesmos na vida soberana, nos regozijamos, encontramos em nós todos os princípios e fundamentos da verdadeira volúpia, não a do corpo, não a que depende dos objetos exteriores, mas a que se pode possuir indefinidamente sem nunca dela ser despojado. Aqui também Sêneca traz muitas expressões que giram em torno desse tema. Por exemplo, na carta 23 encontramos o princípio *suo gaudere* (regozijar-se de si mesmo, buscar o gozo em si mesmo)[7], ou então vocês veem o princípio de ter de buscar em si mesmo toda a sua alegria (*intra se omne gaudium petere*: pedir ao interior de si, buscar dentro de si todo o seu gáudio, *Consolação a Hélvia*, cap. V)[8]. A vida soberana, nessas formulações gerais, é portanto uma vida de gozo: gozo-posse, gozo-prazer.

Mas – e esse é outro aspecto igualmente muito importante no tema geral da vida soberana na Antiguidade –, a partir do momento em que e pelo próprio fato de que ele é relação consigo e gozo de si mesmo, a vida soberana também funda, ou se abre para, uma relação com o outro e os outros. A vida soberana é uma vida benéfica, e essa relação com os outros, arraigando-se na relação de posse, de gozo e de prazer consigo mesmo, pode adquirir duas formas. Pode ser uma relação de tipo pessoal, de direção, de socorro espiritual, de ajuda: é a direção, o socorro, a ajuda, o apoio que se pode dar a um aluno que vem ouvir a lição. Remeto-os a Epicteto, onde vocês encontrarão uma porção de formulações importantes nas quais o mestre não deve simplesmente dar ao aluno aulas de competência, transmitir-lhe um saber, ensinar-lhe a lógica ou como refutar um sofisma, e tampouco é isso que o aluno deve pedir a seu mestre. Entre eles deve se estabelecer outra relação, uma relação que é de cuidado, de ajuda, de socorro. Você veio aqui, diz [Epicteto] a seu aluno, como se fosse um *iatreîon* (uma clínica), você está aqui para se tratar. E quando voltar para casa, não vai ser apenas como um indivíduo finalmente capaz de resolver os sofismas ou se fazer admirar por sua capacidade no discurso. Você vai voltar para casa como alguém que foi tratado, curado, e cujos males foram aplacados.

Essa relação pessoal é a relação do mestre com o aluno. É também, e com frequência, a relação do amigo com o amigo, como acontecia no caso de Sêneca, por exemplo. A Lucílio, um amigo mais ou menos da sua idade, um pouco mais moço apenas, Sêneca propõe sua ajuda. Haveria a esse respeito dezenas de textos, eu cito apenas o que encontramos no prefácio da quarta parte das *Questões naturais*, onde Sêneca escreve a Lucílio, que acaba de ser nomeado procurador na Sicília: o mar agora vai nos separar, mas vou continuar a lhe ajudar. Você ainda está pouco seguro da sua rota, do seu caminho, vou pegá-lo pela mão para guiá-lo[9].

A vida soberana é portanto uma vida de ajuda e de socorro aos outros (aluno ou amigo). Mas ela é útil e benéfica aos outros de outra forma também: na medida em que, por si mesma, ela é uma espécie de lição, lição de alcance universal que você dá ao gênero humano pela própria maneira como vive e pela maneira como, ostensivamente, aos olhos de todos, leva essa vida. O sábio, levando uma vida soberana, pode e vai ser útil ao gênero humano pelo exemplo que ele propõe, pelos textos que escreve. Um texto de Sêneca explica que, se ele decidiu se aposentar, não foi entretanto para se dessolidarizar do gênero humano e levar uma vida egoísta. Ao contrário, ele vai consagrar seu tempo agora a escrever textos, textos que poderão circular, que poderão ser para a humanidade em geral uma lição de vida e de existência. Simplesmente, mais uma vez, a vida soberana é uma lição de alcance universal pelo esplendor, pelo brilho com que ela orna o gênero humano. É uma ideia que vocês encontram claramente expressa em Epicteto quando ele diz que o sábio é como aquele fiozinho vermelho na toga do senador (o laticlavo). O ornamento dessa toga é o fio vermelho, aquela orla vermelha que assinala a categoria e a função do personagem que a usa. Do mesmo modo, o sábio, no tecido da humanidade, deve ser como o fio vermelho que assegura o brilho e o esplendor do gênero humano.

O que há de interessante nesses temas acerca da soberania da vida do sábio e de seu caráter benéfico é que essa relação com o outro, relação de conselho, de ajuda, de incentivo, de exemplo, é evidentemente da ordem da obrigação, e não se poderia furtar a ela. Mesmo no caso de Sêneca há pouco, como já foi entendido, mesmo no caso em que o sábio se aposenta, em que, por conseguinte, vai levar longe dos olhares humanos uma vida retirada e oculta, mesmo quando renuncia a toda ambição e a toda vida política ativa, mesmo quando ele se afasta seja da cidade em geral, seja da cidade para ir viver no campo, mesmo assim tem de ser útil aos outros. Ele está vinculado a essa obrigação de ser útil aos outros, e é essa obrigação que Sêneca assume pelas cartas, pelas conversas, pelos colóquios que tem com seus amigos, pelos textos que ele escreve. É verdade portanto que ser benéfico aos outros, no exercício de uma vida soberana que goza de si mesma é, em certo sentido, uma obrigação.

Mas há que compreender que essa atividade, pela qual você é útil aos outros no exercício de uma vida soberana sobre si mesma, é de certo modo um excedente, um excesso, ou antes, ela não é nada mais, nada menos que a outra face da relação consigo. Exercer sobre si o controle perfeito, atestar aos olhos dos outros esse controle e, por esse testemunho, ajudá-los, guiá-los, servir-lhes de exemplo e de modelo não são mais que os diversos aspectos de uma só e mesma soberania. Ser soberano sobre si e ser útil aos outros, gozar a si mesmo e somente a si mesmo e, ao mesmo tempo, proporcionar aos outros a ajuda de que necessitam em seus embaraços, suas dificuldades ou, eventualmente, suas desgraças não passa, no fundo, de uma só e mesma coisa. É o mesmo ato fundador de tomada de posse de si por si que, por um lado, vai me dar, a mim, o gozo de mim mesmo e, [por outro lado], me permitir ser útil aos outros quando eles estão em dificuldades ou na desgraça.

Aí está, muito esquematicamente, o que poderíamos dizer sobre esse tema da verdadeira vida, tomado em suas dimensões mais comuns e mais correntes. Pois bem, esse tema – a verdadeira vida como exercício da soberania sobre si, que é, ao mesmo tempo, bem-fazer sobre os outros –, nós encontramos retomado pelos cínicos. Ele é retomado, mas aqui também levado ao limite, acentuado, intensificado, dramatizado sob a forma da afirmação, afirmação arrogante de que o cínico é rei. Claro, os cínicos não são os primeiros e, sobretudo, não foram os únicos a ligar o tema da monarquia como soberania política e o tema da vida filosófica como soberania de si sobre si. Poderíamos encontrar vários outros exemplos, mas citarei apenas dois.

Primeiro, em Platão, claro, a relação entre monarquia e filosofia é uma relação muito importante, muito intensa, altamente valorizada. Mas, evidentemente, sob reserva de examinar a coisa mais de perto, me parece mesmo assim que a relação em Platão entre filosofia e monarquia, entre ser filósofo e ser rei, é representada de duas maneiras. Ela se apresenta, primeiramente, na forma da analogia de estrutura, já que, no fundo, o filósofo é aquele que é capaz de estabelecer em sua alma e em relação a si mesmo um tipo de hierarquia e um tipo de poder que é da mesma ordem, que tem a mesma forma, a mesma estrutura, do poder exercido numa monarquia por um monarca, se este for digno desse nome e se seu governo corresponder de fato ao que é a essência da monarquia. De fato, há uma essência, uma forma, uma estrutura comuns à monarquia política e à soberania de si sobre si. Mas esse tema do vínculo entre monarquia e filosofia também é encontrado em Platão sob uma outra forma, que é a do dever-ser. Quer dizer que é necessário, ou melhor, seria necessário procurar alcançar àquele ponto ideal em que o filósofo poderá efetivamente exercer sobre os outros uma monarquia e em que a identificação do monarca com o filósofo garantirá, por um lado, a cada alma a soberania de si sobre si e, por outro lado, à cidade inteira a forma que lhe permitirá ser feliz e estável. Nos estoicos também encontramos o tema, o princípio de um vínculo entre monarquia e filosofia. O vínculo é diferente do que encontramos em Platão, mas diferente também do que vamos encontrar nos cínicos. Nos estoicos, o filósofo, em certo sentido, é quase um rei, ou melhor, é mais que um rei. Ele é mais que um rei no sentido que é aquele que é capaz não só de se governar a si mesmo (ele guia sua própria alma), mas de governar também a alma dos outros, e não simplesmente dos outros tais como são delimitados e vivem dentro de uma cidade, mas a alma dos homens em geral, do gênero humano. Nesse sentido, o filósofo é mais que um rei. É isso, de fato, que Sêneca objetava a Atala, um cínico a que, quando este dizia que era rei, Sêneca respondia: na verdade, o filósofo é diferente de um rei, em certo sentido é até melhor que um rei, porque é capaz de gerir, dirigir, guiar a alma de um rei, e através dessa alma do rei ele é capaz de dirigir também a alma dos homens e do gênero humano inteiro.

O rei e o filósofo, monarquia e filosofia, monarquia e soberania sobre si são temas frequentes portanto. Mas eles adquirem, creio, nos cínicos, uma forma bem diferente, simplesmente porque os cínicos fazem a afirmação bem simples, bem despojada, totalmente insolente, de que o próprio cínico é rei. Não é simplesmente o ideal de uma cidade na qual os filósofos serão reis. Não é essa espécie de jogo entre a alteridade e a superioridade do filósofo em relação ao rei. O próprio cínico é um rei, ele é inclusive o único rei. Os soberanos coroados, os soberanos visíveis de certo modo não são mais que a sombra da verdadeira monarquia. O cínico é o único rei verdadeiro. E, ao mesmo tempo, em relação aos reis da terra, aos reis coroados, aos reis sentados no trono, ele é o antirrei, que mostra quanto a monarquia dos reis é vã, ilusória e precária.

Essa posição do cínico como antirrei, como o verdadeiro rei que, pela própria verdade da sua monarquia, denuncia e faz surgir a ilusão da realeza política, é importantíssima no cinismo. É ela que explica o fato de que o célebre encontro histórico (verossimilmente mítico, claro) de Alexandre e Diógenes constitui uma dessas cenas de certo modo matriciais, a que os cínicos fazem perpetuamente referência. Encontro histórico: de fato, nada exclui que ele tenha ocorrido. Encontro mítico, haja vista todos os comentários, explicações, relatos que foram feitos e se acrescentaram na tradição cínica, simplesmente porque temos aí, nessa ideia do filósofo como antirrei, algo que está no próprio centro da experiência cínica e da vida cínica como verdadeira vida e outra vida, e do cínico como verdadeiro rei e outro rei.

Dessa oposição entre o cínico rei e o rei político dos homens, temos inúmeros exemplos. Gostaria simplesmente de me deter num texto importante, que é o mais longo de que dispomos sobre o encontro entre Alexandre e Diógenes, mais uma vez mítico em suas peripécias. Está em Dion Crisóstomo (ou Dion da Prússia), mais ou menos a primeira terça parte do seu discurso IV[10]. Seus quatro primeiros discursos são consagrados ao problema da monarquia, e vocês têm, no início do quarto, uma longa exposição desse célebre encontro entre Diógenes e Alexandre. Gostaria de reter simplesmente alguns elementos que me permitem avançar um pouco na análise dessa figura do rei antirreal.

Primeiro, encontramos nesse relato a ideia de que Diógenes e Alexandre se apresentam um em face do outro numa espécie de igualdade totalmente dissimétrica e não igualitária. Alexandre é o rei onipotente. Ele já está no auge da glória. Tem à sua volta um exército, os cortesãos. Decide ir ver Diógenes, porque Diógenes é a seu ver o único que poderia rivalizar com ele: se eu não fosse Alexandre, gostaria de ter sido Diógenes[11]. Diógenes e Alexandre estão pois cara a cara e, desse ponto de vista, são completamente simétricos.

Mas ao mesmo tempo há dissimetria total, já que, em face de Alexandre em toda a sua glória, Diógenes é o miserável em sua barrica. Mas Alexandre prova sua verdadeira grandeza e mostra que ele poderia se aproximar do que é verdadeiramente um rei no fato de que não vai ver Diógenes baseando sua autoridade em todo o brilho da sua glória, em toda a sua força armada. Ele vai encontrar Diógenes face a face. Deixa sua corte e seu entourage, explica Dion Crisóstomo, e vai se confrontar com Diógenes[12]. Vocês estão vendo o jogo de simetria e de dissimetria, de igualdade e de desigualdade, marcado na própria encenação dessa relação entre Diógenes e Alexandre. E o diálogo, [encenando] esse confronto, vai ser conduzido de maneira a mostrar que o verdadeiro rei não é aquele que a gente pensa. O verdadeiro rei, claro, é Diógenes.

Não vou recapitular toda essa discussão que é bastante longa, gostaria simplesmente de salientar alguns elementos. Primeiro, Alexandre é um rei, um rei da terra, um rei dos homens, um rei político. Mas, para assegurar essa monarquia e poder exercê-la, ele é obrigado a depender, e depende efetivamente de algumas coisas para exercer sua monarquia: precisa de um exército, precisa de guardas, precisa de aliados, necessita inclusive de uma armadura (ele se apresenta com sua espada). Já Diógenes, para exercer sua soberania, não necessita de estritamente nada. Está nu diante de Alexandre, está em sua barrica, não dispõe de nada, não tem nem exército, nem corte, nem aliados, nem o que quer que seja. A monarquia de Alexandre é portanto uma monarquia bem frágil e bem precária, pois depende de outra coisa. A de Diógenes, ao contrário, é uma monarquia que não pode ser desarraigada e que não pode ser derrubada, porque, para exercê-la, ele não necessita de nada[13]. É o primeiro argumento.

Segundo, acaso o verdadeiro rei é aquele que, para ser rei, necessita tornar-se rei, seja por educação, seja por hereditariedade, tendo recebido o cargo dos pais ou de pessoas que puderam adotá-lo? É o caso de Alexandre: recebeu a monarquia dos pais, recebeu também uma formação (uma *paideía*) que pretende torná-lo capaz de exercer a monarquia. A isso, Diógenes opõe o que é um verdadeiro rei, como ele. Um verdadeiro rei como Diógenes, primeiramente, provém diretamente de Zeus. É filho de Zeus, e não de uma [linhagem] monárquica. É filho de Zeus no sentido de que foi formado diretamente com base no modelo do próprio Zeus. A alma do sábio foi formada em plena e perfeita soberania. Ela é régia por natureza e, por consequência, não necessita de nenhuma *paideía*. A alma do sábio não é uma alma cultivada, não teve de adquirir a monarquia e a capacidade de ser monarca pela educação. A alma real é real por natureza, sem nenhuma *paideía*. Ela é dotada do que Dion Crisóstomo chama de *andreía* (ao mesmo tempo a coragem e, de uma forma mais geral, a virilidade). Ele é simplesmente homem. E é nessa virilidade, nesse fato de que é homem, que se manifesta sua monarquia. É igualmente a *megalophrosýne* (a grandeza de alma). Virilidade e grandeza de alma são as marcas que designam o filho de Zeus, por oposição à *paideía*, à educação necessária para que o filho hereditário de um rei se torne rei por sua vez[14]. É a segunda oposição.

A terceira oposição é a seguinte: o que assinala a realeza de um soberano como Alexandre, a condição para que ele exerça essa soberania é ser capaz de triunfar sobre seus inimigos. E é triunfando sobre seus inimigos que ele vai assegurar sobre os homens sua soberania. É o que Alexandre diz a Diógenes: mas, afinal, quando eu for rei, não só dos gregos, que já sou, mas também rei dos medas e dos persas que terei vencido efetivamente, nesse momento não serei plena e completamente rei? Ao que Diógenes responde: como! Você terá vencido os gregos, terá vencido os medas, terá vencido os persas. Mas terá vencido também os inimigos que se opõem a você? E esses verdadeiros inimigos são os inimigos internos, são seus defeitos e seus vícios[15]. O sábio não tem defeitos nem vícios. O rei da terra, o rei dos homens, pode muito bem combater todos os inimigos. Ele pode muito bem vencê-los um depois do outro. Mas sempre lhe restará esse combate a travar, derradeiro e primeiro, fundamental.

E, enfim, última característica, última oposição entre o rei dos homens e o filósofo-rei, o cínico-rei, é que o rei dos homens está evidentemente exposto a todas as desgraças e a todos os reveses da sorte. Ele pode perder sua monarquia. Em compensação, o filósofo-rei, o cínico-rei nunca deixará de ser rei. Ele o é para sempre, pois o é por natureza. E é nesse momento que Dion Crisóstomo evoca, ou faz Diógenes evocar, o célebre rito persa no qual, durante certas cerimônias, pegavam um prisioneiro de guerra e, durante algum tempo, tratavam-no como um rei, davam a ele cortesãs, satisfaziam todas as suas necessidades, desejos, vontades. E, depois de tê-lo feito levar assim uma vida verdadeiramente régia, despojavam-no de tudo, despiam-no, chicoteavam-no e terminavam por enforcá-lo[16]. É esse, diz Diógenes, segundo Dion Crisóstomo, o destino de todos os reis dos homens. Já o sábio não necessita de todas essas satisfações, prazeres, ornamentos que caracterizam a vida de um rei. Mas, dispensando tudo isso, será indefinidamente rei. Como vocês veem, o cínico é o verdadeiro rei. E essa ideia do cínico como verdadeiro rei é, a meu ver, bem diferente da ideia platônica das relações entre monarquia e filosofia, diferente também da concepção estoica.

Mas não é tudo. O cínico é um verdadeiro rei, só que é um rei desconhecido, um rei ignorado, um rei que, voluntariamente, pela maneira como vive, pela opção de existência que fez, pelo despojamento e [a] renúncia a que se expõe, se esconde como rei. E nesse sentido ele é rei, mas rei e derrisão. É um rei de miséria, um rei que esconde sua soberania no despojamento. Não só na forma do despojamento, mas, como vimos da última vez, também na da resistência voluntária, do trabalho perpétuo de si sobre si, pelo qual você leva sempre mais longe os limites do que pode suportar. No cerne dessa monarquia do cínico, que é uma monarquia de fato e não simplesmente ideal, vocês encontram a obstinação de si sobre si. O rei Diógenes rola na areia ardente durante o verão, ou rola na neve durante o inverno, unicamente para poder fazer sobre si mesmo o exercício de uma resistência cada vez mais completa, cada vez mais dura, cada vez mais acabada. Monarquia real portanto, mas também desconhecida, oculta sob o despojamento e a derrisão. Terceira característica: é uma monarquia de dedicação. Realeza de dedicação, mas de uma dedicação que é bem diferente dessa espécie de extravasamento ou de conversão da soberania sobre si em benefícios para os outros, como esse extravasamento que se pôde [observar] por exemplo em Sêneca, no qual se via como a soberania de si sobre si podia ter valor benéfico para os outros.

A dedicação do rei cínico, esse rei real e derrisório, é marcada por três características. Primeiro, a dedicação singular desse rei de miséria é uma missão que ele recebeu, uma tarefa que lhe foi imposta. A natureza que o fez rei o encarregou ao mesmo tempo de se ocupar dos outros. Se ocupar dos outros não é simplesmente dar aos outros, por seus discursos ou seu exemplo, as lições que lhes permitirão conduzir-se, é realmente cuidar deles, ir buscá-los onde estão, sacrificar sua própria vida para poder se ocupar dos outros. E não é no gozo de si, mas antes em certa forma de renúncia a si que vai ser possível se ocupar dos outros. Missão dura, e missão que poderíamos dizer até um certo ponto sacrificial, se os cínicos não dissessem ao mesmo tempo que, nesse sacrifício de si mesmo, o filósofo encontra efetivamente sua alegria e a plenitude da sua existência.

Segundo, essa missão assim recebida não é uma missão de legislador nem mesmo de governante. É uma relação de cuidado, uma relação médica. O cínico vai tratar das pessoas. Ele leva um remédio, graças ao qual elas vão poder realizar efetivamente sua própria cura e sua própria felicidade. Ele é o instrumento da felicidade dos outros. Assim é que, por exemplo, vemos Crates, um dos primeiros discípulos de Diógenes, figura histórico-mítica, descrito por Apuleio como alguém que vai de casa em casa, batendo nas portas e levando seus conselhos a todos os que deles necessitam, de maneira que possam sarar[17]. Há um intervencionismo de certo modo médico na missão do cínico, que o opõe inteiramente a essa espécie de pletora pela qual a vida feliz do sábio filósofo, no caso de alguém como Sêneca, era simplesmente dada como exemplo aos outros, que ele ajudava com conselhos, exemplos, escritos. Intervencionismo físico, intervencionismo social dos cínicos.

Enfim, terceiro, essa missão cínica toma a forma de um combate. Ela tem um caráter polêmico, belicoso. As medicações que os cínicos propõem são medicações duras. Pode-se dizer que o cínico é uma espécie de benfeitor, mas um benfeitor essencialmente, fundamentalmente, constantemente agressivo, cujo instrumento principal, claro, é a famosa diatribe. Temos sobre isso um certo número de textos, de exemplos, de descrições: o cínico se levanta no meio da assembleia, seja a de um teatro, seja numa assembleia política ou no meio de uma festa, seja simplesmente numa esquina ou no mercado. E toma a palavra e ataca. Ataca seus inimigos, isto é, ataca os vícios que afetam os homens, afetando seus interlocutores em particular, mas afetando também o gênero humano em geral.

Vocês estão vendo portanto que o cínico presta serviço de um modo bem diferente do que pelo exemplo da sua vida ou pelos conselhos que pode dar. Ele é útil porque briga, é útil porque morde, é útil porque ataca. E os cínicos aplicavam com frequência a si mesmos esses qualificativos, essa descrição de sua missão como uma missão de combate, comparando-se àqueles competidores que, nos jogos e nos concursos, tentam superar os outros – e nesse momento o cínico se define como atleta –, ou ainda se comparando com os soldados de um exército, que devem ou montar guarda, ou enfrentar os inimigos e entrar num corpo a corpo com eles.

Claro, aqui também, os cínicos não são os únicos a utilizar essa comparação atlética ou militar para designar a verdadeira filosofia. Vocês sabem que seria fácil encontrar uma série de comparações, de metáforas do mesmo gênero na filosofia antiga, desde pelo menos a tradição socrática. Lembrem-se de Sócrates soldado, Sócrates capaz de suportar melhor do que ninguém toda a fadiga, todo o trabalho e toda a dureza da vida de um soldado, a tal ponto que ele havia suscitado a admiração de Laques. É Sócrates que diz de si mesmo que ele é como um atleta (um *athletés*).

Parece que, entre os cínicos, tornamos a encontrar esses temas bem tradicionais do combate, militar ou atlético. Só que com certa inflexão. Em Sócrates e nos estoicos, esse combate atlético ou militar, esse combate que exigia que a gente se exercitasse a vida toda para poder enfrentar os infortúnios possíveis da existência, tinha essencialmente por inimigo nossos próprios desejos, nossos próprios apetites, nossas próprias paixões. Tratava-se, para cada um, pelo menos para todos os que aceitavam assumir esse combate, de assegurar a vitória da razão sobre seus próprios apetites, ou de sua alma sobre seu corpo. O combate dos cínicos, militar ou atlético, é também a luta do indivíduo contra seus desejos, seus apetites e suas paixões. Nesse sentido, é o que poderíamos chamar de um combate espiritual. Mas também é um combate contra costumes, contra convenções, contra instituições, contra leis, contra todo um estado da humanidade. É um combate contra vícios, mas esses vícios não são simplesmente os do indivíduo. São os vícios que afetam o gênero humano inteiro, são os vícios dos homens, e são vícios que tomam forma, se baseiam [em] ou são a raiz de tantos hábitos, de maneiras de fazer, de leis, de organizações políticas ou de convenções sociais que encontramos entre os homens. Assim, o combate cínico não é simplesmente esse combate militar ou atlético pelo qual o indivíduo vai assegurar o controle de si, e com isso ser benéfico [aos] outros. O combate cínico é um combate, uma agressão explícita, voluntária e constante que se endereça à humanidade em geral, à humanidade em sua vida real, tendo como horizonte ou objetivo mudá-la, mudá-la em sua atitude moral (seu *éthos*), mas, ao mesmo tempo e com isso mesmo, mudá-la em seus hábitos, suas convenções, suas maneiras de viver.

O cínico é um combatente cuja luta pelos outros e contra os inimigos toma a forma da resistência, do despojamento, da provação perpétua de si sobre si, mas também da luta na humanidade, em relação à humanidade, pela humanidade inteira. O cínico é um rei de miséria, um rei de resistência, um rei de dedicação. Mas é um rei que combate, que combate ao mesmo tempo por si mesmo e pelos outros.

É aí que encontramos, nessa representação do combate cínico, a figura de Héracles. O grande modelo para o rei cínico, esse rei de miséria e de combate, é Héracles, filho de Zeus – encontramos o tema de que o sábio é diretamente oriundo de Zeus e moldado pelas mesmas mãos de Zeus. Na célebre anedota, no célebre relato de Pródico em Xenofonte, Héracles escolhe, em vez da vida fácil, da vida de licenciosidade e de volúpia, a vida do exercício e da resistência[18]. Na encruzilhada dos dois caminhos, é o caminho duro, o caminho árduo, que Héracles escolhe no início da vida. Héracles é um homem que recebeu uma missão. Ele está a serviço de Eristeu e obedece nesse sentido ao que lhe mandam fazer. E, enfim, nesse serviço, nessa missão que recebeu de Eristeu, ele trava um combate que não está voltado nem para seus vícios (ele não tem nenhum) nem para seus males (também não os tem). É um combate contra os vícios do mundo e os males dos homens. Ele tem de limpar o mundo e tem de certo modo de se encarregar dessa feiura e dessa infâmia da humanidade.

Essa referência a Héracles, na prática e no discurso cínico, é uma constante. Encontraríamos um exemplo particularmente desenvolvido, também aqui, em Dion Crisóstomo, desta vez no fim do discurso VIII, consagrado à virtude[19]. Nesse discurso, Dion Crisóstomo desenvolve o tema de Héracles, e o faz aparecer como o herói cínico. Aqui também, podemos salientar certos traços desse texto, porque são muito interessantes para captar essa reversão da vida soberana nos cínicos. Dion Crisóstomo primeiramente opõe Héracles aos outros heróis, aos outros atletas famosos da mitologia, por sua beleza, sua riqueza ou seu poder. Héracles não é como Zetes, um dos argonautas[20]. Não é como Peleu, pai de Aquiles. Tampouco é como Jasão[21] e Cíniras[22]. Não é como Pélope com seu ombro de marfim[23]. Héracles, ao contrário, longe de ser um desses heróis brilhantes, reconhecidos por todos e felizes em suas façanhas, é, diz Dion Crisóstomo, sempre representado por todo o mundo como sofrendo (*ponoûnta*) e combatendo (*agonizómenon*)[24]. Por conseguinte, é alguém por quem não se pode deixar de ter piedade. Ele é o mais compadecedor dos homens (*anthrópon athliótaton*). *Áthlios* é uma palavra – aliás, não sei se etimologicamente o que digo tem fundamento – que remete a *athletés*[25]. O *athletés* é o atleta. *Áthlios* é aquele que é miserável. O tema do atleta miserável (*Áthlios athletés*) percorre todo esse trecho de Dion Crisóstomo. Atleta miserável, lutador que suscita a piedade pela dureza do seu destino, é o que caracteriza Héracles em oposição a todos os grandes heróis de certo modo positivos, visíveis e brilhantes da lenda. Somente depois da sua morte é que Héracles aparecerá tal como é, que será enfim reconhecido, que sua realeza miserável se tornará realeza brilhante. Ele será reconhecido, saudado, honrado, deificado depois da sua morte, e lhe será dada como esposa Hebe[26].

Dion Crisóstomo vai desenvolver essa oposição entre Héracles e os outros heróis, os outros atletas, apresentando um retrato físico como o de um verdadeiro herói de prova de resistência. Fisicamente, Héracles é um homem tão alerta quanto um leão. Tem o olhar penetrante, o ouvido aguçado, é totalmente indiferente ao excesso de calor e ao frio mordente. Nunca dorme numa cama, mas sempre no chão. Não necessita de cobertas e, enfim, tem a pele suja[27]. Esse herói é exatamente aquele mendigo cujo retrato vimos da última vez. E esse rei, rei oculto, rei miserável, rei mendigo, vai realizar os diferentes feitos conhecidos como os trabalhos de Hércules. Dion Crisóstomo enumera esses diferentes trabalhos, dando a cada um deles um significado simbólico, de acordo com uma interpretação que era aliás corrente na Antiguidade. Diomedes, o Trácio, que ele derrota num combate e golpeia com sua maça como se ele fosse um jarro velho, era o soberano injusto, tirânico, o soberano que reinava num trono de ouro e matava todos os estrangeiros que passavam por seu território. Soberano injusto, portanto, incapaz de reconhecer a universalidade do gênero humano. Héracles vai se opor a essa aberração política e vai matar Diomedes[28]. Gérion é a riqueza, e ele vai tomar suas vacas[29]. As amazonas, claro, são o impudor, a volúpia física. Prometeu, que ele liberta – a interpretação é interessante –, é representado por Dion Crisóstomo como um sofista. Esse é um tema bastante característico dos cínicos. Prometeu era de fato uma figura negativa entre os cínicos, porque era aquele que, dando aos homens a invenção do fogo e iniciando-os nas técnicas e no engenho, os havia deslocado em relação à sua animalidade primitiva, em relação à natureza que fora a deles no início. Prometeu é aquele que separou o homem da sua naturalidade primitiva e, por conseguinte, predestinou-o a todos os seus males ulteriores. Prometeu é portanto exatamente o sofista. E quando Héracles vai libertar Prometeu, não quer dizer que libertou esse sofista para que ele pudesse continuar todas as suas más ações e exercer sua má influência sobre a humanidade. Se Hércules libertou Prometeu, isso quer dizer que ele o libertou de suas próprias opiniões (da opinião vantajosa que ele tinha de si mesmo e de tudo o que acreditava no que concerne ao saber, às técnicas, ao ensino)[30]. Libertação de Prometeu, isto é, restituição de Prometeu e da humanidade à sua naturalidade primeira.

Esse elogio de Héracles é portanto posto por Dion Crisóstomo na boca de Diógenes. E Dion Crisóstomo termina esse desenvolvimento dizendo que esse discurso suscita o entusiasmo do auditório. Mas Diógenes, no meio desse entusiasmo, fica calado. Ele sentou no chão e cometeu certo ato indecente. E então toda a multidão que tinha sido favorável a ele ao ouvir aquele discurso a favor de Héracles, ao vê-lo cometer aquele ato indecente, fica furiosa com ele e afirma que ele está louco. Os sofistas que rodeavam Diógenes, ouvindo-o, recomeçam sua barulheira, como as rãs quando não veem mais a cobra-d'água[31]. Esse [episódio] é muito interessante para o jogo, a encenação dessa monarquia antirreal que é a dos cínicos. Diógenes suscitou portanto o entusiasmo de cada um. Todo o mundo está pronto para segui-lo, e aí ele comete o ato indecente. Senta no chão (oposição à atitude real do soberano que senta no trono) e comete um ato indecente (reversão à animalidade primeira que é a verdadeira forma da monarquia, tal como deveria ser entendida e não é reconhecida). E é nesse momento que, de novo, esse rei de miséria se esconde. Ele desaparece como a cobra-d'água que deixa as rãs fazerem sua barulheira. Os sofistas recomeçam seus discursos, Diógenes desaparece, a verdadeira monarquia se esconde de novo. Rei antirrei, rei dissimulado, rei das sombras, rei miserável e derrisório. Essa dramatização da soberania nessa monarquia de derrisão é característica dos cínicos. Dramatização da vida soberana, feliz e benéfica numa vida de realeza miserável, de provações, de provações em relação a si mesmo, de luta em relação aos outros, é tudo isso que caracteriza essa última reversão cínica.

Em consequência, poderíamos dizer o seguinte. Através dos diferentes temas já evocados, vimos que os cínicos haviam revertido a ideia da vida dissimulada dramatizando-a na prática da nudez e do impudor. Eles haviam revertido o tema da vida independente dramatizando-a na forma da pobreza. Eles haviam revertido o tema da vida reta dramatizando-a na forma da animalidade. Pois bem, podemos dizer também que eles revertem e invertem esse tema da vida soberana (vida tranquila e benéfica: tranquila para si mesmo, gozando dela mesma, e benéfica para os outros) dramatizando-a na forma do que poderíamos chamar de vida militante, vida de combate e de luta contra si e por si, contra os outros e pelos outros.

Eu sei que, empregando esse termo de "vida militante", cometo um anacronismo evidente. O próprio termo de militante, de militantismo, de militância não poderia ser traduzido, ou não poderia ter equivalente de forma alguma no vocabulário grego e latino. Mesmo assim temos, apesar de tudo, um núcleo, muito importante na história da ética. Gostaria de dizer o seguinte. Primeiro, há algumas noções, imagens, termos, que são empregados pelos cínicos e me parecem abranger bastante bem o que vai se tornar, posteriormente, na ética ocidental, o próprio tema da vida militante. Lembrem-se da maneira como os cínicos interpretavam o termo "cão" que lhes haviam aplicado e que aplicavam a si mesmos. A ideia do cão de guarda que aborda os inimigos e que os morde; o tema do combatente-soldado ou combatente-atleta, que combate os males do mundo; a ideia do lutador, que está sempre entregue ao combate, não guarda nada para si, mas suporta sua própria miséria para o bem de todos – tudo isso me parece, em suma, bem próximo da noção muito mais moderna de militantismo. E essa noção de militantismo engloba, parece-me, muitas das dimensões dessa vida cínica que reverte a soberania benéfica do *bios philosophikos* em resistência combativa.

A ideia de uma militância filosófica não é própria dos cínicos, claro, e poderíamos encontrá-la com muita frequência na filosofia antiga, em particular nos estoicos. No entanto – seria a segunda coisa que eu gostaria de defender –, se é verdade que a militância cínica faz parte de um conjunto de práticas de proselitismo, ela é, me parece, singular e se distingue de todas as outras, no sentido que a militância, o militantismo das escolas, das seitas filosóficas da Antiguidade se fazia porém, essencialmente, em circuito fechado. Tratava-se de ganhar, pelo poder do proselitismo ou da propaganda, outros aderentes, de ganhar para a causa o maior número possível de indivíduos. Mas era sempre na forma da seita, na forma do pequeno número, do pequeno número privilegiado, que a militância filosófica se exercia.

Os cínicos, parece-me, têm uma ideia um pouco diferente. Seria a ideia de uma militância de certo modo em meio aberto, isto é, uma militância que se dirige a absolutamente todo o mundo, uma militância que não exige justamente uma educação (uma *paideía*), mas que recorre a meios violentos e drásticos, não tanto para formar as pessoas e lhes ensinar, quanto para sacudi-las e convertê-las, convertê-las bruscamente. É uma militância em meio aberto no sentido que pretende atacar não somente este ou aquele vício, defeito ou opinião que este ou aquele indivíduo poderia ter, mas igualmente as convenções, as leis, as instituições que, por sua vez, repousam nos vícios, defeitos, fraquezas, opiniões que o gênero humano compartilha em geral. É portanto uma militância que pretende mudar o mundo, muito mais que uma militância que buscaria simplesmente fornecer a seus adeptos os meios de alcançar uma vida feliz. Se quisermos falar da militância cínica, não devemos esquecer o conjunto de que ela faz parte, não devemos esquecer que ela se avizinha a muitas outras formas de proselitismo filosófico na Antiguidade. Mas é necessário reconhecer, nesse militantismo, uma forma particular: um militantismo aberto, universal, agressivo, um militantismo no mundo, contra o mundo. É isso, creio, que constitui a singularidade dessa soberania cínica.

Uma história da filosofia, da moral e do pensamento que assumiria como fio condutor as formas de vida, as artes de existência, as maneiras de se conduzir e de se portar e as maneiras de ser, uma história assim seria levada a conceder evidentemente uma grande importância ao cinismo e ao movimento cínico. Em particular, nessa ideia da soberania cínica como monarquia derrisória e militante, poderíamos ver, creio, a origem de duas coisas importantes para a nossa cultura.

Primeiro um acontecimento no que poderíamos chamar de imaginário ou mitológico do nosso pensamento político: a figura do rei de derrisão. Esse tema da relação entre monarquia e derrisão precisava ser estudado. Poderíamos encontrá-lo, creio, num monte de formas. Por exemplo, o par constituído pelo rei e seu bobo: o bobo ao lado do rei, em face do rei, o antirrei em certo sentido, a caricatura do rei, no extremo oposto do rei, e que, ao mesmo tempo, está próximo do rei, é seu confidente, o único a lhe falar livremente, a usar com ele da *parresía* e que, melhor ainda que o rei, conhece a verdade, e aliás conhece a verdade do rei. O rei e seu bobo são uma transformação do tema da monarquia de derrisão.

Poder-se-ia estudar também o tema do rei oculto, do rei desconhecido, do rei que atravessa a humanidade, a percorre sem nunca ser reconhecido por ninguém, quando é ele que detém a forma mais elevada de virtude e o verdadeiro poder. Temos aí um tema que vocês sabem como é importante no cristianismo. O tema crístico do rei oculto certamente, até certo ponto, retomou alguns elementos desse tema do rei cínico, do rei de miséria. Assim também todas as figuras, que vamos encontrar com tanta frequência, do rei banido, do rei que foi expulso da sua terra e percorre o mundo sem ser reconhecido por ninguém. Rei, santo, herói ou cavaleiro, é esse personagem mascarado cuja verdade, heroísmo e valor altamente benéfico para a humanidade são desconhecidos pela humanidade inteira. Vocês poderiam evidentemente, na confluência disso tudo, encontrar a figura do rei Lear. O rei Lear é, de fato, um certo episódio, a mais elevada formulação sem dúvida, desse tema do rei de derrisão, do rei louco e do rei oculto. O *Rei Lear*, afinal, começa com uma história de *parresía*, uma prova de franqueza: quem dirá a verdade ao rei? E o rei Lear é precisamente aquele que não foi capaz de reconhecer a verdade onde ela estava. E a partir desse desconhecimento da verdade, por sua vez, ele é desconhecido. Desconhecido como rei, vai errar pelo mundo, acompanhado por pessoas que vão protegê-lo e lhe fazer o bem sem que ele as reconheça, até aquele fim que engloba ao mesmo tempo a morte da sua filha, de Cordélia, e sua própria morte, a consumação da miséria – mas consumação que é ao mesmo tempo o triunfo e a restauração da própria verdade. Nesse imaginário de certo modo político da monarquia desconhecida, creio que o cinismo desempenhou um grande papel.

Creio também – e aqui as coisas seriam sem dúvida mais fáceis, porém deveriam ser estudadas de perto – que o cinismo foi a matriz, o ponto de partida de uma longa série de figuras históricas que podemos encontrar no ascetismo cristão, ascetismo que é ao mesmo tempo um combate espiritual em si mesmo, contra seus próprios pecados, suas próprias tentações, mas combate também pelo mundo inteiro. O asceta cristão é aquele que purga o mundo inteiro de seus demônios. Ideia da sujeira combativa. E, claro, nos diversos movimentos que puderam perpassar, acompanhar, o cristianismo ao longo da sua história, vocês encontrariam também essa ideia do soberano oculto, do soberano de derrisão que luta pela humanidade e para libertá-la de seus males e de seus vícios. É o desenvolvimento das ordens mendicantes da Idade Média, são os movimentos que precederam a Reforma, que a seguiram também. E nesses movimentos [retorna] perpetuamente o princípio de um militantismo, um militantismo aberto que constitui a crítica da vida real e do comportamento dos homens e que, na renúncia, no despojamento pessoal, trava o combate que deve conduzir à mudança do mundo inteiro. E afinal o militantismo revolucionário do século XIX ainda é isso, essa espécie de realeza, de monarquia oculta sob os ouropéis da miséria, em todo caso sob as práticas do despojamento e da renúncia, essa monarquia que é combate agressivo, combate perpétuo, combate incessante, para que o mundo mude. E podemos dizer, muito brevemente, nessas condições, que o cinismo não só conduziu o tema até [invertê-lo em*] tema da vida escandalosamente outra, como colocou essa alteridade da vida outra, não simplesmente como escolha de uma vida diferente, feliz e soberana, mas como a prática de uma combatividade no horizonte da qual há um mundo outro.

Vocês estão vendo assim que o cínico é aquele que, retomando os temas tradicionais da verdadeira vida na filosofia antiga, transpõe esses temas, reverte-os em reivindicação e afirmação da necessidade de uma vida outra. E depois, através da imagem e da figura do rei de miséria, ele transpõe mais uma vez essa ideia da vida outra em tema de uma vida cuja alteridade deve levar à mudança do mundo. Uma vida outra para um mundo outro.

Estamos, vocês estão vendo, muito longe, é claro, da maioria dos temas da verdadeira vida antiga. Mas temos nele o núcleo de uma forma de ética que é bem característica do mundo cristão e do mundo moderno. E na medida em que ele é esse movimento pelo qual o tema da verdadeira vida se tornou princípio da vida outra e aspiração a um outro mundo, o cinismo constitui a matriz, pelo menos o germe, de uma experiência ética fundamental no Ocidente.

Fico por aqui agora. Na segunda hora, apesar de não estar em forma, vou procurar comentar rapidamente um texto de Epicteto (a famosa conversação 22 do livro III), onde há uma descrição bem precisa da missão cínica. E encontraremos, nessa passagem, esses temas aplicados por Epicteto.

*

NOTAS

1. "Se tu vais bem e te julgas digno de ser um dia teu senhor (*fias tuus*), eu me regozijo" (Sêneca, *Lettres à Lucilius*, trad. H. Noblot & F. Préchac, Paris, Les Belles Lettres, 1947, carta 20, 1, p. 81).

2. "Minha liberdade, Lucílio, é plena e inteira: onde quer que eu esteja, pertenço a mim (*ibi meus sum*)" (*id.*, carta 62, 1, p. 94).

---

* M.F.: revertê-lo no.

3. "'Mas', você vai me dizer, 'o que é a total independência?' Não temer os homens, não temer os deuses; não querer nada imoral, nada imoderado; exercer um poder absoluto sobre si mesmo (*in se ipsum habera maximum potestatem*)" (*id.*, carta 75, 18, p. 55).

4. "Nunca ele [o sábio] será em parte livre, mas sua liberdade estará sempre intacta e em bloco, ele viverá emancipado, independente (*sui juris*), mais alto que todos os outros" (Sêneca, *De brevitate vitae*, V, 3, trad. A. Bourgery, Paris, Les Belles Lettres, 1923, p. 53); podemos citar também a carta 75, 18: "inestimável bem, o de conseguir se pertencer (*suum fieri*)" (*Lettres à Lucilius*, ed. citada, [1947], p. 55).

5. "Quem se possui (*se habet*) não perdeu nada; mas quantos são os que têm a felicidade de se possuir (*habere se*)?" (*id.*, carta 42, 10, p. 5).

6. "Este é servidor de um; aquele, de outro; ninguém se pertence (*suus nemo est*)" (*De brevitate vitae*, iI, 4, ed. citada, p. 49).

7. "Sê feliz com o que tu tens (*de tuo gaude*)" (*Lettres à Lucilius*, carta 23, 6, ed. 1947, p. 99).

8. "Ele [o sábio] se empenha sem cessar em contar apenas consigo mesmo, em só buscar contentamento em si mesmo (*a se omne gaudium peteret*)" (Sêneca, *Consolation à Helvia*, V, 1, trad. R. Waltz, Paris, Les Belles Lettres, 1923, p. 63).

9. "Conquanto sejamos separados pelo mar, procurarei com frequência retribuir ao favor de empregar a violência para te conduzir por um caminho melhor" (Sêneca, *Questions naturelles*, IV^A, 20, trad. P. Oltramare, Paris, Les Belles Lettres, 1961, t. II, p. 178).

10. Dion Crisóstomo, discurso IV, *Sur la royauté*, *in Les Cyniques grecs*, trad. L. Paquet, ed. citada, pp. 202-25.

11. Diógenes Laércio, *Vies et doctrines...*, trad. M.-O. Goulet-Cazé, ed. citada, livro VI, § 32, p. 713.

12. Dion Crisóstomo, discurso IV, *Sur la royauté*, § 11, *in op. cit.*, p. 204.

13. *Id.*, §8, p. 203.

14. *Id.*, § 30, p. 207.

15. *Id.*, § 55-6, p. 211.

16. *Id.*, § 67, p. 213.

17. "O célebre Crates, discípulo de Diógenes, foi homenageado em Atenas por seus contemporâneos como o era o gênio tutelar de cada lar. Nunca nenhuma casa lhe era fechada; um pai de família não tinha segredo tão íntimo que não fosse aberto a Crates, e sempre convenientemente; ele o era o conciliador e o árbitro por excelência de todas as convenções e querelas entre parentes" (Apuleio, *Florides*, XXII, 1-4, trad. V. Bétoulaud, *Oeuvres complètes*, t. III, Paris, Garnier Frères, 1836; Crates é designado, segundo Diógenes, como o "'abridor de portas', porque entrava em todas as casas e fazia suas admoestações", VI, 86, p. 753; cf. um retrato semelhante em Plutarco, *Moralia*, 632e).

18. Xenofonte, *Mémorables*, II, 1, 21-34, trad. P. Chambry, ed. citada, pp. 320-3.

19. Dion Crisóstomo, discurso VIII: *Diogène ou De la vertu*, *in Les Cyniques grecs*, pp. 233-41.

20. *Id.*, § 27, p. 239 (Zetes é, com Cálais, um dos dois filhos de Bóreas; ambos participaram da expedição dos argonautas).

21. Jasão foi o chefe dos argonautas, condutor da expedição mítica que partiu para a conquista do Velocino de Ouro.

22. Filho de Apolo e Pafo, Cíniras foi o primeiro rei de Chipre, vindo da Ásia. Amado por Afrodite, a qual lhe concedeu consideráveis riquezas, viveu até 160 anos. Sua longevidade e fortuna se tornaram proverbiais.

23. "Diogène ou de la vertu", § 28, *loc. cit.* Filho de Tântalo, Pélope foi cortado em pedaços e servido num banquete destinado aos deuses por seu próprio pai, o qual queria pôr à prova

a onisciência dos deuses. Estes logo diferenciaram a carne animal da humana, com exceção de Deméter [Ceres] que devorou a espádua do rapaz. Tântalo foi precipitado no inferno por essa malfeito e seu filho recomposto, com exceção da espádua devorada, que foi substituída por uma peça de marfim.

24. *Ibid*.
25. "Tínhamos pena do nosso Héracles penando e lutando: ele era qualificado como o mais infeliz dos homens e por essa razão, aliás, passou-se a designar pelo nome de "trabalhos" seus feitos e suas obras, como se uma vida de trabalho fosse uma vida de combate (e uma vida miserável)" (*ibid*.).
26. *Ibid*.
27. *Id*., § 30, p. 239.
28. *Id*., § 31, p. 239.
29. *Ibid*.
30. *Id*., § 33, p. 240.
31. "Assim falava Diógenes, e a multidão que o rodeava sentia um vivo prazer em ouvir suas palavras. Mas detendo-se, suponho, nessa última imagem de Héracles, ele pôs fim a seus discursos, acocorou-se no chão e fez uma coisa bem vulgar. As pessoas puseram-se então a zombar dele, a tratá-lo de louco, e os sofistas voltaram a fazer mais barulho ainda, como as rãs num lago quando não percebem mais a cobra-d'água" (*id*., § 36, pp. 240-1).

AULA DE 21 DE MARÇO DE 1984
Segunda hora

Leitura do livro de Epicteto sobre a vida cínica (III, 22). – Os elementos estoicos do retrato. – A vida filosófica: da escolha arrazoada à vocação divina. – A prática ascética como verificação. – Elementos éticos da missão cínica: resistência, vigilância, inspeção. – A responsabilidade da humanidade. – O governo do mundo.

Vou procurar fazer rapidamente com vocês a leitura do capítulo 22 do terceiro livro das *Conversações* de Epicteto. É um texto interessantíssimo na medida em que se trata da descrição da missão cínica. Se admitirmos, de acordo com o que eu lhes dizia há pouco, que a reversão do tema da vida soberana nos cínicos havia levado à afirmação, de um lado, de que o cínico é um rei e, por outro lado, de que tem uma dura missão a cumprir, encontraremos, desenvolvido em Epicteto, o segundo aspecto (o da missão), enquanto Dion Crisóstomo ressalta mais o tema da monarquia cínica (discursos IV a VIII). Epicteto é interessante por essa definição da soberania cínica como missão.

É um texto que é, no entanto, complexo e que não podemos tomar como a expressão direta, por um cínico, das suas formas de vida: Epicteto era um estoico. Vocês sabem que havia – é uma coisa complicada, difícil, não muito clara – muitas relações, proximidade, pontos de contato, entre certa forma de estoicismo e certa forma de cinismo. Com Epicteto temos uma representação, por um estoico, da vida cínica no que ela podia ter de mais facilmente aceitável, de mais facilmente reconhecível, de mais essencial e de mais puro para um estoico.

Epicteto vai afastar dessa representação da vida cínica as características mais barulhentas, mais chamativas, mais escandalosas. Ele vai varrer o tema do impudor e dizer que o cínico não tem de ser sujo, nojento, que deve ao contrário atrair as pessoas, não pelo luxo, claro, mas pela limpeza e pela decência. Ele vai portanto eliminar da vida cínica algumas coisas. Acrescentará, na descrição dessa vida cínica, elementos propriamente estoicos, em particular tudo o que concerne à prática do exame das representações, à teoria da propensão, da repulsão, do desejo e da aversão. Ele retomará todas essas categorias estoicas no interior da sua descrição da vida cínica, de sorte que temos uma espécie de misto, de mistura, a descrição estoicizante de um cinismo que é – é sobre esse ponto que gostaria de me deter – apresentado aqui como prática militante da vida filosófica. A vida filosófica portanto como militância.

Como Epicteto apresenta essa militância cínica, essa coragem de valorizar em sua vida e perante os outros a verdade de uma filosofia? A primeira coisa a ressaltar é que, falando da prática cínica, Epicteto não define exatamente uma opção de vida, mas uma missão que se recebe. Essa diferença ou essa inflexão (da opção de vida à missão recebida) me parece uma coisa importante.

Tomando como ponto de referência o estoicismo, podemos dizer que, para os estoicos, cada homem que vivia numa cidade recebia um estatuto, uma fortuna, eventualmente encargos e obrigações. E os estoicos consideravam que seria desonroso, ou pelo menos moralmente condenável, furtar-se a essas diferentes tarefas. As pessoas têm de se casar, de criar seus filhos, de exercer magistraturas se necessário etc. São encargos, encargos que eram recebidos e aos quais as pessoas não se podiam furtar.

Em compensação, e por oposição a esses encargos, o que [representava] a filosofia? A filosofia era precisamente uma opção, a opção de uma forma de existência que permitia exercer essas funções, esses encargos, esse estatuto de certo modo. A filosofia era uma opção em relação a uma espécie de missão social que era recebida. A vida cínica, [tal como] apresentada aqui por Epicteto, transforma essa ideia da filosofia como pura opção, em oposição às missões e aos encargos recebidos. Epicteto não descreve o *kynízein* (o fato de ser cínico, de levar a vida cínica) como uma opção que você faria por si mesmo, ao contrário. Falando dessas pessoas que se põem a levar uma vida cínica (usando um manto grosseiro, dormindo no chão), ele diz que todas essas opções de existência, essas práticas voluntárias que elas impõem a si mesmas, não podem constituir o verdadeiro *kynízein* (a prática cínica).

O discípulo que se pretende cínico, interlocutor de Epicteto nesse diálogo, diz o seguinte: "Já uso um manto grosseiro, então também usarei. Já durmo no chão, então também dormirei. Levarei além disso uma miserável mochila e um cajado, e farei minhas idas e vindas mendigando e injuriando os passantes."[1] Esse discípulo considera ou crê, portanto, que ser cínico é fazer essa opção, essa opção de indumentária, de aspecto, essa opção de modo de vida. A que Epicteto replica: "Se é assim que tu representas a questão, afasta-te; não te aproximes, ela não tem nada a ver contigo."² Epicteto quer dizer, creio, que toda essa exterioridade da vida cínica (esse manto grosseiro, essa mochila miserável, esse cajado) são ouropéis que não definem a vida cínica propriamente. Mas há uma outra razão. Não é simplesmente porque são ouropéis materiais que não dizem respeito à relação de si consigo, é também porque, fazendo isso, o indivíduo se erige em cínico. Ele se autoinstitui cínico. Ora, é precisamente o que não se deve fazer. Para Epicteto, aquele que, independentemente dos deuses (*diíkha theoû*), "empreende uma coisa tão importante incorre na cólera divina e não quer outra coisa senão cobrir-se de vergonha ao olhos de todos"³.

Por conseguinte, a adoção da vida cínica não deve ser a opção que a fazemos de nós mesmos para nós mesmos, que fazemos para nós mesmos a partir de nossa própria decisão, ela não pode ser feita *diíkha theoû* (independentemente dos deuses). Epicteto faz nesse ponto uma comparação: imagine que alguém entre numa casa bem organizada. Aí, declara-se intendente dessa casa e se põe a exercer as funções de intendente, sem conhecer nada dessa casa nem da ordem que a preside. Em pouco tempo, é claro, seria a maior desordem. E o dono da casa, vendo a desordem assim produzida, logo expulsaria o impostor⁴. Pois bem, a mesma coisa acontece na ordem da vida cínica. A vida cínica é uma vida para a qual você deve ser designado por Deus, assim como o verdadeiro intendente, que fará reinar a ordem que é necessária numa casa, é aquele que terá sido designado pelo dono da casa. Ninguém se autoinstitui intendente numa casa. Ninguém se autoinstitui cínico.

Epicteto faz a esse respeito uma prosopopeia de Deus, prestando a este o seguinte discurso. Deus se endereça ao Sol e lhe diz: "Tu és o sol [...] Faz a tua revolução e põe assim em movimento todas as coisas, das maiores às menores."⁵ Depois, virando-se para um animal, diz a ele: "Tu és um touro, avança e combate, porque é tua função, isso te convém e tu és capaz."⁶ Enfim, virando-se para um homem, lhe diz: "Tu és capaz de comandar o exército contra Ílion, tu serás Agamêmnon. Tu és capaz de vencer Heitor em combate singular: sê Aquiles."⁷ Essa comparação é clara: assim como Deus assinalou a cada coisa seu lugar no mundo e o papel a exercer nele, do mesmo modo Deus designa certos indivíduos entre os humanos para lhes confiar uma missão. Essa missão é aliás representada metaforicamente aqui por esses diferentes elementos: o filósofo é como o sol que ilumina o mundo e põe em movimento todas as coisas, grandes e pequenas; o filósofo é como o touro, que avança e combate (militância); o filósofo é também aquele que é capaz de comandar os homens, assim como Agamêmnon comandou contra Ílion; o filósofo enfim é capaz de travar os combates mais duros contra os defeitos e os vícios, assim como

Aquiles foi capaz de combater Heitor. Pois bem, o sol, o touro, Agamêmnon, Aquiles, foram designados por Deus para exercer sua função e seu papel. Do mesmo modo, o filósofo cínico é evidentemente designado, ele não tem de se autodesignar.

Então, sobre esse ponto creio que devemos fazer a seguinte distinção. Epicteto não diz em absoluto que para praticar a vida de filósofo seja preciso esperar receber essa missão da parte de Deus. Para ele, a filosofia, a maneira filosófica de viver em toda e qualquer condição, seja você um magistrado ou seja casado, seja pobre ou seja rico, essa maneira filosófica de viver é o efeito de uma opção, sim. Mas há no interior da vida filosófica certa função particular, função de ponta, função de combate, função também de serviço para a humanidade. Essa função é precisamente o cinismo. No interior desse domínio geral da filosofia que repousa na opção, está a missão filosófica de alguns. Essa missão filosófica só pode ser confiada por um deus, e ninguém pode se estabelecer, de certo modo, como profissional da filosofia se não recebeu essa missão. Escolher a vida filosófica em vez da vida não filosófica é uma questão de opção e liberdade. Se colocar como cínico e empreender essa tarefa que consiste em se endereçar ao gênero humano para combater com ele e por ele, eventualmente contra ele pela mudança do mundo, é uma missão que podemos receber de Deus, e somente de Deus. É preciso esperá-la, não podemos confiá-la a nós mesmos por iniciativa própria.

Em certo sentido, vocês estão vendo que encontramos aqui o tema socrático da missão divina. Sócrates também havia recebido uma missão. E na *Apologia de Sócrates*, lembrem-se, o fato de que Sócrates estivesse ligado a essa missão que efeito tinha, que consequência acarretava? Na *Apologia*, Sócrates dizia que tinha uma missão e concluía que, como a tinha recebido, não podia se desfazer dela. Qualquer que tenha sido a hostilidade encontrada por essa missão, a despeito do fato de que ele havia, por causa dela, sido exposto à cólera do cidadão, não somente à sua cólera, mas a um processo, não somente a um processo, mas à morte, pois bem, a despeito disso tudo, já que havia recebido essa missão, ele a manteria e levaria a cabo as tarefas a ela vinculadas até o fim. A missão o ligava, pessoalmente, a uma tarefa.

Nesse texto de Epicteto, a missão filosófica vai adquirir um sentido um pouco diferente. Pela missão, o cínico é vinculado a si mesmo, claro, a essa obrigação, mas essa ideia de missão tem essencialmente por efeito afastar da profissão de cínico todos os que não têm direito a ela e todos os que não foram designados para ela. A missão divina obriga Sócrates a ser filósofo, a despeito dos perigos. A missão divina [segundo] Epicteto exclui dessa missão filosófica, dessa tarefa filosófica, todos os que não têm direito a ela, todos os que não são capazes de cumpri-la e todos os falsos filósofos. Parece-me portanto que as duas noções de missão não têm exatamente o mesmo efeito, ainda que, efetivamente, a missão cínica faça eco ao tema socrático da missão filosófica recebida [do deus].

Recebe-se portanto a missão de ser cínico. Mais uma vez, todo o mundo deve ser capaz da opção da vida filosófica. Em compensação, alguns são missionários da filosofia, fazem profissão de filosofia. Na tradução da Budé, o título dado ao capítulo – título dado *a posteriori*, não é nem de Epicteto nem de Arriano – é: "Da profissão de cínico"[8] (em grego, *peri kynismoû*, acerca do cinismo). É uma tradução que podemos adotar, dando é claro a "profissão" ambos os sentidos do termo. É a filosofia como um ofício a que você vai se dedicar inteiramente. É também uma profissão, no sentido que é a atitude pela qual você manifesta, aos olhos de todos, a filosofia em que acredita, e o fato de acreditar nessa filosofia e se identificar efetivamente com o papel filosófico que foi dado. É portanto, de fato, questão da profissão filosófica.

Teríamos uma porção de coisas a dizer sobre a emergência, mais ou menos nessa época (no século II), dessa concepção de certo modo profissional das atividades. Vocês encontrarão em Marco Aurélio considerações sobre o exercício do poder imperial como profissão e quase como ofício[9]. Ora, essa missão de se tornar um profissional da filosofia, que alguns dos que fizeram a opção filosófica receberam, como pode ser reconhecida? Há sinais, como haverá afinal no cristianismo sinais da graça divina ou da vocação divina? Na verdade, para Epicteto, não há marca prévia que permita se reconhecer como encarregado de uma missão filosófica. Uma pessoa só pode se reconhecer como encarregada dessa missão filosófica se tiver se posto à prova. É esse o papel importante que ela faz o conhecimento de si desempenhar. Quem quiser se tornar cínico não deve buscar sinais externos mostrando que Deus o teria escolhido. Tem de fazer outra coisa: "Examina a coisa mais seriamente, conhece a ti mesmo, interroga a divindade, sem Deus não tentes a empreitada."[10] Um pouco mais acima ele dizia: "Vês como deves empreender um assunto tão importante? Começa pegando um espelho, olha teus ombros, examina teu dorso, tuas coxas."[11] Por esse texto, que é uma referência evidente ao atleta e ao combate, de que se trata? Reconhecerá que é feito para o ofício de cínico e que recebeu essa missão se você se exercitar para a vida cínica e se efetivamente puder, nessa vida, no exercício dessa vida, reconhecer que é capaz de levá-la a cabo. Não autoinstituição, mas prova de si sobre si, reconhecimento do que você é e do que você é capaz de fazer na tentativa de viver cinicamente. Como se desenrola essa série de provas e de experiências que deve fazer sobre você mesmo para se reconhecer como cínico? É muito simples, e vocês vão logo reconhecer elementos que já conhecemos: "Primeiro, no que te concerne pessoalmente [diz Epicteto a quem quer empreender a vida cínica; M.F.], tens de mudar completamente tua maneira atual de agir, não acusar nem Deus nem homem; tens de suprimir inteiramente teus desejos, procurar evitar somente o que depende de ti, não ter cólera nem inveja nem piedade; não achar bonita nenhuma moça, nenhuma gloríola nem bonito nenhum rapazola nem boa nenhuma gulodice. Porque tens de saber o seguinte: os outros homens se põem ao abrigo das suas paredes e da sua casa e das trevas para consumar as ações desse gênero, e eles têm mil meios para ocultá-las: mantenha sua porta fechada."[12] Quanto ao cínico, que deverá fazer? Não deve querer ocultar nada do que lhe concerne, só tem para se ocultar seu *aidós* (seu pudor). "Eis a casa dele, eis a sua porta. Eis os guardas do seu quarto, eis suas trevas."[13]

Fica absolutamente claro que é mesmo o ideal da vida não dissimulada que encontramos aqui, com, primeiramente, essa mutação, essa inflexão propriamente estoica: o princípio da vida dissimulada é articulado diretamente, não na *anaídeia* (o impudor), mas ao contrário no *aidós* (o pudor). Ou seja, a vida não dissimulada é replicada aqui por Epicteto em seu sentido tradicional. A vida deve ser não oculta porque quem leva a vida filosófica, conduzindo-se de acordo com as regras do pudor, não tem de se esconder, e todo o mundo pode ver o que fez. Vocês podem reconhecer o princípio da vida não dissimulada, mas com esse movimento de recuo em relação à *anaídeia*. Segundo, vocês veem que a primeira prova pela qual um indivíduo vai reconhecer que é capaz de ser cínico e poder reconhecer a missão de que está encarregado é a seguinte: ele vai ou não ser capaz de viver na não dissimulação?

A segunda prova consiste precisamente em saber se você é capaz de levar uma vida que não necessita de nada, uma vida de despojamento e de pobreza, isto é, a verdadeira vida, a vida sem mistura e sem dependência. Epicteto expõe essa segunda prova da vida cínica um pouco mais longe, quando diz que o cínico é aquele que tem um material para trabalhar. E que material o cínico tem de trabalhar? Assim como o carpinteiro tem, como material sobre o qual trabalha, a madeira, do mesmo modo o cínico tem de trabalhar sobre a sua alma. "O miserável corpo não é nada para mim [...]. O exílio? E para onde podem me expulsar? [...] Onde quer que eu vá, haverá o sol, a lua, os astros, os sonhos, os presságios, a conversa com os deuses."[14] Temos aí a segunda prova cínica, a prova de uma vida de pobreza e de errância que nada vem prender e reter a uma pátria. É uma vida sob o sol, a lua, os astros, é uma vida que fala com os deuses, que escuta os sonhos e ouve os presságios. Mas, fora disso, não está ligado a nada, é a vida *adiáphoros*, é a vida independente, aquela de que falávamos da última vez, vida de pobreza e despojamento.

A terceira prova da vida cínica é a de vida diacrítica (*diakritikós*), da vida que faz a diferença. Você é capaz de levar a vida de cão latidor, que sabe reconhecer entre os amigos e os inimigos, que sabe reconhecer os que são favoráveis a [seu] dono e os que lhe são hostis? O cínico é aquele que é capaz de mostrar aos homens que estão inteiramente em erro e buscam a natureza do bem e do mal onde ela não se encontra. O cínico deve ser e se reconhece no fato, diz Epicteto, de ser um batedor (*katáskopos*), um batedor que indica aos homens o que lhes é favorável e o que lhes é hostil[15]. É exatamente essa função diacrítica [que consiste em] fazer a diferença entre o que é favorável e o que é hostil, entre os amigos e os inimigos.

Vocês veem que os três aspectos da vida cínica que eu tinha exposto da última vez se encontram claramente nesse texto. Eles constituem ao mesmo tempo a manifestação da vida cínica, a maneira de levá-la e, também, a maneira de se dar os sinais de que você é capaz de levá-la. É ao mesmo tempo a expressão e a prova, a medida e a afirmação da vida cínica.

Não há portanto que buscar sinais externos da missão cínica. A missão cínica só será reconhecida na prática da *áskesis*. A ascese, o exercício, a própria prática de toda essa resistência que faz viver na não dissimulação, na não dependência, na diacrítica entre o que é bom e o que é ruim, tudo isso vai ser em si o próprio sinal da missão cínica. Ninguém é chamado ao cinismo como Sócrates foi pelo deus de Delfos, que lhe mandou um sinal, nem como serão os apóstolos, pelo dom das línguas que terão recebido. O cínico se reconhece a si mesmo, e ele está de certo modo sozinho consigo mesmo para se reconhecer na prova que faz da vida cínica, da vida cínica em sua verdade, vida não dissimulada, vida sem dependência, vida que refaz, desfaz, a distinção entre o bem e o mal.

Agora, uma vez dito que o cinismo é uma missão, que o cínico se reconhece capaz de levá-la a cabo por essa perpétua provação de si mesmo, em que essa missão vai consistir? É esse o terceiro ponto, o terceiro tempo de reflexão que encontramos nesse texto. Em que consiste a missão cínica tal como Epicteto a apresenta? Bem no fim do texto, há uma passagem importantíssima, decisiva a meu ver. Epicteto, terminando sua conversação com o candidato a cínico, lembra a este quão difícil é a tarefa que ele terá de cumprir e, logo, com que precauções ele deverá abordar essa tarefa, com que cuidado convém se preparar para ela. Para caracterizar essa tarefa, Epicteto recorre a uma citação de Homero. Na *Ilíada* (livro VI, verso 492), Heitor, pouco antes do combate com Aquiles, diz a Andrômaca (não sei bem se é o combate com Aquiles nesse momento, enfim, não importa): volte para casa, vá tecer, "*a guerra incumbe aos homens/ a todos, especialmente a mim*". A missão cínica é portanto uma missão de combate. Há as mulheres, as outras que devem ir para casa, tecer; e há os "alguns", os soldados, que terão de combater e cumprir sua missão de guerra. O cínico é um filósofo em guerra. É aquele que trava, para os outros, a guerra filosófica.

Essa missão de guerra filosófica comporta o quê? Primeiro, comporta tudo o que já se conhece: a dureza para com si mesmo, todas as privações que o cínico se impõe a si mesmo. Epicteto lembra: o cínico não tem nem roupa nem abrigo nem lar, ele vive na sujeira, não possui nem escravo nem pátria. O cínico evocado por Epicteto diz de si mesmo: "Sou sem abrigo, sem pátria, sem recursos, sem escravos. Durmo no chão. Não tenho mulher nem filhos nem palácio de governador, mas somente a terra e o céu e um único manto velho."[16] Só que ele não é caracterizado por Epicteto com essa privação. Tem mais, e reconhecemos nisso algo que eu evocava da última vez: a aceitação das violências, dos golpes, das injustiças que os outros podem lhe fazer sofrer. Era um traço característico do cinismo. As pancadas, os insultos, as humilhações são para os cínicos um exercício, e esse exercício tem um valor de treinamento, treinamento para a resistência física, treinamento também à indiferença para com a opinião. E era igualmente, lembrem-se, uma maneira de operar uma reversão e aparecer como mais forte que os outros, mostrar que é possível prevalecer sobre os outros. Eram essas cenas nas quais tínhamos visto Diógenes aceitar um insulto ou uma pancada, e depois reverter a situação e aparecer como mais forte que os outros.

Em Epicteto, encontramos todos esses temas da aceitação dos sofrimentos e das injustiças, que mais uma vez são bastante singulares na Antiguidade, aceitação acompanhada de um valor de prova e de treinamento. Epicteto diz no parágrafo 53: se Deus te faz enveredar pelo caminho cínico não é porque gosta de te ver receber pancadas, é para "que tu cresças"[17]. As pancadas, portanto, fazem crescer. Elas põem à prova, treinam, aperfeiçoam. Um pouco mais longe, Epicteto diz também: quando levamos pancada, não temos de ir ver César ou o procônsul. O cínico está persuadido de que em todos os sofrimentos que deve suportar, é Zeus que o exercita[18]. Portanto, como vocês veem, ideia de que o sofrimento aceito pelo cínico, a humilhação à qual ele não se furta valem como um exercício.

Mas esse exercício leva a quê? Leva, por um lado, é claro, a distinguir o que é do corpo e o que é da alma. "A capacidade de resistência do cínico deve ser tal que ele passe aos olhos do vulgo por insensível, por uma verdadeira pedra. Ninguém consegue injuriá-lo, bater nele, ultrajá-lo. Quanto a seu corpo, ele próprio o entregou a quem o desejar para que trate dele como bem lhe parecer."[19] Mas há um outro aspecto da resistência cínica, do valor de exercício adquirido pela aceitação dessas humilhações, desses insultos e desses golpes – isso é importante e marca sem dúvida certa proximidade com o estoicismo, como que uma contaminação entre o pensamento cínico e o pensamento estoico em Epicteto –, o de que o exercício da resistência manifesta e fortalece o laço filantrópico que pode existir entre os filósofos e o gênero humano inteiro. Ao sofrimento e à injustiça que ele sofre de parte de outro, o cínico responderá de uma maneira totalmente dissimétrica com a afirmação de que ele é vinculado por um laço de amizade, ou em todo caso por um laço de filantropia até aos que lhe fazem mal. Ele suportará a violência e a injustiça não só para se tornar resistente e se preparar para todos os infortúnios que poderão ocorrer – o que é a forma clássica –, mas também como um exercício de amizade, de afeto, em todo caso de vínculo intenso com o gênero humano inteiro. Nos parágrafos 54-5 está dito: é uma sorte bem agradável a que é reservada para o cínico, "ele deve ser batido como um asno e, depois de batido, deve amar os que batem nele como se ele fosse pai e irmão de todos"[20].

Essa relação de insultos, de humilhações, de violências, que se instaura entre o cínico e os outros, e que vimos servia em Diógenes a uma espécie de recuperação da ascendência, de recuperação da dominação irônica, aparece aqui pois, por uma inflexão interessante na história da ética, como a ocasião de uma reversão – reversão não em dominação, não em força – que não permite outra forma de dominação, mas reversão que faz que o insulto dê ao cínico a oportunidade de estabelecer uma relação de afeto com aqueles mesmos que o maltratam e, através dela, com o gênero humano inteiro.

Se o cinismo, nessa prática da resistência, tece assim vínculos com a humanidade inteira, qual será agora, sobre o fundo desse laço de amizade com a humanidade inteira, a atividade do cínico e sua tarefa missionária? O cínico será – encontramos a palavra ainda há pouco – o *katáskopos* (o batedor)[21], ou ainda o *epískopos* (eu ia dizer: o bispo) do gênero humano a que ele se dirige[22]. E para a análise dessa missão do cínico, é preciso se referir à longa passagem desse texto em que Epicteto explica por que o cínico não deve se casar. De fato, era uma tese estoica a de que todo homem devia se casar, salvo circunstâncias particulares que podiam impedi--lo, porque o casamento faz precisamente parte dos encargos da humanidade. Enquanto ser humano, enquanto alguém que tem uma família, enquanto se é cidadão de uma cidade, enquanto principalmente se é membro do gênero humano, ninguém pode se furtar a essa obrigação geral. Ora, diz Epicteto nessa passagem, se todo homem deve se casar (tese estoica), em compensação o cínico não só pode não se casar, mas deve não se casar. E por que ele deve não se casar? Porque, se tivesse de cuidar da sua casa, pois bem precisaria aquecer a água do banho para o filho, precisaria fornecer lã à sua mulher quando ela estivesse grávida, precisaria ajudar o sogro e prover toda a sua família de meios de subsistência[23]. Ora, está claro que o cínico deve "permanecer livre de tudo o que poderia distraí-lo". Ele deve estar "inteiramente a serviço de Deus [remete à missão de que lhes falava há pouco; M.F.], em condições de se misturar com os homens, sem nunca ser agrilhoado pelos deveres privados"[24]. E o cínico aparece, nesse momento, como um homem cuja miséria, despojamento, falta de casa e de pátria não são nada mais que a condição para poder exercer, de maneira positiva, a missão positiva que recebeu. Ele aparece nesse momento – ele, que é livre de tudo e de todos os seus movimentos – como uma espécie de zelador universal que zela pelo sono da humanidade. Zelador universal, ele deve zelar por todos os outros, por todos os que são casados, por todos os que têm filhos. Ele deve observar os que tratam bem sua mulher e os que a tratam mal, deve ver "quais são as pessoas que têm desavenças entre si, que casa goza da paz e que casa não goza". Ele deve "fazer suas visitas como um médico e tomar o pulso de todo o mundo"[25].

Missionário universal do gênero humano, que zela pelos homens independentemente do que façam e onde quer que estejam, que bate nas portas, que entra, que verifica o que acontece, que diz o que está certo e o que está errado. Tudo isso, vocês estão vendo, é a missão do cínico, que nada mais é que o avesso positivo do desprendimento que dele se exige. A imagem do missionário, do médico de todos, do batedor que dá a todos opiniões e conselhos, a imagem do benfeitor que leva cada um a fazer o que deve fazer, é essa imagem que é uma coisa nova, em relação ao que poderíamos chamar de proselitismo ou militantismo habitual e tradicional nas diferentes seitas filosóficas da Antiguidade. O cínico é um funcionário da humanidade em geral, é um funcionário da universalidade ética. E esse homem – de quem se requer o desprendimento em relação a todos os vínculos particulares que poderiam ser os da família, da pátria, da responsabilidade cívica e política – só é libertado para poder cumprir a grande tarefa da universalidade ética, universalidade ética que não é a universalidade política de um grupo (a cidade ou o Estado ou até o gênero humano inteiro), mas a universalidade de todos os homens. Vínculo individual com os indivíduos, mas com todos os indivíduos, é isso que caracteriza, em sua liberdade mas também em sua forma obrigatória, o vínculo do cínico com todos os outros homens que constituem o gênero humano.

O cínico é portanto responsável pela humanidade. Essa tarefa humilde, rude, dura, que requer tantas renúncias, é ao mesmo tempo a mais benéfica e a mais elevada. Primeiro, ela é útil aos homens e a todos os homens. "Quem [pergunta Epicteto; M.F.] presta os maiores serviços aos homens: os que introduzem no mundo dois ou três pimpolhos feiosos [quer dizer, que se casam e têm filhos; M.F.] ou os que exercem sua vigilância (*hoi episkopoûntes*), na medida de suas forças, sobre todos os homens, observando o que fazem, como passam a vida, de que cuidam, de que descuidam contrariamente a seus deveres?"[26] Encontramos a referência, claro, ao tema da *epiméleia*, *epiméleia* dupla que faz que o filósofo (no caso, o cínico) seja aquele que zela pelo que os homens zelam. Seu cuidado, sua *epiméleia*, é zelar pelo cuidado dos homens. Cuidar do cuidado dos homens aparece aqui como a tarefa por excelência do filósofo cínico. Essa tarefa é útil portanto a todos os homens, ela é no mínimo tão valiosa quanto todas as atividades privadas. É melhor zelar pelo mundo inteiro do que fazer dois ou três pimpolhos feiosos. Mas isso também é melhor que qualquer atividade pública. Sem dúvida, diz Epicteto, o cínico não subirá à tribuna para falar de rendas públicas, ou da guerra ou da paz no âmbito da cidade[27]. Mas, se não faz isso, em compensação o cínico se dirigirá a todo o mundo, seja ateniense, coríntio ou romano. E não discutirá os impostos, as rendas, a paz e a guerra. Com todos esses homens, atenienses, coríntios e romanos, o que discutirá? "A felicidade e a infelicidade, a boa e a má sorte, a servidão e a liberdade." Pode-se exercer uma autoridade maior do que essa? Não é isso (falar a todos os homens da felicidade e da infelicidade, da boa e da má sorte, da servidão e da liberdade) a verdadeira atividade política, o verdadeiro *politeúesthai*?[28]

O cínico aparece agora, ele, que não foi mais que um rei de miséria e um rei oculto e desconhecido, como aquele que exerce a verdadeira função do *politeúesthai*, a verdadeira função da *politeía*, entendida no verdadeiro sentido do termo, essa *politeía* em que não se trata simplesmente da guerra e da paz, dos impostos, das taxas e das rendas de uma cidade, mas da felicidade e do infortúnio, da liberdade e da servidão do gênero humano inteiro. E com isso o cínico é associado ao governo do universo. Esse *politeúesthai* não é mais o das cidades nem dos Estados, é o do mundo inteiro. Epicteto evoca a dura jornada do cínico, que, através de todos os despojamentos, todas as privações, todos os sofrimentos, levou-o a interpelar os homens e a ajudá-los onde estavam. E, na noite dessa dura jornada que é a vida do cínico, pois bem, diz Epicteto, ele pode dormir de coração puro, sabendo que "todos os seus pensamentos são pensamentos de um amigo e de um servidor dos deuses, de um associado do governo de Zeus"[29]. Aí temos, portanto, o cínico na noite da sua vida, restaurado, mais além da sua monarquia oculta, na verdadeira soberania que é a dos deuses sobre o gênero humano inteiro. Aí está a reversão do tema da soberania nos cínicos*.

Na próxima vez, que será a última, vou procurar retomar o tema da *parresía* e lhes mostrar como, pelo próprio modo de ser dos cínicos, os valores da *parresía* se flexibilizaram e qual configuração eles começam a tomar no cristianismo.

*

NOTAS

1. Epicteto, *Entretiens*, livro III, conversação XXII, 10, trad. J. Souilhé & A. Jagu, Paris, Les Belles Lettres, 1963, p. 71.
2. *Id.*, III, XXII, 11, p. 71.
3. *Id.*, III, XXII, 2, p. 70.
4. *Id.*, III, XXII, 3-4, p. 70.
5. *Id.*, III, XXII, 5-6, p. 70.
6. *Id.*, III, XXII, 6, p. 70.
7. *Id.*, III, XXII, 7-8, p. 70.
8. *Ibid.*
9. Sobre esse ponto, *L'Herméneutique du sujet*, ed. citada, pp. 192-4 (os textos de Marco Aurélio são as *Pensées*, VI, 30 e VIII, 5).
10. Epicteto, *Entretiens*, III, XXII, 53, ed. citada [1963], p. 78.
11. *Id.*, III, XXII, 51, p. 77.
12. *Id.*, III, XXII, 13-4, p. 71.

---

* O manuscrito apresenta aqui um desenvolvimento que não será aproveitado:

"Detenhamo-nos aqui um instante. Por um lado, sei o que há ou o que haveria de exagerado em dar ao cinismo o crédito de ter inventado a militância filosófica. Primeiro porque me parece que arraigou sua própria prática numa tradição que preexistia a ele. Segundo e sobretudo, porque certa militância existiu em diversos graus e sob diferentes formas nos mais numerosos movimentos filosóficos da Antiguidade: escola, ensino geral. A militância cínica faz parte de um conjunto de práticas de proselitismo. O que faz a sua singularidade e a distingue de todas as outras é que ela não se desenrola em circuito fechado, em meio aberto; é que ela não requer uma educação, uma *paideía*. Ela utilizará meios violentos, drásticos para sacudir as pessoas. É, enfim, que ela pretende atacar unicamente as convenções, as leis, as instituições. É uma militância que pretende mudar o mundo. Mas, quando se fala da militância cínica, não se deve esquecer o conjunto de que ela faz parte, não se deve esquecer que encontramos em sua vizinhança formas de proselitismo filosófico. Não se deve esquecer tampouco que muitas vezes os estoicos praticam uma forma de atividade, de propaganda, bem parecida. Logo: situar o cinismo em toda essa família; mas reconhecer no entanto nele uma forma de militantismo aberto, agressivo, um militantismo no mundo e contra o mundo. O que dá importância histórica a essa atividade cínica é também a série na qual ele se insere; ativismo do cristianismo que é ao mesmo tempo combate espiritual e combate pelo mundo; outros movimentos que acompanharam o cristianismo: ordens mendicantes, pregação, motivos que precederam e sucederam a Reforma. Em todos esses movimentos encontramos o princípio de um militantismo aberto. Militantismo revolucionário do [século] XIX. A verdadeira vida como uma vida outra, uma vida de combate, por um mundo mudado."

13. *Id.*, III, XXII, 15-6, p. 72.
14. *Id.*, III, XXII, 21-2, p. 72.
15. "Na realidade, o cínico é para os homens um batedor (*katáskopos*) do que lhes é favorável e do que lhes é hostil. E deve explorar primeiro com exatidão, depois voltar para anunciar a verdade, sem se deixar paralisar pelo medo" (*id.*, III, XXII, 24-5, p. 73).
16. *Id.*, III, XXII, 47-8, p. 77.
17. *Id.*, III, XXII, 53, p. 78.
18. *Id.*, III, XXII, 56-7, p. 78.
19. *Id.*, III, XXII, 100, p. 85.
20. *Id.*, III, XXII, 53, p. 78.
21. *Id.*, III, XXII, 24-5, p. 73.
22. *Id.*, III, XXII, 77, p. 81 e p. 98, p. 84.
23. *Id.*, III, XXII, 68-71, p. 80.
24. *Id.*, III, XXII, 69, p. 80.
25. *Id.*, III, XXII, 73, p. 80.
26. *Id.*, III, XXII, 77, p. 81.
27. *Id.*, III, XXII, 84, p. 82.
28. *Id.*, III, XXII, 85, p. 82.
29. *Id.*, III, XXII, 95, p. 84.

AULA DE 28 DE MARÇO DE 1984
Primeira hora

Os dois aspectos da vida cínica como vida soberana: felicidade e manifestação de verdade. – A atitude cínica: conformidade à verdade, conhecimento de si e vigilância dos outros. – A transformação de si e do mundo. – Passagem ao ascetismo cristão: permanências. – Diferenças: o outro mundo e o princípio de obediência.

Algumas palavras primeiro sobre a *parresía* do cínico, seguidas de indicações sobre a evolução do termo *parresía* nos autores cristãos dos primeiros séculos. E depois, eventualmente, se tiver tempo, procurarei situar um pouquinho o que disse a vocês, este ano e nos anos anteriores, no âmbito mais geral que quis dar a essas análises.

Primeiramente, pois, retorno ao problema da *parresía* na prática e na vida cínicas. Vocês se lembram da maneira como a vida cínica se definia e se apresentava como uma vida régia, e inclusive como a vida régia por excelência, inteiramente soberana de si. Creio que essa soberania, pela qual a vida cínica se caracterizava, constituía uma dupla derrisão em relação à soberania política, à soberania dos reis da terra. Primeiro, porque essa soberania cínica se afirmava agressivamente, no modo da crítica, da polêmica, como a única monarquia verdadeira. No cara a cara entre Diógenes e Alexandre, o que estava em jogo no fundo era saber qual dos dois era o verdadeiro rei em face de Alexandre, o qual não detinha sua monarquia, no sentido verdadeiro do termo, a não ser na medida em que também participava da soberania dessa sabedoria.

Por outro lado – era o outro lado pelo qual havia derrisão das monarquias pelos cínicos –, essa monarquia real do cínico invertia todos os sinais e todas as marcas dessas monarquias políticas. Ela praticava a solidão, onde os soberanos se rodeavam de sua corte, de seus soldados, de seus aliados. Ela praticava o despojamento, onde os monarcas da terra se davam todos os sinais manifestos da riqueza e do poder. Ela praticava a resistência física e moral, onde os monarcas da terra praticavam ao contrário o gozo dos prazeres. Dupla derrisão portanto dessa monarquia real.

Mas através dessa dupla derrisão das monarquias reais, políticas, o soberano cínico redescobria a verdadeira monarquia, a monarquia universal, que era a dos deuses. À noite da sua jornada, vocês se lembram, o cínico, na pureza do seu coração, podia enfim dormir sabendo que "todos os seus pensamentos são os pensamentos de um amigo e de um servidor dos deuses, de um associado do governo de Zeus [*metékhon tês arkhês toû Diòs*: alguém que participa do governo, do poder de Zeus; M.F.]"[1]. Esse exercício da soberania cínica, sobre a qual eu tinha me detido da última vez, tem a meu ver duas consequências. Passarei rapidamente sobre a primeira, e me demorarei um pouco mais sobre a segunda. Primeiro, a soberania cínica funda, para quem a exerce, uma modalidade de vida feliz. Segundo, essa soberania cínica funda uma prática da verdade manifestada, da verdade a manifestar.

A soberania cínica estabelece a possibilidade de uma vida feliz numa relação de si consigo sob a forma da aceitação do seu destino. Nessa mesma passagem que eu evocava há pouco, onde o vemos dormir na noite depois da sua jornada na pureza do seu coração e reconhecer que participa do governo dos deuses, o cínico, diz Epicteto, pode então recitar o verso de Cleanto: "*Conduz-me, ó Zeus, e tu, ó Destino.*"[2] Portanto o cínico diz sim a seu destino, ele aceita ser conduzido por Zeus. E nessa medida, tudo o que será desejado por Zeus, tudo o que Zeus lhe enviar em matéria de provas, todas as durezas da vida que ele poderá provar, pois bem, o cínico as aceitará. Ele as aceitará fazendo-lhes levar a marca da bem-aventurança e felicidade. Por mais que seja privado de tudo, ele poderá dizer: "E o que me falta? Não sou sem tristeza e sem temor, não sou livre? [...] Um de vós me viu com o rosto triste? [...] Quem, me vendo, não acredita ver seu rei e seu amo?"[3] Vocês estão vendo: retorno a esse tema da realeza, da soberania; essa soberania que se manifesta no brilho da alegria de quem aceita seu destino e não conhece, por conseguinte, nenhuma falta, nenhuma tristeza e nenhum temor. Tudo o que é dureza de existência, tudo o que é privação e frustração, tudo isso se reverte num exercício positivo da soberania de si sobre si. E em relação a essa bem-aventurança, todos os tumultos de uma vida politicamente régia, a dos reis da terra, dos reis que exercem sua soberania política, todos esses tumultos aparecem então em sua negatividade. Epicteto diz que Diógenes tinha o costume de "comparar sua própria bem-aventurança com a do grande rei"[4]. Ou antes, ele pensava que não havia comparação possível entre a bem-aventurança do grande rei e a dele, "porque onde reinam tumultos, pesar, terror, desejo insatisfeito, realização de tudo o que se queria evitar, ciúme e invejas [em suma, onde quer que reine o que caracteriza a própria existência do rei; M.F.], por onde a bem-aventurança poderia abrir passagem?". Não há bem-aventurança para os reis da terra. Bem-aventurança, ao contrário, para aquele que, como o cínico, aceita seu destino. É um primeiro aspecto.

A outra face dessa vida soberana, sobre a qual eu gostaria de insistir mais um pouco, é que essa vida soberana, sendo vida de bem-aventurança, também é manifestação da verdade. O cínico, diz Epicteto, é aquele que tem a coragem de dizer a verdade (*tharreîn parresiázesthai*)[5]. E no parágrafo 25, ele diz que o cínico é encarregado de anunciar a verdade. Ele é de certo modo o anjo da verdade, o anjo que diz, anuncia a verdade (*apaggeîlain talethê*: ele anuncia as coisas verdadeiras)[6].

Pois bem, nesse texto, de que me sirvo mais uma vez para definir essa figura última, essa figura-limite do cínico (vocês vão ver daqui a pouco por quê), vemos, pelo modo como Epicteto define essa vida e essa prática cínicas, que a prática da verdade adquire nele diferentes aspectos. A função de veridicção, a manifestação da verdade em e pela vida cínica tomam diversos caminhos simultâneos. Há várias maneiras de dizer a verdade na vida cínica.

Primeira via, primeiro caminho, a relação com a verdade é uma relação imediata, uma relação de conformidade na conduta, de conformidade até à verdade no corpo. Essa conformidade é um tema bem banal, bem conhecido, já o encontramos. Ele era, lembrem-se, essencial no *Laques*, onde Sócrates podia encontrar a confiança de alguém como Laques justamente por causa da conformidade, da harmonia, da homofonia entre o que ele dizia e a maneira como vivia[7]. Essa mesma homofonia, essa mesma conformidade, devemos encontrá-la [no] cínico. Epicteto explica que o cínico não é alguém que, por exemplo, dirá aos outros que não se deve roubar quando está escondendo, debaixo do braço e em seu manto, um bolo[8]. O cínico que diz que não se deve roubar não rouba. Tudo isso é fácil e simples, mas há também a ideia de que existe uma relação não só de conformidade de conduta, mas de conformidade física, de conformidade de certo modo corporal entre o cínico e a verdade. Há uma passagem interessante sobre isso em Epicteto, porque vai lhe servir ao mesmo tempo para criticar certa forma de exagero da miséria cínica. Essa dramatização da miséria cínica de que eu tinha lhes falado, Epicteto a rejeita, por algumas razões. A principal, tornaremos sobre esse ponto, é que ele limita, regula, de certo modo, o retrato cínico que faz em função de alguns princípios, que são simplesmente princípios estoicos. Nessa passagem, ele diz que os cínicos deveriam evitar um excesso de miséria, um excesso de sujeira, um excesso de feiura. Porque a verdade deve atrair, deve servir para convencer. A verdade deve persuadir então que a sujeira, a feiura, a hediondez repelem. O cínico deve ser de certo modo, no despojamento mas também no asseio do corpo, como que a figura visível de uma verdade que atrai. Ele é a própria plástica da verdade, com todos os efeitos positivos que essa plástica pode ter. Epicteto descreve assim essa plástica da verdade, no corpo, no comportamento cínicos: "Ele não deve se contentar com mostrar suas qualidades de alma para convencer os profanos de que se pode ser honesto e bom em tudo o que admiram", mas também deve "por suas qualidades corporais, provar que a vida simples, frugal e ao ar livre tampouco deteriora o corpo"[9]. É o que fazia Diógenes: de fato, ele andava "florescente de saúde, e somente seu corpo já atraía a atenção da multidão"[10]. O cínico é portanto como a estátua visível da verdade. Despojado de todos esses vãos ornamentos, de tudo o que seria de certo modo, para o corpo, o equivalente da retórica, mas ao mesmo tempo florescente, em plena saúde: o próprio ser do verdadeiro, tornado visível através do corpo. Eis as primeiras vias, um dos primeiros caminhos pelo qual a vida cínica deve ser uma manifestação da verdade.

Mas a vida cínica tem outras responsabilidades, outras tarefas, em relação à verdade. A vida cínica deve comportar também um exato conhecimento de si. Não simplesmente a estátua da verdade, mas o trabalho da verdade de si sobre si. E esse conhecimento de si sobre si deve adquirir dois aspectos. Primeiro, o cínico deve ser sempre capaz de estimar como convém, de estimar corretamente aquilo de que é capaz, de maneira a poder enfrentar as provas com que pode [se deparar], de maneira a evitar que, no trabalho que faz sobre si mesmo, não encontre situações nas quais poderia ser derrotado. O cínico é como o atleta que se prepara para a Olimpíada. Mas é evidentemente uma luta muito mais séria a que ele terá de abordar, pois é a luta contra os males, contra os vícios e contra as tentações. Essa estimação de si mesmo, essa medida que a gente deve tomar de si mesmo antes de enfrentar as provas, Epicteto expressa no parágrafo 51, quando faz suas recomendações a quem quer ser cínico: "Começa pegando um espelho, olha teus ombros, examina teu dorso, tuas coxas."[11] Portanto medida do atleta por ele mesmo.

Mas esse conhecimento de si deve ser igualmente outra coisa. Não só estima de si por si, mas também vigilância perpétua de si sobre si, vigilância que deve se concentrar essencialmente no próprio movimento das representações. Lembrem-se da passagem que eu lhes citava da última vez, em que Epicteto dizia: assim como o marceneiro é aquele que usa como matéria-prima a madeira, assim também o cínico é aquele que deve usar, como matéria-prima do seu próprio trabalho, sua alma[12]. É o movimento das representações que deve ser incessantemente o objeto dessa vigilância. O cínico deve ser o zelador de seu próprio pensamento. A propósito da pessoa moral e do uso das representações, Epicteto diz assim – aqui também vocês verão facilmente quanto a inflexão estoica é forte nesse texto, mas pouco importa por ora: "[...] verás então quantos olhos o cínico possui, de sorte que, poder-se-ia dizer, Argos era cego em comparação a ele"[13]. Cada um, por conseguinte, deve ser como o Argos de si mesmo[14]. Todos os olhos de que é dotado devem estar dirigidos para ele. E Epicteto prossegue: "Haveria nele um assentimento precipitado, uma propensão inconsiderada, um desejo insatisfeito, uma aversão incapaz de evitar seu objeto [são as quatro grandes categorias do estoicismo; M.F.], um desígnio sem resultado, denegrimento, baixeza de alma ou inveja? Eis em que o cínico concentra sua atenção e sua energia (*prosokhè kaì sýntasis*)."[15] Medida de si, portanto, mas também vigilância de si, estimação das suas capacidades e perpétuo olhar no fluxo das suas representações, eis o que deve ser o cínico.

Mas essa relação com a verdade de si mesmo, daquilo de que somos capazes e do fluxo das representações deve se acompanhar de outra, que é uma relação de vigilância com respeito aos outros. É preciso que o cínico, Argos de si mesmo, fixe não só os mil olhos de que é dotado em si mesmo mas também nos outros. Ele deve olhar o que estes fazem, o que pensam, e estar, com respeito aos outros, numa situação de inspeção perpétua. De onde a importância do verbo *episkopeîn*, repetido várias vezes por Epicteto quando se trata de definir a atividade dos cínicos. Os cínicos são os epíscopos dos outros. Lembrem-se daquela passagem de Epicteto que eu citava da última vez, na qual ele avalia os méritos daquele valoroso pai de família que poria no mundo dois ou três filhos feiosos[16]. Em face dele, os cínicos têm para com a humanidade inteira uma tarefa, uma responsabilidade e um mérito muito maior, pois, na medida da sua força, eles exercem sua vigilância (*episkopoûntes*) sobre todos os homens, observando o que fazem, como passam a vida, de que cuidam e o que desdenham contrariamente aos seus deveres. Inspeção, vigilância dos outros, olhar voltado para os outros. É essa mais uma função, mais uma modalidade de [aplicação] da prática da verdade.

Mas é preciso compreender que, assim fazendo, quando inspecionam os outros, vigiam o que fazem, ficam espiando a maneira como passam a vida, pois bem, os cínicos não são dessas pessoas – de que os gregos aliás tinham tanto medo e criticavam com tanta frequência – que se ocupam dos assuntos alheios. Há, no vocabulário grego, uma palavra de conotação sempre negativa que é *polypragmonoûsi*, que significa o fato de se ocupar de muitas coisas, de se ocupar de tudo, de se ocupar dos assuntos alheios, de intervir em seus assuntos, de meter o nariz em toda parte. Esse defeito, essa atitude, tão constantemente criticados pelos gregos é aquilo de que o cínico deve se desfazer ao mesmo tempo que se ocupa convenientemente dos assuntos dos outros[17]. Ocupando-se dos outros, o cínico deve na verdade se ocupar do que, nos outros, pertence ao gênero humano em geral. Por conseguinte, na medida em que o cínico se ocupa assim dos outros, evitando essa *polypragmonoûsi* que se mete nos assuntos de todo o mundo e de qualquer um, não considerando no que fazem os outros senão o que pertence ao gênero humano, vocês veem que se ocupa ao mesmo tempo de si mesmo, pois ele também faz parte do gênero humano. E é sua solidariedade com o gênero humano que é assim posta em questão, que é o objeto do seu cuidado, da sua preocupação, da sua vigilância, quando ele olha a maneira como os homem agem, como passam a vida, e quando se interroga sobre aquilo de que cuidam. O cínico é, por conseguinte, aquele que, cuidando dos outros para saber de que esses outros cuidam, ao mesmo tempo e com isso mesmo cuida de si.

Vocês têm assim, nos parágrafos 96 e 97, esta passagem de Epicteto: por que o cínico "não teria a coragem de falar com toda liberdade a seus próprios irmãos [eis-nos em plena *parresía*; M.F.], a seus filhos, numa palavra, a todos os da sua raça?"[18] *Syggeneîs*: isto, é claro, designa o gênero humano inteiro. O cínico não é "nem um indiscreto [*polyprágmon*: alguém que se ocupa demais dos assuntos alheios; M.F.] nem um rascunho que se encontra à disposição da alma. Porque não são os assuntos alheios com que ele se mistura quando inspeciona as coisas humanas, mas os seus próprios"[19]. Senão, se devêssemos chamar de *polyprágmon* alguém como o cínico que se ocupa das coisas humanas, pois bem, seria preciso considerar também que é *polyprágmon* (indiscreto) "o general que inspeciona (*episkopê*) os soldados", os passa em revista (*exétaze*), os vigia e pune os que perturbam a disciplina[20]. Um general não tem de ser considerado indiscreto quando se ocupa dos seus soldados, quando os passa em revista, quando os vigia. Ele não é um indiscreto pois não é, de certo modo, a vida individual dos soldados que é assim posta em questão pelo olhar do general, mas tudo aquilo por que o soldado faz parte do exército. Portanto, assim como o general quando se ocupa dos soldados se ocupa de todo o exército, e portanto de si mesmo, que dele faz parte e dele é responsável, assim também o cínico, quando se ocupa do gênero humano, à maneira de um soldado fazendo a inspeção, não é um *polyprágmon*. Não é um indiscreto que viria se ocupar da vida privada de cada um, ele põe em questão essa humanidade inteira de que faz parte. O cuidado dos outros vem assim exatamente coincidir com o cuidado de si.

Ora – e é esse um novo aspecto desses trabalho da verdade –, essa vigilância de si que é também vigilância dos outros, ou essa vigilância dos outros que também é vigilância de si, à qual o cínico se apega, tem por fim uma mudança, modelo que aparece no texto de Epicteto sobre dois aspectos: uma mudança na conduta dos indivíduos; uma mudança também na configuração geral do mundo.

Primeiro, mudança na conduta. O cínico deve de fato mostrar aos outros, pelos discursos que pronuncia, as críticas que move, os escândalos que faz, que eles estão totalmente errados acerca do bem e do mal e que estão procurando a natureza do bem e do mal onde, na verdade, ela não se encontra. O cínico deve, assim, se dirigir às pessoas que o rodeiam e dizer: "O que estais fazendo, desgraçados? Como cegos, andais de um lado para o outro; seguis um caminho estranho [um caminho outro: *állen hodòn*; M.F.] depois de ter abandonado o verdadeiro (*tèn oûsan*), procurais alhures a paz e a felicidade, lá onde elas não estão, e quando um outro a mostra, tampouco acreditais."[21] Essa passagem é interessante porque, por um lado, mostra o que é o objeto do discurso cínico, o objeto da sua intervenção verbal, o objetivo da "diatribe", para adquirir essa forma de expressão particularmente característica dos cínicos. O objetivo dessa intervenção é mostrar aos homens que eles se enganam, que buscam num lugar outro a verdade, que procuram num lugar outro o princípio do bem e do mal, que procuram num lugar outro a paz e a felicidade, que não é onde eles estão a que eles efetivamente se dirigem.

Vocês estão vendo toda a importância que tem, nesse jogo, o lugar outro, o outro: vocês buscam *num lugar outro* a paz e a felicidade, vocês seguem um caminho que é um *caminho outro*. Ora, vocês se lembram, o princípio do cinismo é justamente dizer que a verdadeira vida é uma vida outra. Um dos pontos essenciais da prática cínica está precisamente em que, retomando – como vimos da última vez – os temas mais tradicionais da filosofia clássica, o cínico muda o valor dessa moeda e faz ver que a verdadeira vida não pode ser mais que uma vida outra, em relação ao que é a vida tradicional dos homens, filósofos incluídos. Só pode haver verdadeira vida como vida outra, e é do ponto de vista dessa vida outra que vai se fazer aparecer a vida comum das pessoas comuns como sendo precisamente outra que não a verdadeira. Vivo de uma maneira outra, e pela própria alteridade da minha vida eu lhes mostro que o que vocês buscam está em outro lugar que não aquele em que buscam, que o caminho que vocês pegam é um caminho outro em relação ao que deveriam pegar. E a verdadeira vida – ao mesmo tempo forma de existência, manifestação de si, plástica da verdade, mas também empreitada de demonstração, convicção, persuasão através do discurso – tem por função mostrar que, embora sendo outra, os outros é que estão na alteridade, no erro, onde não se deve estar. E a tarefa da veridicção cínica é portanto convocar todos os homens que não levam a vida cínica a essa forma de existência que será a verdadeira existência. Não a outra, que se engana de caminho, mas a mesma, a que é fiel à verdade.

E com isso Epicteto se refere a uma forma de vida que não seria simplesmente uma reforma dos indivíduos, mas uma reforma de um mundo inteiro. De fato, não se deve compreender que o cínico se dirige a um punhado de indivíduos para convencê-los de que deveriam levar uma vida diferente da que levam. O cínico se dirige a todos os homens. A todos esses homens ele mostra que levam uma vida diferente da que deveriam levar. E com isso é todo um outro mundo que deve emergir, que em todo caso deve estar no horizonte, que deve constituir o objetivo dessa prática cínica.*

Experiência metafísica do mundo, experiência histórico-crítica da vida: temos aí dois núcleos fundamentais na gênese da experiência filosófica europeia ou ocidental. Em todo caso, parece-me que vemos se esboçar através do cinismo a matriz do que foi uma forma considerável de vida devotada à verdade, devotada ao mesmo tempo à manifestação de fato da verdade (*érgo*) e à veridicção, ao dizer-a-verdade, à manifestação pelo discurso (*lógo*) da verdade. E essa prática da verdade caracterizadora da vida cínica não tem por objetivo simplesmente dizer e mostrar o que é o mundo em sua verdade. Ela tem por objetivo, por objetivo final, mostrar que o mundo só poderá alcançar sua verdade, só poderá se transfigurar e se tornar outro para alcançar o que ele é em sua verdade à custa de uma mudança, de uma alteração completa, a mudança e a alteração completa na relação que temos conosco. E é nesse retorno de si a si, é nesse cuidado de si que se encontra o princípio da passagem para esse mundo outro prometido pelo cinismo.

Eis, *grosso modo*, o que eu queria dizer sobre o cinismo. Meu projeto – e aqui eu passo para a segunda parte do que queria lhes dizer hoje – não era me deter no cinismo, mas mostrar como o cinismo podia e havia efetivamente conduzido a uma outra forma, a uma outra definição das re-

---

* O manuscrito dá aqui algumas precisões que não são retomadas nas aulas:

"Epicteto se refere também, pelo menos nessa passagem, à verdadeira vida como um outro mundo. Não se deve compreender esse outro mundo à maneira de Platão, um mundo que seria prometido às almas depois de se libertarem do corpo. Trata-se de um outro estado do mundo, de uma outra "catástase" do mundo, uma cidade de sábios em que não haveria nenhuma necessidade de militância cínica. Ora, a condição para alcançar essa verdadeira vida é a constituição, para cada indivíduo, de uma relação de vigilância de si mesmo. Não é nem no corpo, nem no exercício do poder nem na posse da fortuna que se deve buscar o princípio da verdadeira vida, mas em si mesmo. Em tudo isso, muitas coisas são próprias do estoicismo, mas vê-se claramente formulado o que constitui o núcleo histórico mais importante do cinismo: a saber, que a verdadeira vida seria a vida de verdade, que manifesta a verdade, que pratica a verdade na relação consigo e com os outros. De sorte que essa vida de veridicção tem por objetivo a transformação do gênero humano e do mundo. O cinismo, sem dúvida, trouxe bem poucas coisas à doutrina filosófica: ele não fez muito mais do que tomar emprestadas dela suas fórmulas mais tradicionais e mais correntes. Mas deu à vida filosófica uma forma tão singular, deu à existência de uma vida outra uma insistência tão forte que marcará [por] séculos a questão da vida filosófica. Pouca importância na história das doutrinas. Uma importância considerável na história das artes de viver e na história da filosofia como modo de vida."

lações entre a verdadeira vida, a vida outra e a *parresía*, o discurso de verdade. Está claro – mais uma vez, não quero voltar a esse ponto – que o retrato do cínico que vimos desenhado por Epicteto não é, de modo algum, uma representação histórica exata do que foi a vida cínica. Não pode em absoluto ser considerado a exposição clara e coerente dos princípios gerais da vida cínica. É um misto, misto doutrinal e misto prático.

Mas se conduzi a análise do cinismo até este ponto, se tomei finalmente como referência última esse texto, de certo modo impuro e misto, de Epicteto a propósito do cinismo, era para mostrar como, em torno do cinismo, tinham vindo gravitar alguns temas tomados de empréstimo de outras filosofias, em particular do estoicismo, e como ele podia, por efeito dessa combinação, adquirir certa forma, uma forma, mais uma vez, sem dúvida impura e mista, em relação ao que podemos suspeitar que era a verdadeira doutrina cínica em sua pureza, sua simplicidade, sua rusticidade. Mas esse personagem um pouco misto, bastante enigmático que Epicteto representa na conversação 22 do livro III, vocês puderam pressentir nele alguns elementos que encontraremos mais tarde, em particular na experiência cristã.

De fato, a ideia de um missionário da verdade, vindo entre os homens para lhes dar o exemplo ascético da verdadeira vida, chamá-los a si mesmos, pô-los no bom caminho e anunciar uma outra catástase do mundo, esse personagem, por um lado, pertence é claro, até certo ponto, à herança socrática, herança modificada, mas vocês veem também que ele se aproxima até certo ponto do modelo cristão.

Procurarei talvez continuar ano que vem – a confirmar, confesso que ainda não sei, ainda não me decidi – a explorar um pouco esses temas. Procurarei talvez dar seguimento a essa história das artes de viver, da filosofia como forma de vida, do ascetismo em sua relação com a verdade, justamente, depois da filosofia antiga, no cristianismo.

Em todo caso, o que gostaria de fazer hoje é simplesmente propor um esboço brevíssimo, uma espécie de ponto de partida para análises desse gênero. Ponto de partida para mim, se eu der prosseguimento a elas; incitação, se vocês as retomarem por sua vez. O que vou lhes dizer é portanto de todo provisório, de todo incerto e de todo flutuante. São ideias que me ocorreram, que procurei apoiar em alguns textos e referências (mas, é claro, com reservas, e talvez fosse necessário reelaborar, voltar à estaca zero e recomeçar de um modo totalmente diverso). Em todo caso, eis como veria as coisas. Se eu tivesse de analisar a passagem de um ascetismo pagão a um ascetismo cristão, parece-me por ora que iria mais ou menos na seguinte direção.

Primeiro – e isso é bem evidente –, seria preciso tentar reconstruir um pouco a continuidade, já bem conhecida e identificada, entre as práticas de ascese, as formas de resistência, os modos de exercício que encontramos no cinismo e os que encontramos no cristianismo. De fato, parece-me, sob reserva mais uma vez de um pouco mais de precisão, que entre o cínico, digamos militante, agressivo, duro consigo e com os outros, e o asceta cristão, há alguns pontos comuns. Poderíamos, por exemplo, procurar acompanhar a importantíssima história – muito mais importante que a da sexualidade – das relações com a alimentação, com o jejum, com a ascese alimentar, que mais uma vez foi capital, na Antiguidade e no cristianismo primitivo. O momento em que a ascese sexual prevalece sobre os problemas da ascese alimentar intervirá mais tarde. No início, em todo caso, o problema da ascese alimentar é muito importante. Vocês se lembram quanto ela era importante [para] os cínicos. Vocês a encontram, com formulações bastante análogas, entre os cristãos, com a diferença de que parece que os cristãos foram muito mais longe na história do seu ascetismo e ainda tentaram radicalizar, pelo menos durante um tempo, as práticas de renúncia dos cínicos. Vocês sabem que, no cinismo, tratava-se de chegar, por um trabalho contínuo sobre si mesmo, a um ponto em que a satisfação das necessidades seria exatamente realizada, sem que haja o que quer que seja de concessão ao próprio prazer. Ou antes, a fim de obter o máximo prazer com o mínimo de meios, o cínico praticava uma forma de alimentação reduzida. Reduzir a alimentação, reduzir o que se come e o que se bebe a essa comida e a essa bebida elementares que dão o máximo de prazer com o mínimo de custo, o mínimo de dependência, era em suma o que era buscado no cinismo. Com o cristianismo, tem-se algo diferente, porém. Tem-se essa mesma ideia de que é preciso buscar o limite, mas esse limite não está de modo algum num ponto de equilíbrio entre o máximo de prazer e o mínimo de meios. Será, ao contrário, a redução de todo prazer, de tal modo que nem a alimentação nem a bebida nunca provoquem, em si, nenhuma forma de prazer. Há portanto ao mesmo tempo uma continuidade e uma passagem ao limite.

Também poderíamos pensar no ascetismo cristão, ao mesmo tempo que o vemos se desenvolver com muita intensidade nos séculos III e IV, e tal como será em seguida limitado, regulado, integrado e quase socializado dentro das formas do cenobitismo. Mas, antes de adquirir as formas do cenobitismo, sob seu aspecto de certo modo selvagem e livre, encontramos nesse ascetismo os temas do escândalo, da indiferença à opinião dos outros, da indiferença também às estruturas do poder e a seus representantes, como no cinismo. Cito, dos *Apoftegmas dos Padres*, um texto que se refere ao abade Teodoro de Fermes, que um dia recebeu a visita de um poderoso. No momento em que esse homem vem visitá-lo, outro asceta percebe que o abade Teodoro está com o ombro descoberto e o peito nu. Ele faz a observação ao abade, que responde: acaso somos escravos dos homens? Eu encontro os homens do jeito que estou. Se alguém vier me ver, não lhe responda nada de humano (*anthropínon*). Se eu estiver comendo, diga-lhe: ele come; se estiver dormindo, diga-lhe: ele está dormindo. Com esse termo de "humanidade", era a humanidade em sua materialidade a que o texto se referia, mas sua materialidade ligada às convenções pelas quais ela se atenua e se socializa na forma do que é aceitável para o gênero humano inteiro. Quando se come, se come. Quando se dorme, se dorme. É essa brutalidade da existência material que deve ser afirmada, contra todos os valores da humanidade.

Vocês encontram também, no ascetismo cristão, uma espécie de ponto de bestialidade manifestamente afirmado em alguns textos. Por exemplo, Gregório, o Grande, falando de são Bento, relata que este estava escondido em sua caverna quando uns pastores o descobriram, e como o viam vestindo uma pele de animal entre a vegetação, de início acreditaram tratar-se de um bicho[22]. Animalidade do asceta cristão que se faz presente com frequência nas histórias do eremitismo. Ou esta história, [extraída da dos] santos anacoretas, traduzida por Festugière no volume III dos *Monges do Oriente*[23]. Trata-se de um solitário que vivia inteiramente nu e que, diz o texto, comia relva como os bichos. Ele não podia nem sequer suportar o cheiro do homem. Estamos com isso em plena animalidade afirmada, e a reputação desse solitário é tal que um cristão, também muito asceta mas menos avançado no ascetismo, quer alcançá-lo e o persegue. O cristão que o persegue é tão pobre e zelou tanto por sua pobreza que veste apenas um saco de linho. Mas o solitário está nu. O solitário foge desse homem que tenta persegui-lo e alcançá-lo. O outro corre atrás dele e, correndo atrás dele, perde sua roupa. Ei-lo nu, então, como o solitário que ele persegue. Nesse momento, percebendo que seu perseguidor havia perdido a roupa, o solitário para e diz a ele: paro porque você agora repeliu a lama do mundo. Seria preciso retomar isso tudo, mas me parece que encontraríamos, nessas práticas da vida ascética, alguns elementos em continuidade com o ascetismo cínico, em conformidade às vezes, à frente dele também.

Só que, em relação a essa tradição cínica, o ascetismo cristão trouxe certo número de elementos diferentes. E, aqui também, se eu tivesse de fazer essa história da passagem do ascetismo cínico ao ascetismo cristão, tenderia atualmente a ressaltar duas coisas que me parecem importantes.

Primeiro, no ascetismo cristão há, é claro, uma relação com o outro mundo, e não com o mundo outro. O que quer dizer que, mesmo que vocês encontrem toda uma corrente do cristianismo – será evidentemente um dos grandes problemas, como podemos ver em Orígenes –, o tema de certa catástase do mundo (Orígenes teria dito "apocatástase"), pela qual o mundo retorna a seu estado primitivo, ainda assim é constante no cristianismo a ideia de que a vida outra à qual o asceta deve se dedicar e que ele escolheu, essa vida não tem por objetivo simplesmente transformar este mundo – mais uma vez, qualquer que seja o tema da catástase, da apocatástase –, mas ela também, e sobretudo, tem como fim dar aos indivíduos, eventualmente a todos os cristãos, à comunidade cristã inteira, acesso a um mundo outro. E nessa medida, podemos dizer, creio eu, que uma das grandes façanhas do cristianismo, sua importância filosófica está em que ele ligou um ao outro o tema de uma vida outra como verdadeira vida e a ideia de um acesso ao outro mundo como acesso à verdade. [De um lado,] uma verdadeira vida que é uma vida outra neste mundo; [do outro,] o acesso ao outro mundo como acesso à verdade e ao que, por conseguinte, funda a verdade da verdadeira vida que se leva neste mundo: essa estrutura, parece-me, é a combinação, o ponto de encontro, o ponto de junção entre um ascetismo de origem cínica e uma metafísica de origem platônica. É muito esquemático, mas me parece que é essa uma das primeiras grandes diferenças entre o ascetismo cristão e o ascetismo cínico. O ascetismo cristão conseguiu juntar, através de um certo número de processos históricos que evidentemente seria necessário examinar mais de perto, a metafísica platônica a essa visão, a essa experiência histórico-crítica do mundo.

A segunda grande diferença é de uma ordem totalmente diversa. É a importância dada no cristianismo, e somente no cristianismo, a algo que não encontramos nem no cinismo nem no platonismo. Trata-se do princípio da obediência, obediência no senso lato do termo. Obediência a Deus concebido como amo (o *despótes*) de que somos escravos, servidores; obediência à Sua vontade que tem, ao mesmo tempo, a forma da lei; obediência enfim aos que representam o *despótes* (o amo e o senhor) e que Dele detêm uma autoridade à qual todos têm de se submeter inteiramente. Parece-me portanto que o outro ponto de inflexão, nessa longa história do ascetismo contado, em contraponto, em face dessa relação com o outro mundo é o princípio de uma obediência ao outro, neste mundo, a partir deste mundo e para poder ter acesso à verdadeira vida. Só haverá verdadeira vida por obediência ao outro, e só haverá verdadeira vida por um acesso ao outro mundo. Essa maneira de amarrar o princípio da vida outra como verdadeira vida ao outro mundo numa outra vida, essa maneira de amarrar um elemento platônico e outro propriamente cristão ou judaico--cristão, é esse vínculo que vai trazer as duas grandes inflexões ao ascetismo cínico e fazer passar da forma cínica à forma cristã. Não haveria portanto que caracterizar a diferença entre paganismo e cristianismo como uma diferença entre uma moral ascética cristã e uma moral não ascética que seria a da Antiguidade. É, vocês sabem, uma quimera total. O ascetismo foi uma invenção da Antiguidade pagã, da Antiguidade grega e romana. Não há portanto que opor a moral não ascética da Antiguidade pagã à moral ascética do cristianismo. Não há tampouco, penso, que caracterizar, à maneira de Nietzsche, se vocês quiserem, um ascetismo antigo, o da Grécia violenta e aristocrática, a uma outra forma de ascetismo que separaria a alma do corpo. A diferença entre o ascetismo cristão e outras formas que puderam prepará-lo e precedê-lo deve ser posta nesta dupla relação: relação com outro mundo a que teríamos acesso graças a esse ascetismo e princípio de obediência ao outro (obediência ao outro neste mundo, obediência ao outro que é ao mesmo tempo obediência a Deus e aos homens que o representam). E é assim que veríamos se esboçar um novo estilo de relação consigo, um novo tipo de relações de poder, um outro regime de verdade.

Essas mudanças fundamentais, extremamente complexas e que apenas esboço de forma muito esquemática agora, podemos, a meu ver, perfeitamente acompanhá-las na superfície, através da evolução da noção de *parresía* como modo de relação consigo e de relação com os outros, através do exercício do dizer-a-verdade na experiência cristã. Essa noção de *parresía* na experiência cristã, como relação com o outro mundo e com Deus, como relação de obediência aos outros e a Deus, é o que gostaria de lhes expor brevemente agora. Vamos fazer uma pausa de cinco minutos, e depois falamos da *parresía* nos primeiros textos cristãos.

*

NOTAS

1. Epicteto, *Entretiens*, trad. J. Souilhé & A. Jagu, ed. citada, livro III, conversação XXII, 95, p. 84.
2. *Ibid.*
3. *Id.*, III, XXII, 48-9, p. 77.
4. *Id.*, III, XXII, 60, p. 79.
5. *Id.*, III, XXII, 96, p. 84.
6. "Na realidade, o cínico é para os homens um batedor (*katáskopos*) do que lhes é favorável e do que lhes é hostil. E ele deve explorar primeiro com exatidão, depois voltar para anunciar a verdade (*apaggeîlai talethê*), sem se deixar paralisar pelo temor" (*id.*, III, 22, 24-5, p. 73).
7. Platão, *Lachès*, 188c-189a, trad. M. Croiset, ed. citada, pp. 103-4. Cf. *supra*, aula de 22 de fevereiro, segunda hora.

8. *Id.*, III, XXII, 98, p. 84.
9. *Id.*, III, XXII, 87-8, p. 83.
10. *Id.*, III, XXII, 88, p. 83.
11. *Id.*, III, XXII, 51, p. 77.
12. *Id.*, III, XXII, 21-2, p. 72.
13. *Id.*, III, XXII, 103, p. 85.
14. Filho de Arestor e de Micene, Argos tinha cem olhos, repartidos por toda a cabeça. Alternadamente, a metade dos olhos se fechava, o que deixava sempre cinquenta olhos em vigilância.
15. Epicteto, *Entretiens*, III, XXII, 104-5, p. 85.
16. *Id.*, III, XXII, 77, p. 81.
17. Cf. sobre essa crítica (principalmente a partir do *Tratado da curiosidade*, de Plutarco), *L'Herméneutique du sujet*, ed. citada, pp. 210-3.
18. Epicteto, *Entretiens*, III, XXII, 96, p. 84.
19. *Id.*, III, XXII, 97, p. 84.
20. *Id.*, III, XXII, 98, p. 84.
21. *Id.*, III, XXII, 26-7, p. 73.
22. *Dialogues de Grégoire le Grand*, t. II, livro II: *Vie et miracles du vénérable abbé Benoît*, II, 1, 8, trad. P. Antin, Paris, Éd. du Cerf, 1979, p. 137.
23. *Les Moines d'Orient*, trad. A.-J. Festugière, Paris, Éd. du Cerf, 1961-1965 (III/1, III/2 e III/3: *Les Moines de Palestine*). Foucault se refere a uma nota de Festugière (II/3, p. 15 n. 11) que relata uma anedota a propósito dos monges eremitas do Egito que "viviam completamente nus, sem outra vestimenta além dos seus cabelos". Festugière cita um texto do *Peri anakhoreton hagion*: "*eîden anthrópon boskoménon hos tà thería*" (viu um homem pastando relva como um animal selvagem; *in* H. Koch, *Quellen zur Geschichte der Askese und des Mönchtums in der Alten Kirche*, Tübingen, Mohr, 1933, pp. 118-20). Sempre a propósito desse exemplo, Festugière escreve: "O autor acrescenta que esse eremita, não podendo suportar o cheiro do homem, foge. O outro o persegue e, nessa perseguição, joga fora sua túnica (*lebetona*). O eremita então para e, vendo o visitante nu, o recebe e diz: 'Como descartaste o *hule tou kosmou*, eu te esperei.'" (*ibid.*)

AULA DE 28 DE MARÇO DE 1984
Segunda hora

O uso do termo parresía *nos primeiros textos pré-cristãos: modalidades humanas e divinas. – A* parresía *no Novo Testamento: fé confiante e abertura do coração. – A* parresía *nos Padres: a insolência. – Desenvolvimento de um polo antiparresiástico: o conhecimento desconfiado de si. – A verdade da vida como condição de acesso a um mundo outro.*

Algumas indicações, aqui também sob reserva e a título de hipótese, a propósito da curiosíssima evolução do sentido do termo *parresía* nos primeiros textos cristãos. Para dizer a verdade, gostaria de repartir essas indicações em torno de três problemas. Primeiro, o uso da palavra nos textos pré-cristãos (aqueles provenientes dos meios judaico-helenísticos, essencialmente em Fílon de Alexandria e na versão dos Setenta [da Bíblia]); segundo, a noção de *parresía* nos textos neotestamentários; terceiro, enfim, a *parresía* nos textos apostólicos, sobretudo nos textos patrísticos assim como os da ascética cristã dos primeiros séculos.

Algumas palavras primeiro sobre o uso do termo nos textos judaico-helenísticos. Claro que não tenho nenhuma competência nesse assunto, pela excelente razão de que não sei hebraico, o que seria indispensável pelo menos para analisar um pouco mais detalhadamente a versão dos Setenta. Refiro-me a indicações que podem ser encontradas em certo número de estudos que foram feitos. Entre os mais acessíveis, há [o] de Schlier constituído pelo verbete *"Parresía"* no *Wörterbuch* de Kittel (traduzido em inglês, para aqueles de vocês que tenham dificuldade com o alemão)[1]. Há também um artigo, publicado em julho de 1982 no *Catholic Biblical Quaterly*, escrito por Stanley Marrow, que se chama "Parrhesia and the New Testament"[2]. O que se pode dizer sobre esse uso da palavra nos textos judaico-helenísticos poderia ser situado mais ou menos da maneira seguinte. Primeiro, encontramos o uso da palavra *parresía* no sentido tradicional do dizer-a-verdade na forma da ousadia e da coragem, e como consequência de uma integridade de coração. Vocês encontram esse sentido da palavra, por exemplo, no *De specialibus legibus*, onde Fílon de Alexandria evoca e justifica as leis que condenam os Mistérios e todas as práticas que se dissimulam. Fílon, e nisso vocês veem que ele não diz nada mais do que o que os cínicos também diziam contra elas, condena as formas de religião com mistérios dizendo que, se verdade há, tem de ser dita: "A Natureza não esconde nada das suas obras gloriosas."[3] E, por conseguinte, se a natureza não esconde nada das suas obras gloriosas, aqueles cujas ações são benéficas para todos devem usar de uma plena liberdade de expressão. Que haja *parresía* para esses (*ésto parresía*)[4], "que eles vão à luz do dia, no meio da praça pública, discutir com multidões numerosas!"[5]. É portanto a justeza, a utilidade geral que são o fundamento aqui de uma *parresía* que nada mais é que a coragem de dizer essas coisas úteis para todo o mundo, por parte de algumas pessoas em quem a pureza de coração, a coragem, a nobreza de alma tornam possível essa *parresía*.

Esse uso da palavra, num sentido ainda extremamente próximo da tradição grega clássica e helenística, é no entanto modificado em alguns textos. De fato, encontramos nos textos desse mesmo Fílon de Alexandria, também em textos da versão dos Setenta, o termo de *parresía* com um significado profundamente modificado[*]. A *parresía*, nesse momento, não designa mais simplesmente a coragem do indivíduo que, de certo modo, sozinho em face dos outros, tem de lhes dizer a verdade e o que se deve fazer. Essa outra *parresía* que vemos se desenhar se define como uma espécie de modalidade da relação com Deus, modalidade plena e positiva. Trata-se de algo como a abertura de coração, a transparência da alma que se oferece ao olhar de Deus. E ao mesmo tempo que se produz essa abertura de coração, essa transparência da alma sob o olhar de Deus, há um momento de certo modo ascendente dessa alma pura que o eleva ao Todo-Poderoso. A *parresía* vai se situar, por assim dizer, não mais no eixo [horizontal] das relações do indivíduo com os outros, daquele que tem a coragem diante dos que se enganam. A *parresía* se situa agora no eixo vertical de uma relação com Deus onde, de um lado, a alma é transparente e se abre para Deus, e em que, por outro lado, ela se eleva até Ele. Assim, vocês encontram, na versão dos Setenta, a palavra *parresía* empregada para traduzir um texto, num sentido para nós bem distante do sentido tradicional do termo. Eis o texto, tal como está traduzido em francês, na versão de Segond simplesmente. É no livro de Jó: "Apega-te a Deus e terás o prêmio, o Todo-Poderoso será teu ouro, tua prata, tua riqueza. Farás então do Todo-Poderoso tuas delícias, elevarás a Deus tua face, orarás

* O manuscrito cita à margem, no caso de Fílon, os parágrafos 150, 126 e 95, assim como *Provérbios* 10, 9-11, no caso da Bíblia dos Setenta.

a ele, ele te escutará, tu realizarás teus votos, às tuas resoluções corresponderá o sucesso, em teus caminhos brilhará a luz."⁶

O que é interessante é que, para traduzir o texto hebraico "farás então do Todo-Poderoso tuas delícias" (ao pé da letra), a versão dos Setenta utiliza o verbo *parresiázesthai*. Em outras palavras, essa relação imediata, essa relação de contato, de delícia, de gozo, que a alma pode sentir quando está em contato com Deus, essa felicidade, esse gozo, esse prazer são traduzidos na versão dos Setenta por "*parresiázesthai*". A *parresía*, portanto, não é mais em absoluto, vocês estão vendo, o dizer-a-verdade corajoso e arriscado daquele que tem essa ousadia perante os que se enganam. Ela é esse movimento, essa abertura de coração pelos quais o coração e a alma, elevando-se até Deus, podem conseguir apreender Deus, aproveitá-lo de certo modo e experimentar o princípio da Sua felicidade. Passa-se, vocês estão vendo, da verdade, da *parresía* como não dissimulação à ideia de uma relação em que a alma é elevada a Deus, levada à Sua altura, posta em contato com Ele, e em que ela pode encontrar nisso sua felicidade.

Com um significado um pouco próximo, podem encontrar em Fílon de Alexandria (*De specialibus legibus*, 203) uma passagem em que a *parresía* aparece ligada à prece. A *parresía* na prece é uma espécie de qualidade, ou antes, é uma dinâmica, um movimento pelo qual a alma se eleva a Deus, contanto que pelo menos tenha a consciência bastante pura. Assim, Fílon escreve: quem é capaz de orar *ek katharoû toû syneidótos* (a partir da pureza da sua consciência) é capaz de *parresía*⁷. A *parresía* continua a ser, em certo sentido, um dizer-a-verdade, mas já não é nem mesmo um "dizer": é a abertura da alma que se manifesta em sua verdade a Deus e leva essa verdade até Ele.

Podemos encontrar um terceiro sentido, nesses textos judaico-helenísticos pré-cristãos, que não é mais nem o sentido tradicional que encontrávamos na Grécia nem o sentido desse movimento da alma a Deus, dessa abertura e dessa aspiração a Deus da versão dos Setenta, de que Fílon de Alexandria dava exemplos. Numa série de textos, a *parresía* aparece como uma propriedade, uma qualidade, digamos mais exatamente um dom de Deus. É o próprio Deus que é dotado de *parresía*. E quando Deus é dotado de *parresía* é na medida em que diz a verdade, mas também na medida em que se manifesta e manifesta Seu amor, Sua potência ou eventualmente Sua cólera. É o próprio ser de Deus em sua manifestação que é chamado de *parresía*.

Dois textos sobre essa acepção de sentido. Nos *Provérbios*⁸ (versão dos Setenta), o texto é o seguinte: "A sabedoria grita nas ruas, ela eleva sua voz nas praças: ela grita na entrada dos lugares barulhentos; nas portas, na cidade, ela faz ouvir sua palavra." O grito da sabedoria nas ruas, é isso que é chamado de *parresía*. E, vocês estão vendo, nesse momento a *parresía* é *parresía* da própria sabedoria. É a *parresía* de Deus, a presença transbordante de Deus, é Sua presença de certo modo pletórica que é designada pela *parresía*. Essa *parresía* é a articulação verbal da voz da sabedoria que a caracteriza.

Mas a *parresía* também pode ser – pelo menos é o que aparece em outro texto – a presença de Deus à qual o homem apela e deve apelar, quando é presa da infelicidade ou é submetido à injustiça. Sinto não ter anotado a referência, não posso dizer que vou dá-la da próxima vez, porque não vai haver próxima vez; num texto está dito: "Deus das vinganças, Eterno! Deus das vinganças, aparece [mostra-te, diz o texto hebraico; M.F.]! Levanta-te, juiz da terra! Dá aos soberbos conforme as suas obras! Até quando os maus, ó Eterno, até quando os maus triunfarão?"[9] E esse "aparece", esse "mostra-te" são traduzidos em grego, na versão dos Setenta, por *parresiázesthai*. O termo de *parresía* é empregado aqui, portanto, para designar algo que é evidentemente estranho ao pensamento grego: a onipotência do Todo-Poderoso que se manifesta, que tem de se manifestar, se manifestar em Sua bondade e em Sua sabedoria, que tem de se manifestar também em Sua cólera contra os injustos, os arrogantes e os soberbos. Vocês estão vendo que o termo de *parresía*, de um modo geral, tende a designar cada vez mais, nessa série de textos, o face a face entre o Todo--Poderoso e Sua criatura, a dissimetria mas também a relação entre eles. É o movimento pelo qual o homem vai a Deus, mas é, inversamente, o movimento pelo qual Deus manifesta Seu ser como potência e sabedoria, como força e verdade. É dentro dessa relação ontológica de face a face, de vis--à-vis entre o homem e Deus que a *parresía* tende, até certo ponto, a se deslocar. Não é mais a coragem do homem solitário em face dos outros que se enganam, é a beatitude, é a felicidade do homem elevado a Deus. E Deus responde a esse movimento do homem pela expressão, pela manifestação da Sua bondade ou da Sua potência.

Em segundo lugar, na literatura neotestamentária agora, o termo *parresía* intervém um certo número de vezes, e com um sentido diferente do que acabamos de ver na tradição judaico-helenística, diferente também, é claro, do que encontrávamos no uso grego. Duas mudanças importantes. A primeira é que doravante nessa literatura neotestamentária, a *parresía* não aparece mais como uma modalidade da manifestação divina. Deus não é mais o parresiasta que era na versão dos Setenta e, até certo ponto, em Fílon de Alexandria. A *parresía* é simplesmente um modo de ser, um modo de atividade humana. Segunda mudança: esse modo humano de atividade comporta, até certo ponto, em certo contexto e em certas circunstâncias, a conotação da coragem, da ousadia em falar, mas é também uma atitude de coração, uma maneira de ser, que não tem necessidade de se manifestar no discurso e na palavra.

Alguns exemplos. O termo *parresía* é empregado essencialmente em dois contextos para designar uma virtude que caracteriza ou deve caracterizar seja os homens, ou pelo menos todos os cristãos, seja os apóstolos e os que são encarregados de ensinar a verdade aos homens. Para os homens em geral, ou pelo menos para os cristãos, a *parresía* não é de modo algum uma atividade de ordem verbal. É a confiança em Deus, é essa segurança que todo cristão pode e deve ter no amor, na afeição de Deus pelos homens, no vínculo que une e liga Deus e os homens. É essa confiança parresiástica que possibilita a prece, e é por ela que o homem pode começar a se relacionar com Deus. Por exemplo, na *Primeira epístola de João* está dito: "Eu vos escrevi essas coisas para que saibais que tendes a vida eterna, vós que credes no nome do Filho de Deus."[10] Vocês estão vendo, está ressaltado aqui portanto que aqueles a quem João se endereça creem no nome do Filho de Deus. São crentes, são cristãos, e, como tais, sabem que têm, desde já, a vida eterna. "Temos junto Dele a segurança de que, se pedirmos alguma coisa de acordo com a Sua vontade, Ele nos escutará."[11] É o termo *parresía* que é traduzido aqui. Temos essa segurança (*parresía*) de que se pedirmos alguma coisa de acordo com a Sua vontade, Ele nos escutará. A *parresía* se situa portanto no seguinte contexto. Por um lado, o cristão como tal, que crê no nome do Filho de Deus, sabe que tem a vida eterna. Segundo, ele se dirige a Deus, para lhe pedir o quê? Nada além do que Deus quer. E nessa medida, a prece ou a vontade do homem nada mais é que a duplicação ou a remissão a Deus da Sua própria vontade. Princípio de obediência. É nessa circularidade, da crença em Deus e da certeza de ter a vida eterna, por um lado, e de um pedido que se endereça a Deus e nada mais é que a própria vontade de Deus, por outro, que se ancora a *parresía*. A *parresía* é a confiança em que Deus escutará os que são cristãos e que, como tais, tendo fé Nele, não Lhe pedem nada além do que é conforme à Sua vontade. É essa atitude parresiástica que possibilita a confiança escatológica no dia do Juízo, esse dia que se pode esperar, que é preciso esperar com toda confiança (*metà parresías*) por causa do amor de Deus. É essa confiança escatológica, essa confiança no que acontecerá no dia do Juízo que é expressa, de novo, na *Primeira epístola* de João: "Deus é amor; e quem permanece no amor permanece em Deus, e Deus permanece nele. Tal como Ele é, assim nós também somos neste mundo: é nisso que o amor é perfeito em nós, a fim de que tenhamos segurança (*parrhesías*) no dia do Juízo."[12] Entre os homens, entre os cristãos, a *parresía* é portanto essa confiança no amor de Deus, amor que Deus manifesta quando escuta as preces que Lhe endereçamos, amor que Deus manifesta e manifestará no dia do Juízo.

Mas a *parresía*, nesses textos neotestamentários, também é a marca da atitude corajosa de quem prega o Evangelho. Nesse momento, a *parresía* é a virtude apostólica por excelência. E aqui encontramos um significado e um uso da palavra bastante próximos do que se conhecia na concepção grega clássica ou helenística. Assim, nos *Atos dos apóstolos*, fala-se de Paulo, da sua vocação e da desconfiança que os discípulos, os apóstolos, tiveram de início em relação a ele. Não o tomam por um discípulo de Cristo. Nesse momento, Barnabé conta que viu Paulo em Damasco, que o viu pregar "francamente" em nome de Jesus[13]: em Jerusalém, da mesma maneira que em Damasco, Paulo agora vai e volta entre os discípulos, exprimindo-se com toda segurança (*metà parresías*) em nome do Senhor. Ele discutia assim com os gregos e "estes procuravam tirar sua vida"[14]. Vocês estão vendo, a pregação oral, a pregação verbal, o fato de tomar a palavra, de discutir com os gregos, e discutir com eles pondo em risco a própria vida, é caracterizado como sendo a *parresía*. A virtude apostólica da *parresía* está portanto bastante próxima do que era a [virtude] grega. Do mesmo modo, na *Epístola de Paulo aos efésios*, Paulo pede aos efésios que orem por ele, a fim, diz ele, de "me ser permitido, quando eu abrir a boca, dar a conhecer ousada e livremente o mistério do Evangelho, do qual sou embaixador acorrentado, e falar com segurança (*metà parresías*) como devo falar"[15]. Eis pois, no que concerne à literatura neotestamentária, algumas referências: a *parresía* como virtude apostólica, bem próxima, em seu significado, do que vimos entre os gregos; e a *parresía* como forma de confiança geral dos cristãos em Deus.

Agora – é aqui que as coisas se tornam sem dúvida mais complicadas, em todo caso mais interessantes –, a ascética dos primeiros séculos, e de depois também. A *parresía* começa então a aparecer com um valor ambíguo. E até certo ponto essa ambiguidade de valores da noção de *parresía* retoma e amplifica aquela que já havíamos observado entre os gregos, quando havia aparecido como sendo tanto a coragem de o indivíduo virtuoso se endereçar aos outros e tentar trazê-los de seu erro à verdade, quanto a liberdade de palavra, a desordem, a anarquia que faz que cada um possa dizer tudo e qualquer coisa. Essa ambiguidade vai ser encontrada, até certo ponto, mas profundamente transposta.

Primeiro, em seu valor positivo, a *parresía* aparece como uma espécie de virtude-ponte, que caracteriza ao mesmo tempo a atitude do cristão e do bom cristão em relação aos homens, e sua maneira de ser em relação a Deus. Com relação aos homens, a *parresía* será a coragem de valorizar, a despeito de todas as ameaças, a verdade que se conhece, que se sabe, e a que se quer testemunhar. E aí estamos próximos desse valor de *parresía*, com seus significados encontrados na Antiguidade grega. Assim, por exemplo, vocês encontram em João Crisóstomo (*Tratado da Providência*) o seguinte: no meio das perseguições, as ovelhas fizeram as vezes de pastores, os soldados de chefes, graças à sua *parresía* e à sua coragem (*andreía*)[16]. Estamos aqui numa passagem bem conhecida, a da perseguição e dos mártires. Diante das perseguições, algumas pessoas têm a coragem de fazer valer a verdade em que creem. Essa coragem, elas a manifestam: soldados assumem o papel de chefes, e fazem isso porque são capazes de ter uma atitude de coragem e de *parresía*. Do mesmo modo, João Crisóstomo (*Tratado da Providência*) diz: "Pense que proveito os homens vigilantes sem dúvida extraíram desses exemplos, ao verem uma alma invencível, uma sabedoria que não se deixa subjugar, uma língua cheia de audácia corajosa."[17] "Audácia corajosa" traduz aqui a palavra *parresía*. A ideia é a seguinte: essa *parresía*, pela qual certos indivíduos foram capazes de se opor à perseguição e aceitar o martírio, foi proveitosa e útil. "Pensa que proveito os homens vigilantes sem dúvida extraíram desses exemplos." Há homens vigilantes a serem persuadidos, convencidos ou, pelo menos, a serem chamados à verdade da lição evangélica pela coragem desses parresiastas que são os mártires. O mártir é o parresiasta por excelência. E, nessa medida, vocês veem que a palavra *parresía* se refere a essa coragem que um tem diante de seus perseguidores, coragem que se exerce para si mesmo, mas que se exerce também para os outros e para os que se quer persuadir, convencer ou fortalecer em sua fé.

Mas essa *parresía* como relação com os homens também é uma virtude em relação a Deus. A *parresía* não é simplesmente a coragem que se manifesta diante das perseguições para convencer os outros, [mas também uma] coragem [que] é [a] confiança que se tem em Deus, e essa confiança não pode ser dissociada da atitude de coragem que se tem em relação aos homens.* O que faz justamente a diferença – é são Jerônimo que diz, creio – entre a coragem, por exemplo, de um Sócrates ou de um Diógenes e a de um mártir é que a primeira é a coragem de um homem que se dirige aos outros homens, enquanto a dos mártires cristãos é uma coragem que se baseia nesse outro aspecto, nessa outra dimensão da mesma *parresía*, que é a confiança em Deus. Confiança na salvação, na bondade de Deus, confiança também na escuta de Deus. E aí uma série de textos mostra que o tema da *parresía* vai se encontrar com o tema da fé e da confiança em Deus.

* O manuscrito faz referência aqui à carta 139 de Teodoreto de Ciro.

Por exemplo, em Gregório de Nissa (*Tratado da virgindade*, capítulo XII), temos uma passagem interessantíssima sobre essa *parresía*, porque até algum ponto ela vai ao encontro de certos temas do cinismo. Trata-se, nesse texto, de voltar a ser e voltar – pela introspecção, pelo exame de si mesmo, e por todo esse trabalho pelo qual se procura decifrar a forma primeira da alma, através de tudo o que a embaçou e maculou – ao que era o primeiro homem em sua primeira vida. E Gregório de Nissa, nesse trecho pergunta: quem era esse primeiro homem? "Ele estava nu [...], ele olhava com livre segurança (*en parresía*) o rosto de Deus e ainda não julgava o bem segundo o gosto e a vista, mas 'não encontrava deleite senão no Senhor'."[18] Essa passagem coincide com a ideia dos cínicos de uma vida primitiva que é ao mesmo tempo uma verdadeira vida, à qual há que voltar, uma vida de despojamento e de nudez. Vocês vão encontrar a ideia de uma *parresía* como *parresía* de *vis-à-vis*, de face a face com Deus. Nesse estado primitivo da relação da humanidade com Deus, os homens têm plena confiança. Eles estão na *parresía* com Deus: abertura de coração, presença imediata, comunicação direta entre a alma e Deus. Há vários outros textos como esse, mas talvez menos significativos, no fim das contas. Vocês estão vendo que o termo de *parresía* aparece portanto com esse valor positivo de relação com os outros, na medida em que você é capaz de manifestar, inclusive com o martírio, a coragem da verdade. Essa coragem da verdade só se pode ter na medida em que ela esteja ancorada, arraigada, numa relação de confiança com Deus que nos ponha junto dele, numa espécie de face a face que lembra, pelo menos até certo ponto, o face a face primeiro do homem com seu Criador. Eis o núcleo positivo deste termo de *parresía*.

No entanto, à medida que na vida do cristianismo, na prática cristã, nas instituições cristãs, vai se destacar o princípio da obediência, tanto na relação consigo mesmo como na relação com a verdade, essa relação de confiança – em que consistia a *parresía* – do homem consigo mesmo, apoiado numa relação de confiança do homem com Deus, essa confiança (confiança na salvação, confiança em que vamos ser ouvidos por Deus, em que estamos próximos de Deus, em que a alma se abre para Deus) vai de certo modo se obscurecer, vai tremer em relação a seu próprio princípio e a seu eixo primeiro, vai como que se embaçar. E esse tema da *parresía*-confiança vai ser substituído pelo princípio de uma obediência trêmula, na qual o cristão deverá temer a Deus, reconhecer a necessidade de se submeter à vontade de Deus, à vontade dos que representam Deus. Vamos ver se desenvolver o tema da desconfiança com relação a si mesmo, assim como a regra do silêncio. Por esse próprio fato, a *parresía* [enquanto] essa abertura de coração, essa relação de confiança pela qual o homem e Deus são postos face a face, próximos um do outro, corre cada vez mais o risco de aparecer como uma espécie de arrogância e presunção.

Tudo isso, claro, precisaria ser mais elaborado, mas vocês estão vendo que – a partir, digamos, do século IV – se desenvolvem no cristianismo as estruturas de autoridade pelas quais o ascetismo individual vai se encontrar como que encastrado em estruturas institucionais como [, por um lado,] as do cenobitismo e do monacato coletivo e, por outro lado, as do pastorado, pelas quais a conduta das almas vai ser confiada a pastores, padres ou bispos. Ao mesmo tempo que se desenvolvem essas estruturas, o tema de uma relação com Deus, não podendo ser mediado pela obediência, vai acarretar consigo, como condição e consequência, a ideia de que por si mesmo o indivíduo não é capaz de se salvar, de que por si mesmo não é capaz de encontrar esse *vis-à-vis* com Deus, esse face a face com Deus que poderia caracterizar sua existência primeira. E se não é capaz de ter por si mesmo, pelo próprio movimento da sua alma, pela abertura do seu coração, essa relação com Deus, se só pode tê-la por intermédio dessas estruturas de autoridade, isso é o indício de que ele deve desconfiar de si mesmo. Ele não pode crer, não pode imaginar, não pode ter a arrogância de pensar, que é capaz de realizar, por si próprio, sua salvação e encontrar o caminho de abertura a Deus. Ele deve ser, para si mesmo, um objeto de desconfiança. Ele deve ser objeto de uma vigilância ativa, escrupulosa, desconfiada. Por si mesmo e em si mesmo, não pode encontrar outra coisa senão o mal, e será somente pela renúncia a si e a aplicação desse princípio geral de obediência que o homem poderá realizar sua salvação.

Essa *parresía*, que tinha se tornado portanto essa espécie de relação de confiança, de abertura do coração que podia ligar o homem a Deus, vai desaparecer como tal, ou antes vai reaparecer como confiança sob o aspecto de um defeito, sob o aspecto de um risco, sob o aspecto de um vício. A *parresía* como confiança é alheia ao princípio do temor a Deus. Ela se opõe ao sentimento necessário de um distanciamento em relação ao mundo e às coisas do mundo. A *parresía* aparece como incompatível com o olhar agora severo que é preciso voltar para si mesmo. Quem pode realizar sua salvação – isto é, quem teme a Deus, quem se sente estranho no mundo, se vigia a si mesmo e deve sem cessar se vigiar a si mesmo – não poderia ter essa *parresía*, essa confiança jubilosa pela qual era ligado a Deus, era levado a Ele até apreendê-Lo num face a face direto. A *parresía* aparece portanto agora como um comportamento censurável, de presunção, de familiaridade e de confiança arrogante em si mesmo.

Vocês encontram assim alguns textos, em particular na literatura ascética e nos *Apoftegmas dos Padres*. Vocês têm por exemplo este apoftegma: não seja íntimo do higumeno (o superior da comunidade), não o frequente muito, porque você tiraria disso uma *parresía* e, finalmente, desejaria por sua vez ser superior[19]. E o texto mais célebre, mais fundamental nessa nova crítica da *parresía* é o apoftegma de Agaton (o primeiro na lista alfabética). Um jovem monge vem encontrar Agaton e diz: "Quero habitar com irmãos; diz-me como morar com eles." A resposta de Agaton é: "Mantém todos os dias da tua vida a mentalidade de estranho que tinhas no primeiro dia quando foste a eles, a fim de não te tornares demasiado livre com eles."[20] E continua: tem algo pior do que a *parresía*? Nada, diz ele. "Ela se parece com um forte e ardente vento que, quando sopra, faz todo o mundo fugir diante dele e abate árvores."[21] O contexto nesse apoftegma é interessante, e podemos reconstituí-lo muito esquematicamente da seguinte forma. Trata-se, vocês estão vendo, da questão da vida comunitária. Trata-se de um jovem monge que vem para praticar o ascetismo, mas praticá-lo com os irmãos. Ora, nessa nova vida, com os irmãos portanto, sob a autoridade de um higumeno, com uma regra comum, existe um perigo. O perigo é que o monge, assim ligado aos outros, leve a vida do mundo em plena confiança, sem desconfiar nem de si nem dos outros, e que pratique a *parresía*, uma *parresía* que ele vê que é confiança em si, confiança nos outros, confiança no que se pode fazer juntos, e esqueça por conseguinte que se deve, numa verdadeira vida ascética, realizar sempre um trabalho de elaboração de si, de decifração de si, que implica desconfiança em relação a si mesmo, temor em relação à salvação e tremor diante da vontade de Deus.

Esse texto dos *Apoftegmas* de Agaton será retomado um pouco mais tarde por Doroteu de Gaza, no livro IV das suas *Instruções*. Ele retoma esse apoftegma para comentá-lo, e o comenta dizendo o seguinte, onde encontramos, a meu ver, os elementos dessa anti*parresía* que está se desenvolvendo: "Afastamos para longe de nós o temor a Deus [...] não pensando na morte nem no castigo, não nos cuidando, não examinando nossa conduta, vivendo de qualquer modo e frequentando qualquer um. Em suma, nos abandonando à *parresía*, o que é o pior de tudo, o que é a ruína consumada."[22] Essa *parresía*, quando retomamos os diversos elementos que a caracterizam, consiste em afastar para longe de si o temor a Deus, não pensando nem na morte nem no castigo. Nessa confiança que pretendemos ter [em] Deus, na verdade invertemos e desviamos do temor a Deus, temor do que vai acontecer no momento da morte, temor do Juízo e temor dos castigos do Juízo. Segunda característica dessa *parresía*, que agora se tornou um defeito e um vício: não só não se teme a Deus, mas não se cuida de si. "Afastamos para longe de nós o temor a Deus [...] não pensando na morte nem no castigo, não nos cuidando, não examinando nossa conduta."[23] Vocês estão vendo que a *parresía* é agora negligência para em relação a si mesmo, enquanto outrora ela era cuidado de si. Não cuidamos de nós, não temos em nós a confiança que devíamos ter. Terceiro: "vivendo de qualquer modo e frequentando qualquer um."[24] Desta vez, é a confiança no mundo. Familiaridade com o mundo, hábito de viver no meio dos outros, de aceitar o que eles fazem e o que eles dizem, todos esses laços é que são hostis, que são opostos à necessária estranheza que devemos ter em relação ao mundo.

É isto que caracteriza a *parresía*: não temor a Deus, não desconfiança em relação a si, não desconfiança em relação ao mundo. Ela é confiança arrogante. Doroteu de Gaza continua dizendo, o que também é interessante: "A *parresía*, aliás, é multiforme: ela se manifesta pela palavra, pelo toque e pelo olhar. É a *parresía* que leva a fazer discursos vãos, a falar de coisas mundanas."[25] Nessa vida comunitária, cenobítica, a *parresía* leva a fazer discursos vãos e a falar de coisas mundanas. "Também é *parresía* tocar em alguém sem necessidade, pôr a mão num irmão para se distrair."[26] Portanto devemos nos desprender de toda essa familiaridade, familiaridade física, corporal, que podemos ter na vida comunitária, na medida em que desconfiamos de nós, desconfiamos dos outros e tememos Deus. E, enfim, a *parresía* consiste em olhar sem pudor (*anaidôs*) para um irmão[27]. "Sem respeito não se pode nem mesmo honrar a Deus, nem obedecer uma só vez a um só mandamento que seja."[28] Vocês estão vendo que, muito curiosamente, a *parresía* aparece aqui como uma ausência de respeito. Não é impossível que haja aí uma referência explícita a tudo o que, na concepção grega, vinculava o problema da *parresía* ao problema, estoico e cínico, do *aidós* ou da *anaídeia* (pudor e impudor). No entanto, mesmo sem essa referência explícita, encontramos aí o problema da *parresía* como confiança em si que desconhece o respeito necessário devido aos outros. Por conseguinte: evacuação da *parresía* como arrogância e confiança em si; necessidade do respeito, que deve ter sua forma primeira e sua manifestação essencial na obediência. Onde há obediência, não pode haver *parresía*. Encontramos o que eu lhes dizia há pouco, a saber que o problema da obediência está no cerne dessa inversão dos valores da *parresía*.

Parece-me, e me deterei aqui, que vemos se marcar no cristianismo, através dessa clivagem na noção de *parresía*, a oposição entre duas grandes matrizes, dois grandes núcleos da experiência cristã. Como eu lhes dizia, a noção de *parresía* nesses textos patrísticos não é uma noção universalmente, uniformemente, continuamente negativa. Há uma concepção positiva e uma concepção negativa da *parresía*. A concepção positiva é a que faz da *parresía* uma confiança em Deus, uma confiança como sendo o elemento pelo qual o homem pode dizer a verdade de que é encarregado, se for um apóstolo ou se for um mártir. A *parresía* também é a confiança que se tem no amor de Deus e na maneira como Deus acolherá o homem, quando o dia do Juízo chegar. Essa concepção da *parresía* cristalizou ao seu redor o que poderíamos chamar de polo parresiástico do cristianismo, onde a relação com a verdade se estabelece na forma de um face a face com Deus e na forma de uma confiança, confiança humana que responde à efusão do amor divino. Esse polo parresiástico me parece ter estado na origem do que poderíamos chamar de grande tradição mística do cristianismo. Para quem tem suficiente confiança em Deus, para quem tem o coração suficientemente puro para poder se abrir a Deus, a esse Deus responderá por um movimento que garantirá sua salvação e lhe permitirá ter acesso a um face a face eterno com [Ele]. É essa a função positiva da *parresía*.

E vocês têm, no cristianismo, outro polo, um polo antiparresiástico que funda não a tradição mística, mas a tradição ascética. É o polo segundo o qual a relação com a verdade só pode ser estabelecida na obediência temerosa e reverenciosa em relação a Deus, e sob a forma de uma decifração suspeitosa de si, através das tentações e das provações. Esse polo antiparresiástico, ascético, sem confiança, esse polo da desconfiança em relação a si mesmo e do temor em relação a Deus não é menos importante que o polo parresiástico. Eu diria inclusive que foi histórica e institucionalmente muito mais importante, já que foi em torno dele, afinal, que se desenvolveram todas as instituições pastorais do cristianismo. E a longa e difícil persistência da mística, da experiência mística no cristianismo nada mais é que a sobrevivência, me parece, do polo parresiástico da confiança em Deus que subsistiu, subsistiu não sem dificuldade, marginalmente, contra a grande empreitada da suspeita parresiástica que o homem é chamado a manifestar e a praticar em relação a si mesmo, por obediência a Deus, e no temor e tremor ante esse mesmo Deus.

Daí em diante, com esse desenvolvimento do polo antiparresiástico, não parresiástico, ascético, a verdade de si, ou ainda o problema das relações entre conhecimento da verdade e verdade de si não poderá mais tomar a forma, de certo modo plena e inteira, de uma existência outra que seria ao mesmo tempo existência de verdade e existência capaz de conhecer a verdade sobre si. Daí em diante, o conhecimento de si (conhecimento a propósito de si, conhecimento sobre si) será uma das condições fundamentais, e até a condição prévia, da purificação da alma, e por conseguinte para o momento em que enfim será possível alcançar a relação de confiança com Deus. Só se alcançará a verdadeira vida com a prévia condição de ter praticado sobre si essa decifração da verdade.

Decifrar a verdade de si neste mundo, decifrar-se a si mesmo na desconfiança em relação a si e em relação ao mundo, no temor e no tremor em relação a Deus, é isso, e somente isso, que poderá nos dar acesso à verdadeira vida. Verdade da vida antes da verdadeira vida: foi nessa inversão que o ascetismo cristão modificou fundamentalmente um ascetismo antigo, que sempre aspirava a levar ao mesmo tempo a verdadeira vida e a vida de verdade e que, pelo menos no cinismo, afirmava a possibilidade de levar essa verdadeira vida de verdade.

Bom, olhem, eu tinha algumas coisas a dizer no âmbito geral dessas análises.* Mas já está tarde demais. Então, obrigado.

* M.F. faz referência aqui a todo o desenvolvimento seguinte que encerra o manuscrito do ano de 1984:

"Relações entre sujeito e verdade
A/ Estudá-las na Antiguidade: mais precisamente nesse longo período que vai da Grécia clássica à chamada Antiguidade tardia ou início do cristianismo; trata-se da outra vertente do acontecimento que os historiadores da filosofia conhecem bem, no qual as relações entre o ser e a verdade são definidas no modo da metafísica.

B/ Procurei estudar essas relações em sua autonomia relativa em relação a esta (= uma independência que implica igualmente uma presença de relações); procurei estudá-las do ponto de vista da prática de si.

a: isto é, mantendo as análises na medida do possível aquém da definição do sujeito como alma e mantendo os olhos fixos no problema do eu, da relação consigo; claro, essa relação consigo adquire muitas vezes a forma da relação com a alma, mas haveria manifestamente algo de redutor em se ater a isso, e a diversidade dos significados que são dados ao termo *psykhé* pode ser compreendida, ou pelo menos esclarecida, se quisermos compreender que a relação com a alma faz parte de um conjunto: relação com o *bíos*, com o corpo, com as paixões, com os acontecimentos.

b: essas relações, eu tentei analisá-las como temas de práticas, isto é, objetos de elaboração segundo procedimentos técnicos, sobre os quais se reflete, que são modificados e aperfeiçoados; que são ensinados e transmitidos pelos exemplos; que são aplicados ao longo da sua existência, seja em certos momentos privilegiados e escolhidos, seja de maneira regular e contínua; essas práticas se arraigam numa atitude fundamental que é a preocupação consigo mesmo, o cuidado de si; e têm por finalidade constituir um *éthos*, uma maneira de ser e de fazer, uma maneira de se conduzir, que correspondem a certos princípios racionais e fundam o exercício da liberdade entendida como independência; o estudo das práticas de si é portanto o estudo das formas concretas, prescrições e técnicas adquiridas pelo cuidado de si em seu papel etopoiético.

C/ Essas relações consigo, pensei que poderíamos colocar a questão dos jogos de verdade para os quais apelam, em que se baseiam e de que esperam certos efeitos específicos; e para essa pergunta, há várias respostas:

a constituição ética de si mesmo supõe a aquisição de alguns conhecimentos mais ou menos numerosos e complexos que dizem respeito a domínios mais ou menos extensos e mais ou menos distantes ou próximos do próprio sujeito: verdade fundamental sobre o mundo, a vida, o ser humano etc.; verdades práticas sobre o que convém fazer nessas ou naquelas circunstâncias; em suma, todo um conjunto de coisas a aprender: as *mathémata*.

Mas a constituição de si mesmo como sujeito ético implica também um outro jogo de verdade: Não mais o do aprendizado, da aquisição de proposições verdadeiras com que nos armamos, nos equipamos para a vida e seus acontecimentos, mas o da atenção dada a nós mesmos, ao que somos capazes de fazer, ao grau de dependência que atingimos, aos progressos que temos de fazer e que nos falta fazer; e esses jogos de verdade não são do domínio das *mathémata*, não são coisas que se ensinam e que se aprendem, são exercícios que fazemos sobre nós mesmos: exame de si; provas de resistência e outros controles das representações; dimensão da *áskesis*.

Não é tudo: não basta esse exercício da verdade sobre si mesmo. Ele não é possível, ele só encontra um fundamento na base da atitude que é a da coragem da verdade: ter a coragem de dizer a verdade sem nada dissimular e a despeito dos perigos que isso comporta.

E é aí que encontramos a noção de *parresía*: noção política em sua origem e que, sem perder esse significado primeiro, se inflecte juntando-se ao princípio do cuidado de si.

*

NOTAS

1. H. Schlier, "Parrêsia, parrêsiazomai", *in* G. Kittel, org., *Theologisches Wörterbuch zum Neuen Testament*, Sttutgart, Kohlhammer Verlag, pp. 869-84. Versão inglesa: *Theological dictionary of the New Testament*, William B. Eerdmans Publishing Company, 1964 (última edição: 2006).
2. S.B. Marrow, S. J., "Parrhesia and the New Testament", *Catholical Biblical Quarterly*, 44, 1982, pp. 431-46.
3. Fílon de Alexandria, *De specialibus legibus*, I, § 322, trad. S. Daniel, Paris, Éd. du Cerf (col. "Oeuvres de Philon d'Alexandrie" 24), 1975, p. 205 (e mais acima: "Se essas coisas são de fato boas e proveitosas, por que então, iniciados, vos encerrais numa profunda escuridão?", § 320, p. 203).

A *parresía*, ou antes, o jogo parresiástico, aparece sob dois aspectos:
– a coragem de dizer a verdade a quem queremos ajudar e dirigir na formação ética de si mesmo
– a coragem de manifestar em relação e contra tudo a verdade sobre si mesmo, de nos mostrar tal como somos.

É nesse ponto que aparece o cínico: ele tem a coragem insolente de se mostrar tal como é; ele tem a ousadia de dizer a verdade; e na crítica que faz às regras, convenções, costumes e hábitos, dirigindo-se com desenvoltura e agressividade aos soberanos e aos poderosos, ele reverte, ele dramatiza também a vida filosófica, as funções da *parresía* política.

Sei que, apresentando as coisas assim, pareço dar ao cinismo um lugar essencial na ética antiga e fazer dele uma figura absolutamente central, quando é, pelo menos de certo ponto de vista, marginal e fronteiriço.

De fato, com o cinismo eu queria apenas explorar um limite, um dos dois limites entre os quais são desenvolvidos os temas do cuidado de si e da coragem da verdade.

Seria melhor portanto apresentar as coisas assim.

A filosofia antiga ligou um ao outro: o princípio do cuidado de si (dever de se ocupar de si mesmo) e a exigência da coragem de dizer, de manifestar a verdade.

De fato, houve diversas maneiras de ligar cuidado de si e coragem da verdade, e podemos sem dúvida reconhecer duas formas extremas, duas modalidades opostas e que retomaram, ambas, cada uma a seu modo, a *epiméleia* e a *parresía* socráticas:
– a modalidade platônica. Ela acentua de forma significativa a importância e a amplitude das *mathémata*; ela dá ao conhecimento de si a forma da contemplação de si por si e do reconhecimento ontológico do que é a alma em seu ser próprio; ela tende a estabelecer uma dupla clivagem: da alma e do corpo; do mundo verdadeiro e do mundo das aparências, enfim, sua importância considerável decorre do fato de que ela pôde vincular essa forma do cuidado de si à fundação da metafísica, enquanto a distinção entre o ensino esotérico e os cursos dados a todos limitava seu alcance político.
– a modalidade cínica. Ela reduz de forma tão estrita quanto possível o domínio das *mathémata*, ela dá ao conhecimento de si a forma privilegiada do exercício, da prova, das práticas de resistência; ela procura manifestar o ser humano no despojamento da sua verdade animal, e se permaneceu distanciada da metafísica, se permaneceu estranha à grande posteridade histórica dessa, deixou porém na história do Ocidente um modo de vida, um *bíos*, que teve sob diferentes modalidades um papel essencial.

Ao colocar a questão das relações entre cuidado de si e coragem da verdade, parece que platonismo e cinismo representam duas grandes formas que se deparam e que deram lugar cada uma a uma genealogia diferente: de um lado *psykhé*, o conhecimento de si, o trabalho de purificação, o acesso ao outro mundo; do outro lado o *bíos*, a provação de si mesmo, a redução à animalidade, o combate neste mundo contra o mundo.

Mas aquilo em que gostaria de insistir para terminar é o seguinte: não há instauração da verdade sem uma posição essencial da alteridade; a verdade nunca é a mesma; só pode haver verdade na forma do outro mundo e da vida outra."

4. "Que aqueles cujas ações são benéficas para todos usem de uma plena liberdade de palavra (*ésto parresía*)" (*id.*, § 321, p. 203).

5. *Ibid.*

6. Jó 22, 21-8 (trad. L. Segond, 1910).

7. "A Lei quer antes de mais nada que o espírito daquele que sacrifica tenha sido santificado por bons pensamentos [...] de sorte que ao mesmo tempo que impõe as mãos, possa com toda franqueza (*parresiazómenon*), na pureza da sua consciência (*ek katharou tou suneidotos*) pronunciar palavras" (*De specialibus legibus*, I, § 203, ed. citada, p. 131).

8. *Provérbios* 1, 20-1.

9. *Salmos* 94, 1-3.

10. *Primeira epístola de João* 5, 13.

11. *Id.*, 5, 14.

12. *Id.*, 4, 16-7.

13. "Quando foi a Jerusalém, Saul procurou se unir a eles; mas todos o temiam, não acreditando que fosse um discípulo. Então Barnabé, levando-o consigo, o conduziu aos apóstolos e contou a eles como, no caminho, Saul havia visto o Senhor, que lhe havia falado, e como em Damasco havia pregado francamente em nome de Jesus" (*Atos* 9, 26-7).

14. "Ele ia e vinha com eles em Jerusalém e se exprimia com toda segurança em nome do Senhor. Ele também falava e discutia com os helenistas; mas estes tentavam tirar sua vida" (*Atos* 9, 28-9).

15. *Epístola de Paulo aos efésios* 6, 19-20.

16. "Enquanto ninguém está presente para guiar o rebanho, fazendo as próprias ovelhas ofício de pastores, os soldados o de chefe, graças à sua confiante audácia (*parresías*) e à sua coragem (*andréias*), e todos, com o fervor, o zelo, a discrição que convém, não ficas estupefato e cheio de admiração pelos atos de virtude de que os acontecimentos foram causa?" (João Crisóstomo, *Sur la providence de Dieu*, XIX, 11, org. e trad. A.-M. Malingrey, Paris, Éd. du Cerf, 1961, p. 241).

17. *Id.*, XXII, 5, p. 259.

18. Gregório de Nissa, *Traité de la virginité*, 302c, XII, 4, trad. M. Aubineau, Paris, Éd. du Cerf, 1961, pp. 417-8.

19. "Um ancião disse: 'Não sejas íntimo do abade e não o frequentes muito, porque tirarás disso segurança (*kaì parresían héxeis*) e desejarás comandar os outros (*hegeîsthai állon*)" (*Les Apophtegmes des Pères*, t. II, § XV, n. 107, trad. A. Guy, Paris, Éd. du Cerf, col. "Sources chrétiennes", 2003, p. 351).

20. *Id.*, p. 31.

21. Foucault cita aqui Agaton no texto de Doroteu de Gaza, *Oeuvres spirituelles, Instructions*, IV, 52, 1661A, Paris, Éd. du Cerf, 1963, p. 233.

22. *Ibid.*

23. *Ibid.*

24. *Ibid.*

25. *Id.*, § 53, p. 235.

26. *Ibid.*

27. "É também *parresía* [...] olhar para ele sem discrição (*anaidos*)" (*ibid.*).

28. *Ibid.*

*Frédéric Gros**
Situação do curso

---

* Frédéric Gros é professor de filosofia política da universidade Paris-XII. Ensina também no Institut d'Études Politiques de Paris (Master "História e Teoria do político"). Última obra publicada: *États de violence. Essai sur la fin de la guerre*, Paris, Gallimard (col. "Les Essais"), 2006.

O curso do ano letivo de 1984 é o último que Foucault pronunciou no Collège de France. Muito debilitado no início do ano, só inicia suas aulas em fevereiro e as termina no fim de março. Suas últimas palavras públicas no Collège foram: "Está tarde demais. Então, obrigado." Sua morte em julho seguinte lança sobre este curso uma luz um tanto particular, sendo evidentemente uma tentação ler nela algo como um testamento filosófico. Aliás, o curso se presta a isso, pois, retornando com Sócrates às raízes da filosofia, Foucault decide inscrever aí a totalidade da sua obra crítica.

1. O MARCO METODOLÓGICO GERAL: A ONTOLOGIA DOS DISCURSOS VERDADEIROS

Como de costume, Foucault consagra toda uma parte das primeiras aulas a considerações de método, empenhando-se mais uma vez em definir a especificidade do seu enfoque. Retomando uma problemática de *A arqueologia do saber*[1], é em torno do conceito de verdade que Foucault vai construir sua diferença. A arqueologia consistia em trazer a lume uma organização discursiva estruturadora dos saberes constituídos. Essa camada discursiva não possuía nem a sistematicidade nem a demonstratividade das ciências, mas representava para os discursos um código compulsório de organização[2]. Situando aí seu objeto de análise, Foucault escapava dos cânones ao mesmo tempo da epistemologia e da história das ciências: não se tratava mais de formular para os discursos verdadeiros a questão das suas condições de possibilidade formais ou de revelação progressiva, mas a de suas condições histórico-culturais de existência. Em 1984, Foucault constrói desta vez a distinção entre, de um lado, uma análise das estruturas

---

1. *L'Archéologie du savoir*, Paris, Gallimard, 1969. [Trad. bras.: *A arqueologia do saber*, 7ª ed., Rio de Janeiro, Forense Universitária, 2008.]
2. *Id.*, pp. 232-55 (cap. "Science et savoir").

epistemológicas e, de outro, um estudo das formas "aletúrgicas"[3]. A primeira coloca a questão do que torna possível um conhecimento verdadeiro; a segunda, a das transformações éticas do sujeito, na medida em que faz depender sua relação consigo e com os outros de certo dizer-a-verdade. O que Foucault denomina então "aleturgia" supõe um princípio de irredutibilidade a toda epistemologia.

Ao longo de 1984, ele procederá ao desenvolvimento de um conceito de verdade decididamente original e que encontra, segundo ele, na filosofia antiga uma inscrição maior, largamente ocultada pelo regime moderno dos discursos e dos saberes. À parte isso, como já havia feito no ano precedente, Foucault, em suas primeiras aulas, torna a expor o tríptico da sua obra crítica: um estudo dos modos de veridicção (muito mais que uma epistemologia da Verdade); uma análise das formas de governamentalidade (muito mais que uma teoria do Poder); uma descrição das técnicas de subjetivação (muito mais que uma dedução do Sujeito) – consistindo a aposta em tomar como objeto de estudo um núcleo cultural determinado (a confissão, o cuidado de si etc.) que adquire justamente seu volume no cruzamento dessas três dimensões[4].

É nesse marco teórico geral que a análise da noção de *parresía*, iniciada em 1982 e prolongada em 1983, deve ser situada. Mais precisamente, ela encontra seu lugar no interior do que Foucault havia chamado em 1983 de uma "ontologia dos discursos verdadeiros"[5]. É preciso entender com isso um estudo que não coloca para os discursos verdadeiros a questão das formas intrínsecas que as valida, mas a dos modos de ser que implicam para o sujeito que deles faz uso. Foucault pode então propor uma tipologia única dos estilos de veridicção na cultura antiga, bem distante daquela que a tradição conhece desde Aristóteles (a hierarquização dos discursos conforme a sua forma lógica), considerando desta vez o tipo de relação consigo e com os outros implicado por uma asserção de verdade. Assim, o dizer-a-verdade da *parresía* – na medida em que visa a transformação do *éthos* do seu interlocutor, comporta um risco para seu locutor e se inscreve numa temporalidade da atualidade – se distingue do dizer-a-verdade do ensino, da profecia e da sabedoria[6].

---

3. Cf. *supra*, aula de 1º de fevereiro de 1984, primeira hora (o conceito de "aleturgia" havia sido formado pela primeira vez por Foucault em 1980, e explicado nas aulas do Collège de France de 23 e 30 de janeiro de 1980 – curso "Le gouvernement des vivants).

4. *Ibid.*

5. *Le Gouvernement de soi et des autres. Cours au Collège de France, 1982-1983*, org. F. Gros, Paris, Gallimard-Le Seuil (col. "Hautes Études") , 2008, pp. 285-6.

6. Cf. *supra*, a aula de 8 de fevereiro de 1984, primeira e segunda horas.

2. O SEGREDO GREGO DA POLÍTICA: A DIFERENÇA ÉTICA

Foucault havia consagrado uma boa parte do ano de 1983 ao estudo da noção de *parresía* em sua dimensão política. Tratava-se então de identificar uma condição não formal da democracia ateniense: a coragem de um dizer-a-verdade que se exerce a partir de uma exposição pública. A coragem da verdade havia sido determinada então como o que torna efetivo e autêntico o jogo democrático[7].

Nas primeiras aulas de 1984[8], Foucault não pretende fazer mais que o balanço do ano precedente, mas logo se percebe que o que se apresenta como uma simples recapitulação constitui na verdade uma radicalização dos seus propósitos. De fato, Foucault, pretendendo chegar desta vez ao ponto nodal da filosofia política grega, descobre-o no que ele chama de um princípio de diferenciação ética.

Foi dito, desde sempre, que a filosofia política dos antigos era obcecada pela busca do "melhor regime". E nela se viu, na maioria das vezes, o efeito de um moralismo um pouco ingênuo e raso, a que se oporia o pessimismo trágico dos modernos. Foucault tenta aqui outra lição: mostrar que a busca da "melhor constituição" não coincide com uma busca moral, mas constitui a inscrição de um princípio de diferença ética no interior do problema do governo dos homens. De fato, não se trata de determinar uma forma ideal ou uma mecânica ótima de distribuição dos poderes, mas de salientar que a excelência política dependerá da maneira como os atores políticos souberem se constituir como sujeitos éticos. Difícil, no entanto, apreender a diferença, pois sempre se trata, afinal, de dizer que uma boa política dependerá de dirigentes virtuosos. Mas a intervenção de Foucault é capital na medida em que mostra que essa diferenciação ética não designa de fato a qualidade moral de um dirigente, nem mesmo a singularidade de uma estilização da existência que distinguiria um indivíduo excepcional da massa anônima. Ela supõe antes fazer intervir na construção da relação consigo a diferença da verdade, ou antes até, a verdade como diferença, como distância aberta para a opinião e as certezas compartilhadas. Donde a fragilidade estrutural da democracia[9], porque, se é possível pensar que um indivíduo ou um pequeno grupo é capaz de conseguir realizar sobre si mesmo esse trabalho diferenciador, parece improvável para todo um povo. Resta que a diferença ética, que permite fazer existir a melhor *politeia*, não passa do efeito, num sujeito, da diferença da própria verdade.

---

7. *Le Gouvernement de soi...*, ed. citada, pp. 145-7.
8. Cf. *supra*, aula de 8 de fevereiro de 1984, primeira e segunda horas.
9. Cf. *supra*, na aula de 8 de fevereiro, primeira hora, a conclusão da análise da passagem enigmática das *Políticas* de Aristóteles (III, 7, 1279a-b), p. 200.

Essa reavaliação do pensamento político grego permite ao mesmo tempo que Foucault inscreva seu próprio proceder nessa trilha[10]. De fato, ele alcança o seguinte resultado: a filosofia antiga inscreve o problema do governo dos homens (*politeía*) sob a dependência de uma elaboração ética do sujeito (*éthos*) capaz de ressaltar nele e em face dos outros a diferença de um discurso de verdade (*alétheia*). As três dimensões – do Saber, do Poder e do Sujeito (ou antes: da veridicção, da governamentalidade e dos modos de subjetivação), pelas quais Foucault havia caracterizado sua empreitada, estão presentes aqui, portanto. Mas essas três dimensões não são como as três partes distintas que era preciso estudar cada uma por vez, como se fossem três domínios separados. Foucault insiste na ideia de que a identidade do dizer filosófico está justamente, desde sua fundação socrático-platônica, numa estrutura de chamamento: nunca estudar os discursos de verdade sem descrever ao mesmo tempo sua incidência sobre o governo de si ou dos outros; nunca analisar as estruturas de poder sem mostrar em que saberes e em que formas de subjetividade elas se apoiam; nunca identificar os modos de subjetivação sem compreender seus prolongamentos políticos e em que relações com a verdade eles se sustentam. E não se deveria esperar consagrar uma dessas dimensões como fundamental: nunca esgotaremos as violências políticas ou as posturas morais numa lógica geral; nunca reduziremos as exigências do saber ou as construções éticas a formas de dominação; enfim, nunca poderemos fundar as formas de veridicção e os modos de governo em estruturas subjetivas. Esses dois princípios de correlação necessária e de irredutibilidade definitiva bastam para determinar a identidade da filosofia desde os gregos, e Foucault inscreve aí seu projeto.

É por isso que, enfim, aos que poderiam dizer (ouvimos e ouviremos ainda isso) que não se poderia encontrar em Foucault uma "verdadeira" filosofia do conhecimento ou uma "verdadeira" filosofia política ou moral, ele pretende responder: ainda bem, porque seria sair da filosofia em sua inspiração primeira pretender que a epistemologia, a moral e a política fossem capazes de constituir domínios autônomos, justapostos, que seria preciso esgotar cada um metódica e isoladamente.

3. A LUZ DA MORTE

Foucault morre de aids no dia 25 de junho de 1984. Em janeiro do mesmo ano, muito doente, foi tratado com antibióticos[11]. Ele escreve a

---

10. Cf. *supra*, aula de 8 de fevereiro de 1984, conclusão da segunda hora.
11. D. Defert, "Chronologie", *in Dits et Écrits, 1954-1988*, org. D. Defert & F. Ewald, colab. J. Lagrange, Paris, Gallimard (col. "Bibliothèque des sciences humaines"), 1994, 4 vol.; cf. t. I, p. 63.

Maurice Pinguet: "Achei que estava com aids, mas um tratamento enérgico me pôs novamente de pé."[12] Ele recupera a saúde e pode de novo dar seu curso a partir do mês de fevereiro, apesar de se queixar de uma gripe forte no início de março[13].

É difícil saber que consciência exata Foucault tinha e queria ter do mal que o diminuía. Daniel Defert indica, em sua *Cronologia*, que no mês de março, regularmente atendido no hospital Tarnier, "não pede nem recebe nenhum diagnóstico" e que a única pergunta que ele parece fazer aos médicos é: "Quanto tempo de vida me resta?"[14] Trata-se da relação íntima de cada um com seu corpo, com sua doença e com sua própria morte. Mas o fato é que algumas leituras propostas em 1984 de grandes textos da história da filosofia são postas justamente nesse horizonte da doença e da morte[15]. Podemos citar aqui principalmente, já que se trata de textos fundadores, a *Apologia de Sócrates* e o *Fédon* de Platão.

A propósito do destino de Sócrates, é interessante ver que a demonstração de Foucault vai se referir à sua relação com a morte, mais precisamente ainda com o problema do medo de morrer[16]. O tema geral é o da transformação de uma *parresía* que se exerce de uma tribuna política (Péricles ou Sólon em face dos atenienses) numa *parresía* (o exame socrático) que se pratica na praça pública, no âmbito de uma relação interindividual. À crítica que poderia ser dirigida a ele de não ter feito política, Sócrates havia respondido: se eu tivesse feito política, teria morrido faz tempo. No entanto, mostra Foucault, essa resposta não significa um medo de morrer, mas sim uma tentativa de preservar o maior tempo possível uma missão recebida dos deuses – o cuidado dos outros: essa insistente e perpétua vigilância que visa verificar como cada um cuida corretamente de si mesmo. Vê-se de passagem se efetuar em torno do personagem de Sócrates a ligação do tema da *parresía* com o da *epiméleia* (o cuidado de si), e a empresa filosófica se redefinir como esse dizer-a-verdade corajoso que visa transformar o modo de ser do seu interlocutor, para que ele aprenda a cuidar corretamente de si mesmo. É a fim de poder salvaguardar essa tarefa que Sócrates se recusa a fazer política. Não é por medo de morrer: é o temor de que sua missão essencial seja comprometida por seu desaparecimento. Da mesma maneira, pode-se dizer que uma doença grave nos mete medo, não porque agite o espectro horripilante do nada, mas porque nos impediria de ir até o fim de uma pesquisa ou de um trabalho. A me-

---

12. *Ibid.*
13. Cf. *supra*, as primeiras palavras pronunciadas na aula de 21 de março, primeira hora.
14. D. Defert, "Chronologie", *in op. cit.*, p. 63.
15. De resto, a própria existência de Foucault durante esse inverno de 1984 parecia trazer a marca desse ascetismo radical que ele descrevia, naquele exato momento, nos cínicos.
16. Cf. *supra*, aula de 15 de fevereiro, primeira hora.

lhor prova disso está em que Sócrates (é todo o relato da *Apologia*) prefere finalmente a morte à traição da sua missão essencial.

Enquanto toda a leitura da *Apologia* por Foucault gira em torno do problema do medo da morte, a do *Fédon* interroga a relação essencial entre a filosofia e a doença[17]. O problema posto é o das últimas palavras de Sócrates, esta enigmática injunção: "Críton, devemos um galo a Esculápio; cuide disso" (118a). Estas últimas palavras haviam recebido em toda a tradição uma interpretação niilista. Como se Sócrates houvesse dito: é preciso agradecer ao deus da medicina, porque pela morte que salva estou curado da doença de viver. Foucault vai se apoiar em Dumézil[18] para fornecer a célebre fórmula de uma outra leitura: se Sócrates pode agradecer a Esculápio em seus derradeiros instantes, é porque está curado, mas curado da doença dos falsos discursos, do contágio das opiniões comuns e dominantes, da epidemia dos preconceitos, curado pela filosofia.

Assim, os dois enunciados a que Foucault chega em 1984, e que não podemos dissociar da sua luta contra a doença e da sua morte no mês de junho, seriam: não é a morte que me dá medo, mas a interrupção da minha tarefa; de todas as doenças, a que é autenticamente mortal é a doença dos discursos (as falsas clarezas e as evidências enganadoras), e a filosofia até as últimas consequências me cura deles. Devemos notar enfim que a última palavra pronunciada por Sócrates (cuide disso, não descuide do meu pedido: *me amelesete*) remete à *epimeleia* cara a Foucault. Esse cuidado de si, que ele tinha querido situar no cerne da ética antiga, terá sido de fato a última palavra nos lábios de Sócrates.

Mas faltará mostrar, e será esse todo o desafio do curso de 1984, que esse cuidado de si, que havia sido simplesmente compreendido em 1982[19] como uma estruturação do sujeito específica e irredutível ao modelo cristão ou transcendental (nem o sujeito da confissão nem o ego transcendental), também é um cuidado do dizer-a-verdade, o qual requer coragem e sobretudo um cuidado do mundo e dos outros, exigindo a adoção de uma "verdadeira vida" como crítica permanente do mundo.

4. O *LAQUES* E A RADICALIZAÇÃO DOS DESAFIOS

A leitura do *Laques* de Platão quase se impunha a Foucault, no marco de um curso intitulado "A coragem da verdade", pois se trata de um dos

---

17. Cf. *supra*, aula de 15 de fevereiro, segunda hora.
18. G. Dumézil, *"Le Moyne noir en gris dedans Varennes". Sottie nostradamique suivie d'un Divertissement sur les dernières paroles de Socrate*, Paris, Gallimard, 1984.
19. *L'Herméneutique du sujet. Cours au Collège de France, 1981-1982*, org. F. Gros, Paris, Gallimard-Le Seuil (col. "Hautes Études"), 2001.

raros textos de filosofia inteiramente consagrados ao problema da coragem. Mas se a escolha da obra não é surpreendente, o viés de leitura o é muito mais. De fato, enquanto a grande maioria dos comentadores tinha se prendido principalmente ao estudo do corpo central do texto (o momento dialético das tentativas, abortadas, de Nícias e Laques para definir a virtude de coragem), Foucault se interessa exclusivamente pelo início do diálogo e por seu fim, isto é, pelo que havia sido considerado por muitos do âmbito da encenação anedótica[20]. Essa decupagem lhe permite, estando a ênfase posta novamente na *parresía*, enfocar como coragem somente aquela que sustenta um dizer-a-verdade e sobretudo um estilo de existência.

Na continuidade do comentário da *Apologia*, Sócrates é sempre apresentado como aquele que exerce um dizer-a-verdade corajoso ao se dirigir aos indivíduos, a fim de retificar o *éthos* destes. Mas com a leitura do *Laques* uma nova dimensão é proposta: Sócrates também é aquele que tem a coragem de afirmar essa exigência de verdade sobre a trama visível de sua existência. Esse segundo elemento é determinante para a lógica de conjunto do curso, pois permitirá colocar o problema da "verdadeira vida" e, portanto, fornecer o marco teórico geral para o estudo do cinismo antigo. Por sinal, essa reavaliação é a tal ponto decisiva que logo conduz Foucault a uma reperspectivação global da história da filosofia, a qual retoma, modificando seu conteúdo, a estrutura de derivação binária que havia servido para descrever o pensamento moderno a partir de Kant[21]. Desde o fim dos anos 1970, Foucault havia de fato distinguido várias vezes duas posteridades kantianas: a posteridade transcendental (é a questão: o que posso conhecer?) e a posteridade crítica (colocando a questão: como somos governados?). Nos anos 1980, ele havia enriquecido essa distinção, acrescentando a dimensão ética ao estudo das relações de poder – a questão se tornava: que modos de subjetivação vêm se articular nas formas de governo dos homens, para resistir a elas ou habitá-las?

Em 1984, Foucault pegará as coisas bem antes disso, já que é de Platão que ele derivará desta vez duas grandes direções espirituais da filosofia: de um lado, inspirando-se no *Alcibíades*, uma metafísica da alma que se empenha em fundar, no discurso e pela contemplação teorética, o vínculo originário da *psykhé* imortal e da verdade transcendente; do outro lado, problematizada no *Laques*, uma estética da existência que persegue a tarefa de dar à vida (ao *bíos*) uma forma visível, harmoniosa, bela. A alter-

---

20. Cf. *supra*, aula de 22 de fevereiro.
21. Cf. sobre esse ponto, já em 1978, a conferência "Qu'est-ce la critique?", pronunciada na Société française de Philosophie (*in Bulletin de la Société française de Philosophie*, sessão de 27 de maio de 1978) e em 1983 a aula de 5 de janeiro (pp. 21-2).

nativa da derivação platônica se distingue fortemente da kantiana. Com Kant, tratava-se de distinguir dois domínios de pesquisa: a determinação seja das condições formais da verdade, seja das condições de governamentalidade dos homens. Desta vez vão se opor, de um lado, uma tarefa espiritual que encontra sua consumação num logos, na constituição de um sistema de conhecimentos, e uma outra tarefa que adquire seu volume na efetividade da existência concreta e na ascese. Tem-se a impressão de que, em 1984, Foucault põe na balança, de um lado, a filosofia como domínio discursivo, corpo de conhecimentos constituído e, de outro, a filosofia como prova e atitude, em vez de dois tipos de estudo possíveis (transcendental ou histórico-crítico).

5 . A GESTA CÍNICA

Uma grande parte do curso de 1984 é consagrada a uma apresentação bastante original, poderíamos até dizer decapante do cinismo antigo. O cinismo sempre foi o primo pobre da história da filosofia antiga. A soma de estudos que lhe foi consagrada é ridiculamente magra, comparada com a concernente ao epicurismo, ao estoicismo e até ao ceticismo. Foucault terá sido portanto um dos primeiros a renovar na França o interesse por essa corrente que permaneceu marginalizada[22]. É verdade também que poucas coisas nos restaram de seus representantes, já que, por um lado, o conteúdo doutrinal era relativamente grosseiro e, por outro, tal como Sócrates que não deixou nenhum livro, eles descuidavam muito da arte de escrever. O cinismo, portanto, chegou até nós essencialmente através das anedotas, das histórias, das tiradas e réplicas cáusticas. É precisamente essa indigência teórica que Foucault pega para fazer do cinismo o momento puro de uma reavaliação radical da verdade filosófica, ressituada no campo da prâxis, da prova de vida, da transformação do mundo.

Era pela *parresía* (fala franca) que se reconhecia os cínicos, e é portanto ela também que serve de marco introdutório a esse novo estudo. Até

---

22. No entanto, foi dada ampla continuidade aos estudos cínicos a partir do fim da década de 1980, notadamente na França em torno de M.-O. Goulet-Cazé (cf. M.-O. Goulet-Cazé, *L'Ascèse cynique, un commentaire de Diogène Laërce VI 70-71*, Paris, Vrin, 1986; M.-O. Goulet-Cazé 7 R. Goulet, org., *Le Cynisme ancien et ses prolongements. Actes du colloque international du CNRS (Paris, 22-25 juillet 1991)*, Paris, Presses Universitaires de France, 1993; M.-O. Goulet-Cazé & R. Bracht Branham, org., *The Cynics: The Cynic Movement in Antiquity and its Legacy*, Berkeley, University of California Press, 1996). Note-se também, contemporânea do curso, a publicação dos livros de P. Sloterdijk (*Kritik der zynischen Vernunft*, Frankfurt/M., Suhrkamp, 1983 / *Critique de la raison cynique*, trad. H. Hildebrand, Paris, Bourgois, 1987) e de A. Glucksmann (*Cynisme et Passion*, Paris, Grasset, 1981).

então, Foucault havia examinado duas grandes vertentes dela: a vertente política, primeiro, que havia evoluído, de um momento democrático fortemente ambivalente – com a *parresía* designando ao mesmo tempo a tomada corajosa da palavra pelo cidadão que dirigia a seus pares verdades desagradáveis, expondo-se assim à ira deles, e o direito demagógico reconhecido a qualquer um de dizer qualquer coisa –, a um momento autocrático que assiste à entrada em cena do filósofo, conselheiro de um Príncipe de que ele chama corajosamente a atenção, elevando-se bem acima do alarido dos lisonjeadores da corte; a vertente ética, depois, representada por Sócrates interpelando cada um para pedir que se ocupe convenientemente de si mesmo.

A *parresía* cínica constitui uma terceira grande forma de coragem da verdade, ainda que possa ser compreendida, num primeiro tempo, como a simples continuação do dizer-a-verdade socrático. Porque, afinal de contas, Diógenes e Crates também são descritos arengando a multidão na praça pública, denunciando os compromissos de todos e obrigando cada um a se interrogar sobre sua maneira de viver. Mas essa intimação se faz de maneira incomparavelmente mais agressiva, brutal, radical, do que com Sócrates. De resto, não há somente diferença de intensidade ou de estilo. Não se trata mais, simplesmente, como afinal era o caso de Sócrates, de ir inquietar a boa (ou falsa) consciência que cada um mantém com suas certezas, de denunciar os falsos saberes, ou ainda de salientar ironicamente as dissonâncias entre os discursos e os atos de alguém. Sente-se que os questionamentos são, com os cínicos, mais radicais, mais extensos: é o conjunto dos costumes e dos valores recebidos na cultura antiga que é atacado ou tocado. Sócrates é um personagem fantástico, sem dúvida, mas, à parte sua mania das discussões intermináveis, adotava um modo de vida acomodado e tradicional. Sob certos aspectos, ele chega a fazer figura de cidadão-modelo. Um deslocado, mas não um marginal absoluto. O cínico se faz notar, ao contrário, por um modo de vida que está em ruptura. Ele é reconhecido, como vimos, primeiro por sua franqueza (*parresía*: sua linguagem é áspera, seus ataques verbais virulentos, suas preleções violentas), mas também por seu aspecto exterior: tendendo ao sujo, veste um velho manto que lhe serve ao mesmo tempo de cobertor, leva uma simples mochila, anda descalço ou de sandália, empunha seu cajado de andarilho e de praguejador. Ora, esse modo de vida absolutamente rústico, esse despojamento vagabundo são para Foucault a expressão manifesta de uma provação da existência pela verdade[23]. Essa temática é capital, porque possibilita o surgimento de uma dimensão amplamente

---

23. Cf. *supra*, aula de 29 de fevereiro, primeira hora.

despercebida da filosofia ocidental clássica: a do elementar. A questão da verdade, quando se coloca ao pensamento, faz surgir a dimensão do essencial como o que *sempre permanece*, transcende as variações mentais, ignora as decomposições temporais. A questão da verdade será posta pelos cínicos à vida em sua materialidade, possibilitando desnudar o que *absolutamente resiste*: será que eu necessito de banquetes para me alimentar, de palácios para dormir? O que é verdadeiramente necessário para viver? Surge então o elementar, como uma camada de necessidade absoluta, depois de uma redução ascética. Resta a terra para viver, o céu estrelado como teto e os riachos para beber. Assim como os platônicos tentavam discernir, através do nevoeiro espesso das opiniões recebidas, o conhecimento essencial, assim também os cínicos acossam, na brenha das convenções e do artifício mundano, o elementar – o que, na concretude da existência, resiste absolutamente. A *parresía* cínica produz, pedindo a cada desejo, a cada necessidade, o que é verdadeiro neles, uma decapagem da existência, a partir da qual nossas vidas aparecem entulhadas de contingências e vaidades fúteis[24]. Esse imbricação da vida e da verdade, esse apego em manifestar o verdadeiro no corpo visível da existência seria a caracterização essencial do cinismo, cuja posteridade deveria ser buscada na religião (as ordens mendicantes do cristianismo), na política (o revolucionário do século XIX) ou ainda na arte moderna e contemporânea[25].

A ideia de uma vida trabalhada, na espessura da sua materialidade, pela verdade ainda é perseguida por Foucault no âmbito de uma reinterpretação da famosa divisa cínica *parakharáxon tò nómisma* ("Falsifica a moeda"). Foucault começa observando, o que havia sido frequentemente notado, que é preciso entender, por trás da palavra *nómisma* a ideia de *nómos* (lei, costume), e que os valores a serem subvertidos não são apenas monetários. Mas vai ser preciso sobretudo que a *parakharáxis* signifique também o fato de apagar a efígie gasta de uma moeda para fazer que ela recupere seu valor autêntico. A injunção cínica vai então poder ser compreendida como uma reversão dos valores de verdade.

Coloca-se portanto a questão dos "significados" ou "valores" da verdade[26] (ele não fala de critérios). Foucault distingue quatro: a não dissimulação, a pureza, a conformidade com a natureza e a soberania. *Parakharáxon tò nómisma* vai significar então, para os cínicos: saliente os verdadeiros sentidos, decapados, da verdade, fazendo deles princípios diretores da existência. Levar uma "verdadeira vida" significará também: levar uma

---

24. *Ibid*.
25. Cf. *supra*, aula de 29 de fevereiro, segunda hora.
26. Cf. *supra*, aula de 7 de março, primeira hora.

vida totalmente pública e exposta (o não oculto), uma existência de um despojamento e de uma pobreza completos (o puro), uma vida radicalmente selvagem e animal (o direito) e manifestando uma soberania sem limites (o imutável). A transvaloração cínica é esse trabalho que consiste em viver *ao pé da letra* os princípios de verdade. A verdade, definitivamente, é o que é insuportável, na medida em que sai do domínio dos discursos para se encarnar na existência. A "verdadeira vida" só pode se manifestar como "vida outra".

6. A VERDADEIRA VIDA COMO CHAMAMENTO À CRÍTICA E À TRANSFORMAÇÃO DO MUNDO

Ao fim do seu estudo do cinismo antigo, Foucault está em condição de expor novamente uma visão de conjunto e de ressituar a relação entre o pensamento greco-latino e o cristianismo. Desde o curso de 1980, essa relação havia adquirido a forma de uma oposição entre um modo de subjetivação antiga implicando uma construção de si, uma modelagem da sua existência, a aplicação contínua de um cuidado de si como exercício de uma liberdade e um modo de subjetivação que conduz à renúncia a si, através da aplicação de um conhecimento e de uma obrigação permanente de obedecer[27]. Em 1984, ele modifica essa perspectiva de conjunto.

A análise da "reversão" dos sentidos de verdade já havia possibilitado estabelecer o conceito de uma "vida outra". O cínico, fazendo os valores de verdade tradicionalmente relacionados ao discurso atuar na própria espessura da sua vida produz, de fato, o escândalo de uma "verdadeira vida", encontrando-se em posição de ruptura com todas as formas habituais de existência. A verdadeira vida não é mais representada como essa existência consumada, que levaria à perfeição qualidades ou virtudes que os destinos ordinários só ressaltam com fraco brilho. Ela se torna, com os cínicos, uma vida escandalosa, inquietante, uma vida "outra", imediatamente rejeitada, marginalizada.

Nas últimas aulas, levando mais longe a leitura da conversação III-22 de Epicteto (o grande retrato do cínico)[28], Foucault mostra como essa vida outra constitui ao mesmo tempo a crítica do mundo existente e sustenta o chamado a um "outro mundo". A verdadeira vida se manifesta, assim, como uma vida outra que faz irromper a exigência de um mundo diferen-

---

27. Cf. as aulas de 12, 19 e 26 de março do curso de 1979-1980 no Collège de France ("Le Gouvernement des vivants").
28. Cf. *supra*, aula de 22 de março, primeira hora.

te. A ascese pela qual o cínico força sua vida à exposição permanente, ao despojamento radical, à animalidade selvagem e à soberania ilimitada (os quatro sentidos de verdade revertidos) não tem vocação (como podia suceder no caso dos epicurianos, dos estoicos e dos céticos) a simplesmente garantir uma tranquilidade interior que constitui um fim em si, ao mesmo tempo que permanece edificante. O cínico se esforça para a "verdadeira vida" a fim de provocar os outros a ouvir que se enganam, se extraviam, e de detonar a hipocrisia dos valores recebidos. Por essa irrupção dissonante da "verdadeira vida" no meio do concerto das mentiras e das falsas aparências, das injustiças aceitas e das iniquidades dissimuladas, o cínico faz surgir o horizonte de um "mundo outro", cujo advento suporia a transformação do mundo presente. Essa crítica, supondo um trabalho contínuo sobre si e uma intimação insistente dos outros, deve ser interpretada como uma tarefa política. E essa "militância filosófica", como Foucault a chama, constitui inclusive a mais nobre e mais elevada das políticas: é o grande *politeúesthai* de Epicteto[29].

Compreende-se com isso como o estudo do movimento cínico lhe permitiu revelar o risco representado pela posição do "cuidado de si" no âmago da ética antiga. Claro, a virtude desse recentramento era em primeiro lugar polêmica, já que se tratava de destituir o privilégio clássico do *gnôthi seautón* (conhecimento de si) e de opor à ascese cristã, que implica renúncia a si e obediência ao outro, uma ascese antiga que convida à construção de si[30]. Foucault havia no entanto insistido em mostrar que esse cuidado não era um exercício solitário, mas uma prática social, e mesmo um convite ao bom governo dos homens (cuidar corretamente de si a fim de poder cuidar corretamente dos outros). O fato é que esse cuidado de si, essencialmente apresentado em sua versão estoica e epicurista, fazia aparecer um jogo da liberdade em que a construção interna primava sobre a transformação política do mundo. A introdução do conceito de *parresía*, em sua versão socrática e cínica, devia dar a essa apresentação da ética antiga um reequilíbrio decisivo. Os cínicos representam, de fato, em toda a sua agressividade, o momento em que a ascese de si vale tão só na medida em que é dirigida provocativamente aos outros, pois se trata de se cons-

---

29. Note-se que, nos últimos meses, Foucault, embora vivendo uma existência rarefeita e concentrada inteiramente em seu trabalho de preparação das aulas, assim como na leitura e correção das provas dos volumes II e III da sua *Histoire de la sexualité (L'Usage des plaisirs* et *Le Souci de soi*, Paris, Gallimard, 1984), ainda arranjava tempo para receber, em março, Claude Mauriac acompanhado de trabalhadores malineses e senegaleses, expulsos de seu domicílio pela polícia, a fim de redigir cartas em defesa deles (cf. sobre esse ponto, D. Defert, "Chronologie", *in op. cit.*).

30. Cf. *L'Herméneutique du sujet*, ed. citada.

tituir em espetáculo que ponha cada um em face das suas próprias contradições. De sorte que o cuidado de si se torna exatamente um cuidado do mundo, a "verdadeira vida" chamando o advento de um "mundo outro". Em face da articulação cínica "vida outra"/"mundo outro" ergue-se, para Foucault, o platonismo. No platonismo, trata-se ao contrário de fazer o "outro mundo" e a "outra vida" atuarem juntos. O outro mundo é o reino das Formas puras, das Verdades eternas, transcendendo o das realidades sensíveis, movediças, corruptíveis. A outra vida é a vida prometida à alma a partir do momento em que, tendo se destacado do corpo, ela descobre no outro mundo sua pátria natal, para uma vida luminosa, transparente, eterna. Compreende-se então que estilo deve adquirir, na linha do platonismo, o cuidado de si: preservar e purificar sua alma para o além, à espera de seu destino autêntico. O cristianismo deveria sua originalidade, segundo Foucault, precisamente ao fato de ter cruzado o objetivo platônico de um "outro mundo" com a exigência cínica de uma "vida outra": a fé e a esperança numa pátria celeste deverão se autenticar por uma existência que transgride os usos temporais. O sentido da ruptura representado por Lutero e pela Reforma consistirá na recusa de fazer depender de uma vida outra o acesso ao outro mundo: daí em diante, será possível garantir nossa salvação cumprindo nossa tarefa cotidiana, nossa vocação imanente[31].

7. O VERDADEIRO E O OUTRO

Os jogos entre "outra vida"/"vida outra", "outro mundo"/"mundo outro" pressupõem em Foucault uma filosofia da alteridade que, por não ser enunciada sistematicamente, dá seu impulso ao pensamento. Essa noção de alteridade lhe permite de fato ancorar filosoficamente seu conceito de verdade[32]. Já em 1983, Foucault, para incomodar a ideia de um casamento feliz e transparente da democracia e da verdade, havia convocado a *República*. A virtude do discurso verdadeiro segundo Platão era a de introduzir na alma uma diferença e hierarquias, rompendo as lógicas consensuais e estabelecendo entre os desejos ordens de precedência. Em 1984, Foucault vai novamente pôr em jogo essa dimensão de alteridade como sinal do verdadeiro, mas desta vez a propósito da vida (do *bíos*). A "verdadeira vida", a vida que se submete à prova da verdade, não pode

---

31. Cf. *supra*, aula de 14 de março, primeira hora.
32. Esse trabalho da noção de verdade a partir da filosofia grega já havia começado quando do primeiro curso dado no Collège de France, em 1971 ("La volonté de savoir"), que tinha por objeto as técnicas de verdade na Grécia arcaica e iniciava assim um diálogo secreto com o pensamento de Heidegger sobre a ideia grega de verdade, que se encerra portanto em 1984.

deixar de aparecer, aos olhos de todos, como uma vida outra: em ruptura e transgressiva.

Compreende-se por que, quando havia coligido os diferentes "significados" ou "valores" da verdade, Foucault, depois de estabelecer os temas do não oculto, do puro, do reto e do soberano, abandona, riscando-o no manuscrito, o tema do "idêntico" ou do "mesmo", que havia consignado como um dos grandes significados tradicionais da verdade – que se encontra no cerne da nossa cultura filosófica. Mas ele pretende precisamente salientar, em 1984, que a marca do verdadeiro é a alteridade: o que faz a diferença no mundo e as opiniões dos homens, o que obriga a transformar seu modo de ser, aquilo cuja diferença abre a perspectiva de um mundo outro a construir, a sonhar. O filósofo se torna portanto aquele que, pela coragem do seu dizer-a-verdade, faz vibrar, através da sua vida e da sua palavra, o brilho de uma alteridade.

Foucault pôde assim escrever estas palavras, que não terá tempo de pronunciar, mas que são as últimas que ele rabiscou na última página do manuscrito do seu último curso: *"Mas aquilo em que gostaria de insistir para terminar é o seguinte: não há instauração da verdade sem uma posição essencial da alteridade; a verdade nunca é a mesma; só pode haver verdade na forma do outro mundo e da vida outra."*

F. G.

Índice das noções

abigarramento
    (– da alma): 196, 197; (– das cidades, dos homens): 196 *[República]*; v. democrático(a)
acusação: 33, 76-7, 81n.39 [Demóstenes; Platão, *Apologia*]
adoxía, desonra: 229-231; v. pobreza cínica [Ingalls]
aidós/anaidos: 262, 295, 299n.27; v. pudor/impudor, vida não dissimulada
alétheia, politeía, éthos (unidade entre –): 61
alétheia, verdade, retidão: 59-61, 74, 192-3, 197; v. *alethés*, alma, logos
alethès bíos, verdadeira vida: 192-200, 214, 221; v. *éthos*, "muda...", vida
alethès éros, verdadeiro amor: 193
alethés, puro, sem alteridade, adequado à sua essência (o não oculto, o não dissimulado): 192-6, 221, 225; v. identidade [Diógenes *vs*. Sócrates]
aleturgia, produção de verdade: 4, 19n.3, 150, (– na própria forma da vida): 191
alma, *psykhé*
    (conhecimento da – e ontologia do eu): 111-2, (contemplação da – por si mesma): 110-1, 139
    (corrupção, deterioração da – pela falsa opinião): 91-5; v. doença, *nósos* [Asclépio, Dumézil; Platão, *Críton, Fédon*]
    (emergência da –, problema central da filosofia, séc. V): 58; (vínculo entre – e verdade): 99; (*zétesis* e verdade da –): 76-8
    (exame da alma, prova das almas e interrogação irônica, confrontação das almas): 63, 72-3, 74-5, 77, 81n.38; v. *básanos, exétasis, phrónesis* [Sócrates]
    (grandeza da –, *megalopsykhía* e prática da parresía): 12-3 [Aristóteles]
    (individual e diferenciação ética): 53, 55, 56-8; v. *paideía*, poder do Príncipe
    (natureza da –): 111, (– como harmonia): 93, (– como realidade ontologicamente distinta do corpo): 139, (– como substância imortal): 7, 85, 91, 93-4, 111 [*Fédon*]
alma régia (a – por natureza): 244
alma(s) sem verdade (*áneu aletheías*), almas abigarradas: 197 *[República]*
alteridade
    (a – cínica: 185, 242, 253, 276)
    (a – como denúncia do erro): 277
    (a –, condição de instauração da verdade): 298
anarquismo
    (– europeu e americano), (– e terrorismo, como prática da vida até a morte): 162
andreía, coragem, virtude, *aretês*, da alma régia: 129, 244, 291, 299n.16 [João Crisóstomo; *Laques*]
animalidade, verdade animal; 298n.*
    (– do asceta cristão): 281

(– primitiva e naturalidade): 249-50
(–: forma prescritiva da vida, tarefa e exercício [vs. ponto de repulsão): 234-4
(–: modo de afirmação de si): 156 [Heinrich]; (– modelo material da existência cínica): 234
v. naturalidade, escândalo, vida não dissimulada
apoftegma(s)
(– dos Padres): 192, 293, 299n.19,
(– de Agaton e risco da parresía): 294-5 [v. também: Doroteu de Gaza]
(– pitagórico): 87; v. *phroura*
apóstolo, apóstolos: 160, 189n.39, 289-90, 295, 299n.13-14
armadura para a vida, para a existência: 181-2; v. ensino cínico; [Diógenes Laércio, Diógenes, o Cínico; v. também: Sêneca]
arte da retórica: 13; vs. *parresía*
arte das batalhas: 117; v. exercício, *tékhne*
arte de governar: 57
arte de si: 112; (– da *psykhês therapeía*): 120
arte de viver (a questão da – e da maneira de viver): 216, 278n.*; v. estética
arte moderna: 155
(caráter antiplatônico e antiaristotélico da –): 165; (prática da – como desnudamento, redução ao elementar da existência, irrupção selvagem do verdadeiro: função anticultural, veículo de um modo de ser cínico): 163-6 & n.*; v. *éthos*, artista
arte(s) da existência, artes de existência: 141, 166, 208-9, 251, (– e discurso verdadeiro): 142; v. jogo da verdade
artista (a vida de – [Renascimento e passagem séc. XVIII-XIX] como ruptura escandalosa): 164; vida cínica
ascese (práticas de –, vida de –): 150, 151, 158, 159, 217, 263, 280;
(– alimentar e sexual): 279-81;
v. verdade

ascetismo: 145, 150, 158, 160, 206
(o –: invenção da Antiguidade pagã): 283
ascetismo cínico
(o – como aspiração a um mundo mudado pela prática da verdade): 275-6, 281-3
ascetismo cristão: 143
(o –, continuidade e superação do ascetismo cínico): 281; (o cinismo como matriz do –): 158, 217, 278, 280
(o –, ponto de junção entre ascetismo de origem cínica e metafísica de origem platônica; entre metafísica platônica e experiência histórico-crítica do mundo): 282
(combate espiritual do –): 252
ascetismo cristão e ascetismo cínico: [convergências]: 158-9, 282; [divergências]: mundo outro/outro mundo: 217, 282-3
ascetismo e passagem ao limite: ponto de equilíbrio entre o máximo de prazer e o mínimo de meios (estoicismo), anulação de todo prazer (cristianismo): 280
assembleia do povo (*ekklesía*): 13, 35, 38, 63, 66, 68, 70, 74, 75
(a – ou o Príncipe): 205
assinalação
(– de papel [recebida do] deus de Delfos): 199; v. missão de Sócrates
(– de verdadeiro cínico): 151
atitudes filosóficas
(as quatro – fundamentais: profética, de sabedoria, de ensino, parresiástica): 60; v. *alétheia*, *politeía*, *éthos*, dizer-a-verdade (modalidades)
atleta, *athletés*: 113, 246, 248, 261
(– miserável, *Áthlios athletés*): 248 [Dion Crisóstomo]
(o cínico como – combatente): 246, 250, 274; v. também: cão
ato de verdade; 12; v. coragem

básanos, pedra de toque: 134n.13
  (– das almas): 73, 126
  (– do estilo de existência): 133
beleza: 47
  (– da existência e do dizer-a-verdade, e exercício da parresía): 142, 145, 197-8 [Diógenes Laércio]; v. também: inversão, jogo da valorização
bíos, vida, existência, maneira de viver: 54-5, 129, 130, 139 (*bíos* vs. *psykhé*): 298n.*
  (o –, matéria ética e objeto de uma arte de si, da parresía socrática): 111-2, 130
  (o – como aleturgia): 150; v. *alethès bíos*
  (o – como obra bela): 141
bíos kynikós, vida de cão, cínico: 213
bios philosophikos como vida reta: 197, 206, 234; v. vida cínica
  (reversão da soberania do – em resistência): 250
Boulé, Conselho (e arbitragem): 119, 122n.24

Cães do Senhor, *Domini Canes*; os dominicanos: 160
"cão" (ref. à autodenominação de Diógenes, o Cínico): 151, 153n.19, 159, 184, 189-90n.41, 213, 230-1, 235n.22, 249-50
  (ser – de nascimento): 184
  (vida de –, e combatente-atleta): 250
  (vida de –, impudica, não dissimulada, indiferente): 213-4, (– de guarda: diacrítico, "latidor"): 213-4, 263
  v. reversão cínica
carnaval: 163; carnavalesca
  (continuidade – do tema da verdadeira vida): 200
catástase
  (outra – do mundo): 278n.*, 279 [Epicteto]; (apocatástase do mundo): 282 [Orígenes]

categorias estoicas na vida cínica [segundo Epicteto]: 258-9
cenobitismo: 280
ciclo da morte de Sócrates (*Apologia, Críton, Fédon*): 63, 64-5, 69, 73, 79, 88, 96-7; v. *epiméleia*, cuidado
cidade (princípio de escansão da unidade da –): 40-1
cínico rei, cínico-rei (o): rei antirrei, verdadeiro rei e outro rei, rei de miséria, rei oculto: 237, 242-3, 245, 247-8, 251-3, 267 [Diógenes e Alexandre]
cínico(a)
  (a tradição –): 177, 179, 186, 199, 213, 242, 281; v. "muda..."
  (autoinstituir-se – *vs.* prova de si, segundo Epicteto): 258-9, 261-2
  (modo de vida do –, condição de possibilidade do exercício da parresía e função redutora, *vs.* convenções e crenças): 148-9
  (o –, funcionário da humanidade, funcionário da universalidade ética): 266, (zelador universal): 266, (mensageiro, *ággelos*, de Zeus): 149, 153n.16, (filósofo em guerra, guerra filosófica): 264, (*prophétes parresías*, o homem da parresía, do dizer-a-verdade): 147, 191, (estátua visível da verdade [Epicteto]): 274
cínicos
  (os [filósofos] –): *episkopoûntes*, como epíscopos dos outros: 267, 275; v. inspeção, vigilância [Epicteto]
cinismo
  (ambiguidade de atitude em relação ao –): 157, 173 [Luciano]
  (banalidade escandalosa do –): 203-4, (magreza doutrinal, rusticidade teórica e recrutamento popular: indução circular): 179-80 [Dion Crisóstomo, Luciano]
  (crítica do – em nome de um cinismo essencial, núcleo do cinismo): 152, 155, 156, 157, 175, 179

(o – como atitude e maneira de ser):
   156
(o – como careta, reversão dos temas
   da verdadeira vida): 174, 199-200,
   204, 238; v. "muda..."
(o – como ecletismo de efeito
   inverso): 204
(o – como essência do heroísmo
   filosófico): 186
(o – como forma de parresía): 73
(o –: lugar-comum de toda filosofia
   possível): 186; (o universal da
   filosofia e sua banalidade): 177-8
(o –: matriz de uma experiência ética
   fundamental no Ocidente): 252
(o –: reação ao deslocamento das
   estruturas sociais): 158
(paradoxo do –, da vida cínica):
   178-9, 210-4, 238
(princípios gerais do –, da vida
   cínica): 175, 209-10, 278-9 [Dion
   Crisóstomo, Demonax]
(reflexão teórica sobre o –): 170;
   v. Wieland, Schlegel, Nietzsche,
   Glucksmann
(sátira do – vs. elogio do –): 145-6,
   176-7, 180 [Luciano vs. Juliano]
cinismo antigo e animalidade;
   v. animalidade
cinismo antigo, *Kynismus*, e cinismo
   moderno e contemporâneo, *Zynismus*
   (noção geral) (tese da distinção
   entre –): 155-6, 170, 187n.2; v.
   Tillich, Heinrich
cinismo cristão, anti-institucional: 160
cinismo da cultura voltada contra ela
   mesma: 165; v. arte moderna
cinismo e articulação do dizer-a-
   -verdade no modo de vida: 144
cinismo e ascetismo
   (– cristão, v. ascetismo);
      (– filosófico): 145-6 [Epicteto],
      (– e extrapolação de temas da
      filosofia antiga): 200, 238
cinismo e ceticismo: 151, 156, 166n.*;
   v. também: niilismo (séc. XIX-XX)

cinismo e cristianismo
   (a passagem ao limite no cinismo e
   no cristianismo: ponto de equilíbrio
   vs. redução): 282
   (vínculos: práticas ascéticas): 28,
   150, 158-61, 186, 226, 280
   [Diógenes, Peregrino]
cinismo e estoicismo (proximidade
   entre –): 265 [Epicteto]; v. resistência
cinismo e individualismo: 157-8
   [Gehlen]
cinismo e noção de *alethès bíos*, vida não
   dissimulada: 198-9, 223 [Diógenes
   Laércio, Diógenes, o Cínico]
cinismo e princípio de dizer-a-verdade
   ilimitado e corajoso: 144
cinismo trans-histórico: 152, 156-7
combate [aos vícios e costumes
   próprios e dos outros], combatividade
   por um mundo outro: 246-8, 250,
   252-3; v. *alethés*, resistência, cínicos
competência (critérios da ordem da
   tékhne): 54-5, 118-21, 121, 239,
   (– *vs.* prova socrática): 124-6, 129-30
complôs contra a sociedade visível:
   161; v. militantismo revolucionário
conduta (s): 11, 13-4, 43-4, 60-1,
   62n.17, 75, 185, 193, 197-8; v. *éthos*,
   indivíduo, sujeito; v. também:
   alétheia, *parresía*
   (princípio geral de –: [enunciado] do
   sábio): 16-7, 223; (linha de –):
   188n.12; (regras de –): 139;
   (esquemas tradicionais de –):
   162-3, *vs.* cinismo
   (traduzir a filosofia em boa –): 54;
   v. *paideía*
conduta dos homens, dos outros: 9-10,
   115-6; v. governamentalidade, poder
confessor, diretor de consciência; 6-9;
   v. também: outro
conhecimento da alma, *psykhé*: 112-3,
   139
conhecimento de si: 139
   (– indexado ao problema do *bíos*):
   140; v. "muda..."

(– temor e suspeita parresiástica, trabalho de purificação): 296-8
(exato –: trabalho da verdade de si sobre si; estimação correta de si, de suas capacidades): 176 [Luciano], 262 [Diógenes], 273-5 [Epicteto]
conhecimento
(do tema do – ao da veridicção): 9-10; v. relações verdade/poder/ sujeito
conhecimentos, *tékhne*, ensino e saber (es): 23-4, 26-7
conselheiro (s) do Príncipe e prática parresiástica: 6-8, 51-6 [Aristóteles, Pisístrato; Isócrates, Nicocles; Platão, Ciro]
(– filósofo, conselheiro de alma): 172, (– de suicídio): 173
(– moral): 56, (– político): 131-2, 172
contemplação da alma por ela mesma: 139-40, 216; v. alma, veridicção socrática
coragem
(a – como marca cívica e regra de jogo moral): 109
(a – em sua verdade, verdade da coragem (coragem da dialética), coragem de aceitar a verdade): 16-7, 101n.35, 124-5, 130, 137-8, 164-5, 290
(problema da definição, da natureza da –): 109-10, 127-32; v. *Laques*
coragem da verdade
(–, de dizer-a-verdade): 36, 64, 68-9, 73, 117, 130, 273 (*tharreîn parrhesiázesthai*); v. jogo parresiástico, risco, cuidado de si, veridicção [Aristóteles, Sócrates, Sêneca]
(–, ética da verdade): 13, 33-4, 35, 75, 77-9, 109-10, 137-8, 205, 287, 290-1, 298n.* [Epicteto]
coragem do dizer-a-verdade revolucionário (violência corajosa diferenciando-se da coragem política e da ironia socrática): 165-6, 205, 276, 298n.*
coragem do mártir: 291
coragem e virtude, *areté*: 128-9 [*Laques*]; v. sinfonia]
correspondência (prática da –, da troca de cartas); v. vigilância [Sêneca]
crise da *parresía* democrática (séc. IV), das instituições políticas; 33, 35, 48, 58-9, 63
cristianismo
(– e evolução da noção de parresía): 143, 169, 268, 283, 295-7
(ativismo e combate espiritual do –): 268n.*
(grande façanha do –: tema de uma vida outra como verdadeira vida ligada à ideia de um acesso ao outro mundo como acesso à verdade): 282
(o tema dos dois caminhos no – arcaico): 183
cristianismo medieval e veridicção (modalidade profética e modalidade parresiástica): 28, (modalidade profética e modalidade tecnicista): 28
cuidado
(– da alma, *psykhés therapeía*): 7, 120
(– de si): 6, 75, 97-9, 111-3, 132, 209, 210, 216
(– da *psykhé* e do *bíos*) e coragem da verdade, *epiméleia* e parresía: modalidade platônica e modalidade cínica: 138, 141, 298n.*
(– da verdade): 166n.*, 176
(– de si e dos outros, – ético de si e dos outros): 79, 132-3, 139, 218n.7 [Juliano], 276
(– dos outros): 65, 115-7, 226-7, 229, 245
(relação de –): 239, 245
culpado (de delito): 76, 81n.39; v. acusação [Sócrates]; v. também: obediência
"cultura de si": 6, 9; v. práticas de si

cura
  (– cínica): 246: v. controle
  (– da falsa opinião, doença da alma [interpretação do sacrifício a Esculápio]): 84-93; v. últimas palavras..., sacrifício [*Críton, Fédon*; Dumézil]

dar conta de si, dar razão de si (*didónai lógon*), relação de si com o logos e problema do *bíos*: 125-6, 139-42
demagogia na democracia: 53 [Aristóteles]
democrático(a)/s
  (a má cidade –: suas instituições, sua *politeía*): 7-8, 10-1, 31, 33, 36-7, 42-3, 45-6, 47-8;
  v. abigarramento
demônico(a) (voz –, sinal –): 66, 69, 75; v. perigo do dizer-a-verdade
desonra: 32, 90-1; v. *adoxia*
  (– e princípio da vida independente): 230-1, 237-8
  (– *vs*./e justiça): 229-30 [Sócrates]
despojamento cínico
  (práticas do –, despojamento da vida): 152, 158, 159-60, 183, 226-7, 237, 245, 253, 263, (– e derrisão): 245, (– e resistência): 247; v. animalidade, ascetismo, cínico-rei, naturalidade, nudez, pobreza, verdade animal
destino (aceitação pelo cínico do seu –): 272-3
destino: 166, 206, 229, 244
  (– da racionalidade europeia): 112
  (– e modalidade de veridicção do profeta): 24-5
  (futuro com forma de –): 29
Deus concebido como *despótes*; 282; v. princípio de obediência
diatribes (cínicas): 160, 246, 277
diferenciação ética: 33, 45-6, 60-1
  (– *vs*. diferenciação quantitativa em democracia, isomorfismo): 40-1, 54-7

dinheiro (atitude em relação ao –): 97, 171-2, 211, 218n.15-16, 226, 286
  (– distribuído para os espetáculos): 35
  (– para o ensino dos sofistas: a preço de ouro): 77; v. "muda..."
diretor, direção, guia, de alma, de consciência: 6, 7, 8, 9, 11-2, 117n.*, 239
discernimento: 214
discurso de verdade, discurso verdadeiro, *passim*; v. *parresía*
  (– e desafio-chantagem): 35-6; v. jogo parresiástico [Demóstenes]
  (condição de possibilidade do – e risco): 12, 147, 148; v. outro (o), coragem, parresía-guia de consciência (impotência do – na democracia): 37 [Pseudo-Xenofonte]
discurso filosófico: 27-8, 51, 58-9, 99, 106, 206, 207
discurso revolucionário: 28
discurso, v. lógos
dissimétrica (resposta – do cínico à violência pela afirmação do vínculo filantrópico): 265
dívida (natureza da – a Esculápio/ Asclépio): 63-4, 79, 84-5, 89-90 ; v. últimas palavras
dizer a verdade, dizer-a-verdade, dizer o verdadeiro, manifestar o verdadeiro: *passim*; v. *parresía*, veridicção
  (as quatro modalidades do –): 16-7, 23, 24-7, 60-1 *et passim*; v. profecia, sabedoria, ensino, parresía
  (risco mortal ligado ao –): 24, 36-7, 63, 64, 67-70, 73, 205-6, 287, 290
dizer-a-verdade ético: 137n.*
dizer-a-verdade filosófico: 23, 27, 78
dizer-a-verdade político: 70, (bravura política do –): 205
dizer-a-verdade profético: 16-7, 23, 24-5, 27-8, 60, 77
doença da alma (*nósos*), corrupção: opiniões falsas *vs*. cura pelo lógos

razoável [e *epiméleia*]: 92 [*Críton, Fédon*]
dominação
 (– irônica): 265
 (–: controle de si): 198
 (da – à governamentalidade): 9-10
doutrina cínica: 156, 181, 183, 184, 279 [Epicteto]
dramatização cínica
 (– [do princípio de retidão]: animalidade): 234, 250
 (– da soberania: monarquia de derrisão): 250-1
 (– do princípio de independência: pobreza radical e dependência, *adoxia*): 225, 231 [*vs.* Epicteto]
 (– do princípio de não dissimulação: impudor): 223
 v. inversão, reversão, escândalo

educação, *paideía*: 55 [Isócrates]; 111, 115-7, 120, 132, 134n.24 [*Alcibíades, Laques*]; 176 [Luciano]; 181 [Diógenes Laércio]; 190n.43
 (– e poder): 226 [Sêneca]
 (educação/negligência, cuidado da alma, de si): 107-8 [*Alcibíades, Laques*]
Ekklesía, Assembleia: 38, 49n.15
eleuthería, liberdade: 62n.7
 (– e parresía): 33, 48n.5, 176, (– e *philía*): 62n.7
 [Isócrates; Platão, *República*]
emblemática do cínico e do cinismo (a *parresía* presente na –): 145, 146-7 [Epicteto]
enigma (s): 15, 16, 18, 106, 232; v. dizer-a-verdade profético
ensino, *paideía,* formação
 (– cínico: atalho, *sýntomos odós*, rumo à virtude [*vs.* transmissão dos saberes): 180-4
 (– de Peregrino aos *idiôtai*): 172 [Luciano]
 (– socrático): 86, 88-90, 132-3
 (–: transmissão da ordem da *tékhne*, dos saberes): 23, 24, 25, 27, 28,

107, 115, 119, 132, 249; (discurso da heterogeneidade, da separação entre *alétheia*, parresía e *éthos*): 61; *vs.* veridicção
 (ofício de professor): 187
 (tradicionalidade de –): 185
epicurismo: 179, 185, 186; v. tradicionalidade
epiméleia, solicitude: 6, 75, 79, 87-8, 96-7, 103-4, 111, 137-8, 216; v. cuidado
 (– socrático: cuidado da alma, *psykhé* [*Alcibíades*], cuidado da vida, *bíos* [*Laques*]): 111-12, 129-32, 298n.*
 (– cínica: dupla: cuidar do cuidado dos homens): 266-7 [Epicteto]
epimélesthai vs. ameleisthai, negligenciar: 88, 103-5, 116
eremitismo e animalidade do asceta cristão: 281
escândalo da verdade
 (dramatização e inversão do tema da vida como –): 152, 158, 160-3, 164, 208, 223-4, 232, 237; v. animalidade, arte moderna, reversão cínica, vida revolucionária
escravidão, escravo: 174 [Luciano]; (indiferença à situação de –): 228-30, 231
escuta
 (– do outro, do logos, do senhor/dos lisonjeadores): 6-7, 24-5, 37-8, 52, 76, 132-3, 174, 179-80, 199, 232, 239, 263, 289-90; v. também: jogo, pacto parresiástico
esquecimento de si, memória de si (perder a –): 64-5, 79; v. morte de Sócrates, sofística
esquerdismo (paradoxo do –: socialidade secreta *vs.* forma de vida escandalosa): 162-3
estética
 (– da existência *vs.* metafísica da alma): 140, 225
 (– e cuidado da verdade): 166n.*
 (– e ética de si): 217n.2

estilísticas de existência: estética da pureza (platonismo), estilística da independência (cinismo epicurismo, estoicismo): 140-1, 142-3, 225
estilo de vida: 126, 129, 143, 152, 158; (o – como lugar de emergência da verdade): 162-3; v. escândalo
estoicismo (as quatro grandes categorias do –): 275
(proximidade entre estoicismo e cinismo): 265, 278n.*, 278-9
éthos
 (– da arte moderna *vs. éthos* de prática política): 166n.*
 (– e jogo socrático): 121
 (– e veridicção parresiástica): 25, 27, 31, (– no campo político): 57
 (– individual: formação do sujeito como sujeito moral de conduta, *éthos* individual do Príncipe: formação do Príncipe): 54, 56-8, 74-5
 (–, função da alma ou "estilo da existência"): 75, 196n.*; v. *alethès bíos*
 (–: atitude, conduta moral, objetivo da prática parresiástica): 25, 57, 247, 297n.*
 (–: ponto de articulação entre o dizer--a-verdade e o bem governar): 57
 v. *alétheia*, parresía, *politeía*; diferenciação, ética, sujeito
ética(o)
 (– cínica e reversão dos valores): 265, v. pobreza; (universalidade ética e cinismo): 266
 (– e heroísmo): 187
 (– e regras de conduta): 139
 (– filosófica): 187
 (– política e "verdadeira vida"): 191
 (– protestante: outro mundo *vs.* existência neste mundo): 217
 (constituição – de si): 297n.*, v. sujeito; (cuidado – de si e dos outros): 116n.*

(delimitação – e campo político): 40-1, v. diferenciação; (repartição – e interesse da cidade): 45
(lugar – dos cínicos): 189n.34
(modalidade – do dizer-a-verdade): 25, 142
(o *bíos*, matéria –): 112
ética da verdade
 (– e coragem, ética catártica da verdade): 110-1, 166n.*,
exame socrático, *exétasis*; 108, 113, 117, 127, 140, 148
 (– da alma): 75, 81n.32, (– dos outros em comparação consigo): 72-3
 (sofrer o –, *basanízesthai*): 125
 v. *básanos*, investigação
exame
 (– das representações, do fluxo das representações): 257-8, 274 [Epicteto], 297n.*
 (– de consciência): 5, 19n.7, (– de si): 292 [Gregório de Nissa], 297n.*
exercício da *parresía*, do dizer-a-verdade: 58, 69, 96, 146, 149
 (– da cena política para o jogo das relações individuais): 58
 (– na experiência cristã): 8, 283
 (– sobre si): 297n.*
exercício de conduta, de vida; 140, 206
exercício do poder (*politeía*): 60
 (– e aleturgia): 19n.3
 (– imperial *vs.* exercício cínico da vida soberana): 240-1, 260-2, 271-2 & 278n.*
exercício/s: 23, 51-2, 58 (v. *parresía*), 96
 (– da aceitação, via da *áskesis* cínica): 183, 230-1, 263-4
 (– de resistência): 107, 115, 176, 227, 265, 298n.*
 (– espirituais, de escrita, e *hypomnémata*): 20n.9
 (a razão em –): 74
exétasis, prática do exame e da prova a alma: 108

exílio
  (– de Diógenes, o Cínico): 199,
    218n.11; v. "muda..."
  (o – do sábio, do melhor [e equilíbrio
    da cidade]): 17-8, 97, 262; v.
    ostracismo [Diógenes Laércio]
  (o –, privação de parresía): 32
existência, v. *bíos*, vida
experiência
  (– histórico-crítica da vida e experiência
    metafísica do mundo): 287

felicidade, *eudaimonía*
  (– e intervencionismo da missão
    cínica: o – dos outros): 246
  (– e *politeía*): 267 [Epicteto]
  (a – de se possuir): 254n.5; v.
    cinismo, platonismo, estoicismo
    [Sêneca]
  (a –: controle de si por si): 198,
    201n.10
filosofia
  (a – como preparação para a vida):
    209
  (a – como prova da alma): 112
  (a –, forma de veridicção): 99
  (elogio da verdadeira – cínica): 176-7
    [Juliano]
filósofos (as três categorias de –
    [segundo Luciano]): 180
formas aletúrgicas (análise das – da
    parresía): 4; *vs.* análise das estruturas
    epistemológicas
fortuna (desprendimento virtual em
    relação à – e ao infortúnio): 227
    [Sêneca]
franciscanos: 160; v. ascetismo cristão

gênese da experiência filosófica
  europeia ou ocidental: 287
governamentalidade: 9-10
governo de si e da alma dos outros: 9-10
governo e conduta dos homens: 9-10
grandeza de alma, *megalopsykhía*, e
  prática da *parresía*: 13, 14, 244
  [Aristóteles]

guerra filosófica (missão cínica de –):
  263
guia (da própria alma, das almas, da
  alma do rei, do diálogo, do rebanho):
  7, 12-3, 58, 89, 132, 231-2, 240, 241,
  242, 299n.16

harmonia [metáfora da –]: 93, 129, 225
  (–, homofonia entre vida e discurso,
    relação com a verdade): 129, 148,
    150, 273
herói filosófico: 151, 186 [Heráclito,
  Sólon]
hesitação aristotélica: 41, 43-5
  [*Política*]
história da estilística da existência: 141
história da filosofia clássica e problema
  da vida filosófica: 207 [Leibniz,
  Espinosa]
história da filosofia como forma, modo
  de vida: 278 & n.*
história da metafísica da alma: 141
história da subjetividade: 141
história das artes de viver, das artes de
  existência no Ocidente: 166n.*,
  278n.*
história das relações entre a verdade e o
  sujeito: 152
história do ascetismo em sua relação
  com a verdade: 279
história do estoicismo: 144
homem democrático: 196; v.
  abigarramento
humanidade em sua materialidade (a)
  (aceitação *vs.* desafio existencial):
  280-2; v. animalidade
humildade cristã (a – como renúncia a
  si): 231; v. também: princípio
  obediência
humilhação cínica (busca ativa das
  situações de – como busca de
  controle), orgulho e supremacia: 231,
  263-4

identidade
  (– consigo): 225

(a – [como manutenção do idêntico]:
  193, (da vida): 198
independência
  (a –: autossuficiência, prática da
  autarquia): 225-6 (epicuristas,
  estoicos)
  (a –: modo de vida cínico): 150, 181,
  (estilística da –): 225, v.
  dramatização
  (a –: o poder absoluto sobre si e a
  falta de temor): 254n.3 [Sêneca];
  v. também; indiferença cínica
  (exercício da liberdade entendida
  como –): 297
indiferença
  (– cínica: teórica): 166n.*, (– [na]
  vida): 225, (– à opinião, à
  humilhação, à fortuna ou ao
  infortúnio): 227-9, 230-1, 265
  (– e às estruturas do poder): 280
  (– entre os sujeitos na democracia *vs.*
  escansão [numérica/ética]: 41
indivíduo e individualismo: no cerne do
  cinismo: 157-8 [Gehlen, Heinrich,
  Tillich]
indivíduo(s): 4, 10-1, 13-5, 27, 31, 33,
  35-6, 40, 43-4, 46, 58-9, 181, 228,
  239, 247, 251, 259, 278n.*, 286
  (– e "regra comum"): 47
  (ascetismo do – encastrado em
  estruturas institucionais:
  cenobitismo, monacato coletivo):
  293, (coragem do –): 290;
  v. parresía
  (categorias de – e de cidadãos): 72,
  (*vs.* singularidade dos –): 18, 25
  (da salvação da cidade ao *éthos* do –):
  58
  (o – como sujeito que diz a verdade
  sobre si): 8
  (vínculo individual com os –): 266
inspeção
  (– dos outros, das coisas humanas):
  274-7; v. olhar, vigilância, *vs.*
  indiscrição [Epicteto]

insultos
  (relação de –/relação de afeto,
  recuperação da dominação irônica):
  265 [Diógenes]
inversão
  (– da verdadeira vida em vida outra):
  237; v. escândalo cínico
  (– dos valores da parresía): 295;
  (– dos valores físicos): 228-9
  v. princípio de obediência
investigação, *pláne*; 73, 77 (sobre o
  enigma do deus de Delfos), 80n.26 &
  n.31; v. *básanos*, prova, exame
ironia socrática: 205-6
isomorfismo ético-quantitativo, divisão
  quantitativa associada à delimitação
  ética: 40, 44 [Aristóteles]

jogo cínico da humilhação: 215, 224,
  231, (– sobre as convenções relativas
  à honra e à desonra): 231
jogo da *parresía* e *éthos*, jogo
  parresiástico: 13-4, 16-7, 24-5, 35-6,
  121, 123, 124-5, 130, 298n.*; v. jogo
  socrático
jogo da simetria e da dissimetria
  [Alexandre e Diógenes]: encenação
  da monarquia antirreal: 243, 249
jogo da valorização e da desvalorização
  do belo e do feio: 228; v. inversão,
  escândalo
jogo da verdade, do dizer-a-verdade,
  entre o sujeito e a verdade: 130
  (dar conta, *didónai lógon* de si no –):
  140
  (papel das relações de poder no –):
  10, 297n.*
  v. jogo socrático
jogo de práticas de si, jogo e
  obrigação de dizer a verdade sobre si:
  6; v. jogo parresiástico, socrático, da
  verdade
jogo democrático, da democracia: 37,
  41, 67-8
jogo entre a necessidade de uma direção
  e princípio de autonomia: 116n.*

jogo entre interpretação [do dito
    oracular] e espera no real: 71, 76
jogo socrático, da interrogação irônica:
    63, 107-8, 120-1, 134n.14, 141-2
justo/injusto, justiça/injustiça: 34-5,
    67-8
    (aceitação cínica das injustiças e
    desprezo das leis): 175, 189n.30,
    263-5 [vs. Juliano]
    (justiça e verdade socrática vs.
    vontade de injustiça): 67-8
    [*Apologia*]
    (parte de nós a que se relacionam a
    justiça e a injustiça): 91, 101n.30
    [*Críton*]

khreîai, paignía, anedotas; modo cínico
    de transmissão dos esquemas de
    conduta vs. tradicionalidade
    doutrinal: 184-5

lama do mundo (rejeição cínica da –):
    281
liberdade de palavra: 128, 129, 148,
    153n.9, 258 [Epicteto], 286
    (– parresiástica, liberdade perigosa):
    31-3, 35, 48n.5, n.11, 290-1
    [Platão], 57 [Eurípedes]
    (– para alguns): 299n.4 [Fílon]
liberdade, *eleuthería*: 65, 147, 176, 260,
    266
    (– fundamental, não dependência):
    150, 198, 233, 253-4n.2-4
    [Sêneca], 267, 297n.*
    (a – como prazer): 104
    (parte de – para os inferiores em
    regime monárquico): 53-4, 62n.7
limpeza do corpo (valorização da –):
    257, 273, (– vs. valorização paradoxal
    da sujeira): 228-3 [Epicteto vs.
    Diógenes]
lisonja: 8 [Plutarco], 39-40, 42, 51-3;
    (– e retórica persuasiva): 114;
    v. demagogia na democracia, poder
    pessoal, tirania [Aristóteles]
lógos alethés: 193; v. *parresía*

logos: 72, 133, 214-5
    (– e *áskesis*: os dois caminhos para a
    virtude): 183
    (– e *bíos*): 55; v. *éthos*
    (– indexado à natureza): 231
    (–: discurso que dá acesso à verdade,
    lógos alethés): 133, 193, 201n.9
    [*República*]
    (domínio do –: princípio de
    igualdade, da *homologia* no diálogo
    socrático): 95, 129; v. escuta,
    harmonia
    (o – como princípio divino): 222
    (o – como razão): 126 [Platão], v.
    cura; (*didónai lógon*, dar razão de
    si): 125, 130, 137, 140; (– razoável
    e *phrónesis*): 92, (– vs.
    misologismo): 94

mártir, testemunha da verdade
    (*martýron tês aletheías*): 151,
    153n.20 [Gregório de Nazianzo]
martírio: 291, 292
    (– da verdade): 158
medida de si: 275 [Epicteto];
    v. conhecimento de si
mendicidade, pobreza cínica até a
    dependência: 229; v. dramatização
mestre (–: guia no caminho do logos): 133
mestre de existência: 3; v. também:
    ensino, cuidado [Platão, Sêneca]
metafísica da alma e estética da
    existência: 141-3
militância
    (– cínica, da vida cínica: sem *paideía*,
    proselitismo, em circuito aberto):
    233n.*, 250-1, 268n.* [Epicteto];
    (– como missão): 258-60; (meios
    violentos da –): 268n.*; v. missão
    cínica
    (– filosófica: implicando *paideía*, em
    circuito fechado): 250-1; v.
    estoicismo
militantismo: 161, 250
    (– cínico e militantismo
    revolucionário): 253

(– cínico: no mundo, contra o
  mundo): 250-1; v. soberania cínica;
(– e ativismo do cristianismo [e
  outros movimentos]): 268n.*
(– revolucionário, séc. XIX-XX: um
  estilo de existência, a vida como
  atividade revolucionária –
  socialidade secreta mas visibilidade
  no campo [socio]político, depois
  institucionalização): 161-3
missão filosófica, missão divina: 199
  (– de Sócrates): 26, 34, 63, 69, 71, 73-
  4, 76, 78, 99, 103, 108, 131, 133,
  259-61; v. *epiméleia*, prova da alma,
  morte de Sócrates, parresiasta,
  risco, cuidado *vs.* negligência
  (– do cínico; intervencionismo social,
  missão sacrifical de combate, de
  guerra filosófica): 199-200, 245-6,
  253, 257-64, 265-6; v. diatribe,
  resistência, militantismo, cuidado,
  soberania [Diógenes, Dion
  Crisóstomo, Epicteto]
  (– e profissionais da filosofia): 260-1
  [Epicteto]
missionário da verdade (ideia de um –):
  herança socrática, experiência cínica
  e cristã: 279
mistério(s): 141, 286 [são Paulo, Fílon]
mistura (– entre quinhão divino e
  elementos mortais: Atlântida): 196
mitológico de nosso pensamento
  político: a figura do rei de derrisão:
  251
monarquia e derrisão (tema da relação
  entre –): 245-6, 250, 251-2, 271-2;
  (transformação desse tema: o rei e
  seu bobo): 252
monarquia e filosofia, monarquia e
  soberania sobre si (analogia de
  estrutura entre –): 240-2, 244
monarquias políticas (inversão dos
  sinais e marcas das –): 271-2
morte de Sócrates
  (– cadinho da racionalidade ocidental
  vs. cadinho do irracionalismo

  ocidental: Nostradamus [método de
  decifração de –]): 106; v. Dumézil
  (ciclo de –): 64-5, 68-73, 79, 88,
  96-7; v. Asclépio/Esculápio
  [*Apologia, Críton, Fédon*]
morte
  (relação com a –): 7, 87, 173
  [Demétrio e Thrasea Paetus,
  Peregrino]
movimentos revolucionários,
  movimentos religiosos (Idade Média
  e séc. XIX-XX), veículos do cinismo:
  159-65
  (institucionalização dos –): 166n.*
"muda o valor da sua moeda": 191,
  198-200, 210-3, 225, 277; v. *éthos*
mudança
  (– de conduta, atitude, maneira, modo
  de ser dos indivíduos): 28, 62n.17,
  247, 276; (– de relação consigo,
  retorno de si a si): 278
  (– de configuração do mundo): 251,
  253, 260, 276
  v. alteridade, conduta, mundo; *vs.*
  identidade incorruptível [Epicteto,
  Platão]
mundo outro [e/ou] outro mundo: 253,
  278, 281, 282; v. vida outra

não dissimulação: 222-4, 225; v.
  naturalidade, vida não dissimulada
  [Epicteto]
  (– e ascese cristã): 262
naturalidade: 52, 224, 233, 249
  (núcleo de –) e vida reta: 231; v.
  escândalo
necessidade (s): 6-7, 16-7, 23-4, 130,
  132, 149, 177, 213, 222, 223, 233n.*,
  240, 243, 244, 278n.*, 280, 289
  (– de nada [cínico]): 214, 243, 262;
  v. animalidade, pobreza, vida
  independente, indiferente
negligência/não negligência: 79; v.
  "últimas palavras" (educação/
  negligência): 111, 116 [*Alcibíades*]
niilismo russo: 162

nudez
  (– cínica): 150, 160, 250; v.
    despojamento, escândalo, verdade
  (– crística e espiritualidade cristã):
    160, 292

objetivo milenarista: 161; v.
  militantismo revolucionário
ofício de cínico e missão: 261
olhar
  (– dos outros): 221-2, 223, 224;
    (– sobre os outros): 275;
    v. *epiméleia*, inspeção, vigilância
  (– interior): 222 [Epicteto]
ontologia da alma (tema da – e da
  estética da existência): 143
oráculo de Delfos: v. "muda...";
  [Dumézil]
ordens mendicantes e cinismo
  [analogias]: 252-3, 268n.*; v.
  ascetismo
ostracismo, "regra comum" e equilíbrio
  da cidade: 47-8 [Aristóteles]
outro (o)
  (escuta, presença, estatuto do – e
    dizer-a-verdade sobre si): 6-7, 9,
    11-2, 23-4, 95, 222, 239, 283; v.
    também: alteridade
outro mundo (a questão do –)
  [platonismo *[Alcibíades]*,
  cristianismo]: 87, 215, 216, 277-8;
  (o – como acesso à verdade): 281-3;
  (o mundo outro: mudado) [cinismo,
  militantismo]: 216-7, 277-9 & n.*,
  298n.*; (o mundo outro como outro
  mundo): 298n.*

pacto da *epiméleia*: 133
pacto parresiástico, pacto de franqueza:
  13-4, 95, 107, 112-3, 123-6
paideía: 62n.10, 135n.24; v. educação
  ([ausência] de – na militância cínica):
    251, 268n.*; v. *áskesis vs.* logos
palavras (últimas – de Sócrates),
  v. últimas palavras...
paradoxo (s), do cinismo, da vida
  cínica: 178, 203-6, 238

parresía cristã
  (a – como virtude do cristão): 290
  (inversão da parresía ética e da
    epiméleia: desconfiança para
    consigo): 294-7; v. princípio de
    obediência
parresía ética
  (–, parresía cínica: modalidade da
    parresía socrática, forte ancoragem
    no *bíos*): 298n.*
  (–, parresía socrática: cuidado da
    alma e ancoragem no *bíos*): 75,
    107-21, 125-30, 137-42, 298n.*
  (–: vinculada à *epiméleia* da *psykhé*,
    de que o *éthos* é o objetivo
    essencial): 58
parresía política
  (parresía democrática: direito de
    cidadania *vs.* privilégio de
    nascimento): 31-2 [Eurípedes];
  (crise da –: impraticabilidade e
    perigos): 31-7, 56 [Aristóteles,
    Isócrates; Platão, *República*, livro
    VIII]; (reserva socrática, abstenção
    do exercício da parresía em
    política): 67, 69; v. crise
  (parresía oligárquica: relação com o
    Príncipe, lugar da parresía): 53-4;
  (formação do *éthos* do Príncipe e
    introdução da diferenciação ética):
    56
parresía, da pólis à *psykhé*
  (–: modo de veridicção, modalidade
    do dizer-a-verdade): 24, 26-7
  (–: noção com arraigamento político
    e derivação moral, elemento
    constitutivo do dizer-a-verdade
    sobre si): 8-9
  (–: o "dizer tudo" indexado à verdade
    no risco da violência): 11-2
    [Aristóteles, Demóstenes]
  (–: prática perigosa): 32, v. outro
    ciclo da morte de Sócrates; (prática
    da – *vs.* técnica da retórica): 13-5
  (–: tema da fala franca ligado ao da
    verdade da coragem, da coragem
    de dizer a verdade): 127

(polos da –: *alétheia*, *politeía*,
    ethopoiesis): 64
    v. *exétasis*, cuidado
parresiasta: 9-19, 24-5, 26, 28, 65, 68,
    76, 288, 290
    (o – põe em jogo o discurso
    verdadeiro do *éthos*): 24-5
passagem ao limite e reversão cínica:
    199-200, 214, 238
perigo(s)
    (– do dizer-a-verdade em política e
    perigo do dizer-a-verdade
    socrático): 34, 67-9, 75; v. morte,
    parresía, risco
pessoa moral e uso das representações:
    274 [Epicteto]
pessoas de bem (*khrestoí*)/insensatos
    (*mainómenoi*) e *eunomía*: 38-9,
    49n.15 & n.16
philosophía e *paideía*, *éthos* e
    pedagogia: 55
phrónesis: 74, 79, 81n.40, 92; (*alétheia*,
    phrónesis, *psykhé*, razão, verdade,
    alma, objetos da *epiméleia heautoû*:
    do cuidado de si): 78
phrourâ; 87, 100n.11-12; v. apotegma
    pitagórico
platonismo: 194, 215-7
    (– cristão): 194
    (– e cinismo): 298n.*
    (– e metafísica do outro mundo *vs.*
    tema cínico da vida outra): 216
    (antiplatonismo), v. arte moderna
pobreza
    (a – cínica como componente da
    verdadeira vida, a – honrada): 148,
    177, 181, 186, 221, 226-32, 250,
    262, 281; v. dramatização do
    princípio de independência; *vs.*
    pobreza teórica: desprendimento
    virtual [Diógenes *vs.* Platão,
    Sêneca]
poder
    (– do proselitismo): 251; (– da
    retórica: vínculo entre o que é dito
    e aquele a quem se dirige): 13-5

(–, relação com a verdade, aleturgia,
    poder no jogo entre o sujeito e a
    verdade): 10-1, 19, 57-8, 61, 282-3,
    v. *éthos*, parresía, *politeía*, regime
    de verdade, sujeito; (poder sobre
    si): 241, 245-6, 254n.3, (poder da
    vida soberana): 238. V. ascetismo,
    monarquia e filosofia, rei oculto
(pastoral: poderes espirituais
    específicos): 7-8
(pessoal: oligárquico, tirânico, poder
    do Príncipe): 51-7
(relações de –): 12, 13-5, 59; v.
    governo e conduta dos homens
(repartição do – na democracia): 43
(sinais do –): 271
pólis
    (da – à *psykhé*, como correlativo
    essencial da parresía): 58; v.
    também: salvação
politeía: 33-4, 42-5, 55, 58-61, 267
    (– organização das relações de
    poder): 59
    (a filosofia como fundamento da –):
    42; v. reversão platônica
    v. atitudes filosóficas, *alétheia*, *éthos*;
    v. cuidado, *epiméleia* do cínico
prágmata (se ocupar de *tà tôn állon* – e
    negligência, esquecimento de si
    [*Laques*] *vs.* vigilância e
    solidariedade cínica: prática da
    verdade na relação com os outros):
    116, 276, 278n.*
prática cínica: 143-5, 146, 158-63, 191,
    206-7, 208-13, 221, 230
prática do exame e da prova da alma,
    exétasis: 108
práticas de si: 6, 9-10, 297n.*; v.
    também: ascetismo, *parresía* ética
práticas parresiásticas, da *parresía*, do
    dizer-a-verdade, da fala franca: 53,
    54, 57, 65-6, 69-70, 127, 129, 132,
    137, 138, 144, 176-9
    (– da parresía ética): 58, 63, 75, 137,
    138, (socrática): 137 (– da
    epiméleia): 96; v. cuidado

(– da parresía política): 33, 75; *s.v.*; v. também: governamentalidade
prazer(es): 20n.18
(– da escuta): 53, 81n.32, (– da lisonja): 36
(– da liberdade): 104
(abstenção dos –): 26, 55, 110
(igualdade entre os –): 196; v. homem democrático
predicação (cristianismo medieval), pregadores: 28, 29, 277, 278-90
Príncipe (relação do – e diferenciação ética *vs.* violência): 54, 56-7; v. conselheiro/s
princípio cínico da vida como manifestação de ruptura escandalosa, pela qual a verdade vem à tona, se manifesta e toma corpo: 164-5; (princípio da não dissimulação e *anaídeia*): 224-5 [Diógenes], v. dramatização (*vs.* princípio da vida dissimulada e de pudor): 262 [Epicteto]
princípio da reversibilidade política e hesitação aristotélica: 44-5
princípio de escansão da unidade da cidade: 40-1 [Pseudo-Xenofonte]
princípio de obediência (cristianismo): 273-83, 289
princípio de um militantismo aberto (cinismo): 260n.*
princípio judaico-cristão da vida outra como verdadeira vida, amarrado à obediência ao outro neste mundo e ao acesso ao outro mundo numa outra vida: 282
princípios (os – fundamentais, universais da filosofia [segundo Juliano]): 212
profecia, profetismo, v. atitudes, *parresía*
profeta
 (o – como testemunha da verdade e o parresiasta como desvelador): 16
proselitismo filosófico na Antiguidade: 250-1, 268n.*

protestantismo e cristianismo moderno: 217
prova da alma, das almas e jogo da interrogação irônica: 63, 75, 77, 99, 107-9; v. *básanos*
prova da vida cínica em sua verdade: 150, 171-2, 231; v. resistência
prova de si sobre si *vs.* autoinstituição: 261; (prova direta de si): 114-5
prova de vida, prova socrática: 112, 127, 129, 140; v. filosofia
psykhé, alma individual: 58, 74, 118-9, 139-41
 (a –, lugar da diferenciação ética): 54
 (a –, realidade ontologicamente distinta do corpo): 139; *vs. bíos* [*Alcibíades*, *Laques*]
 (*psykhé* vs. *bíos* como objeto do cuidado): 112; v. *epiméleia*
 (relação entre a – e o *bíos*): 297n.*
pudor *vs.* exposição da naturalidade: 224

realeza, "monarquia" e aristocracia [segundo Aristóteles]; 43-6
rebanho (o – objeto da solicitude dos deuses): 87, 96, 101n.14, 104, 299n.16
regime de verdade, de veridicção: 27, 28, 29, 283
regime de vida: 7-8, 20n.18
rei e o filósofo, o 242; reversão cínica
rei oculto (tema do –, tema crístico do –), rei de miséria: 6, 249, 252
relações verdade/poder/sujeito: 297-8n.*
religião e institucionalização das práticas do dizer-a-verdade: 206; v. também: militantismo
resistência: 25-6, 110, 171, 227
 (– e prática da *áskesis*): 263, 280; v. cinismo e cristianismo; (– cínica): 264-6; v. vida militante
 (aprendizado da –: 181-2),
 (treinamentos, exercícios, práticas de –): 117, 176, 183, 244, 245-6, 247, 271, 297-8n.*, (– no sustentar a verdade): 95, 247

(herói de –): 248 [Dion Crisóstomo, Héracles]
retórica, habilidade para falar: 13-4, 27, 78, 84, 114, 274; v. lisonja, esquecimento de si, poder, risco; vs. *parresía*
reversão cínica dos temas [do *bíos*]: 200, 214, 221, 224-33, 244-8; v. animalidade, dramatização, inversão, paradoxo, escândalo
reversão platônica: validação do dizer--a-verdade como princípio de definição de uma *politeía*: 42
risco(s) do dizer-a-verdade, da *parresía*
  (– de violência [em relação a outrem]): 11-3, 24, 205
  (– e bravura política): 205
  (– mortal [para o parresiasta]): 11-3, 24, 34, 35-6, 63, 64, 67-70, 73, 78, 81n.37, 206; v. ciclo da morte de Sócrates

sabedoria: 16-7, 24-7, 28, 60, 73-8, 86, 99, 107, 125, 148, 153n.8, 172, 188n.12, 271, 287, 291
sábio *vs.* profeta: 16-7, 24-5, 26-7
sacrifício
  (– a Asclépio): 63, 78, 84, 85, 88-9, 92, 94-6, 98-9, 106; v. ciclo da morte de Sócrates, "últimas palavras...", falsa opinião [Dumézil]
  (– de si e plenitude): 245
salvação das almas: 151, 153n.19 [Gregório de Nazianzo]
salvação
  (da – da cidade ao *éthos* do indivíduo): 58, 137
si (relação consigo): 69, 238, 239, 240, 278n.*, 283, 292, 297n.*, 304, 305; v. *phrónesis, alétheia, psykhé*, cuidado
sinais externos (ausência de – da missão cínica): 263
sinfonia (entre o *bíos* e o logos): 128-9
soberania cínica
  (– como missão): 257 [Epicteto]

(– como monarquia derrisória e militante): 251, 271
(–, fundadora de uma prática da verdade manifestada, da verdade a manifestar): 273
soberania da vida cínica e dupla derrisão em relação à soberania política: 272 [Diógenes-Alexandre]
soberania
  (– de si sobre si): 115-6, 240-2, 245, 272 [Sêneca]
sujeito
  (– político, sujeito do Príncipe): 134n.14
  (catártica, purificação do –): 110
  (constituição do – moral, *ethopoíesis*, e práticas de si): 4, 5, 8, 9-10, 11-2, 15-6, 19n.7, 27, 56, 58-61, 152
sujeito e verdade: 152, 297n.*; (sujeito de verdade): 110, (– e *parresía*): 287; v. relações verdade/poder/sujeito

técnicas de governamentalidade: 9-10
técnico do cuidado da alma: 118
tékhne
  (– modalidade de veridicção do professor): 24, 76, 99
  (–: *know-how* transmissível baseado na tradição): 23, 24, 25, 61, 133
tirania, v. poder pessoal
tradicionalidade de doutrina e tradicionalidade de existência: 184-6

última (s) palavra (s), a última frase de Sócrates: 65, 78-9, 84, 86, 88-99; v. doença da alma, negligência, esquecimento, cuidado [Burnet, Cumont, Deleuze, Nietzsche, Olimpiodoro, Wilamowitz]
universalidade cínica: sincretismo filosófico: 178
universalidade ética e universalidade política: 266
universalidade
  (– na apreensão da verdade catártica): 110

verdade da coragem – coragem da
   verdade, prática da *parresía* –
   cuidado de si: 234; v. *alétheia*,
   coragem, dizer-a-verdade, ética, jogo,
   parresía cuidado
verdade de si: 275, (– sobre si): 6, 7,
   298n.*
verdade
   (a – como disciplina, ascese e
   despojamento da vida): 152
   (acesso à –): 108-9, (condições de –):
   207, (– pelo logos): 132; (acesso ao
   outro mundo como acesso à
   verdade): 282
   (catártica da –): 110, 112n.6; (prática
   terapêutica, médicos da –): 176; v.
   purificação
   (relação com a –, relação de
   conformidade de conduta, e
   corporal); homofonia [*Laques*]
Verdadeira vida, *alethès bíos*; s.v.
   [Platão, Xenofonte]
veridicção cínica: o modo de vida:
   139-40, 273, 277-8
veridicção parresiástica, ética: 137 e
   n.*, (– *vs.* veridicção de sabedoria):
   16-8; (– *vs.* veridicção do teórico-
   professor): 19, 23-4; (– *vs.* veridicção
   profética): 25-6, 107
veridicção política: 108, 119-20;
   (abstenção socrática da –): 69, 73-4,
   78
veridicção socrática (as duas linhas da
   –): metafísica da alma [*Alcibíades*],
   forma de existência [*Laques*]; (–:
   alétheia, logos, *phrónesis*): 54-8,
   71-5, 92, 99, 107, 125-7, 139-41;
   (– transposição da veridicção
   profética num campo de verdade): 76;
   (– e veridicção do sábio): 77-8
veridicção técnica (baseada na
   tradicionalidade de um saber): 119
veridicção
   (–: anunciar a verdade (*appaggeîlai
   talethê*), sem se deixar paralisar
   pelo temor): 153n.5 [Epicteto]

(os quatro modos de –: veridicção da
   profecia, veridicção da sabedoria,
   veridicção do ensino, veridicção do
   parresiasta):23-9, 75-6; v. dizer-a-
   -verdade
vertigem de decadência própria de um
   mundo ocidental: 166n.*; niilismo
vida cínica
   (–: vida de soberania: [até a] reversão
   da relação consigo de gozo-posse e
   gozo-prazer da vida soberana em
   monarquia e derrisão): 238
   [Sêneca], 249-50; v. humilhação
   (–: vida diacrítica, *diakritikós*, de
   discernimento): 213-4, 262-4; (vida
   de cão, *bíos kynikós*, de guarda,
   phylaktikós), v. "cão"
   (–: vida independente, sem mistura:
   [até a] reversão do princípio de
   independência em dependência, em
   escravidão): 225, 231; v. *adoxía*
   (–: vida indiferente, *adiáphoros*):
   214, 225, 263; v. necessidade
   (–: vida reta, vida em conformidade
   com um logos indexado à natureza:
   [até] a transvaloração em impudor,
   em animalidade, da vida não
   dissimulada como princípio ideal
   de conduta): 223, 224 [Epicteto,
   Sêneca], 233n.*, 250
   (a – como gesto da verdade): 150
   (a – como verdadeira vida e outra
   vida): 242
vida filosófica
   (–: exercício de vida): 206; v. ascese,
   ascetismo
   (a – como vida heroica, como
   militância): 258
   (a – e o lendário filosófico): 186-7
   [o *Fausto* de Goethe]
vida outra, outra vida, verdadeira vida
   (–: alteridade da vida como prática de
   uma combatividade para um
   mundo outro): 253; v. mundo outro
   [cinismo]

(–, como verdadeira vida [cinismo e cristianismo]): 282; v. outro mundo [cristianismo]

vida
(a – como escândalo da verdade): 152, 158, 159, 160-4
(a – como testemunho da verdade): 152, 158, 191; v. mártir, martírio [Gregório de Nazianzo]

vigilância: zelar pelo cuidado dos homens: 87, 266-7 [Epicteto], 275 (*episkopoûntes*), 276, 293; v. correspondência, inspeção, olhar

vínculo filantrópico [além do mal sofrido]: 265 [Epicteto]

virtude: 15, 26, 55, 86, 98, 107-8, 127-9, 153n.8, 178, 247, 252, 254n.19, 289-90, 299n.16
(– do cidadão e – do homem de bem: questionamento do isomorfismo ético-quantitativo): 44-7 [Aristóteles]
(os dois caminhos para a –: logos *vs. áskesis*): 183-4, 189n.40-41 [Diógenes Laércio, Plutarco]

zétesis, exétasis, epiméleia, busca, prova, cuidado: momentos da veridicção socrática: 74-5

Índice onomástico

Agamêmnon, *Agamêmnon*: 92, 259; v. Dumézil, Epicteto, Eurípedes
Agaton de Atenas [~448-401 a.C.]: 294-5, 299n.21
Agostinho, santo [354-430]: 159, 167n.17
Alcibíades [~450-404 a.C.], *Alcibíades*: 27, 30n.4, 110-2, 126, 136-41, 150, 216; v. Laques
Alexandre [336-323 a.C.], rei da Macedônia: 176, 213, 233n.*, 242-4, 271; v. Diógenes, Dion Crisóstomo
Alexandre, Manuel, Jr.: 190n.43
Amazonas [mit.]: 249; v. Héracles
Andrômaca: 263; v. Epicteto [cf. Homero, *Ilíada*]
Anito: 73, 76, v. Meleto; Platão, *Apologia*
Antígona; 92; v. Dumézil, Sófocles
Antístenes [século IV a.C.]: 208, 218n.22
Apolo: 25, 70, 199, 212, 214, 218n.14, 232, 263-4; v. Dumézil, Diógenes Laércio
Apuleio [Lucius Apuleius, século II d.C.]: 246, 254n.17
Aquiles, mit. [cf. Homero, *Ilíada*]: 195, 201n.6, 248; v. Epicteto
Aristófanes: 10
Ariston de Quios [320-250 a.C.]: 189n.34
Aristóteles: 11, 21n.36, 43-8, 49-50n.24-36, 52-3, 61-2n.3-6, 65, 80n.8, 81n.40, 213, 219n.23-24

Arriano [Flavius Arrianus, ~95-175]: 145, 153n.3; Epicteto
Asclépio, Esculápio, mit.: 79, 80n.5, 84-5, 89-90, 92, 94, 95, 98; v. dívida, sacrifício; v. Críton, Dumézil, Platão [*Fédon*], Sócrates
Atala [Attalus, s.d.]: 242; v. dívida, sacrifício; v. Sêneca
Aubenque, Pierre: 81n.40

Bacon, Francis [1909-1992]: 165
Bakhtin, Mikhail [1895-1975]: 163, 167n.9
Baudelaire, Charles: 165, 166n.*
Beckett, Samuel: 165
Bion de Boristeno [335-245 a. C.]: 211; v. Diógenes Laércio
Brandis, Christianus A. [1730-1764]: 219n.23
Burnet, John: 85, 100n.7
Burroughs, Williams S.: 165

Cálais (filho de Bóreas): 254n.20; v. Dion Crisóstomo
Cálicles: 123, 126, 134n.12; v. Platão [*Górgias*]
Calígula [Caius Augustus Germanicus, 12-41 d.C.]: 171, v. Sêneca
Cassiano, são João [Joannes Cassianus, ~365-435]: 168
Cebes: 84, 93-4; v. Platão [*Fédon*]
Cellini, Benvenuto [1500-1571]: 164, 167n.11
Cíniras, filho de Apolo, mit.: 248, 254n.22; v. Dion Crisóstomo

Ciro II, o Grande [~559-529 a.C.]: 53, 62n.7; v. Platão [*Leis*], Xenofonte [*Ciropédia*]
Crates de Tebas (discípulo de Diógenes): 148, 175-7, 184, 190n.41, 208, 211, 212-3, 218n.7, 224, 227, 235n.27, 246, 254n.17; v. Apuleio, Diógenes Laércio, Juliano [imperador]
Crítias [~450-403 a.C.], *Crítias*: 196, 198, 201n.10
Críton, *Críton*: 30n.*, 65, 80n.6, 84, 85-6, 89-98, 100-1n.24-30, 101n. 38-39, 107; v. Platão [*Apologia, Fédon*]
Cumont, Frantz: 89, 100n.20

Damon: 131, 132; v. Platão [*Laques*]
Defert, Daniel: XII, 19n.1
Demétrio, o Cínico [século I d.C.]: 7, 171-3, 182, 188n.9-10, 203, 217n.1; v. Sêneca
Demonax [século I d.C.], *Demonax*: 146-7, 153n.8, 175-6, 188n.23, 204, 210, 218n.6; v. Luciano, Estobeu
Demóstenes [384-322 a.C.]: 10-2, 20-1n.28-29, 32, 35, 36, 48n.4
Descartes, René: 122n.6
Diocles [fim do século V a.C.]: 218n.11 & n.16; v. Diógenes Laércio
Diógenes Laércio [Diogenes Laertios, século III d.C.]: 17, 18, 21n.37, 65, 145, 146, 148, 181, 182, 184, 189n.32, 198-9, 208, 209, 210-1, 218n.4 & 13, 223, 232, 234n.26
Diógenes, o Cínico [~404-323 a.C.]: 25, 145, 146, 148, 149, 159, 170, 175, 176, 177-8, 181-2, 187n.2, 189n.32-33, n.41, 191, 198, 200n.1, 209, 210, 211-2, 218n.7, n.11-13, n. 16, 223, 224, 227, 228, 229, 230, 231, 232, 233n.*, 235n.13, n.19, n.21, n.23, n.26-27, 242, 243-6, 250, 254n.19, 255n.31, 264-5, 271, 272-4, 291; v. Alexandre, Diógenes Laércio,

Dion Crisóstomo, Epicteto, Juliano [o imperador]
Diomedes, o Trácio, mit.: 249; v. Dion Crisóstomo, Héracles
Dion Cássio [Cassius Dion Cocceianus, ~155-235]: 188n.13
Dion Crisóstomo, Dion da Prússia [30-117 d. C.]: 145, 176, 180, 188n.24, 223, 232, 235n.23, 242-3, 248-9, 254n.10, n.19, 257
Dion de Siracusa [~408-354 a.C.]: 54, 55, 197; v. Platão [Carta VII]
Dionísio, o Moço [~367-344 a.C.], tirano de Siracusa: 54-5, 56, 201n.12; v. Platão [Carta VII]
Dionísio, o Velho [~430-367 a.C], tirano de Siracusa: 12, 55
Dostoiévski, Fiodor Mikhailovitch: 162
Dumézil, Georges: 30n.*, 61, 64, 79, 83-6, 89, 90, 92, 94, 95-6, 100n.1-3, 103-6, 122n.3

Édipo: 232-3
Eliano, o Sofista [Claudius Ælianus, ~170-235]: 235n.13
Elias: 213, 219n.23; Aristóteles
Epicteto [~50-130 d.C.]: 7, 20n.15, 145, 146, 149, 153n.3, n.5, n.12, 203, 222, 223, 233n.*, 239, 240, 253, 257-61, 262-3, 264, 265, 267-8, 272-5, 276-8 n.*, 279, 283n.1
Esculápio: 63, 79, 84, 85, 86, 88, 89, 98; v. Asclépio
Espinosa [Baruch de Spinoza]: 207, 217n.3
Estesilau: 114, 117, 128, 132; v. Platão [*Laques*]
Estobeu [Jean Stobès, Ioannes Stobaios, século V d.C.]: 210, 218n.6, n.9
Eubúlides [Euboulides, século IV a.C.]: 211, 218n.12; v. Diógenes Laércio
Eurípedes [480-406 a.C.]: 31-2, 33, 48n.1, 57, 71, 92
Euristeu, mit. (rei de Micenas e de Tirinto): 248; v. Dion Crisóstomo, Héracles

Evágoras I [~411-374 a.C.], rei de
  Salamina: 56
Ewald, François: Xn.5, XIII, 19n.1

Fausto, *Fausto* [Goethe]: 187n.4
Fédon, *Fédon*: 30n.*, 61, 63, 65, 79,
  80n.5, 84, 85, 86-8, 91-8, 106, 107,
  100n.2, n.6, n.13, 101n.45, 106-7;
  v. Platão; v. também: Dumézil
Fedro, *Fedro*: 32, 221; v. Platão
Filodemo [~110-128 a.C.]: 8, 20n.20,
  235n.19
Fílon de Alexandria [~20 a.C.-50dc.]:
  285-7, 288, 298n.3, 299n.4, n.7
Flaubert, Gustave: 165, 166n.*
Fontana, Alessandro: Xn.5, XIII
Fronto [Marcus Aurelius Fronto,
  ~100-175 d.C.]: 5

Galeno, Cláudio [Claudius Galeanus,
  131-201dc.]: 7, 8, 20n.14
Gehlen, Arnold: 157, 167n.3
Gérion, mit.: 249; v. Dion Crisóstomo,
  Héracles
Glucksmann, André: 170, 188n.8
Goethe, Johann Wolfgang von: 187
Górgias [~483-380], *Górgias*: 77,
  101n.37, 123, 126, 134n.1 & 12, 197,
  201n.13; v. Platão
Gregório de Nazianzo [~330-390],
  santo: 150, 151, 153n.19-20, 168, 191
Gregório de Nissa [~335-394], santo:
  292-299n.18
Gregório I, o Grande, papa [~540-604],
  santo: 281, 284n.22

Hadot, Pierre: 20n.11
Hebe, mit. (filha de Zeus e de Hera):
  248; v. Dion Crisóstomo
Heinrich, Klaus: 156, 157-8, 167n.2
Heitor, mit.: 259, 260, 263; v. Epicteto,
  Homero [*Ilíada*]
Helvidius Priscus [m. ~75 d.C.]: 172; v.
  Dion Cássio, Tácito, Thrasea Paetus
Heracleios, o Cínico, *Heracleios*: 148,
  153n.11, 174, 176, 212; v. Juliano [o
  imperador]

Héracles/Hércules, mit.: 177, 183, 247,
  248-9, 255n.25 & n.31; v. Dion
  Crisóstomo; Xenofonte, Pródico
Heráclito de Éfeso [550-408 a.C.]:
  17-8, 21n.37, 186, 215-6, 219n.24;
  v. Diógenes Laércio
Hermipo de Esmirna (século III a.C.):
  211; v. Diógenes Laércio
Hermodoro de Siracusa: 17; Diógenes
  Laércio
Hiéron [270-215 a.C.], tirano de
  Siracusa, *Hiéron*: 52, 61n.1-3; v.
  Xenofonte
Hiparquia: 148; v. Crates
Hípias, *Hípias menor*: 77, 114, 122n.14,
  195, 200n.4, 201n.6
Hipólito, *Hipólito*: 32, 48n.3; v.
  Eurípedes
Hock, Ronald F.: 190n.43
Hölderlin, Friedrich: 167n.10
Homero: 201n.6 [Hípias], 263
  [Epicteto]
Humbert, Jean: 219n.23
Hyppolite, Jean: IX

Íon, mit., *Íon*: 32, 48n.1, 71; v.
  Eurípedes
Isócrates [436-338 a.C.]: 11, 21n.30,
  32, 34, 35, 48n.4, 49n.6, 56

Jasão: 247, 254n.21; v. Dion
  Crisóstomo, Héracles
Jerônimo, são: 159, 291
João Clímaco, são: 169
João Crisóstomo, são: 289, 299n.16
João, apóstolo: 287, 288
Jocasta: 32; v. Eurípedes [*Fenícias*],
  Polinices
Juliano [Flavius Claudius Juliánus, dito
  Juliano, o Apóstata, 331-363 d.C.],
  imperador: 145, 148, 153n.11, 159,
  171, 173, 174, 176-7, 186, 189n.30,
  199, 203, 209, 212, 218n.7

Koch, Hugo: 284n.23

Lagrange, Jacques: IXn.1, 19n.1
Lamartine, Alphonse de Prât de: 84-5
    v. Dumézil
Laques [m. 418 a.C.], *Laques*: 103-5,
    124-8, 129-30, 135n.24, 137, 138-40,
    147, 216, 246, 273; v. Alcibíades,
    Lisímaco, Nícias, Platão
Leão de Salamina; 68; v. Platão
    [*Apologia*]
Lear, *rei Lear*: 252
Leibnitz, Gottfried Wilhelm: 207
Lisímaco [~361-281 a.C.]: 27, 113-4,
    115-6, 117, 118, 122n.17, 124, 128,
    132; v. *Laques*, Melésias, Nícias
Luciano de Samosata [~125-192 a.C.]:
    145, 146-7, 153n.6-12, 158, 173, 175,
    176, 180, 188n.14-15, n.23, 191, 204,
    223
Lucílio: 222, 253n.1-2, 254n.4, n.7;
    v. Sêneca

Manet, Édouard [1832-1883]: 165 &
    n.*, 166 & n.*
Marco Aurélio [Marcus Aurelius
    Antoninus, 121-180 d.C.]: 5, 261,
    268n.9
Marrow, Stanley: 285, 298n.2
Máximo de Tiro [século II d.C.]: 150,
    151, 168, 191; v. Gregório de
    Nazianzo
Melésias: 27, 113-6, 119, 120, 122n.17,
    128; v. *Laques*, Lisímaco, Nícias
Meleto: 73, 76; v. Anito; Platão
    [*Apologia*]
Mênades, mit.: 188n.21; v. Dumézil
Menipo [séc. IV-III a.C.]: 189n.32, 211;
    v. Diógenes Laércio
Mônimo de Siracusa [século IV a.C.]:
    211, 218n.15; v. Diógenes Laércio
Montaigne, Michel de: 207, 217n.2

Nícias [~470-413 a.C.]: 108, 113-8,
    120, 121, 124-7, 130-2, 135n.24, 138,
    148; v. *Laques*, Lisímaco
Nicocles [m. ~353 a.C.]: 56 v. Isócrates

Niehues-Pröbsting, Heinrich: 170,
    187n.2
Nietzsche, Friedrich: XI & n.7, 85, 86,
    89, 100n.8, n.18, 156, 170, 188n.6,
    283
Nostradamus [Michel de Nostre-Dame,
    1503-1566]: 30n.*, 83-4, 105-6;
    v. Dumézil

O'Neil, Edward N.: 190n.43
Olimpiodoro [século V d.C.]: 85,
    100n.9
Orígenes [~185-252-54]: 282

Parmênides de Eléia [~515-440]: 126,
    183, 189n.37
Patočka, Jan [1907-1977]: 58, 62n.21,
    112, 122n.12
Paulo, apóstolo: 290, 299n.15
Peleu, mit. (pai de Aquiles): 248
Pélops, mit. (filho de Tântalo): 248,
    254n.23; v. Dion Crisóstomo
Peregrino [Peregrinus Proteus, ~95-165
    a.C.]: 146, 158, 172, 173, 175,
    188n.14-15, 204, 223; v. Luciano
Pierre Rivière: 29n.*
Píndaro [~520-434 a.C.]: 142
Pisístrato [~600-527 a.C.]: 53, 62n.5-6,
    65, 74, 80n.11; v. Aristóteles,
    Diógenes Laércio
Platão: 12, 21n.42, 23, 30n.6, 32, 33,
    42, 48n.4, 53-5, 62n.9, n.21, 64,
    79n.1, 80n.7, 80-1n.29-32, n.37-39,
    83-4, 87-8, 90, 92, 100n.6-9, n.11-13,
    n.14-17, 100-1n.24-30, 101n. 32,
    n.35, n.45, 105-7, 110-2, 122n.13,
    n.14, n.18, n.24, 126, 129, 134
    & n.14, 155, 192, 194-6 & n.*, 197 &
    n.*, 198, 200n.4, 201n.7, n.10-13,
    n.20, 221, 222, 241-2, 278n.*;
    v. *Alcibíades, Apologia, Banquete,
    Críton, Górgias, Hípias menor,
    Laques,* Carta VII, *Leis, Fédon,
    Fedro, Político, República, Teeteto*
Plutarco [~50-125 d.C.]: 8, 12, 65,
    80n.9, 184, 189n.40, 254n.17

Polinices: 32; v. Eurípedes [*Fenícias*], Jocasta
Pródico de Ceos [~460-399 a.C.]: 77, 183, 247, 254n.18; v. Platão
Prometeu, mit.: 249; v. Dion Crisóstomo
Protágoras [~485-420 a.C.]: 123, 134n.1; v. Platão

Querefonte [? ~400 a.C.]: 70; v. Platão [*Apologia*]

Radamanto: 197-8; v. Platão [*Górgias*]
Robert d'Abrissel [~1045-116], fundador da ordem de Fontevrault: 160
Rohde, Erwin: 58, 62n.19

Sakyamuni: 84, 100n.4; v. Dumézil
Schlegel, Friedrich: 170
Schlier, Heinrich; 285, 298n.1
Sêneca [Lucius Annaeus Seneca, ~4 a. C.-65 d.C.]: 5, 8, 20n.19, 171-2, 182, 188n.9-12, 203, 221, 223, 226, 227, 228, 233n.*, 235n.12, 238-40, 242, 246, 253n.1, 254n.9
Símias: 93-4; v. Platão [*Fédon*]
Simônides: 52; v. Xenofonte [*Hiéron*]
Sloterdijk, Peter: 157, 167n.4
Snell, Bruno: 58, 62n.20
Sócrates: 11, 21n.42, 25-6, 30n.*, 35, 61, 63-79 & n.1, 80n.2, n.17-20, n.21-27, n.29, 81n.32, n.34-39, 84-5, 86-99, 100n.7, 101n.45, 103, 106, 107-8, 109, 113, 117, 118-9, 120-1, 123-4, 124-8, 129-34, 135n.31, 138-9, 142, 147-8, 153n.9, 161, 190n.42, 195, 197-9, 209, 210, 212, 215, 226, 227, 228, 229-30, 235n.13, 246, 260, 263, 273, 291; v. ciclo da morte de Sócrates

Sólon, legislador de Atenas [592 a.C.-?], *Sólon*: 65, 66, 70, 80n.9, 125, 127, 128, 186; v. Aristóteles, Nícias, Plutarco
Stein, Ludwig [1859-1930]: 170, 188n.6

Tácito [C. Cornelius Tacitus, século V d.C.]: 173, 188n.13, n.17
Tântalo, mit., filho de Zeus e Plotas: 254n.23
Teeteto: 198, 201n.20; v. Platão
Teodoro de Fermes [abade, 303-374 d.C.]: 281
Teofrasto [~372-287 a.C.]: 235n.26; v. Diógenes Laércio
Thrasea Paetus: 7, 172, 173; v. Tácito
Tillich, Paul: 156, 157, 167n.1
Trasímaco: 123, 134n.1; v. Platão [*República*]

Vasari, Giorgio [1511-1547]: 164, 167n.10
Veyne, Paul: 104

Westerink, Leendert G.: 100n.9
Wieland, Christoph Martin [1733-1813]: 170
Wilamowitz-Moellendorff, Ulrich von [1848-1931]: 89, 100n.18-19

Xeníades: 181; Diógenes Laércio, Diógenes, o Cínico
Xenofonte [~430-355 a.C.]: 38, 44, 52, 61n.1, 183, 189n.38, 190n.42, 194, 247, 254n.18; Pseudo-Xenofonte: 44, 46, 49n.15, n.16-20, n.22

Zetes, filho de Bóreas: 254n.20; v. Dion Crisóstomo; v. também: Cálais

Este livro foi impresso pela gráfica Plena Print, em papel Lux Cream 80 g/m2,
para a Editora WMF Martins Fontes, em setembro de 2024.